무아의 심리학

무아의 심리학

Psychology of no-self

융 심리학으로
바라본
조사선의 세계

최명희 지음

지유문고

머리말

『자아와 깨달음, 심리학으로 통하다』가 출판되고 뒤이어 나와야 했던 책이 『무아의 심리학』이었다. 그럼에도 불구하고 『상징의 심리학』이 먼저 출판되는 바람에 『무아의 심리학』이 좀 더 늦게 세상에 그 모습을 드러내게 되었다.

첫 책 『자아와 깨달음, 심리학으로 통하다』와 이번 『무아의 심리학』은 조사선을 심리학으로 풀어낸 책이다. 『자아와 깨달음, 심리학으로 통하다』가 조사선에서는 자아를 어떻게 설명하고 있고, 그것은 융 심리학에서 어떤 의미로 이해될 수 있는지를 풀어내었다면, 『무아의 심리학』은 조사선에서는 무아를 어떻게 설명하고 있으며, 그것이 융 심리학으로 어떻게 연결되는지를 살펴보고 있는 것이다.

'무아無我'에 대한 해석은 우리에게 아주 중요하고 절실한 문제다. 왜냐하면 그것은 '나는 누구인가?'에 대한 직접적인 대답일 수 있기 때문이다. 많은 이들이 '무아'를 글자 그대로 '내가 없다'라고 해석함으로써 '나'를 없애는 데 집중한다. 그런데 '나'가 없어진다면 '나'를 어떻게 알 수 있단 말인가?

이처럼 '무아'가 제대로 해석되지 못할 때 일어나는 안타까운 일들은 너무도 많다. 불완전한 '나'를 없애고 완전한 '부처'가 되려고 하는 많은 이들이 지극히 비현실적인 늪에 빠져 버리는 이유도 바로 여기에 있다. 보잘 것 없는 존재에서 보잘 것 있는 존재인 부처가 되기 위해 '나'를 부정하는 일은 곧 현실에 대한 부정이다. 그것은 '깨달음의 세계'를 현실을 벗어난 판타지로 만들어 버린다.

'깨달음'이란 현실적 존재인 '나'가 누구인지를 명백하게 깨달았다는 말이다. '나'에 대한 명료한 인식과 이해는 판타지가 아니라 극명한 현실이다. 조사선에서는 이러한 세간의 오해들을 너무도 잘 알고 있었기에 '깨달음'에 대한 판타지를 거침없이 무너뜨려 버린다. 조사들이 말하는 깨달음이란 오직 분리된 정신의 통합인 한마음(一心)이다. 그러므로 조사선에서 말하는 '무아'는 '있는 그대로의 자기 자신'을 보는 '순수한 의식'의 작용이다. 이 같은 사실은 칼 구스타프 융이라는 걸출한 정신의학자이자 심리학자가 말하는 '절대의식'과 '전일성(Wholeness)'에서 그대로 확인되고 있다.

그렇기 때문에 무아의식은 궁극적인 심리학의 정수가 되는 것이다. 융은 심리학을 '나'를 말하는 것이라고 정의한다. 그러므로 붓다와 조사들은 탁월한 심리학자일 수밖에 없다. 붓다와 조사들은 그 누구보다도 '나'에 대한 깊고 뛰어난 통찰력을 가지고 있었다. 조사선의 심오한 언어들이 심리학이라는 지극히 현실적인 학문으로 풀어내어진 것은 칼 구스타프 융의 위대한 공헌임은 두 말할 필요가 없다.

'나는 누구인가?'에 대한 질문은 삶의 출발점에서 죽음이라는 도착점으로 가야 하는 인간 존재에게는 당면한 현실이다. 그렇다면 그 해결방법 또한 누구나 접근할 수 있는 보편적이고 소통가능한 방법론으로 제시되어져야만 한다. 이 책이 그러한 방법론에 대한 하나의 대안으로서 자리매김할 것이라 믿는다.

『자아와 깨달음, 심리학으로 통하다』와 마찬가지로 『무아의 심리학』 또한 불교학에 조예가 깊은 윤희조 교수님, 저자의 책들에 대해서 이리저리 맞추어 봐도 어긋남이 전혀 없다고 평해준 도서출판 자유문고 김시열 대표님께 출판의 영광을 돌리고 싶다.

2019년 1월
최명희 씀

머리말 • 5

들어가는 말 • 13

제1장 무아란 무엇인가?

1. 무아는 자아의 상대적 개념이다 • 33

2. '무아'가 아니고 왜 '무아의식'일까? • 43

3. 무아의식은 열린 시각이다 • 55

4. 무아의식은 '궁극적 실재에 대한 인식'이다 • 64

5. 무아의식은 '잘 길들여진 자아(atta)'이다 • 73

6. 무아의식은 자아를 관조하는 기능이다 • 81

제2장 무아의식은 최고의 의식성이다

1. (혜능1) 무아의식은 '나'를 명상하는 정신기능이다 • 89

2. (혜능2) 무아의식은 번뇌를 지혜로 만든다 • 104

3. (혜능3) 무아의식은 부분적 이해가 아니라 전체적 이해다 • 120

4. (혜능4) 무아의식은 똑똑하게 분별하지만 흔들림이 없다 • 140

5. (마조) 무아의식은 사리에 밝아 뚜렷하게 드러낸다 • 149

6. (황벽1) 무아의식은 가장 구체적인 현실세계다 • 160

7. (황벽2) 무아의식은 내면의 위대한 통찰력이다 • 169

8. (황벽3) 무아의식은 자기 자신에 대한 명료한 인식이다 • 191

9. (임제1) 무아의식은 마음의 근원적인 법칙(心地法)이다 • 205

10. (임제2) 무아의식은 마음의 생각 생각을 통찰한다 • 216

11. (임제3) 무아의식은 거짓과 참이 생겨나는 근원을
이해한다 • 224

12. (임제4) 무아의식은 신비로운 요괴변화妖怪變化가
아니다 • 236

13. (조주1) 무아의식은 내면을 밝히는 영원한 빛이다 • 246

14. (조주2) 무아의식은 자기 자신을 속이지 않는다 • 258

제3장 무아의식은 분리된 정신을 통합(一心)한다

1. (혜능1) 무아의식은 모든 법에 통한다 • 273

2. (혜능2) 무아의식은 반야의 지혜다 • 285

3. (조주1) 무아의식은 있는 그대로의 마음을 관조한다 • 296

4. (조주2) 무아의식은 정신의 무한영역을 탐색한다 • 304

5. (조주3) 무아의식은 본성의 원시성을 생명 에너지로
바꾼다 • 314

6. (조주4) 무아의식은 마음의 불가사의한 본질을 드러낸다 • 326

7. (조주5) 무아의식은 진정한 현실적 삶을 살게 한다 • 339

8. (임제) 무아의식은 무의식을 의식화시킨다 • 346

9. (황벽1) 무아의식은 모든 정신적 요소들을 이해한다 • 351

10. (황벽2) 무아의식은 잊어버린 본마음을 되찾는다 • 361

11. (마조) 무아의식은 마음의 동맥경화를 치료한다 • 373

제4장 무아의식은 고유성이다

1. (혜능) 나의 깨달음이 너의 미혹을 대신할 수 없다 • 389

2. (임제1) 무아의식은 진정한 자기 자신이 되게 한다 • 396

3. (임제2) 무아의식은 자기 삶의 주인으로 살게 한다 • 407

4. (임제3) 무아의식은 '절대적 주체로 사는 사람(無位眞人)'
이다 • 414

5. (조주) 무아의식은 자아실현이 아니라 자기(Self)실현이다 • 423

나가는 말 • 429

참고문헌 • 441

들어가는 말

무아는 최고의 경험심리학이다

무아無我는 불교의 근본사상이다. 고타마 싯다르타가 보리수나무 아래에서 깨달은 것이 바로 무아이기 때문이다. 불교인에게 무아는 아주 익숙한 단어다. 그러나 그렇다고 해서 결코 친숙한 단어라고는 말할 수 없다. 그것은 무아를 이해하는 게 쉽지 않다는 것을 의미하는 것이기도 하다. 그렇다면 무아는 왜 그토록 이해하기 어려운 것일까? 그 이유는 무아가 사변思辨이 될 수 없는 경험이기 때문이다.

싯다르타의 깨달음을 정각(正覺, abhisambodhi)이라고 부른다. 각覺이라는 글자에는 볼 견見과 배울 학學의 의미가 함께 있다. 견에는 '명확해지다'의 의미가 담겨 있고, 학은 전체적이고 체계적 인식을 의미한다. 풀이하자면, 깨달음이란 어슴푸레하고 단편적 인식이 아닌, 명확하고 체계적이며 전체적 인식이다. 그렇다면 무아란 명확한 인식을 가능하게 하는 '최고의 의식성'에 다름 아니다.

이러한 사실을 직접적으로 경험한 황벽선사 역시 붓다라는 말의 의미를 각성覺性으로 번역했다. 각성이란 '사람의 타고난 천성을 터득하는 기능' 혹은 '자신의 성품이 무엇인지 깨닫는 기능'이라는 것이 사전의 해석이다. 이것은 깨달음이라는 사건이 왜 견성見性이라고 말해지는지를 그대로 담고 있다.

말하자면 싯다르타의 깨달음은 '나'의 경험, '나'의 인식이라고 말하는 주체가 비어 있는 '순수하고 절대적인 의식'이 본성의 모습을 보게 된 사건이다. 본성이란 진화과정에서 필연적으로 요구되었던 동물적 성질들이 완전한 어둠의 상태(無明)로, 무의식으로 있는 정신들이다. 그런데 '나'라는 중생, 즉 심리학적으로 '나'라는 자아의식은 본성의 원시적 성질들을 두려워한다. 그러므로 '나'라는 자아의식과 원시적 성질들은 분리되어 있어서 한마음(一心)을 이루지 못한다.

중생의식, 즉 자아의식이 부분정신이라면, 부처는 자아의식이 알지 못하는 무의식의 세계를 포괄하는 전체정신을 나타내는 말이다. 한마음이 되지 못하여 분리되어 있는 정신은 부처가 될 수 없는 것이다. 그렇기 때문에 무명으로 있는 중생들, 즉 원시적 성질들을 거부하지 않고 인식하여 한마음으로 통합할 수 있는 정신기능이 요구된다. 그것이 바로 의식인데, '나'의 인식이라는 주체가 비어 있는 무아로서의 의식이다.

본래 '나'라는 자아의식의 기능은 외부적 사실을 인식하도록 설계되어 있다. 그렇기 때문에 자아의식으로는 자기 내부에 대한 인식이 어렵다. 내부를 인식하는 기능이 따로 있다. 그것이 바로 무아의식이다. 무아의식이 드러나야만 무명으로 있는 내부의 중생들은 구제될 수 있는 것이다. 그것은 곧 '나'가 누구인지를 아는 일이고, 중생과 부처가 한마음(一心)이 되는 일이다.

부처라는 이름이 정신의 전체성을 상징하는 말이라면, 무아(의

14

식)는 부처라는 정신의 기능적 이름인 것이다. 무아를 최고의 심리학으로 분류할 수 있는 근거도 바로 여기에 있다. 즉 깨달음은 분리된 정신의 통합으로서 정신이라는 현실적 문제를 해결하는 가장 혁명적인 방법론이기 때문이다. 견성見性이 본성의 성품을 밝히는 무아의식의 본격적 출현이라면, 성불成佛은 한마음으로의 진정한 회귀를 의미한다.

한마음은 깨달음의 궁극적인 목표다. 그렇기 때문에 선사들은 '한마음 외에 따로 무엇을 구하지 말라'고 하는 것이다. 그러므로 조사선이 말하는 무아는 '나'라는 존재가 없다는 것이 아니라 '나'는 누구인가를 아는 정신의 인식기능을 의미한다. 본성을 정직하게 인식함으로써 분리된 정신의 통합을 가져오는 것이 붓다의 깨달음이기에, 무아가 최고의 경험심리학이 되는 것은 너무도 당연하다.

한마음(一心)은 정신의학자이자 심리학자인 칼 구스타프 융Carl Gustav Jung의 이론인 전일성(Wholeness)과 전혀 다르지 않다. 그러므로 융의 경험심리학이 붓다의 경험무아론과 조사들의 경험선禪이론을 만나는 데 전혀 어려움이 없다는 것을 이 책을 통하여 확인할 수 있을 것이다.

조사들은 붓다가 경험한 무아를 자신의 삶에서 직접적으로 경험하고 실현한 사람들이다. 무아에 대한 조사들의 이해는 학문이나 지식으로부터 온 것이 아니라 직접적인 경험으로부터 왔다. 바꾸어 말하면 조사들은 그 누구보다도 붓다가 경험한 무아에 대하여 정확하게 인식하며 이해하고 있다는 것이다. 그러므로 조사선의 심리학적 이해는 무아를 갈망하고 무아를 실현하고 싶어하는 사람들에게 좋은 길잡이가 될 것이 분명하다.

무아는 중도中道의 언어를 사용한다

무아이론만큼이나 쉽게 접근할 수 없는 것이 조사선이다. 조사선 역시 '나'라는 관념체계를 벗어나 있는 선문답禪門答 형식으로 쓰였기 때문이다. 선문답은 논리적 언어체계로 보면 모순적이다. 그러므로 그 내용이 아주 모호하여 해석이 불가능하게 보인다. 그렇다면 깨달음의 진수들은 왜 딴 세상 이야기로 들리는 선문답으로 표현되어야만 했을까?

선문답의 유래는 역사적 인물인 고타마 싯다르타로부터 시작된다. 어느 날 법당에 앉은 붓다는 아무 말 없이 손으로 꽃 한 송이를 들어올렸다. 법당에 모인 사람들은 붓다가 들고 있는 꽃을 바라보았지만 그것이 무엇을 의미하는지 알지 못했다. 그들은 붓다가 말로 설명해줄 것을 기다리고 있었을 것이다.

그런데 제자 가섭迦葉이 붓다의 손에 들린 꽃을 보고 빙그레 미소를 지었다. 가섭은 붓다가 왜 말없이 꽃을 손으로 들어 올렸는지 그 의미를 알아차렸던 것이다. 그 순간 붓다의 깨달음과 제자 가섭의 깨달음이 다르지 않았다는 것이 증명된 셈이다. 붓다는 자신과 같은 경험의 세계를 가진 제자 가섭에게 깨달음의 진수眞髓를 전한다. 그 내용이 사전에는 다음과 같이 해석되어 있다.

나에게는
정법안장(正法眼藏: 인간이 원래 갖추고 있는 마음의 덕)과

열반묘심(涅槃妙心: 번뇌를 벗어나 진리에 도달한 마음),

실상무상(實相無相: 불변의 진리),

미묘법문(微妙法門: 진리를 깨치는 마음),

불립문자 교외별전(不立文字 敎外別傳: 언어나 경전에 따르지 않고

이심전심으로 전하는 오묘한 진리)이 있다.

이것을 너에게 주마.[1]

위의 해석은 기본적 교리를 중심으로 풀이하고 있다. 그렇다면 이 책에서는 새로운 해석, 즉 붓다가 전하려고 하는 의미의 본질을 중심으로 다시 풀이해 보기로 한다.

정법안장正法眼藏: 바른 진리는 감추어진 것을 보는 것이고,

열반묘심涅槃妙心: 최고의 경지는 (감추어진 것도 보는) 가장 섬세한 마음이다.

실상무상實相無相: 본질의 모습은 상으로 나타나는 것이 아니라서,

미묘법문微妙法門: 그 법으로 가는 문은 참으로 미묘하다.

불립문자不立文字: 문자로는 본질의 모습을 나타낼 수 없으니,

교외별전敎外別傳: 경전 밖에서 전하는 것이다(말이 아니라 마음으로 전하는 것이다).

1   (네이버 지식백과) 이심전심以心傳心 (두산백과사전)

왜 이렇게 해석할 수 있는지를 알아보자. 일단 전해지는 문장을 이해할 때는 붓다가 꽃을 들어 올린 그때의 상황과 글의 맥락이 부합되어야 할 것이다. 붓다는 꽃을 들어 보였지만 가섭이 본 것은 꽃이 아니라 붓다의 보이지 않는 마음이었다. 그러므로 정법正法은 보이는 것에 있는 것이 아니라 보이지 않는 마음에 있다는 말이 되어야만 한다.

보이지 않는 마음을 보는 것은 고도의 섬세함이다. 우리가 흔히 사용하고 있는 일반적 의식은 거칠다. 거친 의식은 오직 드러난 것만을 볼 수 있다. 보이지 않는 마음까지 볼 수 있는 섬세함은 의식의 최고 경지에 이르렀을 때 가능해진다.

섬세한 의식이 요구되는 이유는, 근원의 본질적 모습은 외부적 형상이 아니기 때문이다. 형상이 없는 것은 세부적이고 구체적으로 표현할 수 없다. 그러므로 당연히 말이나 문자로는 전해질 수 없는 것이다. 가섭이 붓다의 마음을 알아차린 것처럼, 오직 마음과 마음으로 통할 수 있다. 마음과 마음이 통했다는 것은 본질을 경험함에서 일어난다.

거친 의식이란 바로 '나'라는 인식주체가 의식의 중심으로 있는 자아의식이다. 그것은 마치 '나'라는 좁은 통로로 비치는 한 줄기 빛과 같다. 자아의식으로 인식하는 일반 신도들은 붓다의 손에 들린 꽃에 집중한다. 반면에 무아의식은 '나'라는 좁은 통로가 없는 태양과 같은 의식성이다. 그러므로 현상이 아닌 본질을 본다. 가섭은 붓다의 손에 들린 꽃이 아니라, 꽃을 들어 올린 붓다의 마음을 볼 수 있었던 것이다.

세상에 드러난 모든 것은 드러나지 않는 근원적 법칙에 의해 만들어진다. 마찬가지로 정신도 드러난 측면인 의식적 정신이 전부가 아니다. 의식의 근원인 무의식(아뢰야식)이라는 근원적 세계가 있다. 다만 자아의식 중심으로 사는 사람이 그러한 무의식의 세계에 대해서 알지 못할 뿐이다. 무의식을 다른 말로 마음이라고 부른다.

비록 직접적으로 무의식을 인식하지 못하는 사람일지라도 무의식에 대한 본능적인 두려움을 가지고 있다. 두려움은 알지 못하는 것에서 비롯된다. 혼란과 갈등은 자신의 마음을 알지 못하기 때문에 일어난다. 혼란과 갈등을 벗어나기 위해서 해야 할 일은 마음이 무엇인지를 아는 것이다.

마음 알기가 참으로 어려운 것은 뚜렷하게 지각할 수 있는 형상이 아니기 때문이다. 고도의 의식성만이 마음을 볼 수 있다. 무아가 최고의 경지(涅槃)라고 말하는 것은, 드러난 것을 보는 것이 아니라 감추어진 것을 보기 때문이다.

본질의 참모습을 의미하는 실상實相은 진여眞如 혹은 법성法性이라고 해석된다. 그렇다면 그것은 형상形象을 말하는 것이 아니다(實相無相). 왜냐하면 원효는 진여를 '참된 이해를 낳게 하는 원리원칙'이라고 했기 때문이다. 이해는 인식의 결과다. 인식은 의식의 작용이다. '나'라는 주관적 관점을 가진 자아의식으로서는 참된 이해를 낳을 수 없다. 그러므로 '나'라는 관점이 비워진 의식이라야 한다. 그것이 바로 무아의식이고, 무아의식이 바로 진여다.

진여의 세계는 자아의식의 세계가 아니다. 자아를 초월하여 있는 무의식의 세계다. 말하자면 무의식의 세계는 의식 세계와는 그 체계가 완전하게 다른 것이다. 이것이 중도의 언어를 사용할 수밖에 없는 이유다. 중도의 언어는 의식과 무의식을 모두 포괄한다. 그렇기 때문에 자아의식으로서는 중도의 언어가 모호할 수밖에 없는 것이다.

중도의 언어를 이해하는 것이 곧 깨달음이다

붓다의 언어는 무아론에 기초하고 있다. 브라흐만의 전통 언어관은 형이상학의 실체가 있다고 믿는 '존재의 언어(language of as the existence)'다. 반면 붓다는 아트만atman이 실체가 아니라고 부정하는 '생성의 언어(language of the becoming)'다. '존재의 언어'가 규정적이고 단정적이며 관념적 언어라면, '생성의 언어'는 경험을 박제화하지 않는 열린 언어다.

붓다의 '생성의 언어'는 모든 가능성이 살아 숨 쉬게 한다. 그것은 일방성이 아니라 쌍방이며, 한 변이 아니라 양 변이다. 그러므로 붓다의 언어는 중도적 언어가 되는 것이다. 중도의 언어는 무아와 자아를 포괄한다. 관념적 사고에게는 '생성의 언어'가 모순적으로 보이게 되는 이유가 바로 여기에 있다. 이러한 설명 역시 독자들에게 지적 유희로 인식될 가능성이 크다.

그렇다면 두 언어를 일반적으로 널리 알려져 있는 내용으로 설명해보자. '존재의 언어'에서 부처는 실체로서 존재한다. 그러므로 부처와 중생은 다른 존재가 된다. 부처가 중생과 전적으로 다른 존재가 될 때, 부처는 추구의 대상이 되고 중생은 억압의 대상이 된다. 중생을 억압한다는 것, 즉 중생을 버리는 일은 중생이 무엇인지에 대한 이해를 전적으로 막아버리는 일이다.

　반면에 '생성의 언어'로는 중생이 곧 부처이고 부처가 곧 중생이다. 이것은 부처를 실체로서 보는 것이 아니라 무명을 밝히는 의식성으로서, 정신적 기능으로 보는 것이다. 그러므로 부처가 되기 위해 중생을 버리는 것이 아니라, 중생이 무엇인지를 알고자 한다. 중생을 버리고 부처를 찾는 것은 정신의 일방성이고, 부처가 중생이 무엇인지를 아는 것은 부처와 중생이 함께하는 쌍방성이다.

　그렇다면 왜 존재의 언어와 생성의 언어가 생겨나야만 했을까? 붓다가 살고 있던 시대는 아트만이 영원히 존재하는 실체라고 믿었다. 그러한 사상적 배경 속에 살고 있던 붓다의 제자들은 스승 싯다르타가 말하는 무아를 너무도 자연스럽게 '나'라는 존재가 없다고 받아들였던 것이다. 그래서 그들은 아트만을 추구하는 대신 '나'라는 존재를 없애 무아가 되어야 한다고 생각했던 것이다.

　이것은 무아의 창시자인 붓다조차도 그 본질을 정확하게 전달하는 것이 얼마나 어려웠는지를 여실하게 보여준다. 왜냐하면 경험이란 아주 고유하기에 붓다의 경험이 제자들의 경험은 될 수 없었기 때문이다. 무아를 '나'라는 존재가 없다는 것으로 받아들이는 존재론적 관점에서는 '나'는 찰나적 존재이고 실체로서의 '나'는 없으므로 나로 인한 집착과 시비에서 멀어지는 수행을 하게 한다.

　물론 '나'를 버리는 수행을 통하여 보신불과 화신불이라 불리는 훌륭한 인격으로 도약할 수도 있다. 그런데 조사선에서는 화신불이나 보신불이 되었을지라도 법신불은 아니라고 분명하게 선을 긋는다. 왜냐하면 붓다는 "자신(attanam)을 있는 그대로가 아니라 다르게 나타내는 사람은 도박사가 사기를 치는 것처럼, 그가 향유하는 것은 도둑질이네."라고 했기 때문이다.

그래서 조사선의 핵심은 본래면목本來面目이다. 본래면목은 인위적으로 조작되지 않은 천연 그대로의 자기 모습이다. 즉 '나'를 버리고 다듬어서 허물이 없는 완벽한 인간으로 도약할 수 있지만, 그것이 본래면목은 아닌 것이다. 본래면목을 찾는 방법론이 바로 직지인심直指人心이다. 직지인심이란 마음을 억압하거나 조작하지 않고 있는 그대로의 본성을 보는 것이다.

무아에 대한 혼돈의 문제를 이론으로 정립한 사람이 바로 용수(龍樹, Nāgārjuna)다. 공空사상의 철학을 체계화한 용수의 사상은 연기緣起를 이론적 근거로 둔다. 연기는 이것이 있기에 저것이 있다는 것이다. 바꾸어 말하면 중생이 있어야만 부처도 있는 것이다. 중생과 부처의 양변을 모두 포괄하는 사상이 바로 중도中道다. 그러므로 중도에서는 부처가 된다고 해서 중생이 없어지는 것이 아니다.

용수의 이제설二諦說이 말하는 '중도'는 중생과 부처, 즉 의식과 무의식이 하나의 정신(一心)이라는 것에서 출발한다. 즉 그의 이론인 승의제와 세속제는 고정된 내용을 갖고 있지 않고, 두 진리가 양방향성의 운동성을 가지고 소통하는 이중적 구조다.[2]

이제二諦는 두 가지 진리라는 뜻이다. 있는 그대로의 세계를 진리로 받아들이는 무아의식이 승의제勝義諦라면, 모든 것을 관념적으로 받아들이는 자아의식이 바로 세속제世俗諦에 해당한다. 즉 승의

2   『불교의 언어관』, pp.265~6.

제가 생성의 언어라면, 세속제는 존재의 언어다. 이제는 어느 하나가 부정되는 것이 아니라 둘을 모두 포괄하는 진리의 세계다. 그렇기 때문에 중론中論이라고 부르는 것이다.

이것은 융의 다음과 같은 이론에 그대로 연결된다. 융은 의식과 무의식이 고정되어 있지 않기 때문에 어느 누구도 의식만으로 살아갈 수 없다고 한다. 의식만이 정신의 전부라고 고집하는 사람이라면 단지 그가 삶의 대부분을 무의식적으로 살아간다는 사실을 인식하지 못함에서 오는 오해에서 비롯된다고 융은 말한다.

의식과 무의식의 에너지는 서로를 향해 흐른다. 그것이 정신의 본질이다. 그러므로 의식과 무의식은 그만큼 유동적인 운동성을 가질 수밖에 없다. 그러므로 의식이 무의식의 내용을 인식하고 수용하는 것이 곧 의식과 무의식을 함께 포괄하는 중도이다.

중도는 이것과 저것, 음과 양의 중간지점에 멈추어 선 것이 결코 아니다. 오히려 음과 양을 부단하게 움직이게 하는 운동 원리로서 대단히 역동적이다. 이처럼 역동적인 정신의 세계를, 소통을 위한 사회 관습적인 체계인 일반적 언어구조에 담을 수 없는 것은 너무도 당연하다. 체계란 일정한 원리 안으로 조직되는 통일된 전체다.

체계화된 언어기호는 규정을 벗어날 수 없는 결정론적 세계관에 기초되어 있다. 관념화는 곧 통제다. 그러므로 관념화된 언어구조 속에서는 생생하게 살아 숨 쉬는 고유한 본성으로서의 실재가 표현될 수 없다. 붓다와 조사들이 중도의 언어를 사용하는 이유가 바로 여기에 있는 것이다.

선종의 핵심적 요지는 '사람의 마음을 사사로운 뜻 없이 보는 것

(直旨人心)'이다. '사사로운' 것은 바로 '나'를 중심으로 보고 판단하고 해석함에서 온다. 그러므로 사사로운 뜻 없이 본다는 것은 '나'라는 인식주체가 비어 있는 순수한 인식으로서의 무아의식이다. 무아의식은 사사로운 뜻이 없기 때문에 오직 '있는 그대로의 진실(眞如)'을 본다.

무아에 대한 수많은 오해와 그로 인한 혼란들은 바로 붓다가 사용하고 있는 '생성의 언어'를 '존재의 언어'로 해석함으로써 일어난다. 그것은 깨달음에 대한 붓다의 세계관을 근원적으로 왜곡한다. 누구보다도 관념적 언어의 폐해를 잘 알고 있었던 붓다는 중도의 언어가 '존재의 언어'로 왜곡되는 것을 극도로 경계했다. 붓다의 그러한 염려에도 불구하고 붓다를 공부하고자 하는 사람들에게 '존재적 언어'는 극복하기 어려운 권위로 작용한다.[3]

'생성의 언어'가 어려운 것은 고정된 지식의 체계가 아니라 변화무상한 경험의 체계 안에 있기 때문이다. 전체성을 인식할 수 없는 자아의식에게 '생성의 언어'는 역설(Paradox)이다. 반면에 확정적이고 결정적인 존재의 언어는 확실성과 안정감을 준다. 이것이 자아의식으로 하여금 존재의 언어를 선호하게 만드는 것이다.

깨달음이란 모든 개체의 고유한 개성의 열림이다. 이것은 각 개인의 깨달음이 동일하고 정확한 형태를 가질 수 없다는 것을 의미한다. '존재의 언어'는 관념이다. 관념이라는 고정된 틀은 고유한 성질을 정형화시켜 버린다. 붓다나 조사들이 관념적 언어를 피하여

---

3   『불교의 언어관』, p.54.

'생성의 언어'를 사용하는 이유가 바로 여기에 있는 것이다.

'나'가 보고, '나'가 듣고, '나'가 생각하는 것에는 언제나 '나'라는 자아가 인식의 중심으로 있다. '나'라는 자아의식은 대상을 인식하는 상대의식이다. 그러므로 자아의식으로서는 자성이 실체實體로서 상相으로 자리한다. 때문에 법(法, dharma)은 붓다의 가르침·선행·진리·사물의 본성·법칙·사물 자체 등을 의미하게 된다.

반면에 인식의 중심에 '나'가 없는 무아의식에서는 자성이 실체로서의 상이 아니라 고유한 본성이다. 그러므로 법은 사물 자체로서 법이며, '궁극적 실재'로서 '열반'을 의미한다.[4] 열반이란 미혹과 집착에서 벗어나 자유의 상태에 이르는 것이다. 미혹과 집착에서 벗어나려면 결국 미혹과 집착의 주체가 무엇인지를 알아야만 한다. 그 주체가 무엇인지를 명료하게 보여주는 것이 바로 무아의식이다.

번뇌는 의식과 무의식의 양변을 인식하고 수용할 수 없는 자아의식의 산물이다. 본래 자성의 밝고 깨끗함의 작용인(本來自性 淸淨涅槃)인 무아의식은 의식과 무의식의 양변을 수용하는 중도中道다. 말하자면 중도는 열린 시각이며 전체성이다. 그러므로 무아의식의 입장에서는 번뇌는 무찔러야 할 대상이 아니라 '나'를 이해하는 중요한 자산이다.

비판철학의 창시자인 칸트는 자아의 몸체는 도덕과 이성이지만 그 뿌리는 본능과 욕망이라고 했다. 칸트의 말은 중도를 이해하는 데 있어서 참으로 적절하다. 이성은 인간의 가장 위대한 능력이다.

---

4   『불교의 언어관』, p.7, pp.14~5.

그러나 본능과 욕망은 그 위대한 능력을 일순간에 무색하게 만들어 버릴 수 있다. 왜냐하면 그러한 사건들은 사람이 사는 곳이면 언제 어디서나 일어나기 때문이다. 이것은 이성의 뿌리에 대해 탐구하지 않으면 안 된다는 것을 말하고 있는 것이다.

칸트의 말에서 이미 드러나고 있듯이 의식과 무의식(아뢰야식)의 근원은 같다. 자아는 비록 의식의 중심으로 기능하지만 본질적으로 무의식이다. 그렇기 때문에 의식과 무의식은 서로 유동적인 운동성을 가질 수밖에 없다. 이것은 자아의식이 진정한 의식성이 될 수 없다는 것을 말하고 있는 것이다.

자아가 곧 무의식이라면 자아를 아는 것이 곧 무의식을 아는 것이 된다. 불교가 말하는 중생은 바로 무명으로 있는 정신의 내용들이다. 이것은 뒤에 본문에서 나올 혜능의 법문에서 확인하게 된다. 그러므로 무명을 밝히는 것이 무아의식이고, 무아의식에 의해서 무의식이 의식화되는 일이 곧 중생을 구하는 일인 것이다. 무아와 중도사상은 바로 이러한 정신의 구조에 근거하고 있다. 그러므로 중도의 언어를 이해하는 것이 곧 깨달음이라고 말하는 것이다.

왜 무아가 아니고 무아의식이라고 말하는가?

조금만 면밀하게 고찰해본다면 불교를 대표하는 '무아無我'개념은 '아我'에 대한 탁월한 통찰이라는 것을 알 수 있다. '아我'는 심리학적 용어로 '자아'다. 그러므로 불교는 '자아'에 대한 가장 진지한 탐구와 엄밀한 사색을 바탕으로 이룩한 종교라고 말할 수 있을 것이다. 불교가 순수하게 종교적 영역에 한정되지 않고 철학과 고차원의 심리학으로까지 거론되는 이유가 바로 여기에 있다.

그렇다면 불교는 왜 '무아'를 강조하게 되었을까? 모든 사상과 이념, 철학과 종교의 탄생은 그것을 창출한 시간과 공간이라는 환경적 조건을 무시할 수 없다. 그러므로 후대의 사람들이 고전을 제대로 이해하기 위해서는 사상이 형성되었던 당대의 시대 상황을 동시에 인식해야 한다.

인도철학의 기본원리 중의 하나로 알려진 아트만ātman의 의미는 영원성이다. 그러니까 아트만은 '나'가 사라지지 않고 지속되고자 하는 인간의 염원을 담고 있다. 이러한 아트만에 대한 종교적 신념이 자아의식의 발전을 정점으로 끌어올렸을 것이다. 왜냐하면 고타마 싯다르타Gautama Siddhārtha의 무아에 대한 깨달음도 결국은 아트만에 대한 본질적 추구의 결과이기 때문이다.

전통과 문화를 통해 나타나듯이, 인도사람들은 현실적 삶보다는 아트만이라는 이상적 삶에 더 높은 가치를 부여했다. 성숙하게 발달된 자아의식일 때, '나는 누구인가'라는 숙명적 질문에 다가갈 수 있다. 그러므로 무아의 강조는 역설적으로 불교가 자아의식 발달의 정점에서 일어난 종교라는 것을 보여주는 것이다. 자아의식의 강화는 정신통합으로 가는 가장 중요한 토대이다.

하지만 깨달음을 견성見性이라고 부른다. 견성이란 무아의식이 절대적 객관성으로 자기 본성을 인식하는 것이다. 자아의식으로서는 결코 본성을 볼 수 없다. 깨달음의 경험을 나타내는 말을 왜 '성품을 본다'라고 했는지에 모든 해답이 있다. 깨달음이란 결국 보는 기능, 즉 의식성인 것이다.

무아는 '나'라고 주장할 수 있는 실체가 없다고 해석된다. 왜냐하면 '나'·아트만·브라만·불성佛性 등으로 명칭되는 것들은 모두 존재가 아니라 정신의 기능이기 때문이다. 이것을 좀 더 심리학적인 관점으로 말한다면, 무아는 자아의 상대의식이 아닌 절대의식이다. 절대의식이란 인식의 중심에 '나'라는 것이 방해할 수 없는 의식이다. 대승불교에서 불성을 공성空性이라고 하는 이유가 바로 여기에 있다.

석가모니 붓다는 아트만의 실체가 있다고 믿는 인도의 풍토에서 수행했다. 아트만이 실체라면 아트만은 존재가 된다. 그러나 붓다는 아트만이 실체로서 존재하는 것이 아니라, 자아의식에 의해서 분리된 정신을 한마음(一心)으로 나아가도록 하는 정신적 기능이라는 사실을 깨달은 것이다. 이러한 깨달음이야말로 인식의 혁명적 전환이다.

아트만이 실체는 아니지만 그 기능은 명명백백하게 작용한다. 그러므로 무아를 단순히 아무것도 없는 것이라고 말해서는 안 된다. 무아는 사사로운 '나'라는 주체가 비어 있는 의식성이기 때문에 보는 것에 왜곡이 없다. 그러므로 있는 그대로의 사실이 명명백백하게 드러나게 된다. 이 책에서 무아라고 쓰지 않고 '무아의식'이라고 쓰는 이유가 바로 여기에 있다. 무아가 정신의 기능이 아닌 실체로서 이해되면 깨달음의 방법론에 대한 엄청난 혼란이 일어나게 된다.

부처가 되기 위해 '나(我)'를 없애고 무아가 된다면 그것은 무화無化로 빠질 뿐이다. 조사들은 그것을 공空에 떨어지는 것이라고 말한다. 아무 생각도 없이 마음을 텅 비워놓고 산다는 것은 죽은 삶, 혹은 잠든 삶이라는 것이 조사들의 생각이다.

마음은 진화의 전 과정이 저장되어 있는 보물의 창고다. 마음을
비운다는 것은 정신의 근원을 비우는 일이다. 생각이 없다는 것은
정신기능의 중지를 의미한다. 정신이 기능하지 않는다면 뇌는 점점
퇴화되어 갈 것이고, 뇌의 퇴화가 가져오는 것은 결국 치매와 같은
치명적 질병이다.

사실 자아가 없다면 존재 자체가 성립하지 못한다. 자아의 실체
또한 불교에서 중요한 이슈issue이기 때문에 여러 학파가 등장하게
된다. 자아가 있다고 생각하여 대상의 실체를 인정하고 아집我執과
법집法執을 낳게 만들었던 실유實有사상의 아비달마 불교나, 그런
아비달마 불교의 모순을 극복하고자 자아의 실체를 부인한 공관空
觀사상의 중관이나 유식唯識 또한 자아를 바라보는 관점에 그 핵심
이 있다. 이것을 바꾸어 말한다면, 자아가 정신작용에 있어서 얼마
나 중요한 기능인가를 말해주고 있는 것이다. 왜냐하면 정신의 하
향도 상향도 모두 자아의식의 결정에 달려 있기 때문이다.

깨달음은 정신에 대한 단순한 현상적 접근이 아니라, 본질적 접
근이다. 그러므로 깨달음의 궁극적 목표는 해탈이다. 해탈은 '나'가
누구인지를 인식하는 무아無我의식의 출현이다. 무아의식의 기능인
절대적 객관성이 '있는 그대로'의 자신을 관조하는 것이다. 이것은
정신의 가장 탁월한 인식현상이다. 그렇기 때문에 불교에서는 진리
와 부처를 '진여眞如'라고 말하는 것이다. 진여는 '있는 그대로의 모
습'을 의미하는 산스크리트어의 타타타tathatā, 타트바tattva의 한자
번역어다.

진정으로 나를 아는 데 필요한 것은 상대적으로 기능하는 객관적 인식이 아니라, 절대적으로 기능하는 객관적 인식이다. 자아의식이 상대적 객관성을 취할 수 있다고 하더라도 그것은 지극히 제한적이고 한시적이다. 왜냐하면 제한적인 자아의식으로서는 정신의 무한한 크기를 감당할 수 없기 때문이다. 그러므로 '나'라는 틀을 초월하여 있는 무아의식만이 정신의 실재에 접근할 수 있는 것이다.

자아의식은 무의식을 기반으로 형성된 특별한 자치기능이다. 자아에 대한 탐구는 그것의 뿌리인 무의식의 탐구로 이어진다. 중생은 부처를 바탕으로 하고 있으며 부처는 중생에 의해서만 비로소 실현된다. 그렇기 때문에 조사들은 중생이 없다면 부처도 없다고 말하는 것이다.

말하자면 부처는 중생을 명상함으로써 부처 자신의 모습을 알게 된다. 즉 무아의 부처가 자아의 중생을 관조한다. 무아의 관조에 의해서 의식과 무의식으로 분리된 정신은 비로소 한마음(一心)으로 통합한다. 이것이 바로 왜 무아여야 하는지를, 왜 무아가 의식이어야 하는지를 알려주는 해답이다.

제1장

무아란
무엇인가?

1. 무아는 자아의 상대적 개념이다

불교에서는 아뢰야식阿賴耶識을 거론하지 않고서 자아를 말할 수 없다. 아뢰야식은 저장貯藏이라는 의미를 담고 있다. 즉 과거 조상들의 행위적 습관들이 종자의 형태로 저장되어 있다고 보는 것이다. 아뢰야식은 인간정신의 심층심리로서 생명을 유지시키는 근원이다. 이것에 의해서 자아로 대표되는 말라식未那識이 발생한다.

제7식이라 불리는 말라식은 '나'를 중심으로 생각하고 헤아리며 집착한다고 하여 사량思量이라는 이름으로 불린다. 말라식인 자아는 눈·귀·코·혀·몸·생각(眼耳鼻舌身意)이라는 여섯 가지 식識과 마찬가지로 현실적으로 작용하기 때문에 현행식이다. 그러나 말라식은 또렷하게 드러나지 않아 정의하기 어렵다. 말라식은 아견我見·아치我癡·아만我慢·아애我愛를 만들어내기 때문에 유부무기有覆無記라고 불린다.[5]

불교에서 보는 자아는 기능적 개념보다는 현상적 개념으로 정의된다. 자아는 이기심·갈애·집착·증오·분노·속임수·교만·우울·공포 등과 같은 것들로 표현된다. 불교는 근본적으로 '나(我)'라는

5   『나, 버릴 것인가 찾을 것인가』, p.135.

실체를 주장할 수 있는 것이 없다고 본다. 그럼에도 불구하고 중생의 특성은 끊임없이 '나'에 집착하여 '고통'을 만들어낸다. 이처럼 현상에 포커스focus를 맞추는 불교이론은 자아의 부정적 측면이 우선적으로 부각된다.

불교의 세 가지 근본 교의敎義는 무상無常·고苦·무아無我라는 삼법인三法印이다. 삼법인은 자아의 특성에 의하여 성립된다. 즉 자아가 있기에 무상함을 느끼고, 자아가 있기에 고통을 느끼고, 자아가 있기 때문에 무아가 있다. 그러므로 불교의 중요 개념인 '무아'는 이미 '자아'의 상대 개념이다. 말하자면 삼법인의 역설은 바로 자아의 문제를 제시하고 있는 것이다. 불교가 그 어떤 종교·학문·과학보다도 자아에 대해서 철저하게 탐구하고 경험하였다는 것이 불교의 무아론이 증명하고 있는 것이다.

붓다의 무아에 대한 이야기는 수많은 설법들 속에 들어 있다. 붓다가 말하는 무아는 '자아의 불변성과 실체성'을 부정하는 것이지 자아의 기능 자체를 부정하는 것이 아니다. 그럼에도 불구하고 무아를 존재론으로 신봉하는 사람일수록 무아개념을 낳게 만든 자아에 대해서는 정확한 인식이 부족한 경우를 많이 보게 된다.

심리학적 구조에서 자아는 몸과 정신을 조절하고 표현하는 의식의 대표적인 기구다. 자아의식은 현실적 존재의 삶을 영위하게 하는 기능적 측면뿐만 아니라 깨달음의 길로 들어서는 데 있어서도 가장 중요한 역할을 하고 있다. 그런 의미에서 자아에 대한 정확한 이해를 결코 소홀히 할 수 없다는 것을 이해하게 된다. 그렇다면 붓다는 '정신 구조의 산물로서 자아'를 어떻게 설명하고 있는지에 대하여 알아볼 필요가 있을 것이다.

초기경전에는 자아에 대한 중요한 의미를 담은 붓다의 문장들이 있다. 붓다는 자신의 죽음을 지켜보는 사랑하는 제자들에게 자아에 대해서 핵심적인 내용을 들려준다. "잘 길들여진 자아(atta)는 인간의 영광이네", "실로 자아(atta)가 자신의 의지처이다." 이 말들은 붓다가 자아를 얼마나 중요한 기능으로 보고 있는지를 알 수 있게 해준다.

붓다가 말하는 '잘 길들여진 자아'는 융이 말하는 객관화된 자아에 유비될 수 있다. 객관화된 자아에 의해서 자기 자신에 대한 인식이 공정하고 자유롭게 일어난다. 자유로운 인식은 자신의 모습을 있는 그대로 이해하고 수용되도록 한다. '실로 자아가 자신의 의지처'라고 하는 것은 자아를 아는 것만이 자기 자신이 누구인지를 알 수 있기 때문이다. 이것은 자아를 깊이 명상하지 않고서는 깨달음이 없다는 것을 말하고 있다.

그러나 붓다의 '무아'개념만을 철저히 받아들였던 제자들이 당황하고 말았다. 왜냐하면 제자들은 붓다가 경험한 것처럼 자아에 대하여 선명하고도 확실한 경험을 하지 못했기 때문이다. 그러므로 제자들에게 붓다가 말한 자아에 대한 이야기는 개념적으로 다가온다. 지금껏 그렇게도 무아를 말씀하시던 스승께서 죽음을 앞두고서 갑작스럽게 자아가 자신의 의지처(or 구원자)라 하시니, 이 모순을 어떻게 해야 할지 몰라 당혹스러웠다.

그래서 붓다에 대한 존경과 믿음이 너무도 깊었던 제자 월풀라 라훌라는 부처가 마지막으로 남긴 위의 문장을 다음과 같이 해석한다. 즉 '죽음을 앞에 둔 붓다는 홀로 남겨질 제자들을 위안하고 자신감을 불어넣기 위하여 자아를 말한 것이지, 자아의 존재를 인정한 것은 아니다.'

그러나 이것은 월폴라의 개인적 해석일 뿐, 붓다 말의 의미를 정확하게 이해했다고는 보기 어렵다. 스승을 믿고 따르는 제자로서의 마음은 갸륵하지만 그의 잘못된 해석까지 답습할 필요는 없다. 월폴라의 해석은 부처와 중생을 분별하는 자아의 상대의식에서 나온 것이다. 붓다가 자아의 기능을 얼마나 중요하게 생각하고 있었는지를 확인할 수 있는 문장이 아래에서 확인된다.

> 그러므로 아난다여! 너희 비구들도 자아의 섬에 머물고 자아에게 귀의하라(atta-dipa atta-sarana). 법의 섬에 머물고 법의 섬에 귀의하라. 다른 것에 귀의하지 말라. 아난다여! 이 가르침 안에서, 비구는 몸에 대해 따라가며 보면서 머문다. 열렬함과 주시(念)와 알아차림(正知)을 지녀, 세간에 관련한 탐욕과 근심을 벗어나…… 자신을 섬으로 삼아 머물고 자신에 의지하여 머물고 다른 이에게 의지하지 않는 이가 있다면, 또한 법을 섬으로 삼아 머물고 법에 의지하여 머물고 다른 것에 의지하지 않는 이가 있다면, 그는 곧 나의 제자들 중에서 최고의 비구가 될 것이다.[6]

자아의 섬에 머물고 자아의 섬에 귀의하라는 붓다는 '자아'만이

---

6   『나라고 할 만한 것이 있는가?』, 정준영, p.49 경전 인용 부분.

비구가 찾고 있는 바를 얻을 것이라고 간곡하게 조언한다. 재미있는 것은 자아에 머물고 자아에 귀의하고, 법에 머물고 법에 귀의하라는 것은 자아와 법이 다르지 않다는 것을 보여준다는 점이다. 이말은 곧 자아를 아는 것이 곧 법이라는 말이다. 즉 자아에 머무른다는 것은 자아를 버리고 부처를 찾으려는 사람들에 대한 경고다. 진짜 부처는 자아를 버리는 것이 아니라, 자아로 돌아와 그것에 의지해야 한다는 것이다.

소승들은 자아를 버리고 부처를 찾기 위해 엄청난 노력을 한다. 그러나 그 모든 노력이 헛되다는 것을 붓다는 자신의 일생을 통해서 몸소 체험한 것이다. 왜냐하면 깨달음은 자아를 떠나 따로 존재하는 것이 아니라 자아 그 자체를 이해하는 것이기 때문이다. 자아를 이해한다는 것은 바로 자기 자신을 이해하는 것이다. 자기 자신을 아는 것이 곧 부처다. 부처의 의식에는 '나'라는 주체가 없으니 이를 무아라 한다.

부처님을 대단히 존경하던 월폴라는 '법'에 대하여도 다음과 같이 해석한다. 즉 '붓다 자신이 죽고 없어서 제자들이 의지할 곳이 없다면, 붓다 자신이 가르친 말씀들에 의지해서 깨달음을 얻으라고 했다'는 것이다. 어떻게 이런 해석이 가능할까? 이미 앞에서 말한 바와 같이 붓다는 '생성의 언어'로 말했지만, 월폴라는 '존재의 언어'로 받아들였기 때문이다. 월폴라에게 있어서 법은 자기 안의 의식성이 아니라 붓다가 남긴 말이었던 것이다.

붓다가 말한 '법'이 과연 어떠한 법인지에 대해서도 정확하게 짚어볼 필요가 있다. 붓다는 단 한 번도 자신의 말을 법이라고 한 적이 없다. 붓다가 자신의 말을 법이라고 규정했다면 사람들은 붓다의 말에 매달릴 것이다. 왜냐하면 붓다는 손가락으로 달을 가리킨 것인데, 사람들은 달을 보지 않고 붓다의 손가락을 보는 것과 같은 이치가 되기 때문이다. 물론 붓다의 설법들은 법의 이치를 설명하고 있다. 그러나 그것은 법의 이치일 뿐 법 자체는 아닌 것이다.

아비달마阿毘達磨에서는 법을 '독자의 성질(自性)' 또는 '존재의 본질(自相)'을 유지하는 것이라고 설명한다. 법이란 곧 자성自性이다. 성불成佛을 이룬 붓다의 위대한 언어들은 오직 자성에 대한 설명일 뿐 자성 그 자체는 아닌 것이다. 왜냐하면 자성은 각 개체의 고유한 본성 안에서만 발견될 수 있기 때문이다. 그러므로 『대반열반경집해大般涅槃經集解』는 법이 곧 불성이고 법을 체득하는 것이 곧 부처가 되는 것이라고 기록하고 있는 것이다.

그런데 법은 여섯 인식기관(六根: 眼·耳·鼻·舌·身·意)과 그것에 대응하는 여섯 인식대상(六境: 色·聲·香·味·觸·法)에서 의(意, manas)와 밀접한 관련을 갖는다. 의意는 인식과 사고의 기능이다. 붓다가 제자 아난에게 남긴 마지막 말을 중심으로 이것을 해석해보자. 그 두 가지는 '자아'와 '법'이다.

즉 '자아에 대한 인식'인 것이다. 이러한 해석의 정당성은 『법구경(Dhammapada)』의 백육십 번째 게송이 증언해준다. "실로 자아(atta)가 자아의 의지처이다(attano natho). 어떻게 다른 사람을 의지처로 삼을 수 있겠는가." 여기서 나토natho는 의지처, 보호자, 주인, 구원자 등의 의미를 지닌다. 그 어떤 것을 대입해도 뜻은 크게 빗나가지 않는다. '사람'을 의지처로 삼지 말라는 것에서 붓다 그 자신도 다른 사람을 깨닫게 할 수 없다고 말하고 있다. 그 이유는 이미 앞에서 말한 바와 같이 깨달음은 누구도 간여할 수 없는 존재의 고유성을 인식하는 것에 있기 때문이다.

'실로 자아가 자아의 구원자이다'라는 대목에서는 더욱 구체적이고 직접적이다. 말하자면 자아가 무엇인지 아는 것이 바로 무아의식이라는 말이 정당하게 성립되는 것이다. 자아개념을 무아개념과 지나치게 대립시키지 않는다면 자아와 무아를 함께 사용하는 붓다의 말은 전혀 모순되지 않다.

"부처를 만나면 부처를 죽이고 조사를 만나면 조사를 죽여야 한다."는 임제선사의 말은 그 어떤 종교에서도 볼 수 없는, 불교만이 할 수 있는 가장 혁명적인 선언이다. 각 개체의 법은 개체의 존재에서 비롯되는 것이지 그 누구에게서도 빌려올 수 없다는 것이다. 모든 법은 각 존재의 고유성이다. 그 고유성을 찾는 일은 자아와 그것의 뿌리인 집단무의식을 탐구했을 때만이 가능하다.

정신의 구조와 기능에 대해서 누구보다도 절실하게 체험한 붓다가 자신이 생전에 남긴 말들에 의해 깨달음을 얻으라는 말을 남겼다고는 보기 어렵다. 붓다 이후 최고의 인식을 획득한 용수나 조사들조차도 '내 말을 믿고 따르라'고 하지 않았다. 왜냐하면 붓다의 영산 선문답이 전하고 있듯이, 깨달음이란 관념이 아니라 고유한 본성에 대한 직접적인 인식이기 때문이다.

붓다는 자아의 기능 그 자체를 부정하는 것이 아니라 자아가 고정된 실체라고 믿는 것에 대해서 부정하는 것이다. 붓다의 이와 같은 분명한 의도에도 불구하고 불교에서 자아의 실질적 기능에 대해 말한다는 것이 자연스럽지 못한 것은 사실이다. 무아無我의 임팩트 impact가 그만큼 강하게 작용하고 있기 때문이다. 그런데 붓다가 무아를 주장한 이유를 다음 글에서 볼 수 있다.

> 취착하는 자 또는 갈애하는 자와 같은 주체는 인연화합에 의해 잠정적으로 그 기능을 이행하는 자일 뿐, 고정된 실체와 같은 주체란 존재하지 않으며, 주체가 이렇게 실체가 아닐 때 집착에서도 벗어나는 것이 가능하다. 따라서 무아의 참뜻은 자아에 대한 집착을 제거하기 위하여, 우리가 통상적으로 자아라고 알고 있는 그것이 실체가 아닌 가립태일 뿐이라는 것을 알려주는 데 있는 것이며, 일상적으로 경험되는 나 혹은 자아를 부정하는 것이라기보다는, 그 일상적 자아의 올바른 실상이 오온가합임을 보여주는 데 있는 것이라고 하겠다.[7]

사람은 그가 살고 있는 시대에 영향을 받는다. 따라서 붓다가 당시대 사람들의 의식수준에 맞는 설법을 행하였을 것이라는 점은 충분히 유추해볼 수 있다. 붓다의 무아 주장은 경험적 자아를 부정하는 것이 아니라, 자아 중심에서 일어나는 문제들과 그것에 의해서 감추어진 실상을 올바르게 알려주기 위함이라는 것이 분명해진다.

---

7 『범한철학』 제43집 2006년 겨울, 김종욱 「무아에서 진아까지 – 불교무아개념의 형성과 전개」, p.106.

그러나 그 어느 시대나 견성하지 못한 자아의식으로서는 무아이론을 자아의식의 상상 안에 가두어버린다. '나'가 있기 때문에 현실을 느끼는데, 부처님이 '나'가 없다고 했으니 감정도 사고도 없는 '공'의 세계로 빠져들어야 한다고 생각한다.

붓다는 왜 무아를 강조했을까? 무아를 주장한 붓다의 입장에서 한번 생각해봐야 할 것 같다. 영원불변한 아트만이 있다고 생각한 사람들은 현실의 모든 무상한 존재들을 부정할 수밖에 없다. 그것은 너무도 당연하다. 누가 영원불변의 절대적 진리를 두고 일시적이고 초라한 현실적 자신에 대하여 알아야 할 필요를 느낄까?

말하자면 그것은 현실적 존재 자체를 부정해버리는 결과를 가져오게 만드는 것이다. 현실적 존재에 대한 부정은 진정한 삶의 의미를 잃어버리는 일이다. 현실적 존재가 단순하게 부정될 수 있는 성질의 것이라면 우리는 다음과 같은 문제의식에 부딪히게 된다. '자신 안에 있는 완전하고 영원한 아트만과 같은 보석이 있다면 인간은 왜 불신할 수밖에 없는 육신으로 태어나야 했을까?' 이것은 현실을 부정하고 깨달음이라는 환상을 좇는 이들에게 근원적인 의문이 되어야 한다.

만일 이러한 문제의식에 대한 진지한 고민 없이 깨달음만을 추구한다면 그것은 허상에 갇힌 정신적 질환에 불과하다. 그들은 세상을 살지만 땅에 발을 딛지 않고 허공을 날아다니는 허깨비다. 왜냐하면 자기 자신이 누구인지를 아는 것이 깨달음이고, 그것은 오직 삶을 가장 리얼하게 살 수 있을 때 인식되어질 수 있기 때문이다.

아트만이 실제로 존재한다는 전통이 뿌리 내린 토양에서 붓다의 무아개념은 코페르니쿠스적 발상이었던 것이다. 독자범지가 붓다에게 "중생에게 '나'가 있는가? 없는가?"라고 물었다. 그러나 붓다가 그것에 대해 침묵한다. 그것을 본 제자 아난이 붓다에게 침묵한 이유를 다시 여쭈었다.

그러자 붓다는 '나'가 있다고 하면 그것을 영원불변한 실체로 생각하는 어리석은 믿음을 가질 것이고, 만약 '나'가 없다고 한다면 모든 것은 없어져버리니 인과도 없고 응보도 없으며 진리조차 없게 되어 버린다고 대답했다. 늘 변하여 고정된 실체를 주장할 만한 것이 없으니 있다고 할 수도 없지만, 단절되지 않고 상속되는 원인을 일으키는 그 무엇은 있으니 없다고도 할 수 없는 것이다.

그러니 여래는 '나'는 있지만, 그것이 상속되는 것이라고 말할 수 없기 때문에 있기도 하지만 없기도 한 중도를 취한다. 이것은 무아를 말하기 전에 그 상대적 개념인 자아에 대한 명료한 이해가 선행되어야 한다는 당위성을 만들어내는 것이다. 왜냐하면 무아는 자아를 상대하여 성립된 개념이기 때문이다.

2. '무아'가 아니고 왜 '무아의식'일까?

융의 분석심리학 이론에서는 현상적 인간을 말하는 자아가 있다. 자아는 일상적인 '나'로서 의식적 주체이다. 우리는 이 자아에 의해서 모든 것을 경험한다. 그러므로 그것은 '경험적인 자아'라고 불린다. 그러나 융 또한 불교와 마찬가지로 자아를 인간의 본질이라고 보지는 않는다. 불교에서는 인간의 본질이 부처라면 융에게는 부처와 유비되는 자기(Self)이다.

자기(Self)는 자아의식을 초월해 있기 때문에 자아의식으로는 파악되지 않지만 그 작용은 내면에서 스스로 일어난다. 융은 이것을 원형(Archetypus)의 작용이라고 부른다. 자기는 원형들 가운데 중심원형이다. 자기가 정신의 주체라면 자아는 정신의 객체이다. 정신의 객체는 정신의 주체를 볼 수 없지만, 정신의 주체는 정신의 객체를 볼 수 있다. 정신의 주체가 정신의 객체를 보는 것이 주객일여主客一如다.

주객일여의 체험을 일반적으로 견성見性이라고 표현한다. 견성은 견성성불見性成佛에서 유래한다. 견성성불이란 글자 그대로 해석하여 '본성을 보는 것이 곧 부처'라는 것이다. 부처가 자신의 본성을 본다는 것에서 부처는 의식성이라는 사실이 드러난다. 이것은 부처가 곧 무아의식이라는 사실을 말하고 있는 것이다. 그러므로 견성성불은 무아의식의 본격적인 관조기능이 시작되었다는 것을 의미한다.

그런데 이 견성체험은 반드시 황홀경을 동반하는 신비현상이 일어난다. 융은 견성의 신비현상을 원형이 가지고 있는 누미노제(das Numinose)인 자연의 빛(lumen naturae)이라고 말한다. 자연의 빛은 견성체험에서 실질적인 빛으로 체험되어 내면을 비추는 의식성으로 돌아간다. 이때의 의식성은 자아의 상대적 의식성이 아니라 무아無我로서 선명하고 순수한 의식성이다.

그러므로 융은 무아의 의식성을 절대지(絶對智, absolute Wissen) 혹은 절대의식성(絶對意識性, absolute Bewusstheit)이라고 부른다. 융이 이 절대의식성만이 진정한 현실을 드러낸다고 말하는 것은, 그 안에 사사로운 분별이 전혀 없는 절대평등의 자리로서 절대적 객관성이기 때문이다.[8] 무아가 단순히 인식주체로서의 '나'가 없는 상태가 아니라 순수한 의식성이라는 사실을 『티벳 사자의 서』에서 보다 정확하게 알리고 있다.

아 고귀하게 태어난 아무개여! 들으라, 이제 그대는 순수한 존재의 근원에서 비치는 투명한 빛을 경험하고 있다. 그것을 깨달으라……. 그대의 현재의 마음이 곧 존재의 근원이며 완전한 신이다. 그것은 본래 텅 빈 것이고, 모습도 없고, 색깔도 없는 것이다. 그대 자신의 마음이 곧 참된 의식이며 완전한 선을 지닌 붓다이

8   『융 심리학과 동양사상』, pp.26~7.

다. 그것은 텅 빈 것이지만 아무것도 없는 텅 빔이 아니라 아무런 걸림이 없고, 스스로 빛나며, 기쁨과 행복으로 가득한 텅 빔이다.[9]

순수의식, 즉 무아의식은 근원에 존재하는 투명한 빛이다. 일반적인 사람들은 자기 내면에 근원으로 존재하는 햇빛보다 더 밝고 투명한 빛을 살아생전에 보지 못한다. 왜냐하면 자아가 그것을 두려워하기 때문이다. 그런데 숨이 완전하게 끊어져 외부를 향해 있던 의식의 기능이 멈추면 제일 먼저 그 빛이 드러난다고 이 경전은 전하고 있다.

하지만 생전에 무아의 빛을 경험하지 못한 채 죽은 사람(死者)의 경우에는 그 빛을 감당할 수 없다. 그러므로 그 빛에 대한 경험이 생전이나 사후이거나 간에 두려움 없이 감당할 수 있을 만큼의 강인한 정신력과 그것에 대한 참된 이해가 요구되는 것이다.

'아미타불'이라고 불리는 이 투명한 빛은 생명을 태어나게 하고 존재하도록 만든다. 창조적 측면으로 인식하는 사람에게 그것은 전지전능한 '신'의 모습으로 경험될 것이고, '참된 의식'으로 인식하는 사람에게 그것은 통합의 한마음(一心)을 상징하는 '부처'로 경험될 것이다.

투명한 빛은 보는 주체가 없는 인식작용이기 때문에 무아의식이고, 어떤 관념적 오염도 없기 때문에 순수의식이며, '나'라는 중심에

9 『티벳 사자의 서』, p.164.

서 보는 상대적 시각이 아니기 때문에 절대의식이다. 그러므로 무아의식은 무의식 상태로 있던 정신적 내용물들을 있는 그대로 인식한다.

이것이 곧 부처가 곧 '자각'이라고 말하는 이유다. '투명한 빛'이 참된 수행자에게 자각으로 기능해서 '참나'가 무엇인지를 여실하게 드러낸다. 왜냐하면 무아의식의 자각은 앉고 서고 움직이고 자고 먹는 모든 일상의 행위를 자기가 누구인지를 아는 명상으로 만들기 때문이다.

그런데 실제로 투명한 빛을 경험한다고 할지라도 자아의 초월이 완전하게 일어나지 않으면, 그 빛은 자아와 동일시되어버린다. 동일시란 자아가 투명한 빛의 경험을 '나'가 한 것으로 생각해버리는 것을 말한다. 투명한 빛이 자아와 동일시되면 인식주체가 여전히 기능하기 때문에 '투명한 빛'은 '자각'이라는 본래의 기능을 발휘할 수 없다.

투명한 빛이 출현할 때는 놀라운 평화·엄청난 환희심·치유능력·타심통·미래예언과 같은 신통력이 수반되기도 한다. 그런데 이러한 경험이 자아가 인식주체로 있는 상태에서 하게 되면 '나'는 경험의 주체가 된다. 즉 나는 신비를 경험한 특별한 사람이 되는 것이다. 수많은 사이비 교주들이 자신이 부처나 하나님에게 선택되었다고 주장하는 이유가 바로 여기에 있다.

그러므로 신비경험을 하는 자체가 중요한 것이 아니라 자아의 객관화가 일어나는지 일어나지 않는지가 관건이다. 자아가 경험의 중심에 있는 한 무아의식의 본래기능인 '자각'은 일어나지 않는다. 자아가 완전하게 초월되었을 때, 신통력과 같은 현상들은 그 자체로 일어나고 그 자체로 사라진다. 그러고 나면 투명한 빛은 내면을 비추는 '참된 의식'으로서 자리한다.

이것은 우리에게 '생성의 언어'가 '존재의 언어'로 해석될 때 일어나는 문제를 여실하게 보여준다. 자아의 상대의식이 부처를 존재로 볼 때, 자아는 팽창이라는 정신적 문제를 낳는다. 그러나 부처가 정신의 기능이 되면 부처는 최고의 인식으로서 분리된 정신의 통합이라는 한마음으로 회귀한다. 『티벳 사자의 서』 역시 무아의식의 자각이 왜 드러나야 하는지 그 이유를 다음과 같이 설명하고 있다.

인간의 영혼 속에는 신神이 내재해 있다. 그 신이 바로 창조의 힘이다. 이 힘을 통해서 영혼은 생각들을 창조한다. 그리고 그 생각들에 의해서 영혼들은 서로 차이를 갖게 된다. 결국 생각은 모든 존재를 결정하는 조건일 뿐 아니라 동시에 존재 자체이기도 하다.[10]

사람의 생각이 곧 존재 자체라는 것이다. 생각들을 창조해내는 것이 바로 다르마카야(법신法身)다. 말하자면 생각을 안다는 것은 창조주인 다르마카야를 아는 것인 동시에 자기 자신의 존재를 아는 것이다. 이 말을 뒤집으면, 자신의 생각이 무엇인지 모른다면 자기 존재를 모른다는 말이다.

10 『티벳 사자의 서』, p.163.

그러므로 무아를 아무것도 없는 텅 빈 고요라고 생각하여 마음을 모두 잠재워버린다면 그는 '참된 나'를 발견하는 길을 막아버리는 것이다. 텅 빈 마음은 곧 정신의 죽음이다. 정신이 죽는다면 살아 있어도 그는 살아 있는 것이 아니다. 그것이 가져오는 현실적 결과는 결국 치매와 같은 질병을 부를 뿐이다.

임제선사는 그런 사람은 그 상태로 죽어서 다시 그 상태로 태어난다고 말한다. 왜냐하면 생각을 억압하여 마음을 비운다면 의식의 성장은 결코 일어날 수 없기 때문이다. 마음이 시끄러운 것은 억압되어 있는 무의식이 의식화를 요구하는 것이다. 그것은 정신이 끊임없는 분화과정을 거치고 있다는 증거다.

존재를 앎에 있어서 무아의 절대적 앎과 자아의 상대적 앎의 차이는 엄청나게 다르다. 이 책에서도 '무아'라고만 하지 않고 '무아의식' 혹은 '절대의식'이라고 하는 것은 무아의 인식 기능을 강조하기 위해서다.

붓다가 뽓타빠다의 질문에 '자아에 대한 세 가지 획득'이 무엇인지 답하는 내용이 있다. 첫 번째 자아는 지수화풍地水火風으로 이루어진 몸이다. 두 번째 자아는 몸과 마음 그리고 감각지능을 가진 자아다. 세 번째는 인식으로 이루어진 무색(無色: 육체적 요소가 아닌)의 자아다.

첫 번째 자아는 심리학에서도 초기 자아가 몸과 동일시되어 있다고 말한다. 두 번째는 감각지능을 지닌 몸과 마음이다. 세 번째가 바로 인식이다. 우리는 여기서 생각해볼 수 있을 것이다. 즉 붓다가 무아라고 말했기 때문에 무아가 되어야 한다고 주장한다면, 그것은 첫 번째와 두 번째에서 말하고 있는 자아의 특징에 대한 언급이다.

붓다가 중요시하는 자아는 바로 세 번째 '순수한 인식' 그 자체로서의 자아다. 첫 번째와 두 번째 자아는 정신적·육체적 질병을 부르는 집착과 고통의 원인이 된다. 이 두 종류의 자아는 눈·귀·코·혀·몸·의식으로 들어오고 나가는 모든 것에 '나는 있다'라는 망상을 생산해낸다. '나'라는 것은 주관성이다. 주관적 인식은 모든 것이 '나'를 중심으로 되어 있기 때문에 객관성이 존재할 수 없다.

진리란 있는 그대로의 사실에 근거한다. 그러므로 진리는 무아의 절대의식으로 일어나는 절대적 객관성에 의해서 가능해진다. 깨달음이 '나'가 초월된 자리라는 것에서 이미 그것은 밝혀진다. 그러므로 붓다가 강조한 무아는 첫 번째와 두 번째 자아의 문제를 말하는 것이며, 그것에 대한 소멸이다.

세 번째 자아는 자아의 주관성이 배제된 인식 그 자체다. 그러므로 그것은 집착과 고품의 원인과 '나'라는 망상이 무엇에 근거하는지를 '아는 자아'로서 인식이 이미 객관화되어 있다. 객관화된 자아가 곧 무아의식이다. '나'라는 인식주체가 없는 의식은 관념에 의한 편견이 없으니 절대적 객관성으로 작용한다. 절대 객관의 인식은 분리된 정신을 한마음(一心)으로 통합할 수 있기 때문에 최고의 의식기능이라고 하는 것이다.

무아의식에 의해서 첫 번째와 두 번째의 자아 소멸은 저절로 일어난다. 여기서 소멸은 자아가 없어진다는 것이 결코 아니다. 다만 자아가 무엇인지를 철저한 인식함으로써 자아의 트릭에 속아 넘어가지 않는다는 것이다. 사람은 타인에 의해서보다 스스로의 기만에 의해서 더 많이 속는다. 기만이 무엇인지를 안다면 더는 어리석지 않을 수 있는 것은 분명하다.

아난다여! 이 가르침 안에서, 비구는 몸에 대해 따라가며 보면서 머문다. 열렬함과 주시(念)와 알아차림(正知)을 지녀, 세간에 관련한 탐욕과 근심을 벗어나…… 자신을 섬으로 삼아 머물고 자신에 의지하지 않는 이가 있다면 그는 곧 나의 제자들 중에서 최고의 비구가 될 것이다.[11]

'몸에 대해 따라가며 보면서 머문다'는 것은 객관화된 자아, 즉 무아의식이 지수화풍地水火風으로 이루어진 몸인 첫 번째 자아와 몸과 마음, 그리고 감각지능을 가진 두 번째 자아를 본다는 것이다. 그런데 단순히 보기만 하는 것이 아니라 '머문다'고 말한다. 즉 보는 그 자체로 끝나는 것이 아니라 본 것을 숙고한다는 것이다.

그러므로 어떻게 '머무는지'에 대한 구체적인 설명이 뒤따른다. 열렬함과 주시(念)와 알아차림(正知)을 지니고 머문다. 열렬함이란 집중된 정신이다. 염念은 생각한다, 혹은 마음에 두고 곰곰이 사유하는 것을 의미한다. 그러므로 본문은 염을 주시로 해석하고 있다. 주시란 정신을 모아 자세히 살피는 것이다.

정신을 집중하여 자세히 살핀 결과가 바로 알아차림이다. 온전한 집중으로 자세히 살피는 것은 오직 무아의식만이 가능하다. 자아의

---

11   정준영, 『나라고 할 만한 것이 있는가?』, pp.47~50 경전 인용 부분.

식은 온전한 집중이 일어나기에는 에너지가 약하다. 자아는 '나'라는 관념이다. 관념은 어떤 것을 규정하는 틀이다. 자아는 자신의 틀이 허용하는 한도만큼만 의식의 에너지량을 장착할 수 있다. 그러므로 자아의 인식은 자아가 갖는 에너지량만큼 가능하다.

자아의식의 에너지는 많은 부분이 무의식으로부터 오는 원치 않는 생각들로 인한 갈등과 불안을 방어하고자 소비된다. 에너지가 부족하면 자아는 쉽게 피로해진다. 그렇기 때문에 자아는 자신이 원하는 것만을 보고 싶어한다. 그런데 원하는 것만 보아서는 결코 있는 그대로의 자신을 파악할 수 없다.

그러므로 선지식이 진실하고 바른 법을 개연함을 만나 미망을 걷어버리면 안과 밖이 밝게 사무쳐 자성 가운데 만법이 모두 드러나게 된다. 일체의 법이 자신의 자성 가운데 있는 것을 청정법이라 한다.[12]

자기 자신을 있는 그대로 보지 못하게 막는 것이 미망이다. 자아가 스스로 정신의 주체가 아님을 깨닫게 하는 것이 무아의식이고, 무아의식에 의해서 미망은 저절로 걷어진다. 무아의식은 '안과 밖이 밝게 사무쳐 자성 가운데 만법이 모두 드러나게 되는' 태양과 같은 강렬한 의식성이다.

무아의식을 청정하다고 말하는 것은 자아의 미망에 오염되지 않

---

12 『돈황본 육조단경 연구』, p.240.

은 순수의식이기 때문이다. 무아의식에는 나의 어리석음을 부끄러워하는 주체가 없고, 나의 우월감을 자랑스러워하는 주체도 없다. 그러므로 무아의식은 그 모든 것을 있는 그대로 비춘다. 만법은 '있는 그대로'의 모습 안에 존재한다는 것을 알게 해주는 것이 바로 무아의식이다. 무아의식의 이러한 특성 때문에 황벽은 자성의 의식성을 허통虛通하다고 말하는 것이다.

허통한 무아의식은 태양처럼 천연 그대로의 에너지다. 인위적으로 만들어진 전기 에너지가 태양의 위력을 흉내 낼 수 없다. 자아의식은 인공적인 전기 에너지만큼이나 제한적이다. 제한적 에너지는 제한된 열정이기에 제한적 주시를 할 수밖에 없다. 이것이 자아의식으로 하여금 부분적 알아차림만이 가능하게 만드는 것이다.

반면에 무아의식은 무한 에너지다. 무한 에너지에 의해서 무한한 열정이 발산되고, 그것이 전체적 주시와 전체적 앎을 가능하게 한다. 그렇기 때문에 정확하고 바른 알아차림(正知)이 일어나게 되는 것이다. 이와 같은 무아의식의 열렬함과 주시(念)와 알아차림(正知)에 의해서 자아가 무엇인지를 알 수 있다. 자아에 대한 올바른 인식은 곧 무의식에 대한 인식이며, 존재의 근원에 대한 이해다. 그것은 의식과 무의식으로 분리된 정신의 통합이며 한마음(一心)으로의 진정한 회귀다.

그러므로 황벽은 "다만 마음을 비추기만 하면 경계가 저절로 공적해진다. 다만 본체를 적정하게만 하면 현상은 저절로 고요해진다."[13]라고 하는 것이다. 비춘다는 것은 의식성에 대한 상징적 표현이다. 왜냐하면 모든 알아차림은 의식성에 의해서 일어나기 때문이다.

황벽은 자아와 무의식을 두루 비추는 무아의식을 허통하다고 말하고, 아주 밝다고 하여 일정명—精明이라고 부른다. 마음을 비추는 밝은 의식이 그냥 정명이 아니라 일정명이다. 즉 자아에 의해서 분리되어 있는 의식이 아니라는 것이다. 분리되지 않는 전체의식이 허통한 것은 너무도 당연하다.

무의식은 바다에 비유될 만큼 깊고 넓은 내용들이다. 그러한 무의식을 자아의식의 한정된 에너지로는 도저히 감당할 수 없다. 그렇기 때문에 무의식을 다 비추고도 모자람이 없는 역량을 가지고 있는 일정명의 의식이 요구되는 것이다.

자아의식으로도 일정명을 이해할 수 있다고 황벽은 말한다. 하지만 그것은 어디까지나 지적知的인 이해일 뿐이다. 지식으로 아는 것은 결국 법에 속박되는 것이다. 일정명은 나를 객관적으로 보여주는 빛이다. '나'를 본다는 것은 지식이 아니라 경험이다. 이것이 자아의식으로서는 분리된 정신의 통합 혹은 계합이 일어날 수 없는 이유다.[14]

황벽이 '허통한 법'이라고 말했다면, 조주는 그것을 '허명虛明'이라고 부른다. 인식주체가 비어 있는(虛) 비춤이기에 곧 무아의식이다. 그런데 허명의 의식은 다른 사람을 비추는 빛이 아니라 자기 내면을 스스로 비춘다.[15] 무아의식이 내면을 비추는 것은 자기 안의

13 『전심법요 • 완릉록 연구』, pp.126~7.
14 『전심법요 • 완릉록 연구』, pp.128~9.

아주 오래된 어둠, 태고太古의 무명을 밝혀야 하는 숙명을 가지고 있기 때문이다. 혜능은 허명이 태고의 무명을 밝히는 일을 자기 안의 부처가 자기 안의 중생을 구제하는 일이라고 말한다.

유전으로 전해지는 집단무의식은 '나'라는 주관성에 오염되지 않는 청정한 의식에 의해서 존재 자체를 드러낸다. 이것은 무아가 단순히 '나'가 없다는 말이 아니라 정신의 비밀을 밝혀내는 위대한 의식기능임을 분명하게 밝혀주고 있다. 그러므로 조사들이 부처가 되고자 마음을 텅 비우고 앉아 있는 것을 통렬하게 비판할 수밖에 없었던 것이다.

무아를 혜안慧眼·지안智眼·법안法眼이라고 말하는 자체에서 이미 무아는 의식이라는 말을 하고 있다. 왜냐하면 의식이 아니고서는 지혜도 앎도 법도 알 수 없기 때문이다. 그러므로 '무아'는 '무아의식'이라고 말해지는 것이 더 정확하고 더 바른 이해다.

15　『전심법요·완릉록 연구』, p.145, 『조주록』〈선의 어록11. p.162〉. "問, 承古有言, 虛明自照, 如何是自照. 禪云, 照不著處如何. 師云, 爾話墮也."

3. 무아의식은 열린 시각이다

앞에서는 견성을 무아의식이 자신의 본성을 보는 것이라고 해석했다. 그것은 무아를 중심으로 보았을 때의 해석이다. 그렇다면 반대로 자아를 중심으로 견성見性을 해석하여 성품을 부처라고 이해한다면, 그것은 자아(我)가 부처인 무아의식이 있다는 것을 깨닫는 것이다. 자아의 그러한 깨달음은 자아로 하여금 더 이상 인식을 방해하지 않고 자아라는 본래의 기능으로 돌아가게 한다. 그러므로 견성은 자아의식의 객관화이자 무아의식의 출현이다.

융은 자아의 객관화로 일어나는 무아의식을 '사고와 관점의 대전환을 뜻한다'고 말한다. 무아의식에 의해서 자기 본연의 모습이 그대로 드러나기 때문이다. 무아의식이 출현한다고 해서 자아가 완전하게 그 기능이 정지된다고 알면 그것은 아주 잘못된 이해다. 자아의 본래 기능은 자기 보호다. 그러므로 자아가 없으면 존재는 존재로서의 삶이 불가능하다. 정신은 오직 자아를 통해서만 그 전체성이 드러날 수 있다. 자아가 없으면 무의식에 대한 탐구, 즉 자기 자신에 대한 탐구가 일어날 수 없다. 무아의식이 드러나면 자아가 없어지는 것이 아니라 의식의 주체 자리에서 물러나는 것이다.

자아의 상대의식에서 일어나는 인식은 철저하게 '나'를 중심에 두고 보고 듣고 느끼고 해석한 것이다. 이러한 자아의 인식은 자아의 틀에 의해 제한되고 왜곡된 인식이다. 그러나 무아의식에는 '나'라는 틀 자체가 없다. 그러므로 무아의식의 인식 범위는 제한이 없고, 있는 그대로를 본다. 사실 이것은 진실을 볼 수 없음과 있음의 차이다.

깨달음이란 결국 일방적이고 배타적인 자아의식의 특징으로부터 벗어난 무아의식의 열린 시각이다. 그것은 모든 내적 갈등과 불안으로부터의 근원적 해방이며, 의식과 무의식이 조화를 이루는 한마음으로의 통합이다.

"의식이 초월될 때 분별적이고 일방적인 상대의식이 사라지고 누미노제를 띤 자연의 빛인 절대의식이 드러난다. 절대의식은 주객의 상대가 끊어진 주객일여主客一如, 평등일여平等一如를 드러내는 절대성을 갖게 된다." 그 절대의식성이 절대지(alsolutes Wissen)를 가능케 한다. 이런 상태가 바로 무아적 '자기' 인간의 본성을 증득한 깨달은 경지이다.[16]

자아는 '나'를 중심으로 생각하고 판단하고 행동하지만, 무아는 '나'라는 인식주체가 없는 무심無心이다. 무심에서는 주체와 객체는 하나다. 주체와 객체가 하나를 이루고 있는(主客一如) 무아의식의 특징은 모든 본질과 현상을 '있는 그대로' 꿰뚫어 파악할 수 있다는 점이다. '본질과 현상을 꿰뚫어 파악함으로써 개체는 자신의 참모

16 『융 심리학과 동양사상』, p.120.

습을 알게 된다. 그것은 생명의 본질에 대한 근원적 인식이다.

정신의 근원은 무의식에 있다. 자아는 무의식의 정신이다. 그러므로 자아를 관찰하는 일은 바로 무의식을 관찰하는 일이다. 자아와 무의식에 대한 명료한 인식은 '나'라는 틀이 없는 열린 의식에서만 가능하다. 그러므로 무아의식의 출현을 인간 지성의 최종적 목적지라고 부르는 것이다.

융은 선禪의 본질이 바로 깨달음이라고 본다. 사전에서는 선禪을 '깊이 생각한다', '내적으로 직관한다', '고요히 관찰한다' 이 세 가지로 정의하고 있다. 붓다는 이와 같은 선의 방법을 사용하여 성불成佛을 말할 수 있었던 것이다.

첫 번째 '깊이 생각한다'는 것에서 붓다는 무엇을 깊이 생각했을까? 그것은 그 당시 인도 사람들의 염원이었던 '아트만'이었을 것이다. 붓다는 '아트만이 무엇일까'를 깊이 생각했을 것이다. 아트만에 대한 집중명상이 자아의 초월인 객관적 인식을 가능하게 한다. 자아가 초월되면서 '누미노제를 띤 자연의 빛'이 드러난다.

'내적으로 직관한다'라고 함은, 신성한 자연의 빛(lumen naturae)이라고 표현되는 무아의식에 의해서 저절로 일어난다. 왜냐하면 무아의식의 기능이 바로 내면에 대한 관조이기 때문이다. 불안과 갈등의 주체가 없는 무아의식이 '고요한 관찰'이 될 수 있는 것은 당연하다. 좋은 것을 받아들이고 나쁜 것을 거부하는 '나'가 없는 열린 의식이기 때문에 어떤 무의식의 내용들도 제한 없이 모두 인식되고 수용된다. 이러한 무아의식의 기능에 의해서 내적 진화의 역사를 기록하고 있는 정신의 실체는 그 모습을 드러내게 되는 것이다.

　자아의 상대의식에서 보는 것과 무아의 절대의식에서 보는 것의 차이는 무엇일까? 자아의식의 중심에 있는 '나'라는 주체는 '나'를 지키고 지속적으로 유지하는 기능이다. 자아는 '나'가 없어지는 것을 가장 두려워한다. 이러한 두려움은 자아로 하여금 그 자체에 위협이 될 만한 내용들에 대해서 인식하기를 거부하게 만든다. 이것이 자아가 있는 그대로의 자기 자신을 부정하는 이유다. 그러므로 자기 자신을 부정하고 정직한 인식을 방해하는 '나'를 관조할 수 있는 무아의식이 필요한 것이다.

　그렇다면 융 심리학은 왜 의식과 무의식의 통합을 말하고, 조사들은 왜 한마음(一心)을 이야기하는 것일까? 자아의식은 자신에게 불리한 내용들을 가지고 있는 무의식을 부정하기 때문에 분리가 일어난다. 말하자면 중생이 부처가 되기 위해 중생이기를 거부할 때 부처와 중생은 분리된다.

　분리는 근본적인 불확실성이다. 존재에 대한 불확실성은 자기 자신에 대한 혼란이다. 혼란은 그 자신이 누구인지 알지 못함에서 온다. 그러므로 사람이 생명을 유지하는 동안에 그 자신이 누구인지를 안다는 것은 그 무엇보다도 중요하다. 자기 자신을 안다는 것이야말로 불교가 말하는 깨달음의 핵심이다.

　아비담마(abbihamma, 論藏)에서는 "진리(sacca, truth)는 사실이다."라고 말한다. 진리란 옳고 그름, 선과 악이 아니라 '있는 그대로의 실재'인 것이다. 실재야말로 궁극적인 진리이며 또한 최상의 것이라고 정의된다. 즉 진리는 개념적인 것에 의해서 정의되는 것이 아니라 직접적인 경험에 의해서만이 그 본래적 의의에 도달한다는 것이다.

붓다가 이미 말한 바와 같이 자신을 있는 그대로 보지 않는 사람은 곧 그 자신에게 스스로 사기를 치는 것이다. 말하자면 진리란 자신의 모습을 사기 치지 않고 있는 그대로 보는 것에 있다. '있는 그대로 보는 것'이 바로 직지인심直指人心이다. 직지인심은 선종禪宗의 시조 달마가 그의 제가 혜가에게 깨달음의 수행방법으로 가르쳐 준 것이다. 즉 마음이 일으키는 모든 것이 바로 부처이기 때문에 그 마음을 어느 것도 수정하거나 왜곡하지 않고 있는 그대로 보아야만 한다.

말하자면 직지인심은 스스로를 기만하는 자아를 무아의식의 절대적 객관성으로 관조하는 일이다. 달마가 직지인심을 말한 것은 이미 붓다가 말한 바와 같이 스스로를 기만하는 자아의 특징에 대해서 너무도 잘 알고 있기 때문이었을 것이다.

자아는 교리를 연마하고 모든 계행戒行을 닦으며 중생을 버리고 부처가 되려고 애를 쓴다. 그러나 그러한 행위들이 수억 겁의 시간만큼 축적된다 하여도 자기의 본래면목을 보지 못한다고 조사들은 말한다. 왜냐하면 그것은 언어문자·사량계교思量計較에 사로잡혀 자신을 속이고 기만하는 결과를 가져오기 때문이다. 이것이 바로 자아의 특성이다. 그러므로 자아의식으로 사는 한 자신의 진정한 실체를 파악할 수 없다.

융의 말처럼 자아는 참으로 연약하기 때문에 너무도 쉽게 상처를 받는다. 자아가 사용하는 수많은 방어기제防禦機制들이 그것을 말해주고 있다. 방어기제는 자아가 원하지 않는 감정이나 정황에 직면하였을 때 살아남기 위해 그것에 본능적으로 적응하려고 시도하거나 그렇지 않으면 피하거나 억압한다.

적응·도피·억압·동일시·보상·투사와 같은 심리적 메커니즘mechanism들은 모두 자신에게 일어나는 감정이나 상황을 있는 그대로 볼 수 없게 하는 방어막들이다. 그것들에 의해서 자아는 지켜질 수 있다. 그러나 자아의식 안으로 들어오지 못하는 것들에 대해서는 전혀 알 수가 없게 되는 문제가 발생한다. 무아의식이 정신의 주체로 등장해야 하는 이유도 바로 여기에 있는 것이다.

의식은 길들여질 수 있는 성질이라고 융은 말한다. 즉 자아의식은 교육에 의해서 교정이 가능하다는 것이다. 사회는 자아의식을 사회규범에 맞게 다듬어내려고 노력한다. 그런데 그런 자아의식만이 정신이라고 생각하고 살아가는 우리에게는 길들일 수 없는 자연의 성질이 존재한다는 것만으로도 두려움의 대상이 된다.

그러니 무의식을 경험한다는 것은 더더욱 어렵다. 첨단문명을 자랑하지만 거대한 자연재해 앞에서는 속수무책일 수밖에 없는 현대인의 경우와 같다. 천연의 에너지인 무의식은 나약한 자아 구조가 해체될 만큼 위협적이기 때문이다.

그런데 무의식의 경험을 거부하거나 억압하면서 사는 사람일수록 잘 다듬어진 사회적 얼굴, 사회적 인격을 자신의 참모습이라고 착각한다. 하지만 그것이 불안한 자아를 위로해주기는 하지만, 진정한 자신의 뿌리와는 분리된다. 뿌리로부터 분리된 정신은 위험할 수밖에 없다.

꾸며진 삶에는 진실성이 없다. 진실성이 없는 삶이 공허한 것은 너무도 당연하다. 조작된 인격을 참 자기 모습이라고 믿을수록 자신 안에 살아 있는 원시성은 결코 인정될 수 없다. 이러한 상태는 내면적 인격과 외면적 인격의 분리다. 분리는 불안과 갈등을 가져온다. 그러므로 불안과 갈등을 치유하는 근원적 해결책은 분리된 정신이 한마음으로 통합되는 것이다.

우리는 원만한 사회적 조화와 기능을 위해 사회가 요구하는 얼굴을 연마해야 한다. 그러나 그것이 진정한 나 자신이 아니라는 사실을 알아야만 한다. 그렇지 못하다면 그는 붓다가 말하는 도박사의 사기꾼일 뿐이다. 사회적 얼굴은 사회적 기능으로서 만들어졌기 때문에 자기의 참모습이 아니라는 사실을 인식하는 것이 중요하다.

도덕성을 추구하고 도덕성을 강조하는 사람일수록 타인의 부도덕을 용납하지 못한다. 도덕이 자신의 최고 가치가 될 때 자기 내면의 야만성, 즉 비도덕적 성질들은 의식의 그늘 아래로 은폐된다. 자아의식은 은폐된 것들을 자기 안에서 발견하지 못한다. 왜냐하면 그것들은 모두 타인에게 투사되기 때문이다. 내면에서 인식하지 못하는 것들은 자기 안에 없다고 생각한다. 투사를 하는 동안 자신은 깨끗하다고 착각한다. 나약함이란 두려움을 뜻한다. 나약한 자아에게 신념은 자신의 보호막을 만들거나 자신을 포장할 수 있는 아주 좋은 옷이다. 그러나 진리는 오직 '있는 그대로'의 자기 자신이다. 그렇기 때문에 우리는 꾸미지 않고 '있는 그대로'의 자신을 보아야만 하는 것이다.

있는 그대로의 삶을 거부하는 자아의 상대의식은 삶을 개념으로 이끌지만, 있는 그대로를 인식하고 수용하는 무아의 절대의식은 삶을 실재(reality)로 이끈다. 부처란 궁극적 진리이다. 궁극적 진리는 개념적으로 아는 지식이 아니라 있는 그대로의 진실로 드러나는 실재다.[17]

이것은 단순히 몸의 움직임만을 의미하지 않는다. 몸이 있음으로 해서 인간은 '나'라고 하는 현실적 존재를 유지할 수 있다. 몸은 그 자체로 삶인 것이다. 우리는 몸을 통해서 삶의 희·노·애·락(喜怒哀樂)을 체험하며 살아간다. 그러한 체험이 없다면 인간은 존재의 의미를 찾을 길이 없다.

몸을 통해 일어나는 모든 삶의 형태는 존재를 존재로서 가능하게 하며, 참다운 존재로서 성장하게 하는 통로다. 그러므로 몸은 깨달음의 강을 건너는 배이며, 그것을 인식하는 자아의식은 그 배를 목적지에 닿게 하는 뱃사공이다. 이것은 무아는 자아를 없어지게 만드는 신비가 아니라, 자아를 있는 그대로 이해하는 절대의식이라는 것을 말하고 있는 것이다.

유식唯識은 식識을 떠나서 법을 인정하지 않는다. 그렇다면 식은 무엇인가? 식(識, vijnapti)이란 마음이다. 유식이란 모든 것의 근원이 마음에 있음을 의미한다. 인간이 알아야 하는 것은 바로 자신의 마음을 아는 것이며, 마음을 아는 것은 곧 자신이 누구인지를 아는 것이다. 그것은 자기 존재의 역사를 아는 것이다. 이것이야말로 진

---

17 『나, 버릴 것인가 찾을 것인가』, p.68.

정한 진리다. 왜냐하면 직지인심直指人心이 곧 견성성불見性成佛이기 때문이다.

그렇다면 우리는 어떻게 자신을 알 수 있을까? 그 방법론을 찾는 길이야말로 목적론적 인간이 갖는 가장 중요한 핵심이 될 것이다. 마음이 어둠 속에 남아 있는 것이 바로 무명이다. 아는 것은 밝음·빛·인식으로서의 의식이다. 의식만이 무의식으로 남아 있는 무명을 밝혀줄 수 있다. 무명은 칠흑 같은 어둠이다. 그러므로 자아의 제한된 의식의 빛으로는 불가능하다. 오직 무아의 열린 의식의 빛으로만 할 수 있다.

4. 무아의식은 '궁극적 실재에 대한 인식'이다

초기불교에서 자아는 독자적 개념으로 나타나지 않고 자성을 이해하기 위한 하나의 수단으로서 거론된다. 자아개념에 대한 중요성이 분명하게 드러나지 않는 경향은 무아無我를 강조한 붓다의 영향임이 분명해 보인다. 자성에 대한 깊은 관심도가 상대적으로 자아개념에 대한 이해를 소홀하게 할 수 있었을 것이라는 추론을 해볼 수 있다.

초기불교의 자아개념은 희론·분별·견해라는 용어로 나타난다. 『숫따니빠따』에서 사용되는 희론(戲論, prapanca)은 그것의 중요성을 알아보았던 중관학中觀學에 의해서 주로 거론되어졌다. 희론은 '나는 있다'라는 자아에 대한 개념이다. 그러므로 희론은 '나'가 인식주체가 되는 자아의 상대의식으로, 대상을 분별하여 언어를 만들고 의미를 부여하는 자아의식의 지적 작용이다.

즉 희론은 자아의 상대의식에 의해서 표현되는 언어의 세계이자, 자아의 상대의식에 의해서 인식되는 대상으로서의 현실세계이다. 그러므로 희론은 주체와 객체라는 이원성이다. 희론의 이원성은 공空의 성질인 자성을 실체로서 규정한다. 이러한 이원론적 사고는 한마음(一心)의 분리에서 일어난다. 분리된 마음으로서는 무명을 밝힐 수 없기 때문에 고통의 근원이 된다.

희론에 의해서 일어나는 분별은 사사로운 생각으로 이것과 저것을 비교하며 갈등을 일으킨다. 갈등은 고통의 근거가 된다. 이것이 붓다가 희론을 부정적으로 보는 이유이다. 그러므로 『중론』에서는 "희론을 넘어서 불멸인 붓다를 희론하는 자들은 모두 희론에 손상되어 여래를 보지 못한다."라고 한 것이다. 왜냐하면 여래는 자아를 초월해 있기 때문이다. 그러므로 자아의 관념적 언어로 분별되는 여래는 그 본질이 손상될 수밖에 없다.

그러나 우리가 여기서 반어적으로 생각해 봐야 할 자아에 대한 중요한 문제가 있다. 즉 자아가 관념적으로라도 여래를 생각할 정도이면 자아 구조는 비교적 잘 형성되어 있다고 봐야 할 것이다. 희론에서 말하고 있는 것처럼, 초기의 자아는 '나'라는 형태를 뚜렷하게 형성하지 못한다.

그러므로 희론의 초월은 성숙한 자아의식의 단계에서 일어나는 담론이다.[18] 이것은 깨달음에 있어서 자아 구조의 강화과정이 필수적이라는 점을 환기시켜준다. 즉 자아의 구조가 제대로 성립되지 않는 한 자아의 초월은 일어날 수 없다는 것이다.

그런데 여기서 재미있는 것은 희론의 의미가 확장(expansion)·확산(proliferation)·다양성(manifoldness)·포괄성(diversity)이란 점이다. 이러한 의미를 사용한 것에는 분명하게 이유가 있을 것이다. 위와 같은 희론의 뜻을 야마모토는 부정적인 측면으로 밝혀놓았다.

그는 희론이 자성의 의미를 중심으로 확대 발전시킨다는 점에 중

---

18 『불교의 언어관』, pp.173~6.

점을 둔다. 즉 자아의 관념에 의해서 날조된 자성을 가지고 현상세계를 설명하기 위하여, 기술적으로 상세함을 증가시키고 발전시킴으로써 거대한 철학세계를 구축한다는 것이다.

이것은 전체성을 중심으로 했을 때, 희론의 부정적인 역할이 부각되어져야 하는 과정상의 해석이라고 볼 수 있을 것이다. 왜냐하면 자아의식은 상대의식으로만 기능하기 때문이다. 그러므로 성장의 정점에 이르러 전체정신인 한마음(一心)으로 회귀하기 위해서 자아는 부정되어져야 하는 것이다.

그렇다면 긍정적인 측면으로 희론이라는 용어가 내포하고 있는 의미를 살펴보자. 자아의식이 만들어내는 모든 관념은 고착화와 실체화를 특성으로 한다. 이러한 특성 때문에 자아의식은 찰나 생멸하는 현상의 진여실상을 보지 못하게 된다. 그러므로 진정한 희론은 끊임없이 확장되어 희론을 초월하여 전체의 다양성을 포괄할 수 있는 상태로 가야만 한다.

그렇게 되기 위해서는 자아의 강건한 구조가 필수적이다. 왜냐하면 강건한 자아의 구조만이 거대한 무의식의 힘에 파괴되지 않으면서 무의식의 내용을 의식화할 수 있기 때문이다. 자아의 성장은 구조를 튼튼하게 하는 것이고, 이것은 공성空性인 무아로 통하는 문이 된다.

초기불교에서는 심(vitakka, 尋)과 희론이 서로 도와 확장시켜나가는 순환적 구조를 가졌다고 보았다.[19] 즉 자아의식의 사유에 따라

---

19 『불교의 언어관』, p.185.

자아는 외연外延을 확대하고 자아를 강화시켜가는 것이다. 생각이 없다면 불성도 없다. 그러므로 생각은 곧 불성이다. 다시 말해 무아는 자아의 성숙함이 무르익어 스스로 주관성의 껍질을 까고 나온 것이다.

이것은 나가르주나가 무명을 전도顚倒에 있다고 말하는 것에서 그 해답을 찾을 수 있다. 전도는 희론에 의해서 일어난다. 즉 희론의 언어관인 자아의 관념이 실재(reality)를 왜곡시키는 것이 바로 무명인 것이다. 다시 말하자면, 무명의 본질인 자아가 의식주체로 있기 때문에 여래를 상대적으로 분별하여 독립적인 실체로서 가정한다.

자아는 그 실체를 찾기 위해 집착하고 번뇌를 만들고 스스로 자기관념의 노예가 되어 고통의 악순환을 반복하게 하는 전형적인 과정을 가지고 있다.[20] '궁극적 실재에 대한 인식'을 하기 위해서는 반드시 자아의 초월, 즉 객관화된 자아로서 무아가 출현해야만 한다.

또 다른 자아개념의 이름으로 불리는 것이 바로 분별이라는 단어이다. 분별은 주로 유식에서 그 중요성을 인정받는다. 분별의 본질도 희론과 마찬가지로 진리와 거짓을 나누는 이분법에 있고, 사유와 논리 그리고 관념에 해당되는 자아의식의 영역이다. 즉 분별은 관념에 의해서 견해가 일어나고 그것을 논리적으로 구별하여 생각하는 것이다.

그러나 다르마는 분별하고 규정할 수 있는 영역이 아니기 때문에

---

20   『불교의 언어관』, pp.179~182.

자아의 상대의식의 분별로서는 다가갈 수 없다. 그러므로『숫따니빠따』에서는 분별을 '잘못된 망상'이라고 표현했다. 그렇다고 해서 분별이 꼭 부정적인 의미만은 아니다. 분별이라는 단어의 의미를 알아보는 것도 좋은 이해 방법의 하나이다.

어근적으로 분별은 '적합한(be adapted)'·'준비된(fertig)'·'토대가 잡힌(gerustet)'이란 뜻이 있고, 동사적으로는 '성공하다'·'적당하다'·'참여하다'란 뜻이 있으며, 사역동사적으로는 '질서를 지우다'·'정돈하다'·'분별하다'·'준비하다'·'다양하게 맞추다' 등의 의미를 가진다. 다른 한편으로는 '양자택일'·'선택'·'다양' 등의 의미를 담고 있다.

일반적으로 불교의 자아 인식은 부정적 측면이 더 강하게 나타나지만, 여기에 나타나는 '분별'의 의미는 매우 긍정적인 측면을 가지고 있다. 적합하게 준비하고, 토대를 잡아 성공하는 뜻으로 보아 목적을 이루기 위한 점진적인 행위가 담겨 있다.

사역동사적 의미로는 무질서에서 질서로 나아가는 준비과정이다. 즉 '분별'이 함축하고 있는 의미는 의식의 분별기능을 전적으로 드러내고 있다. 결국 모든 질서는 의식의 분별기능에 의해서 행해지고, 그것은 결국 정신 그 자체의 목적론적 방향으로 나아가고 있음을 증명하는 것이다.

그런데『중론』에서는 자성의 분별과 자아의 분별을 다르게 구분하고 있다. 자성의 절대의식의 분별은 순수하지만, 자아의 상대의식의 분별은 주관적 가치판단에 오염되어 있다. 진리란 자아의 가치판단이 개입되지 않는 자성의 분별이 본다. 자아의 가치판단이 개입되면 무상·고·무아의 진정한 의미를 알지 못하고, 상덕(常德: 열반의 자유자재)·낙덕(樂德: 생사의 고통을 여의는 기쁨의 덕)·아덕(我德: 망령된 집착을 버린 眞我)·정덕(淨德: 모든 더러운 번뇌를 여읜 청정함)으로 왜곡하여 집착하게 된다는 것이다.

여기서 『중론』은 우리에게 중요한 문제를 알려주고 있다. 즉 깨달음이란, 더러운 중생이라는 존재에서 밝고 깨끗한 부처라는 존재로 변신하는 것이 아니라는 것이다. 다시 말해서 더러움과 깨끗함으로 구분하여 중생과 부처를 이원화하는 것은 결국 자아의 허상이라는 사실을 분명하게 밝히고 있다. 그러므로 자아의 가치판단이 개입되지 않는 무아의식에서 보아야만 무상·고·무아의 진리가 드러난다는 의미가 성립되는 것이다.[21]

즉 분별이 문제가 아니라 결국은 자아의 관념이 문제인 것이다. 분별은 무명을 밝히는 중요한 정신기능이다. 그러나 그것에 문제를 일으키는 것은 자아의 상대의식이 갖는 관념과 한계에서 비롯된다는 것을 알 수 있다. 그러므로 나가르주나 역시 문장의 논리적 기술 그 자체를 부정하는 것이 아니라 자아의 상대의식에 의해서 왜곡된 질문들을 부정한다는 사실을 보게 된다.[22]

이 말을 자아의식으로 바꾸어 본다면, 불교는 자아 그 자체를 부정하는 것이 아니라 자아의 상대의식이 만들어내는 허구와 착각의 문제들을 부정하는 것이다. 만일 이것이 자아를 부정하고 무아를

21 『불교의 언어관』, pp.198~203.
22 『불교의 언어관』, p.206.

주장한다고 할지라도 그것을 관념으로 받아들인다면 그것 또한 결과적으로 자아의 작용일 뿐이다.

그러므로 문제는 자아나 무아에 있는 것이 아니라, 그것을 거부하거나 수용하는 정신적 기능이 부분적 작용이냐 혹은 전체적 작용이냐에 달려 있는 것이다. 나가르주나가 최고의 진리를 관념이 아니라 실재(reality)라고 하는 이유도 바로 여기에 있다. 자아든 무아든 그것은 실체實體가 아니라 공空인 것이다. 왜냐하면 자아도 무아도 모두 정신적 기능이기 때문이다. 정신적 기능은 작용함에 있어서는 실재하지만 현실적 실체는 아닌 것이다.

『브라흐마질라경』의 62가지 견해는 모두 과거와 미래를 모색하고 있다고 밝힌다. 그러나 이러한 과거와 미래를 모색하는 견해들은 단지 '지금 여기에서 경험하고 느끼는' 안·이·비·설·신·의라는 여섯 가지 감각접촉(phassa)을 조건으로 할 뿐이라는 것이다. 그러므로 이 견해들에 구속되지 않고 자유로워지는 것은 결국 견해를 만들어내는 감각의 본질에 대한 정확한 인식이다.

자아의 상대의식에 의해서 일어나는 견해(ditthi)로서는 '무지하고, 보지 못하고, 현관하지 못하고. 깨닫지 못하고, 꿰뚫지 못하고, 분별하지 못하고, 고려하지 못하고, 통찰하지 못하고, 명백하지 못하게' 된다. 이것은 의식의 본래적 기능이 깨닫고, 보고, 현관하고, 꿰뚫고, 분별하고, 고려하고, 통찰하고, 명백하게 보는 것이라는 것을 나타낸다.

다만 그러한 기능에 제동을 거는 것은 의식의 주체를 자처하는 자아다. 왜냐하면 자아의식은 '나'라는 틀에 의해서 인식되므로 집착과 왜곡이 일어나기 때문이다. 집착과 왜곡은 '궁극적 실재에 대한 인식'을 방해한다. 반면에 무아의식은 틀이 없기 때문에 오온과 육근에 대한 집착도 없고, '궁극적 실재에 대한 인식'도 방해받지 않는다. 이것이 바로 견해에 집착하지 않고, 견해로부터 초월되어 있는 여래의 입장이다.

그러나 중생의 모든 고통은 실체가 있다고 생각하는 견해로부터 생기고, 그러한 고통의 과정을 겪음으로써 중생은 부처의 길을 염원하게 된다는 것을 간과해서는 안 된다. 이 세상의 어느 누구도 범부를 거치지 않고 바로 부처가 될 수는 없다. 무아의 절대의식으로 가는 길은 오직 자아의 상대의식이 있기에 가능한 것이다. 그러므로 나가르주나가 비판하고 있는 중생이란, 단지 자아의 상대의식이 만들어 놓은 판타지에 스스로 갇히고 집착하여 실재를 보지 못하고 있는 사람들을 상대로 설명하고 있다는 것을 기억할 필요가 있다.[23]

『중론』에서 말하는 '견해'는 '집착(graha)'·'봄(darsana)'·'사고(cinta)'·'분별하다'의 의미를 지닌다. 이러한 의미를 통해서도 드러나듯이, '견해'는 자아의식의 언어적 사고체계로 형성된다. 그러므로 견해에도 자아의 이원론적 특성에서 비롯되는 옳은 견해와 잘못된 견해가 존재한다.

옳은 견해가 행위의 결과인 업을 수용하고 자아가 공空임을 인정한다면, 잘못된 견해는 행위의 결과인 업을 부정하고 자아의 영원

---

23   『불교의 언어관』, pp.220~232.

성이나 소멸성을 주장한다. 잘못된 견해는 찰나 생멸하는 현상을 자신의 관념 속에 가두기 때문에 '나'에 집착하여 사물을 있는 그대로 볼 수 없다. 반면에 옳은 견해는 자아의 관념으로부터 자유롭기 때문에 고통의 소멸을 가져온다.

그러나 견해를 심리적 집착의 의미로 사용하는 나가르주나는 이 두 견해를 모두 부정한다. 왜냐하면 견해 그 자체가 이미 자아의식의 상대적 분별성에 기초하고 있기 때문이다. 그러므로 진정한 공성空性은 자아의 상대적 분별을 초월하는 것으로서 일체의 견해에서 벗어난다. 그렇기 때문에 무아의 절대의식은 분별하여 개념화하지 않는 것이다. 개념화란 결국 특정한 것을 주장하는 자아의 상대적 견해인 것이다.

나가르주나가 견해를 부정하는 가장 근본적인 이유는 견해가 곧 자아의 관념이기 때문이다. 관념은 찰나 생멸하는 현상을 박제함으로써 사실을 결박한다. 결박은 있는 그대로의 현상에 대한 왜곡이다. 있는 것을 없애고, 없는 것을 만들어내는 견해에 의해서 사람은 번뇌하고 고통을 받으며 파멸을 겪는다. 이것은 무아의식이 왜 궁극적 실재에 대한 인식인지를 역설적으로 보여주는 것이다.

5. 무아의식은 '잘 길들여진 자아(atta)'이다

붓다는 "잘 길들여진 자아(atta)는 인간의 영광이다"라고 말했다. 즉 자아를 길들이면 그것이 바로 부처라는 말이다. 그렇기 때문에 붓다는 "실로 자아(atta)가 자신의 의지처이다"라고 말한 것이다. '잘 길들여진 자아(atta)'는 융의 '객관화된 자아'에 유비된다. 객관화된 자아가 바로 무아無我의식이다. 잘 길들여진다는 말에서 우리는 십우도를 연상하게 된다. 십우도에서는 소를 찾아 소를 타고 소를 길들인다. 그 소가 바로 자아임을 알 수 있다.

> 그러므로 모든 법에 아我가 없다고 하지만 진정으로 아가 없는 것은 아니니, 어떤 것이 아인가? 만약 어떤 법이 충실하고(實) 참되고(眞) 늘 그렇고(常) 의지하더라도(依) 주체적이어서(主) 그 성품이 변화하지 아니하면, 그것을 아我라고 한다. …… 여래도 이와 같아서 중생을 위하는 까닭으로 모든 법 가운데 진실로 아我가 있다고 하는 것이다. 아我라고 하는 것은 곧 여래장如來藏이니, 일체의 중생이 모두 부처의 성품(佛性)을 가진 것이 곧 아我라는 뜻이다.[24]

---

24 『대열반경』(대정장 12권 648중)

'나'라고 하는 것의 모체가 바로 여래如來이다. 여래장如來藏은 미망에 숨겨져 있는 진여眞如라고 풀이된다. 그렇다면 '나'는 부처의 근원을 가지고 있지만 아직 부처는 아니다. 왜냐하면 미망에 덮여 있기 때문이다. 이것은 '나'가 미망을 벗어나면 곧 부처라는 말과 같다.

부처의 성품을 가진 것이 바로 '나'라는 것이라면 우리가 만나야 하는 것은 바로 그 '아我', 즉 '나'를 의미하는 자아다. '나'를 버리고서는 어디에서도 부처를 찾을 수 없다는 것이다. 그러므로 십우도에서 소를 찾아 나선다. 소는 우주를 상징하면서 동시에 자아를 상징한다. 자아는 곧 작은(小) 우주인 것이다. 소를 발견하는 그것이 바로 견성見性이라는 사건이다.

그렇다면 '나'가 누구인지를 아는 것이 곧 견성이 된다. 그러므로 견성은 스스로를 객관적으로 볼 수 있는 능력인 무아의식의 출현이고, 무아의식에 의해서 사람은 자기 자신을 객관적으로 보게 되는 것이다. 소를 발견한 사람은 소를 탄다. 불성이 자아를 타는 것이다. 즉 무아의식에 의해서 자아는 철저하게 관조된다. 자아에 대한 관조는 자아의 뿌리로 있는 정신의 원시적 성질들을 스스로 길들이는 일이다.

"제7심식은 홀로 평등성지를 이룬다(第七心識, 獨成平等性智)."[25]라는 말은 여기에 해당된다. 평등성지란 앞에서 이미 설명된 자아의 질적인 변화이다. 붓다와 선지식들은 이러한 내적 체험의 선구자들

---

25 『돈오요문론』 제34단.

이다. 그들이 무아를 주창한 것은 정신에는 절대적 객관성의 기능이 있음을 경험한 것이다.

모든 주관적 경험은 자아의 사건이다. 왜냐하면 자아의 특성 자체가 주관성이기 때문이다. 그러나 견성은 주관적 경험자인 자아가 초월되어 있다. 초월이란 자아가 자기 자신을 영화를 감상하는 것처럼 보는 객관적 인식이다. 이것은 상대적 객관성과는 질적으로 다른 절대적 객관성이다. 그것이 바로 진여다. 과학적인 탐구방법이 객관성이다. 진여의 절대적 객관성이야말로 진정한 과학적 탐구방법인 것이다.

그러므로 역사적 인물인 고타마 싯다르타는 가장 엄밀하고 가장 정직하게 자기 자신을 탐구한 최고의 경험심리학자인 것이다. 동시에 그는 절대적 객관성의 관조라는 정신탐구의 방법론을 제시한 최초의 사람이기도 하다. 그가 이룩한 정신의 혁명적 작업은 그의 방법론을 실천한 수많은 선지식들의 직접적인 경험에 의해서 끊임없이 증명되고 있다.

분석심리학의 창시자 융 또한 자신의 삶을 무의식의 실현이라고 할 만큼 그의 삶은 내적 탐구에 집중되어졌다. 그 길은 참으로 고독하고 쉽게 견디어내기 어려운 과정이었지만, 그것이 자신에게 운명적으로 주어져 있다는 것을 깨달으면서 받아들인다. 그는 어린 시절부터 자신에게 두 개의 자아가 존재한다는 사실에 직면하게 된다. 융은 그것을 '제1의 자아', '제2의 자아'라고 불렀다. 불교의 언어로 바꾸면 자아와 진여이다.

그는 무의식과의 만남이 '과학실험'임을 의식한다. 그런 그가 요가에 대해서 아주 중요한 사실을 밝힌다. 자신은 마음에 일어나는 혼란을 잠재우기 위해 요가를 하는 것이 아니라 오히려 혼란이 무엇인지 살피기 위해서라고 했다. 요가의 목적이 마음의 조용하게 만드는 것에 있다면 그것은 소극적 명상이 될 것이다. 반면에 마음의 근원을 이해하는 것에 있다면 그것은 적극적 명상이 될 것이다.

융은 무의식의 세계를 직접적으로 경험하게 되었을 때, 그 내용들을 노트에 기록해나갔다. 그것은 철저한 객관화 작업의 일환이었다. 무의식과 의식의 구조는 다르다. 무의식을 있는 그대로 의식으로 옮긴다면 현실적 구조 안으로 도무지 받아들일 수 없는 것들이 존재한다. 그것들을 파악하기 위해서는 명료한 의식성이 요구되는 것이다.

노트 작업은 객관적 여과작업을 보다 선명하고 철저하게 하는 일이었다. 뿐만 아니라 무의식 안에서 중요한 역할을 하는 주체들에게 이름을 부여했다. 그것은 융이 내적 주체들과 자아와의 동일시 문제를 철저하게 염두에 두었던 것이다. 무의식의 내용들이 자아와 동일시되면 그것들에 대한 객관적 관조가 제대로 일어날 수 없기 때문이다.

무아의식이 붓다가 말하는 깨달음의 핵심이 되는 것은 너무도 당연하다. 왜냐하면 '잘 길들여진 자아(atta)'란 자기 자신을 절대적 객관성으로 인식하는 의식성이기 때문이다. 그렇기 때문에 최상승법을 설하는 붓다와 조사들의 법문에서 무아의 인식작용은 끊임없이 강조되고 있는 것이다.

견성이라는 사건은 자아의 입장에서 보면 초월이라는 절정의 신비를 체험하는 일이다. 그러나 본성의 입장에서 본다면 그것은 신비가 아니라 지극히 당연한 일이다. 그러므로 자신이 부처를 만났다거나, 자신이 미륵보살이라거나, 하나님이 보낸 선지자라고 한다면 그에게는 자아의 초월이 일어나지 않았다는 것을 의미한다.

그에게는 여전히 부처, 혹은 미륵보살, 하나님과 같은 대상을 만나는 '나'가 인식의 중심으로 있다. 신비를 경험하는 '나'가 특별해지는 그것이 바로 자아의 팽창이다. 그러나 심리학적 견지에서 본다면 그는 그저 무의식에 점령당했을 뿐이다. 견성은 자아의 사사로운 시각을 초월하여 일어나기 때문에 자아가 팽창하는 일 자체가 없다. 견성은 무아의식의 순수한 인식작용이다.

물론 견성이라는 특수한 상황이 아니어도 자아를 객관적으로 볼수 있다. 전문가의 도움에 의지할 수도 있고, 집중수행을 통해서도 가능하다. 하지만 그것은 전문가를 만나는 순간과 집중수행과정이 이행되는 동안이라는 시간적·에너지량적 제한 안에서 일어난다. 반면에 무아의식에 의한 자동적 인식작용은 시간과 에너지의 제한이 없다는 점에서 엄청난 차이를 가진다.

무아의식의 출현으로 인한 견성과 인위적으로 자아를 제거하여 무아 상태로 만드는 일은 분명히 다르다. 이것에 대한 이해가 부족하면 붓다가 말하는 무아는 지극한 오해를 불러일으킬 수 있음을 다음 경전의 문구를 통해서 볼 수 있다.

만약 '나'를 제거하여 '무아無我'를 말한다면, 오히려 '나'에게서 벗어나지 못함이다. 어떻게 아는가? 무릇 '나'를 말하는 것은 바로 '주主'를 가리키는 것이다. 경전에서 22근根이 있다고 하는데, 22근은 또한 22주이다. 비록 '참답게 주재함(眞宰)'이 없다고 말하지만 일에 있어서는 '주'를 쓰는 것으로, 이는 마치 '주'를 폐하면서 다시 '주'를 세우는 것과 같다. 그러므로 '아'와 '무아'는 둘이 아님이요. 바로 무아일 뿐이다.[26]

'나'를 제거하려고 하는 자체가 그 본질에 대해 알지 못하는 것이다. '나'에게서 벗어나려고 하는 것 자체가 '나'에게 붙잡혀 있음을 의미한다. '나'를 낳은 것이 바로 '주主'라면 그 주를 알기 위해서 '나'를 알아야 한다. 왜냐하면 주를 직접적으로 알 수 있는 방법이 없기 때문이다. 그런데 주를 알기 위해서 나를 버린다면 그것은 곧 주를 버리는 것이 되고 만다.

그러므로 '나'와 '주主'는 하나이면서 또한 하나가 아니라고 말할 수 있는 것이다. 심리학적으로 말하자면 자아는 정신구조에 의해서 만들어진다. 그것도 '최고의 인식'으로 나아가는 가장 중요한 토대다. 그런데 그러한 기능을 버린다면 마치 바다를 항해하려고 하는 사람이 배를 버리는 어리석음과 같다고 할 것이다. 자아는 현상이고 무아는 본질이다. 본질을 알려면 현상을 알아야 한다.

수행자여, 자아 가운데 어떤 영원한 것이 발견되지 않으면 사람

---

26 『나, 버릴 것인가 찾을 것인가』, p.171.

들은 괴로워하는 경우가 있느니라. …… 수행자여, 자아나 자아를 유지하는 어떤 것을 진실로 확실히 찾을 수 없을 때 '세계는 아트만 바로 그것이다. 나는 죽은 후에 영원하고 상주불변하는 그것이 될 것이며, 거기서 영원한 것으로 지속할 것이다'라고 생각하는 것은 완전히 어리석은 견해가 아닌가?[27]

여기서 붓다가 비판하는 것은 '경험하는 자아'가 아니라 '자신이 실제로 존재한다고 믿는 자아'이다. 자아가 스스로 존재한다고 믿기 때문에 영원성에 집착하게 되는 것이다. 무아가 정신의 기능이듯이 자아 또한 정신의 기능이지 실체가 아니다. 즉 부처와 중생은 정신적 기능에서 그 작용이 다르기 때문에 나타나는 이름일 뿐, 실제로 존재하는 그 무엇이 아니라는 것이다.

그러므로 붓다는 '나는 죽은 후에 영원하고 상주불변할 것이다'고 생각하는 것 자체가 완전히 어리석다고 말하는 것이다.

자아는 감각으로 확인할 수 있는 생명체인 몸과 자신을 동일시한다. 이것은 자아가 감각으로 인지하지 못하는 모든 것, 자아의식이 알지 못하는 세계에 대한 두려움을 갖는다는 의미다. 말하자면 자아의식의 세계와 상통相通되지 않는 무의식의 세계는 자아에게 죽음의 상징으로 다가온다. 자아는 자신의 실체를 믿기 때문에 죽음을 두려워할 수밖에 없다. 죽음에 대한 자아의 두려움이 영속성에 집착하게 만드는 것이다.

27   Majjhima Nikaya l, pp.136~7(김종욱 논문).

자아가 부처나 깨달음이 영원불변한 그 무엇일 것이라고 믿고 싶어하는 이유도 바로 여기에 있다. 이것은 왜 깨달음이 자아가 무엇인지를 아는 것이 되어야 하는지를 알려준다. 깨달음은 '있는 그대로의 본성'을 찾는 일이다. 자아를 버릴 수 없는 것은, 자아 역시 '있는 그대로'의 본성이기 때문이다.

자아를 있는 그대로 보는 것이 무아의식인 진여眞如의 출현이다. 말하자면 무아의식은 자기 자신을 밝히는 영원한 빛이자 진정한 인식이다. 자아에 대한 명상이 바로 자아를 길들이게 만드는 훈련과정이다. 그러므로 자아를 버리지 말고 자아에게 돌아가 자아가 무엇인지를 알리고 진심을 다한다면 자아는 '잘 길들여진 자아(atta)'가 되어 인간의 영광이 될 것이다.

6. 무아의식은 자아를 관조하는 기능이다

붓다는 외도들이 '자아가 있느냐 없느냐'고 물었지만 그것에 대해 아무런 말도 하지 않았다. 자아가 있다고 하면 자아의 실체는 존재하지 않는다는 생각(諸法無我)에 어긋나고, 자아가 없다고 하면 더욱 혼미해진다는 것을 붓다는 알았던 것이다.

어둠 속에서는 작은 등불도 큰 힘이 되듯이, 무명 속에서는 자아의식의 분별력은 큰 도움이 된다. 자아의 분별심조차도 없다면 사람과 세상은 혼란 그 자체일 것이다. 여기서 밝혀지는 사실은 무아無我란 결코 자아가 없다는 말이 아니라는 것이다. 다만 자아는 정신의 기능이기 때문에 실체를 주장할 수 없을 뿐이다.

붓다에게 쏟아진 열 가지 난문의 내용들이 모두 '자아가 있느냐 없느냐'로 되어 있음을 볼 때, 붓다 당시에도 자아의 문제는 아주 중요한 이슈가 되었음에 틀림이 없어 보인다. 이것은 자아를 실체로 보느냐 기능으로 보느냐의 문제다. 실체로 본다면 자아의 상대의식에 갇혀버린다. 하지만 기능으로 본다면 무아의식의 무한한 포괄성 안으로 편입된다.

붓다가 '자아가 있느냐 없느냐'의 질문에 대답하지 않았던 것은, 자아는 명상의 대상일 뿐 논쟁의 대상이 아니었기 때문이다. 모든 설은 논쟁이다. 논쟁은 자아의 상대의식이 만들어내는 분별하는 마음에서 일어난다. 진리는 논쟁이 아니라 실재(reality)이다. 실재를 인식할 수 있는 것은 사사로운 분별을 일으키는 자아의식이 아닌 무아의식에서만 가능하다.

그러므로 붓다는 진리를 판단하고 논의하는 사구분별(四句分別, catuskoti)에 대해서는 설명하지 않는 대신, 고苦·집集·멸滅·도道의 네 가지 진리로 알려진 사성제四聖諦를 설한다. 사성제는 자아에 대한 가장 명료한 설법이다.

사성제는 자아를 명상하지 않고서는 깨달음에 이를 수 없음을 보여주는 바로미터인 것이다. 왜냐하면 자아의 상대의식이 없다면 고통도, 집착도, 멸할 것도, 도를 구할 것도 없기 때문이다. 그러므로 자아가 무엇인지를 이해한다면 그것들은 저절로 해결된다.

사성제가 자아의 현실적 작용에 관한 것이라면, 팔정도[28]는 자아의 초월에 관한 것이다. 올바르게 보고, 올바르게 생각하고, 올바르게 말하고, 올바르게 행동하고, 올바르게 목숨을 유지하고, 올바르게 노력하고, 올바르게 기억하고, 올바르게 생각하고, 올바르게 마음을 안정시키는 것은 자아의 상대의식으로 있는 한은 불가능하다. 자아의 구조 자체가 의식의 일방적으로 발달되어 있고 자아 중심으로 인식하기 때문에 팔정도는 이루어질 수 없다. 그러므로 한 마음(一心)을 이루기 위해서는 무아의식이 필연적으로 요구되는 것이다.

붓다는 열반에 이르기 위해서는 팔정도를 실현해야 한다고 말한다. 팔정도는 자아를 명상함으로써 일어난다. 자아는 인간의 유한성과 불완전성을 나타낸다. 그러므로 자아를 명상함으로써 유한성과 불완전성은 극복될 수 있는 것이다.

자아의 초월이란 자아를 객관적으로 보는 것이다. 부분적이고, 제한적이며, 관념적인 자아의 상대의식으로서는 근본적으로 팔정도를 행할 수가 없다. 연기론緣起論은 모든 현상적 사물의 행위자인 자아라는 직접원인(因)과 그것에 연관된 간접원인(緣)에 의해서 일어난다고 보는 것이다.[29] 그러므로 무아의 절대적 객관성으로 자아가 무엇인지를 이해하는 것은 무엇보다도 중요하다.

자성(sabhava)은 내재적으로 자상自相과 공상共相을 함께 가지는 다르마dharma다. 자상이 개별적인 특징을 담고 있다면, 공상은 모든 다르마의 공통적인 특징을 담고 있다. 실재하는 대상이 감각에 의해서 알려진다는 자상은 심리학적으로 자아의식을 의미한다. 공상은 마음의 추론에 의해서 알려지기 때문에 실재하는 대상을 가지지 않는다는 점에서 융의 집단무의식의 성질을 그대로 드러낸다.

이 사실에서 돋보이는 점은 자아의식의 특징이 개별적이라는 것이다. 즉 자성의 개별적 특징이 자아에게 그대로 복원되고 있다. 이것은 객관화된 자아가 곧 자기(Self)라고 하는 융의 이론과 맥을 같

28　①정견正見: 올바로 보는 것. ②정사(正思, 正思惟): 올바로 생각하는 것. ③정어正語: 올바로 말하는 것. ④정업正業: 올바로 행동하는 것. ⑤정명正命: 올바로 목숨을 유지하는 것. ⑥정근(正勤, 正精進): 올바로 부지런히 노력하는 것. ⑦정념正念: 올바로 기억하고 생각하는 것. ⑧정정正定: 올바로 마음을 안정하는 것이다.

29　『불교의 언어관』, pp.59~65.

이한다. 또한 이것은 아뢰야식이 생멸과 불생멸이라는 두 개의 문으로서 비일비이非一非二라고 풀이하는 원효의 『기신론』에서의 주장이기도 하다. 자아 없이는 부처도 없다는 사실을 증명함으로써 자아의 중요성을 그대로 보여주고 있다.[30]

자아가 '나'를 중심으로 대상을 분별하여 판단하는 행동들은 모두 자아의식의 강화과정이고, 독립적 주체성을 획득하기 위한 과정인 것이다. 융이 깨달음을 '개성화 과정'이라고 이름 붙인 이유를 이해할 수 있다. 결국 깨달음은 자기 본연의 고유성을 획득하는 과정이고, 자아는 그 과정을 가기 위한 기초수단이 되는 셈이다.

자아 구조의 완성이 정점에 달하면 자아는 불성佛性이 존재함을 깨닫게 된다. 불성이 바로 무아의식이다. 무아의 절대의식은 절대적 객관성이기 때문에 진정한 중도이다. 중도는 사실을 있는 그대로 보는 부처의 진실한 눈이다.

삼세실유의 "대상(visaya, 境)이 존재할 때 인식(vijnana, 識)은 생기고, 대상이 존재하지 않을 때 인식은 생기지 않는다."는 말과 유부의 "인식에는 반드시 그것에 상응하는 외계의 실재적인 대상이 있어야 한다(有所緣識, 識有必境)."는 말은 자아의식의 분별기능이 얼마나 중요한지를 알려준다.

즉 자아의 상대의식에 의해서 대상은 더욱 선명하게 분별되고 대상에 대한 인식이 명확하게 일어난다. 그러므로 자아의 상대의식은 무아의 절대의식으로 가는 준비과정임을 확인할 수 있다. 『숫따니

---

30 『불교의 언어관』, p.76.

빠따』에는 "승의에 도달하기 위해서 힘써 정진하고, 마음에 나태함 없이 부지런히 살며, 확고한 정진을 지니고, 견고한 힘을 갖추어 코뿔소의 외뿔처럼 혼자서 가라."[31]는 말이 있다.

여기서 '견고한 힘'과 외뿔소가 의미하는 것은 모두 자아 구조의 건강함이다. 견고한 힘을 갖추어 확고하게 정진하고 외뿔소처럼 혼자서 갈 수 있다는 것은 모두 자아의 '의지'에 해당한다. 융에 의하면 의지는 자유롭게 사용할 수 있는 에너지의 양이다.[32] 말하자면 자아의 구조는 에너지를 담는 그릇이다. 의지는 주관자인 자아에 의해서 의식적·계획적·자발적으로 선택되기 때문에 자아의식의 기능으로 분류된다.

무아의식은 '견고한 힘'과 외뿔소 같은 자아의 구조에 의해서 발현될 수 있는 것이다. 무아의 절대의식이 드러날 때 자아는 없어지는 것이 아니라 불성이라는 주체의 객체가 된다. 즉 무아는 결코 자아를 부정하지 않는다. 왜냐하면 무아는 자아를 관조하는 기능이기 때문이다. 그러므로 자아가 없으면 무아도 있을 수 없다.

31 『불교의 언어관』, p.55.
32 『원형과 무의식』, p.63.

제2장

무아의식은
최고의
의식성이다

1. (혜능1)
무아의식은 '나'를 명상하는 정신기능이다

혜능의 무념無念·무상無想·무주無住는 조주가 말하는 무심無心이고, 임제가 말하는 무의진인無依眞人이며, 황벽이 말하는 본원진성불本源眞性佛이다. 이것들이 표현하는 것은 모두 융 심리학의 절대의식성(絕對意識性, absolute Bewusstheit)에 해당된다. 왜냐하면 무無는 자아를 객관화하는 무아의식이기 때문이다.

마조의 대화록에 '불매본래인不昧本來人'이라는 말이 나온다. 불매라는 말은 허령불매의 뜻에서 볼 수 있듯이, 사심의 마음이 없어서 영묘靈妙하여 맑고 환한 마음의 실체實體와 작용作用을 비유하는 말이다. 사심私心이란 두말할 것도 없이 '나'를 모든 것의 중심에 두는 자아의 마음이다.

불매본래인은 "명명백백하여, 바로 지금 눈앞에 환히 보이는 근원적 주체"[33]라고 해석된다. 즉 자아라는 좁은 틀에 담긴 의식으로선 명명백백하게 볼 수 없다. 그러므로 불매본래인이란 자아가 초월되어 있는 무아의식이다. 무아의식은 어떠한 왜곡이 없이 있는 그대로의 사실을 본다는 것이다. 혜능의 말을 통해 직접 들어보자.

---

[33] 『마조어록』, p.121 주해.

"무無(없다)란 어떤 법이 없다는 것이며, 염念(생각한다)이란 어떤 법을 생각한다는 것입니까?" 대답하기를 "무無란 2법法(유무·선악·시비 등 2견의 분별심)이 없다는 것이며, 염念이란 오직 진여자성을 생각하는 것입니다." 또 질문하기를 "생각(念)하는 것과 진여와는 어떤 차이가 있습니까?" 대답하기를 "차별이 없습니다." 질문하기를 "이미 차이가 없다면 어째서 진여를 염念(생각)하라고 말씀하십니까?" 대답하기를 "지금 말하는 그 염은 진여의 작용이요, 진여는 염의 본체인 것입니다. 이런 의미에서 무념을 세워서 종지로 삼는 것입니다. 만약 무념을 보는 자는 보고 듣고 느끼고 분별하더라도 항상 공적空寂한 것입니다."[34]

무無란 '아무것도 없다'의 의미가 아니라는 것을 분명하게 한다. 무는 '있음과 없음, 선과 악, 시是와 비非'와 같은 자아의식의 이원적 사고를 초월하는 것일 뿐 인식 자체가 없다는 뜻이 아니라는 것이다. 여기서 염(念, 생각)은 진여의 작용이기 때문에 생각이 곧 진여다. 그런데 중요한 것은 이 진여의 작용인 염(생각)조차도 무념이다. 즉 진여와 진여 아님이라는 이원적 틀을 벗어나 있다는 말이다. 이것이 바로 융이 말하는 절대적 객관성이다.

절대적 객관성은 무아의식이다. 절대적 객관성이라는 자체가 이미 의식성이다. 하지만 그것에는 인식하는 주체가 '비어 있음'이고,

---

34 『돈황본 육조단경 연구』, pp.221~2 주석 〈無者無何事… : 석정본『신회어록』제20단에 사도왕과 신회와의 문답내용〉.

인식주체로부터 어떠한 영향도 받지 않으니 '순수한 고요'이다. 그러므로 무는 아무런 생각이 없다는 것이 아니다. 생각은 깨달음에 있어서 아주 중요하다는 것을 혜능의 설법에서 찾을 수 있다.

만약 한 생각이 끊어지면 법신은 곧 색신을 떠나게 된다. 생각할 때마다 항상 모든 대상에 대하여 주착함이 없어야 한다. 한 생각이 만약 주착하게 되면 생각 생각이 곧 머무르게 되는데 이를 계박이라 한다. 모든 대상 경계에 대하여 생각 생각마다 머무르지 않으면 곧 계박이 없는 것이다. 그렇기 때문에 무념으로써 근본을 삼는 것이다. 여러분, 밖으로 모든 대상 경계를 여의는 것이 무상이다. 단지 대상을 여의기만 하면 자성의 본체는 청정하게 되는 것이다. 그러므로 무상으로써 본체를 삼는 것이다.[35]

일반적으로 무념·무상·무주는 도를 많이 닦아 아무런 생각이 일어나지 않는 것이라고 알려져 있다. 그런데 혜능은 한 생각(一念)은 진여의 본체에서 나온 진여의 작용이라고 말한다. 그러므로 '만약한 생각이 끊어지면 법신은 곧 색신을 떠나게 된다'는 것이다.

즉 말하자면 염念과 진여는 현상과 본체의 관계다. 그렇기 때문에 혜능은 도가 높으면 아무런 생각이 일어나지 않는다는 것은 완전히

---

35 『돈황본 육조단경 연구』, pp.214~5. "若一念斷絶, 法身卽是離色身. 念念時中, 於一切法上無住. 一念若住, 念念卽住, 名繫縛. 於一切法上, 念念不住, 卽無縛也. (是) 以無住爲本."

잘못된 것이라고 말하는 것이다. 왜냐하면 생각이 곧 진여의 작용인데, 생각을 없앴다면 진여도 없애는 것이기 때문이다.

이것이 우리에게 알려주는 것은, 생각이 번뇌가 아니라 생각을 번뇌로 분별하여 괴로워하는 자아의 문제라는 것이다. 번뇌는 자아가 생각을 '나'와 동일시함으로써 만들어지는 것이다. 무아의식에서 본다면 번뇌는 번뇌가 아니라 본성의 작용이다. 그러므로 자아는 생각을 없애려고 하지만, 무아는 무명의 어둠 속에 방치된 그것들을 명명백백하게 드러낸다.

심리학적으로 말한다면, 자아의 입장에서 무의식은 대극이지만 전체성의 주체인 자기(Self), 즉 부처의 입장에서 보면 그것은 본래 하나다. 무의식은 반드시 의식화되어야 하는 정신적 내용들이다. 다만 선과 악을 구분하는 자아의식으로서는 감당하기 어려운 내용들이기 때문에 두려워하여 억압하는 것이다. 생각이 일어날 때 그것을 없애버리는 것이 아니라 생각이 왜 일어나지를 관조해야 하는 것이다. 즉 생각을 통해서 자아를 알 수 있고, 자아를 통해서 무의식을 알 수 있으며, 무의식을 알아야 정신의 본질이 드러난다. 그것을 아는 것이 바로 진여다.

여러분, 남종 돈교 최상승 법문에서는 위(달마)로부터 지금까지 모두 무념을 세워 종지로 삼았으며, 무상을 본체로 삼았고, 무주를 근본으로 삼았다. 무엇을 상과 무상이라고 하는가? 어떤 대상을 분별하지만 그 대상에 집착하지 않는 것이다. 무념이라는 것은 오직 하나만을 생각할 뿐 다른 것은 생각을 하지 않는 것이다. 무주라는 것은 사람들의 본성이다. 즉 생각 생각이 머무르지 않으면 전념의 생각 생각과 후념의 생각 생각이 상속하여 단절하지 않게 된다. 만약 한 생각이 끊어지면 법신은 바로 색신을 떠나게 된다. 생각할 때마다 항상 모든 대상에 대하여 주착함이 없어야 한다. 한 생각이 만약 주착하게 되면 생각 생각이 곧 머무르게 되는데 이를 계박이라 한다. 모든 대상 경계에 대하여 생각 생각마다 머무르지 않으면 곧 계박이 없는 것이다. 그렇기 때문에 무념으로써 근본을 삼는 것이다. 여러분, 밖으로 모든 대상 경계를 여의는 것이 무상이다. 단지 대상을 여의기만 하면 자성의 본체는 청정하게 되는 것이다. 그러므로 무상으로써 본체를 삼는 것이다. 모든 대상 경계에 대하여 집착하지 않는 것을 무념이라고 한다.[36]

달마 돈교의 최상승법의 핵심은 무상·무주·무념이다. 무상은 대상을 분별하지만 대상에 집착하지 않는 것이다. 대상을 분별한다는 것에서 그것이 의식성이라는 사실이 드러난다. 그런데 집착하는 주체가 없으니 무아의식이다. 그러므로 무상이 선禪의 본체가 되고, 선은 절대의식성이 되는 것이다.

무념은 다른 생각을 하지 않고 오직 하나만을 생각하는 것이다. 그 하나가 무엇일까? 그것은 바로 의식과 무의식의 통합을 말하는 한마음(一心)이다. 자아의 상대의식에 의해서 의식과 무의식은 분

---

36 『돈황본 육조단경 연구』, p.216상.

리되어 있다. 중생과 부처가 나누어져 있듯이, 의식과 무의식으로 분리되어 있던 마음은 무아의식에 의해서 한마음으로 통합한다. 이 것이 바로 무아의식이 선의 종지가 된 이유이다.

무주란 무아이기 때문에 집착이 없다. 그러므로 생각의 흐름이 끊어지지 않고 자연스럽게 흐른다. 즉 자아는 생각과 자신을 동일 시하기 때문에 생각에 집착한다. 어느 한 생각에 집착되어 있으면 잇따라 일어나는 생각들은 멈추게 된다. 왜 생각을 멈추게 해서는 안 되는 것일까? 혜능은 그 이유를 생각이 끊어지면 법신도 색신을 떠나게 되기 때문이라고 말한다. 다시 말하면 생각도 의식도 없는 육체는 죽음과 다르지 않다.

이것이야말로 생각을 멈추어 마음을 텅 비게 하는 것을 자성으로 오해해서는 안 된다는 것을 알려준다. 즉 자성이란 명료한 인식이 라는 것을 말하고 있다. 무엇에 대한 명료한 인식일까? 바로 생각을 일으키고 생각을 멈추게 하고 생각에 집착하는 자아에 대한 명료한 인식인 것이다. 무아의식은 대상을 분별하지만 절대적 객관성이기 때문에 그 상에 집착함이 없다(於相而離相).

생각을 명상하는 것이 중요한 이유는 생각을 통해서만 자신이 누 구인지를 알 수 있기 때문이다. 생각을 모두 지워버린다면 마음은 고요해지겠지만 자기 자신에 대해서 알 수 있는 길이 없다. 본체가 바로 진여이고, 생각은 진여의 작용이라고 하는 이유가 바로 여기 에 있다.

즉 무명에 덮여 있는 정신의 모든 내용은 의식화를 기다리고 있 다. 이것이 진여의 절대적 객관성으로 자아와 무의식을 명상해야만 하는 이유다. 그러므로 생각을 하지 않고 고요하게 만드는 것이 중요한 것이 아니라, 생각이 일어남이 중요하다. 다만 그 생각과 자신을 동일시하지 말고 있는 그대로 보고 이해해야 하는 것이다.

명상한다는 것은 있는 그대로의 모습과 내용을 이해하는 것이다. 본문에서는 "무념자無念者, 어념이불념於念而不念"이라고 되어 있다. 여기서 염念은 '생각하다', '마음에 두다'의 뜻을 가지고 있다. 즉 무념이라는 것은 생각이 없다는 것이 아니라, 생각에 의지해서(의해서) 그 생각의 뜻을 파악하여 생각으로부터 자유로울 수 있다는 의미이다.

이러한 뜻에서 앞의 '어상이이상於相而離相'에서도 '상에 의지함으로써(의해서) 상을 초월할 수 있다'고 해석한 것이다. 이러한 해석은 진여가 명상하는 진짜 이유를 밝혀준다. 생각을 모르고, 생각을 이해하지 못한다면 생각에 사로잡힌다. 상의 의미를 모르고서 상으로부터 자유로울 수 없다.

그러므로 불교에서 말하는 공空은 무아의식이다. 초기불교에서도 자성이 곧 의식이라는 말이 나온다. 무아의식이 곧 자성인 것이다. "세인성공世人性空은 텅 빈 용기에 만물을 담을 수 있듯이, 우리의 마음도 비워져야 일체를 포용할 수 있게 된다. 또한 허공은 만물을 포용하고 있으면서도 이를 생각하지 않는다."[37] 즉 인식주체로서 '나'라는 생각이 있으면 포용은 제한된다. 무아에는 '나'가 비어 있기에 어떤 것도 포용함에 걸림이 없다. 그러므로 공空은 '나'라는 인

---

37 『돈황본 육조단경 연구』, p.268 住記.

식주체가 비었다는 것을 의미하고 있는 것이다.

그런데 여기서 중요하게 인식되어져야 하는 문제가 있다. 자성의 공空은 절대적으로 인위적으로 만들어지는 것이 아니라는 것이다. "선악과 고락을 느끼지 못하는 마음. 자각성이 없어서 지혜가 끊어진 것을 말한다."[38] 선과 악에 대한 분별도 없고 그것으로 인한 고통도 없다면, 지혜 역시 없다는 말이다. 이 말은 선과 악을 분별하고 그것으로 고통을 느끼는 것은 바로 자아의식이라는 것이다.

즉 '나'라는 생각이 있음으로써 고통이 있고, 고통을 느낌으로써 인간은 자각한다. 자각을 통해 인간은 점점 의식을 확장해 나간다. 의식 확장의 정점이 바로 무아의식이다. 그렇기 때문에 무아의식은 자아의 모든 것을 있는 그대로 인식할 수 있는 것이다. 계속 강조해오고 있는 것처럼, 무無와 공空은 아무것도 분별하지 않고 아무 생각도 없는 것이 결코 아니다. 생각도 느낌도 분별도 없다는 것은 무기물뿐이다. 깨달음이 그런 상태라면 세상의 모든 무기물은 이미 부처라고 말해야 옳다.

이것은 혜능이 "깨달음의 양족존兩足尊께 귀의해야 한다."[39]는 말의 의미를 그대로 보여준다. 양족존은 두 발로 서 있는 공경스러운 존재이다. 깨달음은 두 발로 서 있는 사람에게 있는 것이지, 무생물에게 있는 것은 아니라는 것을 강조하고 있는 것이다. 즉 무생물이 되게 만드는 무기공無記空에 빠져서는 결코 안 되는 것이다.

38　『돈황본 육조단경 연구』, p.267 住記.
39　『돈황본 육조단경 연구』, p.257.

마음의 본체는 공적하며, 공적한 본체 위에 지知가 일어나 세간의 푸르고 누렇고 붉고 흰색을 똑똑히 분별하는 것은 혜慧이다. 분별하는 것을 따라서 망념을 일으키지 않는 것은 정定이다. 다만 '마음을 응집시켜서 선정에 들려고' 하면 무기공에 떨어진다. 출정한 후에 마음을 일으켜 일체 세간의 유위법을 분별하는 것을 혜라고 하지만, 경전 중에는 분명히 망심이라고 했다. 이러한 경우는 지혜가 작용하고 있을 때 선정이 없으며, 선정의 상태에 있을 때 지혜가 없는 것이다. 이와 같이 이해하고 있는 사람은 모두 번뇌에서 벗어날 수 없다.[40]

공적空寂한 마음의 본체란 바로 무아의식이다. 사사로운 마음이 비어 있으니, 보지만 흔들림이 없어 고요하다. 그리고 어떤 왜곡도 일어나지 않기 때문에 세간의 푸르고 누렇고 붉고 흰색을 있는 그대로 인식한다. 있는 그대로 보는 것이 진실이고 진실만이 지혜가 될 수 있다.

공적한 본체는 정신에 내재되어 있는 본래의 기능이다. 본래의 기능이 드러나도록 하려면 우선 드러나지 못하게 방해하는 것이 무엇인가를 알아차려야 한다. 공정한 본래의 기능이 존재함을 믿지 못하여, 일부러 생각을 비워 선정에 들려고 하는 것은 자아의 상대의식이 만들어내는 조작이다. 무기공無記空은 의식의 정확한 판단이 없는 무의식의 상태가 되는 것이다. 그렇기 때문에 융 또한 어떤

40   『돈황본 육조단경 연구』, p.268 住記.

경우에도 의식성을 잃어서는 안 된다고 강조한다.[41]

초기불교에서 자성이 곧 의식이라고 했다. 자성의 의식성이 가장 선명하게 드러나는 상태를 부처라고 부른다. 부처라는 의식의 정점이 드러나야 무의식은 의식의 표면으로 올라올 수 있다. 의식의 빛을 받지 못하는 무의식은 혼돈 그 자체로서 무명이다. 그러므로 조사들이 인위적으로 무의식 상태를 만드는 무기공을 어리석음이라고 나무라지 않을 수 없었을 것이다.

임제의 제자 한 사람이 임제선사에게 육조혜능의 망각이각忘却移脚을 질문하는 장면이 있다. 즉 혜능이 방아를 찧다가 무심삼매無心三昧에 들어 스스로의 다리를 옮기는 것을 잊어버렸다는 것이다. 무심삼매는 의식이 끊어진 상태로 사인선死人禪이라고도 불린다. 그 질문을 받은 임제는 "깊은 우물 속에 빠져버린 것"[42]이라고 대답한다.

의식을 잃어버린다는 것은 죽음이다. 그러므로 무기공이나 무기심은 참된 선이 될 수 없는 것이다. 참된 선이란 명명백백한 의식성이다. 신회가 마음을 응집시켜서 선정에 들려고만 하면 무기공에 떨어진다고 말하는 이유도 여기에 있다.

마음을 자아의 의지로 응집시켜 무기공에 떨어지는 것은 무심無心, 혹은 자성의 청정淸淨함에 대한 오해에서 비롯된다. 자성이 청정하다고 하니까, 번뇌로 얼룩지고 복잡한 마음을 조용하게 하는 것

---

41 『원형과 무의식』, p.132.
42 『임제록』, pp.74~5.

이라고 잘못 해석하는 것이다. 청정함은 '나'라는 틀이 없어서, 번뇌를 인식하고 수용하는 데 있어 걸림이 없는 무아의식의 특성에 대한 표현이다.

혜능은 "자신의 마음이 깨끗함에 귀의했으므로 일체의 번뇌 망상이 비록 자성 가운데 있을지라도 자성이 번뇌 망상에 물들지 않는 것을 중중존이라 한다."[43]라고 했다. 선과 악을 구분하는 자아의 상대의식이 괴롭다거나 부끄럽다는 마음을 일으킨다. 무아의식은 마음의 움직임과 동일시되지 않는다. 그러므로 무아의식은 마음을 있는 그대로 볼 수 있기 때문에 자기 자신이 누구인지를 알게 되는 것이다.

여기서 또 하나의 중요한 사실은, 무아의식이 작용한다고 해서 자아의 작용이 없어지는 것이 아니라는 것이다. 왜냐하면 무아의 절대의식은 자아의 상대의식이 작용할 때만 일어나는 기능이기 때문이다. 자아의식이 무의식에 반응함으로써 자아와 무의식의 특성이 또렷하게 드러난다. 그것들을 관조하는 것이 무아의식이고 이것이 참된 선禪이다.[44]

---

43 『돈황본 육조단경 연구』, pp.257~8.

44 『돈황본 육조단경 연구』, p.268 住記 : 『수심요론』(대정장 권48, p.378중)에 "무기심이란 무엇인가? 마음을 다잡은 모든 사람들이 바깥 경계를 반연하는 거친 마음이 조금밖에 쉬지 못했기 때문에 안으로 진심을 연마하지만, 마음이 아직 청정하지 않을 때 행주좌와에 항상 의식을 가다듬고 마음을 관찰할지라도 오히려 분명히 청정한 마음의 근원을 비처지 못하는 것을 무기심이라 한다(問曰, 何名無記心. 答曰, 諸攝心人, 爲緣外境麤心小息. 內鍊眞

그러므로 깨달음에 있어서 자아의 역할이 무엇보다도 중요하다고 하는 것이다. 무심無心을 텅 빈 마음이라고 잘못 이해하여 공에 떨어지면(落空) 생각의 기능을 잃어버린다. 그것은 정신의 죽음이다. 움직이지 않고 긴 시간 가만히 누워만 있다면 몸의 근육이 점점 없어지는 것과 마찬가지로, 마음의 움직임을 멈춰버린다면 정신에 문제가 생기는 것은 너무도 당연하다.

그렇기 때문에 선사들은 마음을 텅 비워 놓으면 도둑이 들어와 그 집을 차지한다고 경고하는 것이다. 사람은 자극을 통해 느끼며 분별하고 고통을 받으면서 '나' 자신에 대해 궁금해하게 된다. 그것은 본성에 대한 존재론적 의문이고, 그러한 의문이 발생하고 그것에 대해 생각함으로써 의식이 확장된다.

융은 자아야말로 자기(Self)를 알 수 있는 가장 중요한 단서라고 말한다. 자아를 알지 못하는 한 자아의 집착이 무엇인지 알지 못한다. 집착은 특정한 생각에 머무르기 때문에 마음의 흐름을 막아버린다. 정신적 건강과 성숙함에 있어서 가장 중요한 것은 바로 '나'에 대한 정확한 인식이다. 그러므로 불교가 말하는 무無와 공空은 '나'가 무엇인지를 명상하는 최고의 정신기능이다. 그런데 이것을 잘못 이해하면 자아가 무아를 명상하는 어리석음을 저지르게 된다.

최상승最上乘이라는 것은 단지 본래 자성이 공적한 줄을 깨달으

心心未淸淨時, 於行住坐臥中恒懲意看心, 猶未能了了淸淨獨照心源, 是名無記心也)."

면 3사事의 자성이 본래 공적한 줄 알고, 또 다시 관행(觀行: 관하려고 하는 마음)을 일으키지 않는 것입니다. 또 나머지 여섯 가지 바라밀도 그와 같이 관하는 것을 최상승이라고 합니다.[45]

즉 사람들은 자성이 공空하다고 하니까, 마음을 텅 비워 놓는 것이라고 잘못 해석하여 모든 생각을 비우려 한다. 그러나 자성은 독자성이다. 그러므로 깨달음은 천상천하 유아독존이 되는 일이다. 그런데 텅 빈 공空이 된다는 것은 자기 자신의 고유성을 없애고 무화無化되는 것을 말한다. 무화는 죽음이다.

본래 불성佛性이 자아로 태어나는 것은 '나'와 '너'를 분별하기 위함이고, 그 분별에 의해서 고유한 본성은 무無로 돌아가지 않고 고스란히 지켜지고 꽃피워진다. 융이 깨달음을 고유성의 발현이라고 말하는 이유도 바로 여기에 있다. 자아는 불성의 고유성을 그대로 간직하고 태어났다. 그러므로 자아를 명료하게 인식함으로써 비로소 천상천하 유아독존의 고유한 본성은 선명하게 그 모습을 드러낼 수 있는 것이다.

이것이 바로 무無와 공空을 반야의 지혜(般若之智)[46]라고 말하는 이유이다. 무와 공이 반야의 지혜로 불리는 그 자체에서 이미 그것

---

45 『돈황본 육조단경 연구』, p. 284. 住記. 『신회어록』.
46 『돈황본 육조단경 연구』, p. 287. 住記. "반야지는 전체를 통합하는 지혜이기 때문에 다양한 차별지(후득지)가 이곳에 들어가면 하나가 된다. 마치 개인이 가진 돈은 A의 돈, B의 돈이란 것이 있지만, 이것이 은행에 들어가면 하나가 되어 내 돈·네 돈이 없이 금융이 되는 것이다."

이 특별한 정신의 기능이라는 사실이 밝혀진다. 즉 무아의식은 명명백백하게 비추는 찬란한 의식의 빛이다. 그 빛에 의해서 자기 자신이 누구인지 인식되고 이해되어 한마음(一心)으로 회귀할 수 있는 것이다.

자성이 만법을 포함하고 있는 것을 광대하다고 하며, 만법은 모두 자성이 변하여 나온 것이다. 일체의 모든 사람과 사람이 아닌 것과 선과 악과 그리고 악법과 선법을 보지만, 모두 다 버리지 않고 또 집착도 하지 않아서 마치 허공과 같은 것을 '크다'고 한다. 이것이 큰 실천이다. 미혹한 사람은 입으로만 말할 뿐이지만, 지혜로운 사람은 마음으로 행한다. 또 어떤 미혹한 사람은 텅 빈 마음으로 아무 생각도 하지 않는 것을 크다고 하지만 이는 맞지 않는 말이다. 마음의 영역은 크지만 행하지 않게 되면 좁아진다. 입으로만 공연히 '마하'라고 하지 말라. 이 마하의 행을 실천하지 않으면 나의 제자가 아니다.[47]

혜능은 자성이 텅 빈 마음으로 아무 생각도 하지 않는 것이 아니라고 분명하게 말한다. 혜능이 말하는 좁은 마음의 영역이 바로 자아의 상대의식이다. 자아의 상대의식으로 마하摩訶를 말해봐야 그것은 개념에 지나지 않는다. 의식에 의해서 선과 악은 구분된다. 하지만 선에 집착하는 자아의식으로서는 악에 대한 이해가 일어나지

---

47 『돈황본 육조단경 연구』, pp.269~270.

않는다. 이것은 자아의식이 통합의 기능을 가지고 있지는 않다는 의미다. 그러므로 자아의 상대의식으로는 마하의 행을 실천할 수 없는 것이다. 한마음으로의 통합은 오직 무아의식에 의해서만 일어날 수 있다.

마하는 융 심리학에서 말하는 자기원형의 초월기능이다. 그러므로 마하는 혜능의 설명처럼, 선과 악을 포함한 세상에 존재하는 모든 것을 버리지도 않지만 집착하지도 않는다. 악의 기능을 정신의 본래 성품으로 되돌리는 일이 바로 융이 말하는 무의식의 의식화이다. 의식화되지 않는 악은 의식이 인식하지 못하는 사이에 현실화된다. 의식의 관조가 없는 악의 측면들은 위험성 그 자체다. 이것이 무의식을 억압하거나 피하지 말고 명상해야 하는 이유이다.

그러나 선과 악을 분별하여 집착하는 자아의식의 편협한 한계 안에서는 악에 대한 진정한 명상이 일어날 수 없다. 진정한 명상은 오직 편견 없이 본성을 있는 그대로 받아들이는 마하에 의해서만 일어난다. 마하는 곧 무아의식이고, 무아의식이 바로 무념·무상·무주인 것이다.

2. (혜능2)
무아의식은 번뇌를 지혜로 만든다

북종의 신수대사는 남종 육조혜능의 가르침이 곧바로 깨달음의 길로 인도한다는 소문을 듣는다. 신수대사는 총명하고 지혜가 많은 자신의 제자 지성에게 혜능의 법문이 어떤 것인지 잘 듣고 와서 자신에게 알려달라고 간첩으로 보낸다. 간첩으로 온 지성은 혜능화상을 뵙고 인사를 드렸지만 자신의 신분을 숨겼다.

그러나 혜능의 설법을 듣자마자 깨달음을 얻은 지성은 혜능에게 자신이 온 곳을 말했다. 그 말을 들은 혜능은 네가 신수에게서 왔다면 넌 간첩이 아니냐고 따져 물었다. 그러자 지성이 말하기를 자신은 간첩이 아니라고 했다. 혜능이 어찌하여 간첩이 아닌가 하고 재차 물으니 지성은 "저의 신분을 말하지 않았을 때는 간첩이었지만, 이미 저의 신분을 밝혔기 때문에 간첩은 아닌 것입니다."라고 했다.

그 말을 들은 육조혜능은 아주 중요한 말을 해준다. "번뇌가 곧 보리인 것도 또한 이와 같다."[48] 무슨 말인가 하면, 자아의식이나 무의식이 무아의식의 빛에 의해서 관조되지 않으면 그것은 무명이고 번뇌이다. 그러나 무아의식에 의해서 관조됨으로써 진정한 의식화

---

48 『돈황본 육조단경 연구』, pp.350~1.

가 일어나면 번뇌는 곧 보리가 되는 것이다. '나'라는 관점이 중심에 있는 한 사물이나 일들에 대한 인식은 올바르게 일어날 수 없다.

그러므로 부처와 중생을 분별하여 집착하고, 의식이 정신의 전부라고 생각하여 무의식을 억압하는 문제의 그 '나'가 무엇인지를 무아의식으로 알아내야만 한다. 그것은 자기 자신에 대한 진정한 이해이다. 자기 자신에 대한 진정한 이해만이 진정한 진리에 접근할 수 있다. 혜능은 신수대사가 간첩으로 보낸 지성에게 신수대사가 계·정·혜를 어떻게 가르치느냐고 물었다. 지성은 신수대사 가르침을 다음과 같이 전한다.

"여러 가지 악한 행동을 하지 않는 것을 '계'라 하고, 여러 가지 선한 행동을 받들어 행하는 것을 '혜'라고 하며, 스스로 자기의 마음을 청정히 하는 것을 '정'이라고 합니다…… 그런데 스님의 소견은 어떠한지 모르겠습니다."라고 했다. 혜능화상이 대답하기를 "신수의 설법도 대단히 훌륭하다. 그러나 나의 소견은 다르다…… 너는 내가 말하는 것을 잘 듣고 나의 삼학관을 살펴보아라. 마음자리에 그릇됨이 없는 것이 '자성의 계'이고, 마음자리에 어지러움이 없는 것이 '자성의 정'이며, 마음자리에 어리석음이 없는 것이 '자성의 혜'이다…… 너희 스님의 계·정·혜는 근기가 하열한 사람에게 권할 수 있는 것이지만, 나의 계·정·혜는 지혜가 수승한 사람에게 권할 수 있는 것이다. 자성을 깨닫기만 하면 계·정·혜도 세울 필요가 없다."라고 했다. 지성이 말하기를 "대사께서는 계·정·혜 삼학을 세우지 않는 이유에 대해 설명해주실 것을 부탁드립니다." 혜능대사가 말하기를 "자성에는 본래 그릇됨도 없고 어지러움도 없고 어리석음도 없어서 생각 생각마다. 반야가 관조하여 항상 법의 모양에서 벗어나 있는데, 무엇이 있어서 가히 세울 수 있겠는가? 자성은 돈오하는 것일 뿐 점차적으로 닦아가는 것이 아니기 때문에 삼학을 세울 필요가 없는 것이다."[49]

점차적으로 닦아가는 것은 자아의식이다. 한마음이 되기 위하여 자아 구조의 강화는 중요하다. 나약한 자아의식으로는 무의식의 거대한 힘을 견뎌낼 수 없기 때문이다. 그러므로 하열한 근기의 사람에게는 신수대사가 말하는 계·정·혜가 의식의 강화와 건강한 자아 구조를 만드는 데 필수적인 훈련이다.

그러나 자성을 깨달은 사람은 그러한 노력을 인위적으로 할 필요가 없다. 왜냐하면 무아의식에서 발현되는 절대적 객관성이 다름 아닌 계·정·혜이기 때문이다. 무아의 절대의식은 자아의 상대의식이 아니므로 그릇됨이 없고, 자아의 사사로운 분별이 없으므로 어지러움도 없으며, 자아의 이기적 편견이 없으므로 어리석음이 없다. 모든 것을 이미 갖추고 있으니 인위적으로 계·정·혜를 닦아야 할 필요도 없는 것이다.

여기서 또한 중요하게 보아야 하는 것이 바로 이 대목이다. '자성에는 본래 그릇됨도 없고 어지러움도 없고 어리석음도 없어서 생각

---

49 『돈황본 육조단경 연구』, pp.335~7.

생각마다 반야가 관조하여 항상 법의 모양에서 벗어나 있는데, 무엇이 있어서 가히 세울 수 있겠는가?' 반야는 무아의식이다. 무아의식은 일어나는 생각 생각을 모두 절대적 객관성으로 관조한다.

이것은 깨달음을 얻으면 관조할 아무것도 남아 있지 않다는 것이 아니라는 것을 확실하게 말해주고 있다. 즉 무념은 아무런 생각이 없다는 말이 아니라는 것을 증명하는 것이다. 깨달음과 깨닫지 못함의 차이는 절대적 객관성으로 자기 자신의 생각을 관조할 수 있는지, 아니면 자아의 주관성에 의해서 방해를 받고 있는지에 있다. 자아는 의식세계의 법칙에 맞지 않은 무의식을 두려워하기 때문에 자아의 자기 인식은 매우 고통스럽다.

그렇기 때문에 자아의식은 끊임없이 자기 자신의 복잡한 내면으로부터 달아나려고 시도한다. 그러나 무아의식은 내면에서 일어나는 것과 동일시되지 않는다. 그러므로 일어나는 생각 생각은 남김없이 관조된다. 이것이 바로 무아의식에 의해서 행해지는 진정한 명상이다. 무아의식은 사물과 형상에 집착하지 않기 때문에 계·정·혜를 따로 세울 필요가 없다고 혜능은 말하는 것이다.

여러분, 우리 남종 돈교의 법문에서는 하나의 반야로부터 팔만사천 가지의 지혜가 나온다. 왜냐하면 세상 사람들에게는 팔만사천 가지의 번뇌가 있기 때문이다. 만약 번뇌가 없으면 반야는 상속하여 자성을 떠나지 않는다. 반야의 법을 깨달은 자는 망념도 없고 과거의 좋고 나쁜 기억도 없으며 집착도 없다. 여러 가지 망념을 일으키지 말라. 그러면 그 자체가 바로 자신의 진여본

성이다. 지혜로써 관조하여 모든 대상에 대하여 취하지도 버리
지도 않으면 견성하여 불도를 이룰 수 있다.[50]

팔만사천의 번뇌를 무아의식의 기능인 절대적 객관성으로 명상
하면 그것이 곧 팔만사천 가지의 지혜가 된다. 번뇌와 망상과 집착
은 모두 '나'라는 자아의식의 특징이다. 그러므로 '나'가 없는 무아
의식에는 망념과 집착과 번뇌가 일어날 수 없다.

여기서 주목해야 하는 핵심은 바로 무한수의 뜻으로 풀이되는 팔
만사천 가지의 번뇌이다.[51] 무한수의 번뇌는 번뇌인 동시에 지혜의
근거라는 것을 알 수 있다. 즉 자아의식이 바라보는 무한수의 번뇌
들은 미분화된 정신적 내용들인 것이다. 즉 심리학으로 무의식이라
고 말해지는 번뇌는 진여본성인 무아의식에 의해서 의식화 과정을
밟아야만 한다. 의식화된 무의식은 더 이상 의식을 위협하지 않고
정신의 근원적 에너지로 돌아간다.

지혜란 곧 자신의 어리석음을 아는 것이다. 어리석음을 아는 사
람만이 그 어리석음으로 인해 고통스럽지 않게 된다. 고통은 심리
적 갈등이고, 갈등은 의식 에너지를 엄청나게 소모시킨다. 그렇기
때문에 갈등이 해소되면 갈등에 의해서 빼앗겼던 에너지들은 근원
적 에너지로 돌아간다.

의식의 에너지가 불필요한 것들에 의해서 소모되지 않을 때, 의

---

50 『돈황본 육조단경 연구』, pp.277~8.
51 『돈황본 육조단경 연구』, p.278 住記.

식은 보다 안정적이고 생산적인 일들을 처리해 나갈 수 있다. 이것을 혜능은 팔만사천의 번뇌가 팔만사천의 지혜가 된다고 말하는 것이다. 그러므로 정신에서 일어나는 그 어떤 것도 버리거나 집착하지 않는 무아의식만이 불도를 이룰 수 있다고 하는 것이다.

여러분, 어떤 심오한 법계를 깨달아 반야삼매에 들고자 한다면 곧바로 반드시 반야바라밀의 행을 닦아야 한다. 단지 『금강반야바라밀경』 한 경만 수지하면 곧바로 견성하여 반야삼매에 들어간다. 마땅히 이 사람의 공적은 한량이 없는 줄 알아야 한다. 경 가운데 분명히 찬탄하고 있기 때문에 자세하게 말하지 않는다. 이것(『금강반야바라밀경』)은 최상승의 가르침이며 큰 지혜와 상근기의 사람을 위하여 설한 것이다. 근기와 지혜가 나약한 사람이 이 가르침을 들으면 마음에 믿음을 내지 않는다. 왜냐하면 마치 큰 용이 만약 큰비를 내려 염부제에 비가 오면 풀과 낙엽이 표류하는 것과 같기 때문이다. 그러나 만약 큰비가 내려 바다에 비가 오면 바닷물은 늘지도 않고 줄지도 않는다. 만약 대승의 가르침을 실천하는 자가 『금강경』을 설하는 것을 들으면 마음이 열려 깨닫게 된다. 그러므로 본성에 본래부터 있는 반야의 지혜는 스스로 지혜로써 관조하기 때문에 문자를 빌리지 않는다. 마치 그 빗물이 하늘에 있는 것은 아니지만, 원래 용왕이 강과 바다 가운데서 몸으로 이 물을 끌어와 일체 중생과 일체 초목과 일체 유정과 무정으로 하여금 모두 다 촉촉하게 물의 습윤을 받게 하는 것과 같다. 여러 가지 물과 크고 작은 물의 흐름이 큰 바다로 다시 유입되면 바다는 그 수많은 물을 받아들여 합쳐서 하나로 만든다. 중생의 본성에 있는 반야의 지혜도 이와 마찬가지다.[52]

반야의 뜻은 '지혜'이고 바라밀의 뜻은 '열반에 이르다'이다. 그러므로 반야바라밀은 지혜로써 열반에 도달함을 의미한다. 열반은 자아의 미혹과 집착에서 벗어나는 해탈이다. 그러므로 지혜란 오직 무아의식의 관조로부터 온다. 즉 반야바라밀을 행한다는 것은 무아의식으로 자아의 미혹함과 집착을 알아차리는 것이다.

해탈이라는 최고의 경지는 반야바라밀행에 의해서만 이를 수 있다고 혜능은 말했다. 그런데 반야바라밀행은 최상승의 가르침으로서 높은 의식수준에서만 가능하다. 낮은 의식수준에서는 반야바라밀에 대한 믿음을 갖지 못한다. 왜냐하면 하근기는 여전히 자아를 강화시키는 과정 중이어서 자아의 초월인 무아의식을 발현시킬 수 있는 여건이 마련되지 않았기 때문이다.

나약한 자아로서는 거대한 무의식의 힘을 감당할 수 없다. 그것은 마치 비가 오면 낙엽과 뿌리가 얕은 풀들이 비에 휩쓸려 떠내려가는 것과 같다. 이것은 자아의식의 구조가 왜 튼튼해야만 하는지를 직접적으로 보여주는 말이다. 자아의 구조가 튼튼한 상근기의 사람은 자아를 초월할 수 있기 때문에 무아의식이 기능하게 되는 것이다.

---

52 『돈황본 육조단경 연구』, pp.281~2.

무아의식이 바로 혜능이 말하는 바다다. 무아의식은 어떤 무의식의 내용들도 다 포용한다. 물길이 흩어져버리면 그냥 물이지만, 여러 갈래가 하나로 모이면 엄청난 에너지를 만들 수 있는 것과 같다.

진여자성이 생각을 일으키는 것일 뿐, 눈·귀·코·혀 등이 생각을 일으키는 것이 아니다. 진여는 누구나 다 본래부터 구족하고 있기 때문에 생각을 일으키는 것이다. 만약 진여가 없다면 눈으로 대상을 보거나 귀로 소리를 들을 수 없다. 여러분, 진여자성이 생각을 일으켜서 눈·귀·코 등 육근을 통하여 비록 보고 듣고 깨달아 알지라도 여러 가지 대상 경계에 물들지 않기 때문에 항상 자유롭다.[53]

눈·귀·코·혀 등의 육식을 통해서 들어오는 모든 것을 감지하고 생각하여 알아차리는 것은 의식의 작용이다. 의식이 곧 진여자성이라는 말이다. 그러므로 한 생각을 하는 것은 의식이고, 의식이 곧 법신이라고 말하는 것이다.

여기서 다시 우리가 명심해야 할 것은 마음에서 일어나는 생각이 문제가 아니라 자아의 관념이 문제라는 것이다. 즉 일어나는 생각을 자아의 상대의식으로 분별하니 번뇌가 된다. 그러나 무아의 절대의식으로 관조되면 그것은 자기 자신의 근원을 알 수 있는 중요한 자산이다. 이것은 조사선에서 왜 그토록 무아를 강조하는지를

53　『돈황본 육조단경 연구』, p.224 주석.

알게 하는 대목이다.

혜능은 유심과 무심의 차이를 설명한다. 유심인 자아의 상대의식은 보고 듣고 깨달아 알지라도 자아의 관념에 구속되어 있으니 자연히 여러 가지 대상 경계에 물들어 있다. 그러나 무심은 비록 보고 듣고 깨달아 알지라도 여러 가지 대상 경계에 물들일 자아의 관념에서 초월되어 있으니 항상 자유롭다.

여러분, 남종 돈교의 가르침에서 좌선이란 원래 마음에 집착하는 것도 아니고, 청정함에 집착하는 것도 아니며, 또 동요를 말하는 것도 아니다. 만약 마음을 본다고 말한다면 마음은 원래 허망하여, 그 허망하기가 허깨비와 같기 때문에 볼 대상이 아니다. 만약 청정함을 본다고 말한다면 사람의 본성은 본래 청정하며, 망념 때문에 진여자성이 가려져 있는 것이다. 망념을 여의기만 하면 본성은 그대로 청정하다. 자성이 본래 청정함을 깨닫지 않고 마음을 일으켜 청정함을 보려고 하는 것은 도리어 청정하다는 망념이 생기게 되는 것이다. 망념은 원래 처소가 없으며, 그렇기 때문에 본다고 하는 것이 도리어 망념인 줄 알아야 한다. 청정함은 형상이 없는데도 도리어 청정한 모양을 세워 이것을 공부라고 말하고 있지만, 이러한 견해를 가진 사람은 자신의 본성을 장애하기 때문에 도리어 청정함에 속박을 받게 된다. 그리고 움직이지 않는다는 것은 일체 모든 사람의 허물을 보지 않는 것이 본성이 움직이지 않는 것이다. 미혹한 사람은 자신의 몸은 움직이지 않지만, 입만 열면 곧 다른 사람의 옳고 그름을 말하는 것은 도와 어긋나는 것이다. 그러므로 마음을 보고 청정함을 본다고 하는 것은 도리어 깨달음을 장애하는 원인이 되는 것이다.[54]

혜능은 좌선의 전정한 뜻이 무엇인지 분명하게 밝힌다. 좌선의 의미는 바르게 앉아서 호흡을 관찰하는 것이 아니라는 것이다. '좌선이란 원래 마음에 집착하는 것도 아니고, 청정함에 집착하는 것도 아니며, 또 동요를 말하는 것도 아니다'라는 것이다. 이것은 혜능이 자아의식이 목적으로 하는 좌선의 의미가 무엇인지를 정확하게 간파하고 있음을 보여준다.

즉 자아가 좌선을 하는 것은 청정한 마음이 되기 위함이다. 아주 작은 자극에도 쉽게 상처받는 자아에게 무의식은 갈등과 혼돈을 만들어내는 근원이다. 이런 자아로서는 무의식을 없애서 맑고 깨끗한 부처의 마음으로 만들고 싶은 욕망을 가질 수밖에 없다. 그렇기 때문에 자아는 늘 동요하는 자신의 마음을 고요하게 하고자 노력하며 청정한 마음에 집착하게 되는 것이다.

그러므로 혜능은 부처가 되고자 하는 자아의 잘못된 생각을 바로잡아준다. 혜능은 마음을 도깨비불 같이 허망하다고 한다. 도깨비는 실제로 있는 것이 아닌 마음이 만들어낸 허상이다. 마음도 이와 같이 자아가 만들어낸 허상이다. 자아가 허상의 마음으로 인해 괴로운 것은 그것이 실제로 있다고 착각하기 때문이다. 청정하지 못

54 『돈황본 육조단경 연구』, p.225~6.

한 마음이 있다고 믿으니, 청정한 마음 또한 있다고 믿는 것이다.

자아는 부처를 상상할 때 인격적으로 완전한 존재라고 생각한다. 그러므로 깨달음을 얻으면 더럽고 불완전한 존재가 흠집 없는 깨끗한 존재로 변신한다고 생각하는 것이다. 그러나 혜능의 말처럼 청정함은 형상이 없다. 왜냐하면 청정한 마음이라고 불리는 부처는 실체가 아니라 정신의 기능인 절대적 객관성이기 때문이다.

자아가 깨달음을 존재의 변신이라고 보는 한 청정한 마음으로 불리는 무아의식은 기능할 수 없다. 그러므로 자아의 관념이 무엇인지 아는 것이 바로 망상에 물들지 않는 청정한 무아의식이다. 이것을 알지 못하고 마음을 고요하게 만들어 청정함을 본다고 한다면 그것이야말로 깨달음과 영원히 멀어지게 되는 것이다.

여기서 또 하나의 중요한 문장은 "움직이지 않는다는 것은 일체 모든 사람의 허물을 보지 않는 것이 본성이 움직이지 않는 것이다."라는 말이다. 이것은 무아의식의 특성을 너무도 잘 드러내고 있다. 자아의식은 '나'라는 주체에 의해서 쉽게 흔들이지만, 무아의식은 흔들리게 만드는 주체가 없는 순수의식이다. 다른 사람의 허물을 보지 않는다고 하는 것은 무아의식이 외부적 인식이 아니라 내부적 인식이라는 것이다.

일행삼매라는 것은 언제 어디서 어떠한 행동을 할지라도 항상 직심直心을 행하는 것이다. 『정명경』에서 말하기를 "직심이 도량이고 직심이 정토라."고 했다. 마음으로는 아첨하고 왜곡된 생각을 하면서 입으로는 법이 곧다고 말하지 말라. 또 입으로는 일행삼매를 말하면서 직심을 행하지 않는 사람은 부처님의 제자가 아니다. 단지 직심을 행하기만 하면 되는데 이를 일행삼매라고 한다. 미혹한 사람은 법의 겉모습에 집착하고 일행삼매에 집착하여, 직심이란 앉아서 꼼짝도 하지 않는 것이며 망념을 제거하여 망심이 일어나지 않도록 하는 것이 일행삼매라고 한다. 만약 이러한 것이 일행삼매라고 한다면 이런 법은 무정과 같아서 도리어 깨달음을 장애하는 원인이 되는 것이다. 도(마음)는 반드시 통하여 흘러야 한다. 그런데 어떻게 도리어 막히도록 할 수 있겠는가? 마음이 머무르지 않으면 통하여 흐르게 되지만 머물러 버리면 속박을 받게 된다. 만약 앉아서 꼼짝도 않는 것을 옳다고 한다면 유마힐은 사리불이 조용한 숲속에서 좌선하는 것을 꾸짖지 않아야 합당할 것이다. 여러분, 또 어떤 사람들은 도를 배우는 사람들에게 앉아서 번뇌 망념을 털어버리고 청정한 본성을 보도록 하고 움직이지도 말고 번뇌 망념을 일으키지 않도록 가르치면서 이것을 공부라고 하는 것을 본다. 어리석은 사람은 잘못된 사실을 깨닫지 못하고 곧 그 가르침에 집착하여 전도된 생각을 일으키는 것이 수백 가지이다. 이와 같이 도를 가르치는 자는 근본적으로 잘못된 것인 줄을 알아야 한다.[55]

일행삼매는 '진여법계의 평등한 모습을 진실 그대로 본다'는 말로, 명상적 직관(知見, ñāna-dasana)에 의한 통찰이라는 사전적 의미

---

55 『돈황본 육조단경 연구』, pp.202~3.

를 찾을 수 있다. 진여(tathatā, tattva)는 있는 그대로의 모습이고, 법계는 현상계다. 말하자면 일행삼매는 현상계의 모습을 있는 그대로 보는 것이다. 이러한 풀이는 혜능이 왜 일행삼매를 직심直心이라고 했는지를 그대로 보여준다. 직심이란 마음이 왜곡되거나 편협하지 않아서 있는 그대로 본다는 의미다.[56] 일행삼매는 직심이고, 직심은 곧 무아의식이라는 것을 다시 한 번 확인할 수 있다.

'나'를 중심으로 생각하는 자아는 모든 것을 자신의 이익에 맞추어 계산한다. 이러한 자아의식의 특징이 진실을 왜곡하게 만든다. 반면에 직심直心이라 불리는 진여의 마음은 계산하는 자아의식의 틀을 초월해 있다. 그렇기 때문에 진정한 객관적 시각이 될 수 있는 것이고, 있는 그대로의 전체적 정신을 인식할 수 있는 것이다. 자아의 이기적이고 편협하게 고정되어 있는 틀은 진여로 불리는 무아의식에 의해서 정확하게 드러나게 된다.

직심을 일행삼매라고 부르는 이유도 진여법계의 평등함에 의해서 드러나는 전체성을 명상하기 때문이다. 융 심리학으로 말하면 직심은 절대의식이고, 무심無心은 절대적 객관성이 된다. 절대의식이란 본성인 자기(Self)의 의식성이다. 절대의식은 평등하여 치우침이 없는 절대적 객관성이다.

그럼에도 불구하고 어리석은 사람들은 '직심이란 앉아서 꼼짝도 하지 않는 것'이고 일행삼매는 '망념을 제거하여 망심이 일어나지 않도록 하는 것'인줄 오해한다고 혜능은 말한다. 즉 다시 말하면 직

---

56 (네이버 지식백과) 문화원형 용어사전, 『밀린다팡하』(해제); 철학사전.

심이란 가부좌를 틀고 오래 앉아 있는 것이 아니고, 일행삼매란 마음에 아무것도 일어나지 않아 텅 비어 있는 것이 아니라는 것이다. 만약 이러한 것들을 직심이나 도라고 한다면 그것은 도를 가로막는 일과 같다는 것이다. 왜냐하면 '도(마음)는 반드시 통하여 흘러야' 하기 때문이다.

여기서 "마음이 머무르지 않고 통하여 흐른다."라는 말에 주목할 필요가 있다. 왜 마음을 통하게 하여야 하는 것일까? 자아의 상대의 식은 자신의 사고 기준에 어긋나는 무의식의 내용들이 떠오르는 것을 막는다. 마음의 흐름을 막아버리면 무의식의 마음이 자연스럽게 드러날 수 없다.

무의식이 드러나야만 그것들을 명료하게 인식하여 이해하고 의식의 세계 안으로 편입하게 된다. 이것을 불교로 말하자면 무명을 걷어내는 일이다. 그러므로 생각을 멈추고 텅 빈 채로 앉아 있는 것은 마음이 머무르는 것이고, 마음이 머무른다는 것은 인위적으로 마음을 묶는 일이기 때문에 마음을 속박하는 것이 된다. 모든 속박은 병이 된다.

그렇다면 왜 그토록 번뇌를 보는 것이 어려운 것일까? 번뇌와 청정함을 구분하는 자아의식이 번뇌에 대한 두려움을 갖게 만들기 때문이다. 번뇌를 두려워하니 번뇌가 일어나지 않는 고요에 집착하게 된다. 그러나 조사선에서는 번뇌와 부처가 둘이 아니다. 번뇌는 자아의식의 분별로 일어나지만, 그러한 분별에 의해서 무의식이 선명하게 드러난다. 즉 선명하게 드러나야 관조할 수 있다. 관조는 다름 아닌 부처가 부처 자신을 보는 일이다. 명상은 자신을 벗어난 특별한 무엇이 아니라 자기 내면의 움직임을 관조하는 것이다.

부처가 자아를 명상하는 것과 자아의식이 자신을 보는 것은 어떤 차이가 있을까? 부처는 자아를 명상할 때 고통이 없다. 그러나 자아의식이 자기 자신을 돌아보는 것은 뼈를 깎는 고통이 따른다. 왜냐하면 자아의식은 무의식의 마음과 동일시되어 있기 때문이다. 동일시되어 있는 무의식의 내용들은 자아의식이 거부하고 싶어하는 원시적 동물성들이다. 그러므로 자아의식에게 무의식과의 대면은 지옥과도 같다. 반면에 편견·억압·동일시가 없는 무아의식은 그러한 어려움이 없다. 부처의 마음이 직심이고, 직심으로 명상하는 것이 일행삼매가 되는 이유가 바로 여기에 있는 것이다.

한 생각의 망념도 일어나지 않아 허공과 같이 텅 비어 소유할 것이 없는 것을 곧 바른 선정이라 합니다. 망념이 일어나지 않는 것을 바른 지혜라고 합니다. 만약 이와 같다면 선정에 들어 있을 때를 이름하여 지혜의 본체라 하고, 지혜가 발현된 때가 바로 선정의 작용입니다. 선정에 들어 있을 때도 선정에 들어 있다는 생각도 없고. 지혜가 발현될 때도 지혜가 발현된다는 생각도 없는 것입니다. 왜냐하면 본성 그 자체가 여여如如하기 때문이며, 따라서 선정과 지혜는 같다고 하는 것입니다.[57]

선정이란 번뇌로 흔들리지 않는 마음, 집착하지 않는 마음이다.

---

57 『돈황본 육조단경 연구』, p.197.

번뇌하고 집착하는 마음이란 곧 자아의식이다. 그렇다면 선정이란 '나는 선정에 들었다', '이것이 지혜이다'라고 할 수 있는 인식주체로서의 자아가 없는 무아다.

혜능에게 있어서 선정과 지혜는 둘이 아닌 하나다. 선정은 지혜의 본체이고, 지혜는 선정의 작용이다. 왜냐하면 있는 그대로의 전체성이 드러나게 하는 절대적 객관성에는 진실의 가려짐이 없기 때문이다. 즉 본성이 여여如如하다는 말은 분별하는 자아의 마음이 초월되어 있어서 있는 그대로 대상이 파악되는 마음 상태이다. 이것은 왜 선정이 지혜라고 말하는지 알게 해준다.

코끼리를 부분적으로 아무리 정교하게 본다 한들 코끼리 전체를 파악할 수 없다. 자아의식의 성찰은 부분만을 보지만, 무아의식의 선정은 전체를 본다. 그러므로 선정인 무아의식에 의해서 팔만 가지의 번뇌는 팔만 가지의 지혜로 변하게 되는 것이다.

3. (혜능3)
무아의식은 부분적 이해가 아니라 전체적 이해다

"깨달음의 뜻이란 마음의 본체가 모든 분별의식을 떠나 있는(心體離念) 것을 말하며, 모든 분별의식을 떠난 마음의 상태는 허공과 같아서 두루하지 않음이 없다. 법계가 하나의 모양인 것이 곧 여래의 평등법신이며, 이 법신에 의거하여 본각을 주장하는 것이다(所言覺義……)."[58] …… 만약 어떤 중생이 무념을 관찰할 수 있다면 곧 불지에 향하게 된다(若有衆生能觀念者……). …… "무엇이 무념인가(무념의 실천은 어떻게 하는 것인가)? 이른바 유무도 생각하지 않는 것이며, 선악도 생각하지 않는 것이며, 유변제와 무변제도 생각하지 않는 것이며, 유한량과 무한량 등 일체의 상대적인 차별심도 생각하지 않는 것이다. 또 보리도 생각하지 않는 것이며, 보리로써 생각을 삼지도 않는 것이며, 열반도 생각하지 않는 것이며, 열반으로써 생각을 삼지도 않는 것, 이것이 바로 무념이다. 이 무념이 곧 반야바라밀다이며, 반야바라밀이 곧 일행삼매이다(云何無念……)."[59]

---

58 『돈환본 육조단경 연구』, pp.216~7 각주『기신론』(대정장 권32, p.576중).
59 『돈환본 육조단경 연구』, pp.217~8 각주『신회어록』제14.

깨달음이 '마음의 본체가 모든 분별의식을 떠나 있는(心體離念) 것' 이라는 말을 자칫 마음을 모두 비워 공하게 만들어야 하는 것으로 곡해하기 쉽다. 분별의식이란 곧 자아의식이다. 그러므로 분별의식을 떠나 있다는 것은 자아의 초월을 의미한다. 자아가 초월되면 오로지 의식만이 남는다.

인식의 주체가 초월된 의식, 그것이 바로 무아의식이다. 무아의식은 자아의 사사로운 분별이 개입되지 않기 때문에 절대적 객관성이다. 절대적 객관성이란 있는 그대로 사실을 가감 없이 인식하고 수용하는 허공과 같은 포용력이며 절대적 평등이기 때문에 평등법신이라고 말하는 것이다. 평등법신에는 있음과 없음, 선과 악의 어떠한 이원론적 차별심이 없어서 중생도 부처도, 보리도 열반도 없다. 그렇기 때문에 반야바라밀이 되고, 일행삼매가 되는 것이다.

유有와 무無, 선善과 악惡, 유변제有邊際와 무변제無邊際, 유한량有限量과 무한량無限量과 같은 상대적으로 차별하는 마음을 내고, 보리와 열반을 분별하고 추구하는 것은 모두 자아의 상대의식이다. 즉 자아의 분별심이 문제가 되는 것은 집착하는 마음 때문이다. 집착이라는 것은 자아의 특징이고 자아의 강화과정에서 요구되는 기능이다.

그러나 깨달음에 이른 사람의 자아 구조는 그 모든 것을 초월해 있는 무아의식을 받아들일 만큼 탄탄하다. 이러한 구조 때문에 무아의식은 자아를 있는 그대로 명상할 수 있는 것이다. 그것을 혜능은 무념·반야바라밀·일행삼매라고 부른다. 혜능은 무아의식을 '좌선'이라는 단어를 풀이함으로써 명료하게 보여준다.

지금 이미 좌선의 원리가 밝혀졌으니, 남종 돈교의 가르침에서 무엇을 좌선이라고 하는가? 이 법문 가운데서는 어디에도 걸림이 없어야 하는데 밖으로는 일체의 대상 경계에 대하여 망념이 일어나지 않는 것을 '좌'라고 하고, 안으로는 본성을 깨달아 어지럽지 않는 것을 '선'이라 한다. 무엇을 선정이라 하는가? 밖으로 모양에 집착하지 않는 것이 '선'이며, 안으로는 어지럽지 않는 것이 '정'이다. 밖에 모양이 있다고 할지라도 안으로 본성이 어지럽지 않으면 본래 그대로 청정하고 평정한 상태가 되는 것이다. 단지 대상 경계를 접촉함으로 말미암아 접촉하면 곧 어지럽게 되지만, 모양에 집착하지 않아서 어지럽지 않는 것이 평정이다. 밖으로 모양에 집착하지 않는 것이 '선'이고, 안으로 어지럽지 않는 것이 '정'이다. 밖으로는 모양을 떠나 있고, 안으로는 어지럽지 않기 때문에 선정이라고 한다. 『유마경』에 말하기를 "곧바로 확 트여 본심으로 되돌아간다."고 한다. 또 『보살계』에 말하기를 "본래 청정함을 깨달아라. 스스로 닦고 스스로 노력하는 것은 자성의 법신인 것이며, 스스로 행하는 것이 부처의 행이며, 스스로 노력하여 스스로 불도를 이루는 것이다."[60]

좌선이 걸림이 없는 것은 자아의 초월인 무아이기 때문이다. 모든 걸림을 만들어내는 것이 바로 자아의 상대의식이다. 자아의 상대의식은 대상 경계를 만들기 때문에 모든 것을 분리한다. 주관과

---

60 『돈황본 육조단경 연구』, p.231.

객관의 분리로 일어나는 망념이 없는 것을 '좌'라고 하고, 본성의 절대의식의 밝은 비춤에 의해서 혼란이 일어나지 않는 것을 '선'이라고 한다. 즉 좌선이란 무아의식이 드러나는 것이다. 무아의식은 사사로운 분별력으로 좁은 이해의 범위에 묶여 있지도, 모양에 집착하지도 않으니 어지럽지 않다.

그런데 여기서 혜능의 재미있는 말이 발견된다. '단지 대상 경계를 접촉함으로 말미암아 접촉하면 곧 어지럽게 되지만, 모양에 집착하지 않아서 어지럽지 않는 것이 평정이다.' 즉 대상 경계를 발견하는 것은 자아의식이다. 그런데 무아의식이 드러났음에도 불구하고 자아가 여전히 기능하고 있다는 사실에 주목할 필요가 있다.

그렇다면 자아가 초월되었는데 무엇이 남아 있다는 것일까? 여기서 무아의식의 기능이 무엇인지가 정확하게 밝혀진다. 즉 무아의식이 출현한 이후의 삶을 불교에서는 '후득지'라고 한다. 견성 이전의 삶이 깨달음을 얻으려는 자아의식 주도의 삶이었다면, 견성 이후의 삶은 자아 주도의 삶이 아닌 무아 주도의 삶이다. 그래서 후득지라고 부른다. 무아의식은 '나'라는 중생을 비추는 마음의 빛이다. 바꾸어 말하면 후득지는 '나'의 본모습을 명명백백하게 알아차리는 과정이다.

이것은 십우도의 열 번째 그림에서 깨달음을 얻은 부처가 중생을 구제하러 세상으로 나가는 것에 대한 해석이 달라질 수 있게 만든다. 즉 깨달음을 화신불과 보신불에 이르는 것이라고 해석한다면, 그것은 깨달음을 얻은 존재가 세상에 살고 있는 중생들을 구제하러 나간 것으로 해석된다. 그러나 깨달음의 궁극적 과정을 법신불에 둔다면, 그것은 구제해야 되는 대상은 외부적 중생이 아니라, 바로 그 자신 안에 살아 있는 내부적 중생인 자아와 무의식으로 해석된다.

무의식은 자아의 상대의식에 의해서 구별되기 때문에 인식될 수 있다. 즉 이 말은 자아가 있음으로써 대상 경계인 무의식을 접촉하게 된다는 것이다. 이때 자아는 곧 어지럽게 되지만 무아의식에 의해서 '어지러워지는 자아'도 관조된다. 객관화된 자아가 주관적 자아를 관조함으로써 집착의 의미가 무엇인지를 알게 된다. 알아차림은 집착을 벗어나는 일이고 마음의 평정을 되찾는 일이다.

그러므로 자아의 초월은 무아의 절대의식을 의미하는 것이지 자아의 상대의식이 없어지는 것은 아닌 것이다. 이것이 바로 융이 무아의식을 객관화된 자아라고 말하는 이유이다. 이 객관화에 의해서 단편적 이해가 아니라 전체적 이해가 일어난다. 무아의식은 그 자체적으로 기능하여 불도를 이루기 때문에 행한다는 생각도, 이룬다는 생각도 없다. 모든 것은 스스로 일어날 뿐이다.

무엇을 반야라고 하는가? 반야는 지혜이다. 언제나 생각 생각마다 어리석지 않아 항상 지혜가 상속하는 것(지혜롭게 사는 것)을 반야의 행이라 한다. 한 생각이 어리석으면 반야는 끊어지고 한 생각이 지혜로우면 반야는 생겨난다. 세상 사람들은 미혹하여 반야를 깨닫지 못하고 있다. 입으로는 반야를 말하지만 마음속은 항상 어리석으면서 스스로를 말하기를 "나는 반야를 닦고 있다."고 한다. 반야는 형상이 없으며, 지혜의 본성이 이러하다. 무엇을 바라밀이라고 하는가? 이 말은 인도의 범어이며 중국말로 하면 저 언덕에 이른다는 뜻이다. 뜻을 알면 생멸을 여읠 수 있지만 경계에 집착하면 생멸이 일어난다. 마치 잔잔한 물에 파도가 일어나면 곧바로 차안此岸이 되는 것과 같다. 대상을 여의어 생멸이 없어지면 마치 물이 영원히 늘 흐르는 것과 같다. 그러므로 저 언덕에 이른다고 하고, 또 바라밀(완성)이라고 한다.[61]

혜능은 반야를 지혜라고 말한다. 지혜를 행하는 것은 '언제나 생각 생각마다 어리석지 않아 항상 지혜가 상속하는 것(지혜롭게 사는 것)'이라고 한다. 한 생각이 미혹하다는 것은 어떤 것이며, 한 생각이 지혜롭다는 것은 어떤 것일까? 지혜는 생각이 일어나는 모든 순간에 깨어 있어서 자신이 어떤 생각을 하고 있는지를 명확하게 아는 것이다. 그냥 어설프게 아는 것이 아니라 명확하게 아는 것은 무아의 절대적 객관성으로 관조했을 때만이 가능하다.

생각은 곧 그 사람이다. 생각을 안다는 것은 곧 자기 자신이 누구인지를 안다는 것이다. 그러므로 진정한 지혜란 자기 자신을 아는 것에서 일어난다.

어리석음은 '나'라는 생각에 집착함에서 오고, 지혜는 집착하지 않음에서 온다. 집착은 곧 '나'를 중심으로 하는 지극히 편협한 사고의 결과물을 낳는다. 그러므로 자아 관념으로 일어나는 인식이 진정한 지혜가 되지 못하기 때문에 망념이라고 하는 것이다. 혜능

---

61   『돈황본 육조단경 연구』, p.273.

에 의하면 망념은 진실로 존재할 수 없게 한다. 그러므로 바라밀은 '대상을 여의어 생멸이 없어진' 무아의 절대의식으로만 행해진다.

미혹한 사람은 입으로 말하지만 지혜로운 사람은 마음으로 행한다. 지금 생각할 때 망념이 일어나 망념이 있으면 진실로 존재하는 것이 아니다. 생각 생각마다 만약 반야바라밀을 실천한다면 이것이 진실로 존재하는 것이다. 반야바라밀의 가르침을 깨달은 사람은 반야의 법을 깨달은 것이며 반야의 행을 닦는 것이다. 반야의 행을 닦지 않으면 범부이고, 일념으로 반야의 행을 닦고 행하면 법신이 부처와 같게 된다. 여러분, 번뇌가 곧 보리이다. 전념이 미혹하면 범부이고, 후념(금념)이 깨어 있으면 부처이다. 여러분, 마하반야바라밀은 가장 존귀하고 가장 높고 제일이며, 머무름도 없고, 감도 없고, 옴도 없으며, 삼세의 모든 부처님이 반야바라밀로부터 나왔다. 큰 지혜로써 저 언덕에 이르면 오음에서 생긴 번뇌 망상을 타파할 수 있다. 가장 존경하고 가장 높으며 제일이라고 한 것은 최상승의 대승법을 수행하면 반드시 성불할 수 있다는 것을 찬탄한 것이다. 감도 없고, 머무름도 없고, 내왕이 없다고 한 것은 정혜가 평등하여 모든 대상에 집착하지 않는 것을 말한다. 삼세의 모든 부처님이 이 가운데서 삼독을 전환하여 계·정·혜 삼학을 만든 것이다.[62]

62　『돈황본 육조단경 연구』, p.274.

혜능은 망념이 일어나면 진실로 존재하지 않는 것이라고 말한다. 망념妄念이란 경계에 끌려 다니는 중생의 마음이다.[63] 경계는 '나'라는 것이 정신의 중심으로 있는 자아의 상대의식에 의해서 만들어진다. 즉 망념은 자아의식이다. 즉 '나'라는 생각이 중심으로 있는 삶은 진실로 존재할 수 없다고 말하는 것이다. 왜 그럴까?

왜냐하면 분별하고 집착하는 '나'로 보는 의식은 있는 그대로의 진실을 보지 못하게 만들기 때문이다. 있는 그대로를 보지 않고 자신이 원하는 쪽으로만 보려는 것은 곧 망념이다. '나'라는 자아의식으로 마음이라 불리는 무의식의 엄청난 힘을 상대하기에는 너무도 나약하다. 그것은 마치 사람이 작은 나무 조각에 의지해서 파도가 몰아치고 출렁이는 불안전한 바다를 건너는 일과 같다. 왜냐하면 자아가 무의식을 두려워하여 억압할수록 무의식은 더 무서운 형태로 드러나 그 존재를 확인시키려 하기 때문이다.

그러므로 망념을 해결하기 위해서는 망념을 만들어내는 근원인 '나'가 무엇인지 알아야 한다. 혜능은 진실로 존재하려면 일어나는 모든 생각들을 반야바라밀로 실천해야만 한다고 한다. 그렇다면 반야바라밀이 무엇인지를 먼저 알아야만 한다. 반야바라밀은 '나'로 인한 사사로운 분별과 '나'에 의해서 집착하는 것들이 끊어져서 완전한 지혜가 성취되는 것이라고 사전은 설명하고 있다.[64]

그것은 분별하고 집착하는 '나'가 초월된 무아다. 그런데 단순하

---

63 네이버 지식백과.
64 시공불교사전.

게 '나'가 없어지는 것만이 아니라는 것이 강조된다. 즉 분별하고 집착하는 '나'가 없어짐으로써 더욱 밝아지는 의식이 있다. 그 의식에 의해서 관조됨으로써 지혜가 생겨난다.

무아의식은 무의식의 마음에 대한 두려움이 없다. 즉 무아의식은 마음을 있는 그대로 비출 수 있을 만큼 강력한 의식이다. 의식이 무의식을 차별하지 않으면 무의식은 더 이상 의식에게 두려움의 대상으로 다가오지 않는다. 그것을 파도가 없는 안전한 언덕에 오르는 것과 같다고 말하는 것이다. 무아의식만이 혜능이 말하는 '생각 생각마다 어리석지 않아 항상 지혜가 상속하는 것(지혜롭게 사는 것)'으로 할 수 있다.

즉 생각이 일어날 때 무아의식도 일어난다. 무아의식에 의해서 생각은 있는 그 자체로 인식되고 이해되기 때문에 그것은 결국 근원을 아는 지혜가 된다. 생각이 일어나지 못하게 막는 것이 바로 자아의식이다. 그러므로 자아에 대한 관조는 필수적이다.

정신의 절대적 객관성의 기능이 작동되지 않으면 범부이고, 작동되면 바로 부처이다. 무아의식은 번뇌가 정신의 분화과정에서 필요했던 정신적 요소들이었음을 이해하게 만든다. 번뇌가 이해된다는 것은 번뇌와 보리가 더 이상 분리되어 갈등의 요소로 남아 있지 않다는 것이다. 이것이 곧 번뇌가 보리가 되는 순간이고, 그것이 바로 한마음(一心)으로의 통합이다.

이것을 가리켜 혜능이 왜 '가장 존경하고 가장 높으며 제일이라고 한 것은 최상승의 대승법'이라고 했는지를 알 수 있다. 무아의 절대적 객관성은 모든 대상에 집착하지 않기 때문에 정과 혜가 평등하다. 그러므로 삼세의 모든 부처님이 반야바라밀로부터 나왔다고 하는 것이다. 무아의식의 관조야말로 반야바라밀을 실천하는 것이고, 그것이 바로 큰 지혜인 마하반야이다.

대사가 말씀하시기를 "여러분, 전념과 후념 및 금념이 생각 생각마다 어리석음과 미혹함에 물들지 않아 지난날의 악행이 한꺼번에 자성에서 소멸되면 이것이 곧 참회이다. 전념과 후념 및 금념이 생각 생각마다 어리석음에 물들지 않아 지난날의 속이는 마음이 제거되어 영원히 끊어진 것을 자성참회라고 한다. 전념과 후념 및 금념이 생각 생각마다 미워하는 마음에 물들지 않아 지난날의 질투심이 제거되어 자성에서 없어지면 이것이 곧 참회이다."(이상 삼창함) "여러분, 무엇을 참회라고 하는가? 참懺이라는 것은 종신토록 죄를 짓지 않는 것이며, 회悔라는 것은 지난날의 잘못을 아는 것이다. 악업이 항상 마음을 떠나 있지 않으면서도 여러 부처님 앞에서 입으로만 '참회합니다'라고 해보아야 아무런 이익이 없다. 우리 남종 돈교의 가르침 가운데서는 영원히 번뇌 망념을 끊고 악업을 더 이상 짓지 않는 것을 참회라고 한다."[65]

어리석음과 미혹은 자아의 주관적 인식이다. 자아가 개입되지 않는 의식이 곧 무아의식이다. 무아의식으로 관조되는 모든 생각들이

---

65   『돈황본 육조단경 연구』, p.253.

곧 참회라고 혜능은 말한다. '나'의 보호를 가장 우선적으로 하는 자아의식은 철저하게 주관적 인식이다. 그렇기 때문에 자아의식은 타인의 잘못에 대해서는 염라대왕보다 더 날카롭게 지적하지만, 정작 자기 자신에 대해서는 보살의 아량을 발휘한다.

주관적이라는 것은 혜능의 말대로 자기 자신을 '속이는 마음'이다. 자기 자신을 속이는 사람이 진실할 수 없는 것은 너무도 당연하다. '속이는 마음'이 무엇인지를 스스로 인식하지 못한다는 것은 이미 앞의 생각이 어리석음이기 때문에 지금의 생각도, 또 그 후에 일어나는 생각도 모두 어리석을 수밖에 없는 것이다.

"미워하는 마음에 물들지 않아 지난날의 질투심이 제거되어 자성에서 없어지면 이것이 곧 참회이다"라고 하는 문단을 중요하게 보아야 한다. 즉 미워하는 마음과 질투심이 자성에 의해서 제거되고 없어진다는 것이다. 이것이 곧 무아의 절대적 객관성에 의해서 관조되어지는 알아차림이다. 무아의식의 알아차림이란 정신의 본질에 대한 이해다. 그것은 마치 발암물질이 무엇인지를 아는 사람이 그 물질을 먹지 않는 것과 같다.

정신의 본질에 대한 이해가 없으면 생각에 매이게 되어 진정한 객관적 관찰이 일어나지 않는다. 마음에서 일어나는 모든 생각은 정신의 내용들이다. 그것들을 정확하게 인식하고 이해하지 않는다면 그는 자기가 누구인지를 알지 못한다. 자기 자신이 누구인지를 모른다면 어리석을 수밖에 없다. 지혜는 자기 자신의 마음과 행위에 대한 성찰에서 온다. 그러므로 자기 자신을 무아의식의 절대적 객관성으로 성찰하는 것이 바로 자성참회이다.

'속이는 마음'이란 바로 융 심리학에서 말하는 자아의식의 페르소나다. 페르소나는 사회라는 공동체의 원활한 활동을 위하여 요구되는 사회적 기능이다. 말하자면 페르소나는 사회적 활동을 위해 만들어진 가면이다. 그런데 불행하게도 많은 이들이 페르소나를 자신의 진짜 인격이라고 착각한다.

자아가 자기 자신을 페르소나와 동일시하면, 자아는 착한 인격을 외부로 내보내면서 착한 인격의 뒷면에 있던 악한 성질들은 무의식으로 남는다. 그것은 의식의 정신과 무의식의 정신의 분리다. 분리된 정신은 뿌리와 단절된 나무와 같아서 무척이나 위험하다.

깨달음을 최고의 인식이라고 말하는 이유는 정신의 선한 측면만이 아니라 악의 측면까지도 기꺼이 인식하고 수용하기 때문이다. 정신은 선한 측면만이 아니라 반드시 악의 측면도 함께 가지고 있다. 그러므로 어느 한 측면만을 추구한다면 정신은 균형을 잃을 것이다. 균형을 잃은 정신은 결코 건강할 수 없다.

자아의식은 눈·귀·코·혀·피부를 통해 들어온 정보들을 자각하고 수용하면서 성장한다. 외부적 자극에 의해 자아의 힘이 강화되면서 그 구조가 탄탄해진다. 자아의 구조가 견고해지면 외부로 치중되었던 의식은 내면으로 침잠하여 무의식과 대면해도 손상을 입지 않는다.

자아 구조가 튼튼하면 자아는 스스로를 초월할 수 있다. 초월은 자아가 스스로 정신의 주인이라는 인식에서 벗어나는 것이다. 이것은 곧 무아의식의 기능이 전적으로 드러난 것을 말한다. 이름하여 견성이다. 이때부터 무아의식이 자아와 무의식을 관조하게 된다.

사찰 중앙에 놓인 명상하는 본존불의 상은 후득지의 상징을 그대로 묘사하고 있다. 즉 부처가 자기 내면의 중생을 명상하는 모습이다.

더구나 부처의 손은 엄지와 검지를 모아 원을 그리고 있다. 원은 분리되어 있던 의식과 무의식이 한마음(一心)으로 통합되는 것을 상징한다. 부처가 중생을 명상해야만이 '영원히 번뇌 망념을 끊고 악업을 더 이상 짓지 않는' 진정한 성찰과 참회가 일어난다.

혜능은 보시하고 공양하여 복을 지으면 복을 받기는 하겠지만 마음속의 업은 소멸되지 않는다고 말한다. 마음의 업이 바로 의식화를 이루지 못하여 집단으로 남아 있는 무의식이다. 복을 아무리 많이 짓는다고 하여도 집단무의식이 의식화되는 것은 아니다. 보시와 공덕에 대한 이야기는 너무도 잘 알려진 달마와 양무제의 대화에서도 볼 수 있다.

양나라 초대 황제로 등극한 양무제는 나라의 살림이 기울어질 만큼 많은 절을 세우고 경문을 옮기며 승려들을 육성했다. 양무제는 당연히 그런 자신의 공덕에 아주 큰 자부심을 가지고 있었다. 그는 깨달았다고 알려진 인도사람 달마를 만나자마자 자신의 공덕에 대한 보답이 얼마나 큰 것인지를 물었다.

그러나 달마는 아무리 많은 절을 지었다고 할지라도 그것은 공덕이 되지 못한다고 단호하게 말했다. 자신이 원하는 대답이 단번에 거절된 것에 대해 화가 난 황제 무제는 그렇다면 무엇이 공덕이냐고 물었다. 달마는 "마음과 지혜가 완전히 하나가 되어 아무런 걱정도 없는 것"이라고 말한다. 말하자면 달마가 말하는 깨달음의 세계는 우선 범부와 부처가 둘로 나누어지지 않는 세계다.

즉 무아의식의 세계다. 그것은 자아의식이 만들어내는 비非본래적 망상의 세계를 벗어나 정신의 본질적인 내용들이 현상계에서 실천되는 것이었다. 무아의식에 의해서 자아의 본질은 파악된다. 자아의 망상이 어떻게 만들어지고 어떻게 본성을 가로막고 있는지를 보는 것이다. 그것은 장애를 벗어나는 일이고, 정신의 본질이 있는 그대로 드러나게 하는 일이다.[66]

달마가 말하는 깨달음의 세계와 혜능이 말하는 깨달음의 세계는 전혀 다르지 않다. 깨달음의 세계가 심리학적으로 표현되어지는 것이 바로 집단무의식의 의식화다. 자아와 무의식의 내용들이 무아의식에 의해서 스스로 관찰되어진다. 그러한 작용이 스스로 일어나는 사람을 혜능은 '깨달은 사람'이라고 말하는 것이다.

즉 진정한 깨달음이란 자기 자신에 대한 진정한 관찰이다. 무아의식의 절대적 객관성만이 자기 내면의 움직임을 편견 없이 있는 그대로 알게 한다. 그것이 바로 돈교이다. 돈교는 삼독의 악연을 씻는 일이며, 도를 닦느라고 쓸데없이 시간을 허비하지 않는다.[67]

왜냐하면 돈교는 직지인심直指人心이기 때문이다. 삼독은 탐욕貪欲과 진에瞋恚와 우치愚癡다. 끝없는 욕망과 노여움과 어리석음은 모두 집단무의식에 내장되어 있는 동물적 본성이다. 이것이 무의식으로 있는 한 의식은 그것의 영향으로부터 결코 자유스럽지 못하다. 왜냐하면 동물적 본성은 의식의 제재를 받지 않고서 언제든지

66   『달마와 그 제자들』.
67   『돈황본 육조단경 연구』, pp.307~8.

의식의 수면 위로 나올 수 있을 만큼 힘을 가지고 있기 때문이다.

그러므로 정신의 원시성이라 불리는 이 삼독의 문제를 해결하는 일은 오직 의식화하는 길뿐이다. 무아의식이 삼독을 의식화함으로써 삼독의 악연은 더 이상 나쁜 습성으로 작용하지 않고 순수하게 생동감의 원천으로써 기능하게 된다.

혜능이 공양供養과 공덕功德을 분명하게 구분하는 이유도 바로 여기에 있다. 양무제가 절을 짓고 보시한 것은 공양이지 공덕이 될 수 없다는 것이다. 공양은 자아의식의 행위다. 자아의식이 하는 모든 행위에는 '나'라는 주체가 있다. 그러나 공덕이란 무아의 절대의식이기 때문에 행위의 주체자로서 '나'가 없다.

그러므로 '본성을 깨닫는 일이 공功'이고, '평등하고 곧은 것이 덕德'[68]이라고 하는 것이다. '본성을 깨닫는 일이 공功'이라는 말은 무아의식이 드러나는 일이고, '평등하고 곧은 것이 덕德'이라는 말은 무아의식의 절대적 객관성이 발현하는 것을 의미한다. 절대적 객관성이란 곧 절대평등의 경지를 일컫는다.

혜능은 석가모니 부처님이 말한 서방정토西方淨土가 무엇인지를 묻는 사군에게 다음과 같이 설명하고 있다.

세상 사람들의 색신은 성城이고, 눈·귀·코·혀·몸은 성문이다. 밖으로는 다섯 가지 문이 있고 안으로는 의식의 문이 있다. 마음은 대지이고, 본성은 왕이다. 자성이 있으면 왕이 있고, 자성이

---

68 『돈황본 육조단경 연구』, p.313.

가면 왕은 없다. 자성이 있으면 몸과 마음이 있고, 자성이 가면 몸과 마음이 허물어진다. 부처는 자성이 만드는 것이기 때문에 몸 밖에서 부처를 구하려고 하지 말라. 자성이 미혹하면 부처가 중생이고, 자성이 깨어 있으면 중생이 부처이다. 자비는 관세음보살이고, 희사는 대세지보살이다. 능히 청정함은 석가이고, 평등하고 곧음은 미륵이다. 인상과 아상은 수미산이며, 삿된 마음은 큰 바다이다. 번뇌는 파도이고, 독심은 악한 용이다. 진로(망념)는 고기와 자라이고, 허망은 귀신이다. 삼독은 지옥이고, 어리석음은 축생이다. 그리고 열 가지 선은 천당이다. 인상과 아상이 없으면 수미산은 저절로 쓰러지고, 삿된 마음이 제거되면 바닷물이 고갈된다. 번뇌가 없으면 파도가 소멸하고, 독해가 제거되면 고기와 자라가 없어진다. 자신의 마음자리에 있는 깨달은 여래가 큰 지혜의 광명을 발하여 눈·귀·코·혀·몸·의식 등 육문六門을 청정하게 비추면 육욕의 모든 하늘이 파괴되고, 또 아래로 삼독을 비추어 제거하면 지옥이 단번에 소멸되어 나아가 안과 밖이 밝게 사무치면 서방정토에 도달할 수 있겠는가.[69]

예토穢土가 욕망과 집착에 얽매여 번뇌와 고통으로 살아가는 중생의 세계라면, 서방정토西方淨土[70]는 부처와 중생이 함께 사는(同居土) 이상향이다. 예토는 깨달음의 맑고 깨끗한 세계를 보지 못하기

69   『돈황본 육조단경 연구』, pp.322~3.
70   『돈황본 육조단경』, p.204.

때문에 삶과 죽음이 끊이지 않는 중생계, 즉 자아의 상대의식으로 사는 세계이다. 반면에 서방정토란 무아의 절대의식의 세계이다.

그런데 불교에서 이 '서방西方'은 아미타불의 극락정토를 의미한다. 즉 태양은 동방에서 떠서 서방으로 진다. 자아의 상대의식에게 서방은 인간이 죽은 다음에 가는 곳을 상징한다. 서방이 의미하는 죽음을 융 심리학의 상징성으로 해석한다면, 자아의 죽음은 곧 자아의 초월이다. 그러므로 서방정토는 본성으로의 회귀이다.

혜능의 설명을 자세히 보자. 사람의 몸은 성城이고, 눈·귀·코·혀·피부는 성으로 들어가는 문이다. 오감의 문 안에는 의식이라는 문이 있고, 의식의 문을 열면 거기에는 마음이라는 끝도 없는 대지가 있다. 그 대지의 왕이 바로 본성이다. 마음의 주인인 본성은 자성에 의해서 생겨난다.

그런데 자성은 어리석음과 지혜를 동시에 가지고 있다. 중생과 부처의 차이는 자성이 잠들어 있느냐 깨어 있느냐에 달려 있다. 깨어 있음은 의식성이다. 말하자면 부처는 의식성이고, 중생은 무의식성이다. 그러므로 자기 자신의 마음을 떠나서 부처를 구하는 일은 어리석을 수밖에 없다.

이것은 본성이 무엇인지를 아는 것이 곧 부처를 아는 것이라고 일러주고 있다. 혜능이 말하는 자비·희사·청정함·평등·곧음의 진정한 실행은 모두 자아의식을 초월하여 있는 무아의식에서 일어난다. 수미산에 비유된 인상과 아상, 큰 바다에게 비유된 삿된 마음, 번뇌의 파도, 독심의 악한 용, 망념의 고기와 자라, 허망의 귀신, 삼독의 지옥, 어리석음의 축생과 같은 것들은 모두 자아 중심적 사고에서 비롯되는 일들이다.

무아의식은 의식과 무의식으로 분리된 마음을 다시 한마음(一心)으로 통합한다. 그것이 바로 부처와 중생이 함께 사는(同居土) 이상향인 서방정토가 되는 것이다. 미륵은 '평등하고 곧음'이라고 한다. 무아의식의 절대적 객관성이야말로 진정한 '평등과 곧음'이다. '여래의 큰 지혜'는 '평등하고 곧음'을 말하는 무아의식의 절대적 객관성에서 온다. 그러므로 무아의식의 절대적 객관성이야말로 '광명의 지혜'가 될 수 있는 것이다. 무아의식의 '광명의 지혜'로 자기 자신의 진정한 모습을 인식할 때 삼독은 제거된다.

이와 같이 부처는 특별한 존재가 아니라 정신이 본래적으로 가지고 있는 최고의 인식기능인 것이다. 그렇기 때문에 혜능은 '자신의 마음자리에 있는 깨달은 여래가 큰 지혜의 광명을 발하여'라고 말하는 것이다. '눈·귀·코·혀·몸·의식 등 여섯 개의 문을 청정하게 비춘다'고 하는 것은 무아의식이 육문六門의 움직임을 관조한다는 것이다.

무아의식은 절대적 객관성이기 때문에 육욕과 삼독을 아무런 편견 없이 그대로 비춘다. 비춤은 밝음, 곧 인식이다. 무아의식은 '안과 밖이 밝게 사무칠' 정도의 찬란한 의식성이다. 그러한 밝음이기 때문에 깊은 어둠에 묻혀 있는 본성까지 비출 수 있는 것이다. 본성을 이해하는 일은 본능으로 인한 갈등의 지옥을 소멸하는 것이며, 그것은 동시에 한마음의 서방정토에 도달하는 길이다.

무의식으로 있는 본성을 의식의 수면 위로 끌어올리는 것이 바로 무명의 삼독을 제거하는 일이고, 그것이 바로 억겁 동안 축적된 내적 중생들에 대한 구원이다. 그러므로 어찌 무아의식을 큰 지혜의 광명이라고 말하지 않을 수 있겠는가? 깨달음에 있어서 혜능이 가장 중요하게 보는 것은 기도나 염불이 아니라 자아를 관조하는 무아의식이다. 무아의식이 곧 부처라는 것은 혜능대사의 마지막 법문인 '자성진불해탈송自性眞佛解脫頌'에서도 확인할 수 있다.

진여의 청정한 성품이 참된 부처이며, 삿된 견해와 삼독은 진정한 마귀이다. 삿된 견해를 가진 사람은 마귀와 같이 사는 것이며, 바른 견해를 가진 사람은 부처와 같이 지내는 것이다. 자성중에 삿된 견해와 삼독이 생겨나면 곧 마귀의 왕이 집에 와서 사는 것이다. 바른 견해가 홀연히 삼독의 마음을 제거하면 마귀가 변하여 부처가 되므로 진실로 거짓이 없다.[71]

무아의식은 사사로운 자아에 물들지 않았기 때문에 진여의 청정한 성품이 되는 것이다. 자아의식은 사사로운 마음에 물들어 있기 때문에 삿된 견해를 만들어낸다. 삿된 견해는 열반에 들지 못하도록 장애하는 세 가지 독(三毒)인 탐욕·분노·어리석음을 불러온다. 그러므로 자아 중심의 삿된 견해로 산다는 것은 마귀와 같이 사는 삶이다.

그런데 삿된 견해인 자아의식도 바른 견해인 무아의식도 모두 자성의 성품이다. 모든 것이 자성의 성품이므로 어느 하나를 인위적

---

71 『돈황본 육조단경 연구』, pp.437~8.

으로 없애는 것이 아니라는 것이다. 다만 있는 그대로의 성품을 인식함으로써 정신에 대한 전체적 이해가 일어나고 삿된 견해가 가지고 있는 독은 제거된다. 정신에 대한 전체적 이해는 전체성으로의 통합이다. 이것은 오직 바른 견해인 무아의식만이 할 수 있다. 그러므로 무아의식이 곧 반야바라밀이고 일행삼매이며 좌선이 되는 것이다.

4. (혜능4)
무아의식은 똑똑하게 분별하지만 흔들림이 없다

일체 모든 것에는 진실이 없으니 진실을 보려고 하지 말라. 만약 진실을 보았다 할지라도 본 것은 모두 진실이 아니다. 만약 자신에게 진실이 있다면 거짓을 떠난 그 마음이 진실이다. 자신의 마음에 거짓이 떠나지 않으면 진실이라는 것이 없는데 어느 곳에 진실이 있겠는가? 유정은 움직일 수 있지만 무정은 움직이지 않는다. 만약 움직이지 않는 행을 닦으면 무정이 움직이지 않는 것과 같다. 만약 참으로 움직이지 않는 것을 깨달았다면 움직이는 가운데 움직이지 않는 것이 있다. 움직이지 않는 것이 정작 꼼짝도 하지 않는 것이라면 무정에는 부처의 종자가 없어야 한다. 능히 모양을 똑똑하게 분별하지만 자성의 자리에는 움직임이 없다. 만약 이러한 견해를 깨달으면 이것이 곧 진여의 작용이다. 여러 도를 배우는 사람들에게 알리노니, 노력해야 하면 반드시 정신을 가다듬어야 한다. 대승의 가르침에서 도리어 생사의 분별에 집착하지 말라. 눈앞의 사람이 서로 응대하여 오면 함께 부처님의 말씀을 이야기해야 한다. 만약 참으로 서로 맞지 않으면 합장하고 좋은 일을 권해야 한다. 이 가르침에는 본래 다툼이 없으며, 만약 다투게 되면 도의 뜻을 잃게 된다. 미혹에 집착하여

가르침을 다투게 되면 자성이 생사에 들어가게 된다.[72]

일체 모든 것에 진실이 없다는 것은 일체 모든 것에 거짓도 없다는 말이 된다. 진실이 있다고 생각하는 것은 이미 거짓을 상대적으로 두고 있다. 상대적인 것이 진실이 될 수 없는 것은 그것이 부분의식이기 때문이다. 부분적 사실에서 진실이라고 하더라도 전체적 사실을 볼 수 없다면 그것은 진정한 진실이 아니다.

혜능이 말하는 움직이는 유정의 마음은 자아의 상대의식이고, 움직이지 않는 무정의 마음은 무아의 절대의식이다. 혜능은 무정에 대한 명확한 이해를 강조하고 있다. 만일 무정을 움직이지 않는 것이라고 이해하여 마음을 텅 비우는 어리석음을 저질러서는 안 된다는 것이다. 자아의식은 마음(무의식)을 동일시하기 때문에 마음의 모든 움직임에 따라 동요하게 된다. 그러나 무아의식은 마음과 동일시되지 않기 때문에 동요가 없다. 이것을 혜능은 "움직이는 가운데 움직이지 않는 것이 있다."라고 한 것이다.

무아의식은 무의식과 그것에 동요하는 자아의식을 관조한다. 혜능은 무아의식을 '능히 모양을 똑똑하게 분별하지만 자성의 자리에는 움직임이 없다'고 설명한다. 즉 자아의식이 상대적 객관성으로 작용한다면 무아의식은 절대적 객관성으로 작용한다. 상대적 객관성이란 인식주체가 가진 관념의 테두리 안에서 작용하지만, 절대적 객관성은 관념의 틀이 없기 때문에 그 작용이 미치지 않는 곳이

---

72 『돈황본 육조단경 연구』, pp.407~8.

없다. 그렇기 때문에 청정한 본성인 진여의 작용이라고 말하는 것이다.

혜능은 생사의 분별에 집착하지 말 것을 부탁한다. 생사 분별을 하는 것은 자아의 상대의식이다. 자아가 가장 두려워하는 것은 자아가 없어지는 것, 즉 죽음이다. 그러므로 죽음에 대한 자아의 두려움은 자아로 하여금 삶에 집착하게 한다. 집착은 본질에 대한 이해를 방해한다. 자아의식의 상태로는 자성의 지혜를 꽃 피울 수 없는 이유가 바로 여기에 있다.

그러므로 혜능은 견성하는 수행이란 마음자리에 삿된 꽃을 피우지 않고 바른 꽃을 피우는 것이라고 말한다.[73] 두말할 것도 없이 삿된 꽃이란 자아의 상대의식이 만들어내는 깨달음에 대한 판타지이다. 자아의 상대의식은 중생이 아닌 부처가 되기를 소망한다. 왜냐하면 부처는 영원히 사는 일이라고 생각하기 때문이다. 바른 꽃은 분별하지만 흔들림이 없는 무아의 절대의식에 의해서 있는 그대로의 실재가 드러나는 일이다.

"지금 이미 참회를 마쳤다. 여러분에게 무상삼귀의를 수여하겠다." 대사가 말씀하시기를 "여러분, 깨달음의 양족존께 귀의해야 하며, 바른 이욕존께 귀의해야 하며, 청정한 중중존께 귀의해야 한다. 지금 이후로 부처님과 같은 사람을 스승으로 삼아야 하며, 또다시 다른 삿되고 미혹한 외도에게 귀의해서는 안 된다.[74]

---

73 『돈황본 육조단경 연구』, pp.424~5.

무상無相은 차별과 대립을 분별하는 자아의 상대의식을 벗어나 있다. 무상을 청정淸淨하다고 말하는 것은 자아의식의 사사로운 관점에 오염되지 않아서 일체의 집착에서 벗어났기 때문이다. 융의 말로 바꾸면, 무상은 객관화된 자아다.

불교 수행의 최고경지라 불리는 삼해탈문(三解脫門: 空·無相·無類)도 무상에 의해서 일어난다. 무상의 경지를 열반涅槃이라고 한다. 혜능은 이러한 무상에는 세 가지가 있고, 우리는 그 세 가지 무상에 귀의해야 된다는 것이다. 그런데 신회는 귀의歸依의 참된 말뜻을 "본성을 깨닫는 것"[75]이라고 했다. 있는 그대로의 본성을 깨닫는 것은 자아가 아니라, 자아가 객관화된 무아다.

세 가지 무상은 "깨달음의 양족존兩足尊", "바른 이욕존離欲尊", "번뇌 망상에 물들지 않는 중중존衆中尊"이다. 먼저 양족존이란 두 발로 서 있는 사람이다. 그런데 이 사람 안에는 일체만법의 본질을 깨달을 수 있는 가장 존귀한 성품이 있다. 여기서 중요한 핵심은 바로 두 발로 서 있는 사람이라는 것이다. 그런데 일반적인 해석에서 양족존을 특정한 역사적 인물인 석가모니 부처에게 귀의하는 것으로 해석한다.

물론 석가모니 부처님은 존경스러운 분은 맞지만, 역사의 실존인물이 귀의의 대상이 된다면 그것은 우상숭배다. 하근기下根機라 불리는 나약한 자아가 부처의 상에 의존하는 것은 방편이 될 수는 있

---

74   『돈황본 육조단경 연구』, p.257.
75   『돈황본 육조단경 연구』, p.259 住記.

다. 그러나 혜능은 높은 의식수준을 나타내는 상근기上根機를 대상으로 설법하고 있다.

즉 불교의 자성은 독자성이다. 그러므로 혜능이 말하는 귀의는 외부적 존재가 아니라 내부적 존재이다. 석가모니라는 특정한 외부적 존재에 대한 귀의로 해석된다면 혜능이 말하고자 하는 진정한 귀의의 뜻과는 멀어진다. 깨달음의 양족존은 부처를 이루고자 두 발로 서는 몸을 가진 존재 그 자체이다.

말하자면 깨달음은 자기 자신의 존재를 외면하고는 그 어디에서도 이루어질 수 없다. 왜냐하면 깨달음은 자기 자신으로의 진정한 회귀回歸를 의미하기 때문이다. 자기 자신으로의 진정한 회귀에 의해서만이 신회가 말하는 본성을 깨달을 수 있는 것이다.

본성으로의 귀의가 깨달음이고, 그것은 본성에 뿌리를 두고 피어난 꽃인 자아를 객관화하였을 때 일어난다. 자아의 객관화란 자아 중심의 인식을 탈피하는 것이다. 그러므로 그것이 곧 '바른 이욕존'이고 '청정한 중중존'이다. '삿되고 미혹한 외도'에 빠지는 것도, '번뇌 망상에 물드는 것'도 모두 자아의 문제이다.

그러므로 먼저 자아가 무엇인지를 알아야 한다. 자아를 아는 것이 바로 무아의식이고, 무아의 절대적 객관성의 기능이 바름이며, 사사로운 마음에 물들지 않아서 깨끗함이다. 이러한 귀의의 본질을 모르기 때문에 자기 자신의 본성을 떠나 다른 것에 귀의해야 한다고 생각한다. 그러나 그것은 자기 자신을 기만하는 일이다. 부처란 오직 두 발로 서 있는 존재로서 세상을 경험하고 있는 자기 자신이다. 존재의 절대성인 자성을 제외하고는 그 어디에도 귀의할 곳이 없는 것이다.

원컨대 자신의 삼보는 자비로 증명하라. 여러분, 혜능이 여러분들에게 자신의 삼보께 귀의하도록 하겠다. 부처란 깨달음이다. 법이란 바름이다. 승이란 깨끗함이다. 자신의 마음이 깨달음에 귀의하여 삿되고 미혹함이 생겨나지 않아 적은 욕망으로 만족할 줄 알고 재물을 멀리하고 여색을 여의는 것을 양족존이라 한다. 자신의 마음이 바름에 귀의하여 생각 생각마다 삿됨이 없기 때문에 애착도 없다. 애착이 없기 때문에 이욕존이라 한다. 자신의 마음이 깨끗함에 귀의했으므로 일체의 번뇌 망상이 비록 자성 가운데 있을지라도 자성이 번뇌 망상에 물들지 않는 것을 중중존이라 한다.[76]

삼보三寶는 불교도의 세 가지 근본 귀의처라고 알려진 불佛·법法·승僧이다. 혜능은 부처를 깨달음이라고 말한다. 깨달음이란 무엇일까? 사전에서는 깨달음을 근본진리를 아는 것으로 정의하고 있다. 진리를 알기 위해서는 대상을 있는 그대로 명료하게 파악(現觀)해야 한다. 여기서 대상이라는 말을 굳이 사용한다면 그것은 다름 아닌 자아, 즉 '나'라고 설명되어지는 것이 옳다. 왜냐하면 깨달음이란 바로 자기 자신이 누구인지를 아는 것이기 때문이다. 무아의식은 오직 자아와 그 뿌리인 본성을 밝히는 의식의 빛이다.

---

76 『돈황본 육조단경 연구』, pp.257~8.

융은 자아가 객관화될 때, 자아는 자기(Self), 즉 부처의 객체가 된다고 표현하였다. 말하자면 무아의식에 의해서 자아는 대상으로서 관조된다. 본다는 것(觀)은 의식의 기능이고, 현관은 자아의 왜곡이 없는 순수의식으로서의 무아의식의 작용이다.

이것은 양족존이 역사적 인물인 고타마 싯다르타가 아님을 명백하게 밝히고 있다. 혜능은 부처를 고유명사로 쓰지 않고 일반명사로 썼다. 이것은 사고思考의 혁명이다.

무아의식은 인식주체가 없기 때문에 대상이라는 경계가 만들어지지 않는다. 반면에 인식의 주체로 있는 자아는 부처 또한 대상으로 본다. 그러므로 부처는 내부적 존재 혹은 외부적 존재가 된다. 내부적 존재란 깨달음을 얻으면 자신이 인격적으로 완전한 존재로 변신할 수 있다고 믿는 것을 말한다. 깨달음이 자기 자신이 아닌 다른 존재로의 변신이라면 그것은 있는 그대로의 자기 자신을 부정하는 일이다. 이러한 자아의 그릇된 해석을 잘 알고 있는 혜능은, 부처란 존재로서 귀의 대상이 아니라 자기 자신에 대한 깨달음이라고 말하는 것이다.

법法이란 바름이라고 혜능은 해석한다. 무엇이 바르다는 것일까? 자아의식은 자기 자신의 있는 그대로의 모습을 인식하기를 두려워한다. 그러므로 자아의식이 보는 자기 자신의 모습은 언제나 굴절되어 있어서 바른 모습을 드러내지 못한다. 반면에 무아의 절대의식은 자기 자신을 있는 그대로 보기 때문에 자신의 실재는 그대로 드러난다. 그러므로 무아의식의 인식은 바를 수밖에 없다.

승僧은 깨끗함이라고 해석한다. 그렇다면 무엇이 깨끗하지 못한 것일까? 자아의 상대의식은 '나'라고 하는 편견으로 이루어진다. 편견은 자신의 사사로운 의견을 덧칠함으로서 있는 그대로의 사실을 오염시킨다. 그러므로 어떤 편견도 없는 무아의식을 깨끗함이라고 말하는 것이다.

여기서 알 수 있는 것은, 양족존이란 자아가 무엇인지를 인식하는 무아의식이 드러난 사람이다. 무아의식은 자아의식의 삿되고 미혹함과 집착을 있는 그대로 비춘다. 이러한 무아의식의 비춤에 의해서 자아의식은 깨달음을 얻는다. 그러므로 스스로의 문제를 명명백백하게 인식하는 자아는 망상에 사로잡히지 않기 때문에 최소한의 생존조건에 만족할 수 있다. 이욕존은 삶의 주관자가 자아의식이 아니라 무아의식이다. 그렇기 때문에 바름이 되는 것이다.

그 바름에 의해서 중중존은 일체 망상인 자아와 같이 있지만 그것과 동일시되지 않는다. 무아의식은 자아의 번뇌 망상을 명명백백하게 보지만 그것에 물들지도 않고, 흔들리지도 않는다고 하는 것이다.

범부는 이러한 도리를 모르고 매일매일 삼귀의계를 받고 있다. 만약 부처에게 귀의한다고 말한다면 부처는 어디에 있는가? 만약 부처를 볼 수 없다면 귀의할 곳은 없는 것이다. 이미 귀의할 곳이 없다면 귀의한다는 말은 거짓말이다. 여러분, 각자 자세히 살펴서 그릇되게 마음을 쓰지 말아야 한다. 경 가운데 단지 자신의 부처에게 귀의하라고 말했을 뿐 다른 부처에게 귀의하라고 말하지 않았다. 자성에 귀의하지 않으면 귀의할 곳은 없다고 하

였다.[77]

혜능은 '귀의'에 대한 진정한 의미를 모르는 사람들이 매일매일 삼귀의계를 받고 있다고 말한다. 여기서 혜능은 개인이 실제로 귀의할 부처가 있다고 한다면 그것이 누구이고 어디서 찾을 수 있는지를 묻는다. 부처가 찾을 수 있는 대상이라면 많은 사람들이 찾아냈을 것이다.

이것은 부처도, 귀의할 곳도 모두 자기 자신 안에 있는 것이지 밖에 있지 않음을 분명하게 밝히고 있다. 귀의할 부처가 있지도 않는데 귀의한다고 하는 말은 자신을 속이는 일이다. 그러므로 무엇이 잘못되었는지 아는 것이 중요하다.

경전에는 분명하게 자기의 부처에게 귀의하라고 했다. 그러나 그것을 왜곡하는 것은 자아의 상대의식이다. 자아는 스스로를 믿지 못하기 때문에 밖으로 부처를 찾아 나선다. 하지만 의지할 곳은 오직 하나, 자기 자신을 명료하게 인식하게 만드는 무아의식이다. 왜냐하면 오직 무아의식만이 자아의 어리석음 그리고 혼란과 갈등을 똑똑하게 분별하지만 그것에 전혀 흔들림이 없기 때문이다.

---

77 『돈황본 육조단경 연구』, p.258.

5. (마조)
무아의식은 사리에 밝아 뚜렷하게 드러낸다

불매본래인不昧本來人: 명명백백하여, 바로 지금 눈앞에 환히 보이는 근원적인 주체를 말한다. 임제선사가 말하는 '무위의 진인(無爲眞人)'이라든가, 무위의 도인이 바로 그것인데, 이는 소소영령昭昭靈靈히 사물을 보고 소리를 들어 일체를 인식하는 인간 그 자체를 가리킨다. 인간의 본성에 본래부터 갖추어져 있는 신통하고 활기찬 생명력을 그대로 '본원진성불本源眞性佛'(황벽의 말)로 정립한 것이라고도 말할 수 있을 것이다.[78]

불매不昧는 사사로운 마음이 개입되지 않는 것 혹은 도리를 통찰하는 것을 나타낸다. 사사로운 마음이 개입되지 않으니 무아이고, 도리를 통찰하는 기능이니 의식을 나타낸다. 말하자면 불매본래인不昧本來人은 무아의식으로서 근원적인 주체라는 것이다.

무아의식은 눈앞에 있는 무엇이든 명명백백하여 환히 볼 수 있다. 무아의식의 명백한 인식에 대한 강조는, 명명백백하지 않아 지금 눈앞의 것조차 보지 못하는 것이 있다는 것을 전제로 하고 있다.

---

[78] 『마조록』, p.121 주해.

그렇다면 무엇이 지금 눈앞에 있는 것을 보지 못하게 막는 것일까? 그것이 바로 자아다. 자아의 관념이 눈앞의 실재를 왜곡시킴으로써 드러나는 바의 진실을 보지 못하게 만드는 것이다.

명명백백하게 볼 수 있으니 사리에 밝아 모든 것이 뚜렷하게 드러난다(昭昭靈靈). 소소영령한 무아의식이야말로 어리석지 않은(不昧), 본성에 본래 갖추어져 있는(本來人), 진정한 지혜다. 깨달음(覺)이란 무아의식이 소소영령하게 작용하는 것이다.

한 중이 물었다.
"도와 하나가 된다는 것은 무슨 뜻입니까?"
마조가 말했다.
"도와 하나가 되어본 적이 없다."[79]

'나는 지금 도와 하나가 되었다' 혹은 '도와 하나가 되어본 적이 있다'라는 것은 모두 인식주체를 세우는 '나'라는 자아의식의 경험이다. 자아의식의 경험은 참된 깨달음이 될 수 없다. 조주가 남전에게 도가 무엇이냐고 묻자 남전은 "도는 안다는 것, 또는 모른다는 것에 속하는 것이 아니다. 안다는 것은 곧 망각妄覺이며, 모른다는 것은 곧 무기無記일 뿐이다. 참으로 의심 없는 도에 이르고 보면, 이는 마치 태초의 허공과 같아서 가없이 넓은 모습으로 시원하게 탁 트였다. 어찌 애써 시비를 하겠는가?"[80]라고 대답한다.

'나는 도를 안다' 혹은 '나는 도와 하나다'라는 것은 모두 자아가 도를 상대적으로 보고 있는 것을 의미한다. 그러나 도는 인식주체가 비어 있는 무아의식이다. 그러므로 남전은 도를 안다고 하면 그 것은 잘못된 깨달음이며, 모른다고 하면 그것은 무기에 빠진 것이 라고 말한다.

무기無記란 혼이 빠져 있어서 분별성을 잃어버린 상태를 말한다. 이것은 주인이 집을 비워서 도둑이 마음대로 들락거리게 만드는 것 이다. 즉 의식성이 없다는 것은 살아 있는 사람으로서 최대의 위험 이다. 그러므로 무기란 자아의식의 분별마저 잃어버린 상태를 의미 하고 있는 것이다.

이것은 조사들이 자아의식을 결코 무시하지 않는다는 것을 보여 준다. 자아의 상대의식이 갖는 한계와 문제점에 대해 말할 뿐, 자아 의식 그 자체를 부정하는 것은 결코 아닌 것이다. 그것을 잘 구분할 수 있어야 한다. 그러므로 조사들은 마음이 고요에 집착하면 그는 자기 마음의 주인이면서 주인임을 모르는 멍청한 사람이라고 말한 다. 그것은 고요한 것이 부처라는 자아의식의 트릭에 스스로 속고 있을 뿐이다.

『임제록』을 해설한 야나기다 세이잔은 석가모니 붓다의 깨달음 에 대해서 다음과 같이 쓰고 있다.

붓다의 종교는 투철한 인간통찰의 입장에서 출발했었다. 불교는 붓다 당시 비인간적인 제의지상주의祭儀至上主義 교권을 한 손에

79 『마조록』, p.128.

80 『마조록』, p.128 주해(남전과 조주의 문답).

쥐고 있는 브라흐마니즘Brahmanism에 대한 거센 비판임과 동시에 인간의 참된 자기혁신과 윤리적 법칙에 내재하는 인과관계의 본질을 어떤 신학적神學的 권위에도 의존함이 없이 설파해낸 것이다.[81]

석가모니 붓다는 자아와 깨달음을 동일시하였던 당시 인도의 전통 수행방식의 폐단을 날카롭게 비판한다. 깨달음이란 자아의 초월, 혹은 자아를 객관화하였을 때만 얻을 수 있는 참된 자기혁신이다. 그 말은 즉 진정한 지혜는 무아의식이라는 것이다. '나'라는 인식의 주체가 있는 한 모든 행위, 모든 생각, 모든 결과는 결국 그 주체에게로 귀속된다. 반면에 '나'가 없는 무아의식은 절대적 객관성이기 때문에 어떤 차별도 없이 '있는 그대로의 진실'에 도달할 수 있는 것이다.

세이잔은 일념심상청정광一念心上淸淨光이라고 할 때 청정淸淨이라는 말은 상대적인 맑음(淨)과 맑지 못함(不淨)이 아니라고 한다. 왜냐하면 그러한 판단작용은 모두 자아의 상대의식에서 나오기 때문이다. 그러므로 청정이란 모든 것을 차별하지 않고 있는 그대로의 사실을 인식하고 포용하는 허공과 같은(空) 본질을 나타낸다고 세이잔은 해석하고 있다. 광光은 평등하여 분별이 없는 지혜이며, 그것은 완성된 지혜를 의미하기 때문에 무분별광無分別光이라고 쓴다는 것이다.

81 『임제록』, p.30.

그러므로 부처라는 말은 인간의 정신에 내재된 무아의 절대의식이다. 고타마 싯다르타는 그것을 발견하고 실현함으로써 위대한 인식에 도달한 것이다. 불교는 중생들의 근기에 맞추어 다양한 방편들을 사용한다. 법당에 모셔져 있는 명상하는 부처의 상은 그 앞에서 절하고 있는 모든 사람들의 내면에 똑같은 무아의식이 있다는 것을 상기시키기 위한 하나의 방편이다.

그러나 외부의 것, 백문불여일견百聞不如一見을 좋아하는 자아의 특성상 법당에 있는 불상은 내면화되는 것이 아니라 자신 안에 있는 불성을 법당에 있는 불상에게로 투사시키고 만다. 무슨 말인가 하면, 자신의 내면에서 불성을 발견하지 못한 사람들은 외부에 있는 불상이나 권위를 가진 사람에게 의존함으로써 번뇌로 고통스러운 자신을 잊고자 애를 쓰는 것이다.

한 중이 마조에게 물었다.
"부처란 무엇입니까?"
마조가 말했다.
"즉심즉불!"
"도란 무엇입니까?"
"무심!"
"부처란 무엇입니까?"
"부처는 펼친 손! 도는 주먹!"[82]

82　『마조어록』, p.223.

부처와 도는 본질에 있어서는 하나이지만 작용방식에 있어서 이름을 달리할 뿐이다. 마음이 양변兩邊의 정신을 담고 있는 그릇이라면, 도는 자아의식의 분별에 의해서 양변으로 분리된 정신을 무아의식이 한마음으로 통합하는 일이다. 마조는 부처를 즉심즉불이라고 말했다. 즉 자신의 마음이 무엇을 담고 있는지 깨닫는 것이 무아의식이다.

무아의식은 마음을 명명백백하게 보는 근원적 주체로서 부처이다. 도는 무심이라고 했다. 무심이란 자아의 마음이 아니라 무아의 마음이다. 무아의 마음은 곧 절대의식이다. 절대의식이 절대적 객관성으로 기능하는 그것이 바로 도인 것이다. 그러므로 부처와 도는 그 작용에 따른 이름일 뿐이다.

모든 법은 마음으로부터 유래하며, 모든 명칭 또한 마음의 다른 이름이다. 실로 모든 법이 마음으로부터 생겨나니, 마음이야말로 모든 법의 근본인 셈이다. 경은 말한다. "마음을 깨달아 근본에 이른다. 이를 바로 사문沙門이라고 하는 것이다."라고. 그것은 이름도 똑같고, 갖가지 법도 똑 같아서 잡스러운 기색이라고는 하나도 없는 순수 그대로이다. 교의적教義的인 입장에서 이를 말해본다면, 때때로 그 형편을 따라 자유자재로 법계를 일으켜 나아가다 보면 무엇이든지 그 모두가 다 법계를 이루고, 진여眞如를 일으켜 나아가다 보면 무엇이든지 그 모두가 다 진여를 이루며, 진리를 일으켜 나아가다 보면 모든 법은 다 진리가 되며, 사상事象을 일으켜 나아가다 보면 모든 법은 다 사상으로 돌아가는

것이다.[83]

세상에 존재하는 모든 법의 바탕이 바로 마음이라는 것이다. 그러므로 그 이름이 선이든 악이든, 부처이든 중생이든지 그것은 마음이 나타내는 다른 형태들을 칭할 뿐이다. 자아의식은 선과 악, 중생과 부처를 분별하여 집착하고 배척하지만 결국 그것은 모두 근본적인 마음으로부터 생겨났다는 것이다.

세상에 드러나는 모든 것이 마음이라고 한다면, 자신의 마음이 복잡하다고 산으로 가고 무인도를 가도 그 복잡하고 혼란스러운 마음은 여전히 따라간다. 그렇다면 생각해야 할 것은 왜 우리는 선과 부처를 좋아하고 악과 중생을 미워하는가에 대한 근본적인 이해이다. 즉 분별하여 고통스러워하는 자아의식에 대한 이해가 우선되어야 한다는 것이다.

자아의식에 대한 이해는 자아의식에 의해서 구분되었던 선과 악, 부처와 중생에 대한 이해다. 그러한 이해를 가져오게 하는 것을 융은 절대의식이라고 하고, 마조는 "잡스러운 기색이라고는 하나도 없는 순수 그대로"라고 표현한다.

진여眞如인 무아의식으로 보면 모든 사물이나 현상이 진리 아님이 없다. 전체성은 선과 악, 부처와 중생을 함께 가지고 있어서 어느 한쪽을 버리고서는 성립되지 않는다. 이러한 사실이 바로 자아의 상대의식으로는 마음의 문제를 해결할 수 없는 이유를 말해

---

83   『마조어록』, pp.59~60.

준다.

그러므로 무아의 절대의식만이 마음을 명명백백하게 알 수 있다고 하는 것이다. 무아의식으로 보면 선도 악도, 자아도 중생도 그 모두가 한마음(一心)에서 왔다. 그러므로 어느 것을 없애고 어느 것을 선호하는 것이 아니라 그 모두를 명상해야만 하는 것이다. 왜냐하면 세상의 어떤 법도 부처의 본질을 떠나 있는 것은 없기 때문이다.

심생멸心生滅의 이치와 심진여心眞如의 이치는 무엇인가? 심진여란, 비유하자면 맑은 거울이 대상을 그대로 비추는 것과 같다. 거울은 바로 마음이고, 거기에 비친 대상은 서로 제법諸法인 것이다. 이 마음이 법을 취하면 곧 밖의 인연과 서로 관계를 맺게 되는데, 이것이 바로 생멸의 이치인 것이다. 법을 취하지 않는 것을 진여의 이치라고 한다.[84]

마조는 자아의 상대의식과 무아의 절대의식의 차이를 말해준다. 심생멸心生滅이란 마음이 생하고 멸함에 집착하는 자아의 상대의식이다. 그렇다면 심진여心眞如란 전체성의 중심으로서 무아의 절대의식이다. 무아의식은 마조의 설명대로 맑은 거울처럼 제법諸法을 있는 그대로 관조한다. 제법이란 형태의 물질세계와 드러나지 않는 마음의 세계를 모두 포함한다.

84 『마조록』, p.66.

물질은 마음에 의해서 인식되고, 마음은 물질에 의해서 자극을 받는 불가분의 관계이다. 인식의 작용에 있어서는 자아의식과 무아의식이 다르지 않다. 다만 자아의식은 '나'라는 굴절렌즈를 가지고 대상을 보기 때문에 인식에 있어서 있는 그대로의 사실이 온전하게 전달될 수 없다. 하지만 무아의식은 그 어떤 특정한 렌즈도 사용하지 않는 순수의식이다. 그러므로 본연의 모습이 명명백백하게 드러나는 것이다.

성문聲聞은 불성을 귀로 듣고, 보살은 불성을 눈으로 본다. 둘이 아닌 이치를 달관하고 나면, 이름하여 평등성平等性으로 불린다. 본질은 서로 다르지 않지만 움직여 쓰는 데에는 서로 같지 않다. 미혹할 때에는 지식이지만, 깨치고 나면 지혜라고 한다. 깨친 이는 진리를 좇고, 미혹한 이는 사상事象을 좇는다. 미혹이란 본심을 잃은 때를 말하며, 깨쳤다는 것은 본심을 다시 찾았을 때를 말한다. 한 번 깨치게 되면 그 깨침은 영원하며, 두 번 다시 미혹에 빠지지 않는다. 해가 떠오르면 그 빛이 어둠과 함께하지 않듯, 지혜의 해가 떠오르면 그 빛은 번뇌의 그림자와 함께하지 않는다.[85]

마조의 말을 자세하게 들여다보면 자아의 상대의식과 무아의 절대의식에 대한 대비임을 알 수 있다. 즉 성문이 불성을 들어서 안다

---

85 『마조록』, p.67.

는 것은 설법을 듣고 믿음을 내서 수행한다는 것이다. 수행이란 자기 자신을 버리고 부처가 되기 위한 노력이다. 부처가 되려는 성문에게는 중생과 부처가 분리되어 있다. 부처가 되기 위해서 중생을 버려야 하는 성문으로서는 직접적인 경험이 불가능하다. 그러므로 자아의식으로 사는 성문에게 불성은 지식에 불과한 것이다.

반면에 보살이 본다는 것은 무아의식의 관조다. 무아의식에게 불성은 찾는 대상이 아니라 정신적 기능으로서 객관적 성찰이다. 자기 자신에 대한 객관적 관찰은 직접적인 체험이 되는 것이다. 그러므로 그것은 관념이나 지식이 아니라 지혜다.

부처와 중생이 다르지 않다는 것을 아는 것이 바로 무아의식이다. 부처와 중생은 모두 한마음에 뿌리를 두고 있어서 본질이 같다. 다만 그 쓰임이 다르다. 여기서 부처는 무아의 절대의식이고, 중생은 자아의 상대의식이다. 자아의 상대의식에게 있어서 부처는 지식이 되지만, 객관화된 자아인 무아의 절대의식에서는 지혜가 된다.

즉 부처냐 중생이냐는 자아가 객관화될 수 있느냐 없느냐에 있다. 이 차이는 엄청난 차이이다. 객관화된 자아인, 무아의 절대의식은 있는 그대로의 사실을 꾸밈없이 보기 때문에 진리를 좇는 것이 된다. 그러나 주관화되어 있는 자아의 상대의식은 부처를 마음으로 보는 것이 아니라 지식으로 추구하기 때문에 관찰할 수 있는 형체로 나타나는 사물이나 현상을 좇는다.

그러므로 미혹이란 무아의식인 본심이 드러나지 않을 때이고, 깨달았다는 것은 무아의식이 드러나 기능할 때이다. 무아의식은 한번 드러나면 영원히 지지 않는 태양이기 때문에 두 번 다시 자아의식이 인식주체로서 역할을 하지 않는다. 무아의식에 의해서 번뇌는 지혜가 된다. 왜냐하면 무아의식은 번뇌가 무엇인지를 명명백백하게 보는 근원적 주체이기 때문이다.

6. (황벽1)
무아의식은 가장 구체적인 현실세계다

『정명경』에 이르기를 "오직 침상 하나만을 남겨두고 거기에 병들어 누워 있었다."고 하는 것은 마음이 일어나지 않는 것을 말한다. 그와 같이 하여 그는 지금 앓아 누워 있기 때문에 외경과의 관계는 모두 끊어지고 망상은 소멸한 것이다. 그것이 바로 보리인 것이다. 지금 만약 마음속이 어지러워 정지靜止되지 않으면 비록 네가 3승·4과·10지 등 보살수행의 모든 지위(階程)를 배워 통달했다고 할지라도 결국 범·성이라는 상대적인 가치세계에 머무르고 있는 것에 지나지 않는다. 제행은 모두 무상으로 돌아가는 것, 인간의 힘이라는 것은 전부 없어질 때가 있다. 마치 화살을 공중을 향해 쏠 때 화살이 힘을 다하면 땅으로 떨어지는 것과 같이 결국 생사의 윤회로 다시 돌아가는 것이다. 이와 같은 수행은 부처의 본의도 알지 못한 채 허무하게 쓰라린 노고勞苦를 받을 뿐이다. 어찌 크게 잘못된 생각이 아니겠는가? 지공이 말하기를 "출세간의 지혜가 뛰어난 밝은 스승을 만나지 못했기 때문에 대승의 법약을 복용해도 효과가 없다."라고 하였다.[86]

86　『전심법요·완릉록 연구』, p.264.

조사들의 어록에서 어디 하나 중요하지 않은 문장은 없다. 위의 문장 역시 너무도 중요한 내용을 담고 있다. "비록 네가 3승·4과·10지 등 보살수행의 모든 지위(階程)를 배워 통달했다고 할지라도 결국 범·성이라는 상대적인 가치세계에 머무르고 있는 것에 지나지 않는다."라고 하는 이것이 바로 황벽이 화신불과 보신불을 본원진성불本源眞性佛과는 구분하는 이유이다.

즉 보살이 수행할 수 있는 최고의 단계에 도달한다 할지라도 그것은 모두 부처가 되고자 욕망하는 자아의 상대의식으로 이루어지는 것이다. 즉 그것은 자아의 주체적 세계 속에 있다. 자아가 갖는 주체성은 언제나 객체라는 상대를 갖는다. 자아가 최고의 선을 행한다 할지라도 그것은 악을 대극으로 하고 있는 것이다.

말하자면 자아의 상대의식은 결국 상대적으로 작용하기 때문에 무아의 절대의식이 될 수 없다는 말이다. 한마음이라는 전체성으로의 통합은 오직 무아의식만이 가능하다. 전체성의 통합을 이루지 못하면 생사윤회로의 회귀를 피할 수가 없다. 왜냐하면 무의식의 의식화가 여전히 남아 있기 때문이다.

이것을 불교적으로 말한다면, 보신불과 화신불이 되어 다른 중생들을 인도하고 도움을 줄 수는 있겠지만 정작 자신 안의 중생은 구제하지 못했다는 것이다. 자기 안의 중생 구제란 무명, 즉 무의식의 의식화다. 보신불과 화신불은 자아의 상대의식의 실현이지, 자기(Self), 즉 무아의 절대의식의 실현이 아닌 것이다.

보리는 외경과의 관계가 모두 끊어지고 망상이 소멸된 자리, 즉 무아다. 무아의 절대의식에는 인식주체로서의 '나'가 없으니 구원해야 하는 대상도 마음의 어지러움도 없다. 그러므로 중생이라는 마음의 어지러움을 있는 그대로 관조할 수 있다. 그러나 보신불과 화신불은 무아의 절대의식이 아니기 때문에 결국 생사의 윤회로 다시 돌아간다.

자아의 상대의식으로 이루어지는 수행은 부처의 본질을 알지 못한다. 부처의 본질을 알지 못하는 모든 수행은 허무하게 쓰라린 노고勞苦를 받을 뿐이라는 것이다. 출세간의 지혜가 뛰어난 밝은 스승을 만나지 못했기 때문에 대승의 법약을 복용해도 효과가 없다고 지공은 말했다고 한다. 출세간의 지혜가 뛰어난 스승이 바로 무아의식이다. 그러므로 자아의 상대의식으로는 대승의 법약을 복용해도 효과가 있을 수 없다고 하는 것이다.

지금 중요한 것은 모든 때 모든 기회에 일상의 다니고 머물고 앉고 눕는 하나하나의 행동 가운데 오로지 무심만을 배워 무엇을 분별하지도 않고, 어떤 것에 의지하지도 않으며, 또한 무엇에 집착하지도 않고 하루 종일 형편에 맡겨 빈둥거리며 마치 바보처럼 살아가는 것이다. 세상 사람들이 모두 너를 모르고, 너 또한 세상 사람에게 알려야지 하는 생각이라든가, 알려지고 싶지 않다는 등의 생각을 할 필요도 없다. 마음은 마치 단단한 돌과 같이 전혀 금도 균열도 없기 때문에 일체 법이 나의 마음을 뚫고 들어갈 수 없어서 굳건하게 무엇과도 관계를 가지지 않는다. 이와 같이 되어야만 비로소 조금은 상응하는 것이 있다고 할 것이다. 이렇게 하여 삼계라는 차원을 꿰뚫고 나간 것을 부처가 세상

에 출현했다고 한다.[87]

깨달음에 대한 자아의 노력은 불안한 자아의 특성이 만들어내는 영원성에 대한 판타지일 뿐이다. 황벽이 그것을 크게 잘못된 생각이라고 말하는 것도 판타지 안에서는 실재(reality)를 찾을 수 없기 때문이다. 깨달음은 자아가 생각하는 현실초월의 판타지 세계가 아니라 가장 리얼한 현실세계이다.

그러므로 조사들은 불안한 자아의 상상이 만들어낸 깨달음의 판타지에서 깨어나 가장 현실적인 나 자신으로 돌아와야 한다고 외치는 것이다. '지금 중요한 것은 모든 때 모든 기회에, 일상의 다니고 머물고 앉고 눕는 하나하나의 행동'이야말로 깨닫고자 열망을 품고 있는 그 존재를 가능하게 하는 원동력이다.

이러한 자아의 정체를 알아차리는 것이 바로 무심이다. 무심은 자아의 관념에 오염되지 않는 무아의식이다. 무심을 모르면 무심을 배우면 된다는 것이다. 무심을 배울 수 있다는 말에 우리는 많은 희망을 가질 수 있다. 왜냐하면 깨달음은 선택된 특별한 사람들만이 할 수 있는 것으로 알려졌기 때문이다.

그것은 사람들로 하여금 스스로 자신을 중생이라고 한정 짓도록 하는 결과를 나았다. 황벽은 그러한 고정관념을 혁명적인 언어의 칼로써 잘라버린다. 마치 예수가 선택된 사람만이 하나님의 자식이 아니라 믿기만 하는 모든 이들이 구원을 얻을 수 있다고 선포한

---

87 『전심법요·완릉록 연구』, p.265.

것과 같다. 무심을 배울 수 있다는 황벽의 말은 지극히 현실적이다. 깨달음의 빛인 무아의식은 누구에게나 내재되어 있기 때문에 꺼내 쓰기만 하면 된다는 것이다.

왜 무심이 필요한지 황벽은 다음과 같이 설명하고 있다. "오로지 무심만을 배워 무엇을 분별하지도 않고, 어떤 것에 의지하지도 않으며, 또한 무엇에 집착하지도 않고 하루 종일 형편에 맡겨 빈둥거리며 마치 바보처럼 살아가는 것이다. 세상 사람들이 모두 너를 모르고, 너 또한 세상 사람에게 알려야지 하는 생각이라든가, 알려지고 싶지 않다는 등의 생각을 할 필요도 없다."

이 말을 역설적으로 해석해보자. 분별하지 않는다는 것은 아무 생각이 없다는 말이 아니다. 분별하지 않는다는 것은 분별하고 있는 마음을 이해함으로써 분별에 매이지 않을 수 있다. 어떤 것에 의지하지 않는다는 것은 내가 무엇에 의지하고 있고, 왜 의지하려고 하는지를 이해함으로써 의지하려는 마음에서 자유로울 수 있다. 나는 무엇에 집착하고 있으며, 왜 집착하는지를 인식했을 때 집착은 사라진다.

하루 종일 형편에 맡겨 빈둥거린다는 것은 끊임없이 계산하며 손해 보는 삶을 살지 않으려고 애쓰고 있는 자아를 관조하는 것이다. 무심의 행위는 '나'를 중심으로 세우는 일이 아니기 때문에 자아의 입장에서 보면 참으로 바보 같다.

자아는 모든 일을 자기중심적으로 분별하고, 나약한 자신을 보호해줄 강력한 권위에 의존하려고 하며, 이익에 집착하며, 불안한 자신을 잊어버리는 일에 집중한다. 세상에서 자기가 드러나는 일에 혹은 드러나지 않는 일에 신경을 쓴다. 이 모든 것으로부터 벗어나려면 자아의 특성을 무아의 절대적 객관성으로 비추어 보아야 하는 것이다.

그러므로 무심은 명료한 인식에 대한 역설이다. 무심은 바라봄에 있어서 인식주체를 세우지 않으니 그 어떤 것에도 흔들림이 없다. 그것은 가장 강인한 금강석에 비유된다. 이러한 정신적 차원을 부처라고 말하는 것이다.

마음의 작용을 밖으로 새지 않게 하는 것을 무루지라고 이름한다. 인간계와 천상계의 업(所行)을 짓지 않고, 지옥의 업을 짓지도 않으며, 나아가 일체의 마음을 일으키지 않아 여러 가지 인연이 전부 발생하지 않을 때 이 몸과 마음이 그대로 자유로운 사람(自由人)인 것이다. 그렇다고 해서 아무것도 전혀 생겨나지 않는 것을 말하는 것이 아니라 단지 자신의 의사에 따라 생겨나는 것이다. 경에 이르기를 "보살은 자기 뜻에 따라 화신을 생기게 하는 신통이 있다."고 한 것이 바로 그것이다. 만약 마음이 없는 줄을 모르고 모양에 집착하여 여러 가지 소행을 한다면 그것은 모두 마군의 업(所行)에 속하며, 또 나아가 정토의 염불수행을 한다 하더라도 모두 업을 짓는 소행인 것이며, 이것이 부처라는 장애를 형성하는 것이다. 그것이 그대 자신의 마음을 장애하기 때문에 그대는 인과의 굴레에 얽매여 일체의 행동이 자유를 잃게 된다. 그러므로 보리라고 하는 이른바 법들은 이법理法으로서 본래 존재하는 것이 아니다. 여래가 설한 법이라고 하는 것은 실은 모두 사람을 교화시키기 위한 방편인 것이며, 말하자면 마치 누런 나뭇잎을 돈으로 가장하여 일단 어린아이의 울음을 그치게 하려고 하는 것과 같은 것이다. 요컨대 "실로 어떠한 법도 존재하지 않는 것을 아뇩보리라고 이름한다."고 한 것이다. 이제 지금까지 말한 의미를 알았다면 어찌 사소한 일에 얽매일 필요가 있겠는가?[88]

무루지無漏智는 번뇌에 물들지 않는 앎이다. 아는 것은 의식의 작용이다. 그러므로 무루지는 번뇌에 물들지 않는 의식, 즉 무아의식이다. 무아의식은 마음에 무엇이 일어나는지를 안다. 자신의 마음을 알 때 사람은 그것을 밖으로 투사시키지 않는다. 투사는 무의식적 행위다. 자신의 마음이 밖에 있는 대상을 향해서 행해지고 있지만 자신은 정작 그것에 대해서 전혀 의식하지 못한다. 투사의 위험성이 거론되는 이유가 바로 무의식성이라는 점이다.

무아의식에 의해서 알아차려진 마음은 밖으로 새지 않을 수 있다. 황벽은 그것이 업을 짓지 않고, 인연을 발생시키지 않는 자유인이라고 표현한다. 자유인은 어디에도 매이지 않기 때문에 가장 독립적이고 가장 창의적인 삶을 살 수 있다. 번뇌를 만들어내고 그것을 실행하는 것은 자아다. 그러므로 자아가 무엇인지를 알아야만 그것을 멈출 수 있다.

융은 자아의식의 가장 가까이 있는 개인적 무의식을 그림자라고

88 『전심법요 · 완릉록 연구』, p.265.

이름을 붙였다. 번뇌도 자아에 의해서 발생하고 그림자도 자아에 의해서 발생한다는 점에서 황벽의 번뇌와 융의 그림자는 크게 다르지 않다. 그렇다면 황벽이 말하는 번뇌를 융의 그림자 이론에 대입시켜보자. 그림자는 의식에 의해서 전혀 인식되고 있지는 않지만 그것의 작용은 언제 어디서나 일어난다.

보다 정확하게 말하면, 자신의 그림자를 정확하게 인식하지 못할수록 그것은 자신이 알지 못하는 사이에 타인과 세상을 향하여 투사된다. 세상에서 일어나는 비극적 일들은 그러한 투사들로 인한 결과물들이다. 그러므로 융의 개성화 과정에 있어서 가장 우선적으로 해야 할 일 중의 하나가 자신의 그림자를 인식하는 일이다.

번뇌가 일어날 때 번뇌를 인식하는 것이 바로 무루지다. 번뇌가 무엇인지 알지 못하면 번뇌에 사로잡히게 된다. 자유인은 번뇌를 객관적으로 관찰할 수 있기 때문에 그것에 얽매이지 않고 업을 만들지도 않는다. 그것을 일컬어 황벽은 자기 뜻에 따라 화신을 생기게 하는 보살의 신통이라고 말하는 것이다.

이와 같이 마음에서 일어나는 일들이 자아가 만들어내는 트릭trick이라는 것을 모르고 속는다면 그것이 바로 마군의 소행이 된다. 자아의 환상은 부처와 마군의 형상을 만들어내고 그것에 집착한다. 그러나 그것은 스스로가 만든 덫에 스스로 걸려드는 것과 같다.

부처가 있다고 설한 법들은 나약한 자아의식 수준에 있는 사람들을 교화시키기 위한 하나의 방법이었다고 황벽은 말한다. 즉 나약한 자아는 의존할 대상이 필요하다. 자아는 대상에 의지하여 어려움을 극복해나갈 수 있는 힘을 얻는다.

그러나 자아의 구조가 성숙해진 다음에는 모든 의존에서 벗어나 스스로 설 수 있다. 가장 개성화된 정신, 천상천하 유아독존의 정신이 바로 무아의식이다. 무아의식의 절대적 객관성은 자기 자신에 대한 명료한 인식을 가져온다. 자기 자신에 대한 명료한 인식이야말로 가장 리얼한 현실세계다.

7. (황벽2)
무아의식은 내면의 위대한 통찰력이다

불교에서 무심無心은, 보지만(觀) 보는 주체가 없는 경지라고 해석된다. 보는 주체를 자처하는 자아가 초월되어 있기 때문에 무아이고, 무아의 인식이기 때문에 절대의식이다. 그러므로 무심에는 사사로운 분별을 넘어선 순도 백퍼센트의 절대적 객관성이 작용한다. 『경덕전등록』에서는 무심이 곧 도道라고 말한다. 즉 무심의 절대적 객관성으로 관조하는 것, 그것이 바로 도인 것이다.

왜냐하면 무심이라는 것은 일체의 망심이 없기 때문이다. 여여한 본체는 안으로는 목석과 같아서 움직이지도 않고 흔들거리지도 않으며, 밖으로는 허공과 같아서 막히지도 않고 걸리지도 않으며, 주관과 객관도 없으며, 방향과 처소도 없으며, 모양이나 자태도, 얻음과 잃음도 없다.[89]

망상은 자아의 문제이다. 즉 말하자면 망상은 자아가 망상으로 규정하기 때문에 존재한다. 여여지체如如之體, 말하자면 여여한 본

---

89 『전심법요·완릉록 연구』, p.81.

체란 변하지 않는 본체로서 역시 무아의식을 나타내는 말이다. 무아의식은 본체이기 때문에 움직이지도 않고 흔들리지도 않는다. 반면에 자아의식은 여여한 본체로부터 나온 잎사귀이기 때문에 작은 자극에도 쉽게 흔들린다.

자아의식이 용납할 수 없는 무의식의 내용들은 자아를 위협하는 것으로 생각된다. 위협을 느낀 자아의식은 본성으로부터 도망가고자 끊임없이 시도한다. 그러므로 자아의식이 중심으로 있는 한 자기 자신은 누구인지를 알 수 없다. 자신을 알지 못하는 삶이란 결국 자기기만이고, 기만적 삶이 진실할 수 없는 것은 너무도 당연하다.

'여여한 본체'라고 불리는 무아의식은 허공과 같아서 막히지도 않고 걸리지도 않지만, 자아의식의 관념은 모든 것을 검열하고 막아서 걸리지 않는 것이 드물다. 무아의식은 대상과 경계를 구분하지 않고, 부처와 중생이 분리되지 않는다. 그러므로 부처의 모습과 자태를 분별하여 향을 사르고 예배를 할 법당이 필요치 않다.

'나'를 중심으로 대상과 경계를 구분하는 자아의식으로서는 당연하게 부처와 중생은 하나가 아니다. '나'를 존속시키기 위해서 끊임없이 계산해야만 하는 자아에게는 늘 얻음과 잃음이 있지만, 자아를 초월해 있는 무아의식은 얻음도 잃음도 없다.

그러나 도를 닦는 사람들이 감히 이 '무심'의 법문에 들어오지 못하는 것은 공(허무)에 떨어져 깃들여 머무를 곳이 없을까 두려워하기 때문이다. 그래서 벼랑만 바라보고 물러나 대개 모두 널리 지견을 구하고 있다. 이처럼 지견을 구하는 사람은 그 수가 쇠털처럼 많지만 정작 도를 깨닫는 이는 소의 뿔처럼 두셋에 불과하다. 문수보살은 이치理致의 구현자로서, 보현보살은 실행의 구현자로서 각각 상징된다. 그 이치라는 것은 진공으로서 걸림이 없는 도리이고, 실행이라는 것은 일체의 모양을 초월한 무한한 실천인 것이다. 관음보살은 큰 자비를, 대세지보살은 큰 지혜를 제각기 구현한 자를 상징한다. 또 유마라는 것은 '정명淨名'이라는 의미이다. '청정하다'는 것은 본체 바로 그 자체이고, '이름'이라는 것은 그것의 드러난 모습을 가리킨다. 본체와 현상이 다르지 않기 때문에 정명이라 한다. 여러 위대한 보살들이 현현한 덕德도 실은 사람들이 모두 그것을 구유하고 있으며, 그것은 이 일심밖에 있는 것이 아니어서 깨닫기만 하면 그만이다. 그런데 지금 도를 배우는 사람들은 자기 마음에서 깨달으려고 하지 않고 마음 밖에서 겉모양에 집착하여 대상 경계를 취(대상화)하고 있기 때문에 모두 도와 위배되고 있다.[90]

자아는 '나'가 없는 삶을 생각할 수 없다. '나'라고 하는 자아의 특징은 삶과 죽음을 분별하기 때문에 영원에 집착한다. 자아가 현재의 '나'를 포기할 수 있는 것도, 영원한 '나'를 대신 얻을 수 있다고 생각하기 때문이다. 그런 자아에게는 도가 존재한다고 생각하기 때문에 도를 닦아야 하는 것도 당연하다. '나'를 영원히 지속시켜주는 지견을 구하는 것에 힘을 쏟는 자아는 실재를 보는 것을 두려워

90 『전심법요·완릉록 연구』, pp.81~2.

한다.

실재란 있는 그대로의 자기 자신의 모습이다. 실재의 자기 모습은 너무도 허술하고 불완전하다. 그러므로 자아가 원하는 것은 부처로 불리는 완전한 존재가 되고 싶은 것이다. 그러나 자아의식으로는 결코 실재로서 자기 모습을 직면하지 못한다. 오직 무아의식만이 자아의 실재를 그대로 드러낼 수 있다.

문수보살의 이치라는 것은 자아가 객관화된 자리다. 그렇기 때문에 그 어디에도 걸림이 없다. 이치를 실행한다는 것은 자아에 대한 무아의식의 관조이다. 거리낌 없이 보고 허공처럼 수용하는 무아의식만이 대자비할 수 있다. 진정한 지혜는 전체를 보는 통찰력에서 온다. 이러한 대자비와 최고의 지혜는 그 누구에게나 모두 구비되어 있는 무아의식이다. 그러므로 누구나 자기 내면에 무아의식이 있다는 것을 깨닫기만 하면 된다. 즉 자신의 능력을 끌어내 쓰면 누구나 부처다.

그럼에도 불구하고 누구나 쉽게 부처가 되지 못하는 것은 자기 내면에 그러한 능력이 있다는 사실을 믿지 못하기 때문이다. 자아는 안·의·비·설·신·의라는 육식으로 구성되어 있다. 그러한 기능들은 외부적으로 확인될 수 있는 것을 신뢰하는 특성을 가진다. 그것은 그만큼 불확실한 내부적 사실에 둔감하다는 의미다. 이러한 자아의 특성이 내면으로의 침잠을 어렵게 하고 외부의 것을 찾아나서게 만드는 것이다. 무심에는 자아가 겪는 까다롭고 복잡한 걸림돌이 없다. 그 이유가 아래의 문장에서 밝혀진다.

갠지스강의 모래라는 것은 부처님께서 말씀하시기를 "이들 모래는 모든 불보살을 비롯하여 제석천·범천 등 고귀한 신들의 발이 그 위를 밟고 지나갈지라도 모래는 또한 기뻐하지 않는다. 또 소·양·벌레·개미 등이 그 위를 밟고 지나간다 해도 모래는 성내지 않는다. 금은재보와 고귀한 향목香木도 모래는 또한 탐내지 않는다. 분뇨와 악취를 풍기는 오물을 모래는 또한 미워하지 않는다."고 하셨다. 이 갠지스강의 모래와 같은 마음이 곧 '무심'의 마음이다. 이와 같은 모든 모양을 떠난 곳에는 중생과 부처가 조금도 차별이 없다. 단지 무심하기만 하면 그것이 바로 구경의 경지이다. 도를 배우는 사람이 만약 곧바로 무심하지 않으면 영겁永劫 동안 수행해도 끝내 도를 이루지 못하고 도리어 삼승의 단계적인 공부에 얽매여 해탈하지 못하게 될 것이다……. 무심을 얻으면 그만이지 다시 더 닦고 증득할 것이 없다. 실로 얻을 것도 없지만 진실하여 허망하지 않은 것이다. 다만 한 생각에 깨달은 것이나 10지의 수행단계를 통하여 깨달은 것이나 그 공적에 있어서는 꼭 마찬가지이기 때문에 다시 깊고 얕음의 차이가 없으며, '다만 최후에 무심을 증득하지 못한다면' 영겁의 세월동안 헛되이 고로苦勞를 받을 뿐이다.[91]

무심을, 보석이든 쓰레기든 구분 없이 오는 모든 것을 있는 그대로 품는 모래밭에 비유했다. 이것을 존재론으로 해석해버리면 마치

---

91 『전심법요·완릉록 연구』, p.84.

부처는 무생물과 같이 감정도 생각도 없는 무미건조한 존재로 해석하게 된다. 부처가 되는 일이, 똥이 묻어도 씻지 않고, 무엇인가 해칠 것이 와도 피하지 않는 것이라면 과연 삶을 지속할 수 있을지가 의문이다.

반면에 이것을 정신적 기능으로 해석해보자. 자아의식은 좋은 생각만 하려고 하고, 나쁜 생각은 두려워하여 피한다. 그러나 무아의식은 나쁜 생각이든 좋은 생각이든 구분 없이 있는 그대로 비추는 빛이다. 왜냐하면 마음에서 일어나는 그 모든 것은 존재를 구성하고 있는 정신의 내용들이기 때문이다.

자아의식은 스스로를 중생으로 규정짓고 부처가 되고 싶어하지만, 무아의식은 중생과 부처가 각각의 기능적 역할이 다를 뿐 하나임을 안다. 도는 이러한 이치를 아는 것이고, 이치를 알면 구속되어 있는 것으로부터 자연스럽게 해탈할 수 있다. 영겁 동안 수행을 해도 이것을 알지 못하면 끝내 도를 이룰 수도 해탈할 수도 없는 것은 너무도 당연한 일일 것이다.

황벽은 무심無心을, 주관적인 판단으로 어떤 것을 '좋다, 싫다' 구분하여 집착하지 않는다고 말한다. 무심은 있는 그대로를 인식하고 이해함으로써 모든 것을 전체성 안으로 통합한다. 무심을 아무런 생각이 없는 것이라고 잘못 해석하면, 그야말로 텅 빈 마음을 지켜보는 신수의 제자와 같은 어리석음을 행하게 된다. 빈 마음에서는 얻을 수 있는 것은 아무것도 없다.

텅 빈 마음을 만들려는 자아의 인위적인 노력이 무아의식의 작용을 막는다. 그러므로 황벽은 "마음을 무심하게 하려고 하면 마음은 도리어 유심이 된다."고 말하는 것이다. 부처란 청정한 마음이라고 생각하면, 자아는 청정하지 못한 자신의 마음이 부끄럽고 싫어서 마음을 자꾸만 깨끗하게 하려고 인위적으로 조작을 한다.

그러나 고귀한 신들을 반기고 미천한 것들에 성내고, '분뇨와 악취를 풍기는 오물' 같은 마음을 모두 거부한다면 우리는 마음에 대해서 알 길이 없다. 다만 필요한 것은 그 모든 상황들을 다 받아들일 수 있는 무심이 필요한 것이다. 무심은 그것들을 받아들이기만 하는 것이 아니라 절대적 객관성으로 관조할 수 있기에 '다만 묵묵히 계합할 뿐'이다. 즉 '분뇨와 악취를 풍기는 오물'로 느낄 수 있는 무의식을 인위적으로 억압하거나 없애려고 하는 것이 아니라, 그것들이 무엇인지 명상하는 것이다.

그것은 심리학적으로 표현하면, 무의식의 원시적 본능들을 의식의 표면으로 끌어올리는 것이다. 즉 자신 안에 어떤 일이 벌어지고 있는지 절대적 객관성으로 보아야 한다. 그것이 바로 묵묵한 계합이고 의식과 무의식의 통합이다. 이러한 묵묵한 계합은 자아가 정신의 주체라고 주장하는 한 일어날 수 없다. 그래서 자아의식으로서는 영겁을 수행해도 부처가 될 수 없다는 것이다.

원시적 성질들은 무심에 의해서 관조되는 의식화 과정을 밟아야만 한다. 자아의식을 괴롭히는 부정한 마음들은 의식화를 바라는 무의식이 보내는 신호이다. 무심은 얻으면 더 닦아야 할 것이 없다. 무심이 바로 무아의식인 본원진성불本源眞性佛이기 때문이다. 더 닦아야 된다고 생각하거나 다 됐다고 하는 생각은 모두 자아에게서 볼 수 있는 특징이라는 것을 말하고 있는 것이다.

의도적으로 악을 저지르는 것이나 선을 짓는 것도 모두 모양에 집착한 소행이다. 모양에 집착하여 악을 짓게 되면 헛되이 윤회의 괴로움을 받게 된다. 또 모양에 집착하여 선을 지어도 쓸데없는 노고勞苦를 받게 된다. 그러므로 모두 말끝에 곧바로 스스로 본래의 법을 깨닫는 것만 못하다. 이 법이 곧 마음이며, 마음 밖에 따로 법이 없다. 마음 그 자체가 무심이 되면 또한 무심이라는 것도 없다. 마음을 무심하게 하려고 하면 마음은 도리어 유심이 된다. 거기는 다만 묵묵히 계합할 뿐 사변思辨을 초월한 곳이기 때문이다. 따라서 '언어의 길이 끊어지고 사념思念과 행위도 없다'고 한 것이다. 이 마음이 '본래 청정한 부처(本源清靜佛)'이며, 사람들은 모두 이것을 가지고 있다. 꿈틀거리며 움직이는 사람이나 제불보살과 일체이어서 다를 것이 없다. 다만 망상분별 때문에 갖가지 업을 지을 뿐이다.[92]

여기서 무심은 텅 빈 마음이 아니라는 것이 분명하게 드러난다. 무심은 묵묵히 계합한다고 했다. 계합은 서로 분리되어 있던 것들이 합치거나 막혀 있던 것을 통하게 하는 정신의 기능이다. '본래의 법'은 마음 안에 있다고 했다. 마음이라는 단어를 정신으로 바꾸면 그 뜻이 더 명료해진다. 즉 '본래의 법'이란 정신적 기능이라는 말이다. 그러므로 그것을 일부러 만들 수도 없을 뿐만 아니라, 만들려고 해서도 안 된다는 것이다.

92 『전심법요·완릉록 연구』, p.84.

일부러 만들고자 하는 사변적 마음은 '본래의 법'을 막아버린다. 왜냐하면 '본래의 법'은 사변思辨을 초월해 있기 때문이다. 사변은 경험에 의하지 않는 자아의식의 논리적 세계다. '본래 청정한 부처(本源淸靜佛)'는 정신에 내재되어 있는 기능이다. 그런데 그것이 드러나지 못하는 것은 자아의 망상 때문이다. 자신을 중생으로 인식하는 자아의식은 부처라는 완전한 존재가 되고자 애를 쓴다.

완전한 부처가 되기 위해서 선에 집착하기 때문에 선의 다른 면인 악이 무엇인지 알지 못한다. 선도 악도 모두 존재의 근원이다. 악이 무엇인지 알지 못하는 한 그는 결코 악으로부터 자유로울 수 없다. 외부적 형상에 집착하여 악을 저지르는 것과 마찬가지로 선에 집착하는 것 또한 자아의식의 특성이다. 많은 선행을 하여도 본래 마음을 아는 것과는 관련이 없다. 본래의 마음은 자아의 교묘한 조작이 무엇인지를 이해했을 때만이 알게 된다.

자신의 마음을 있는 그대로 살피는 것, 그럼으로써 자신이 누구인지를 아는 것, 인간의 본성이 무엇으로 이루어져 있는지를 이해하는 것, 선도 악도, 어둠도 밝음도 모두 자성에서 비롯되었음을 인식하는 일이야말로 유일한 도道다.

그것을 알 수 있는 것은 자아가 무엇인지를 알았을 때 가능해진다. 무아의식은 자아가 만들어내는 사변과 의도적 행위와 계산적 마음이 무엇인지를 명료하게 인식하게 한다. 그것들은 오직 명료한 인식에서만 끊어질 수 있다. 그것이 바로 청정한 부처이다. 이러한 이치를 깨닫는 데 무슨 특별한 단계와 수단이 존재하지 않는다. 자신이 가지고 있는 본원진성불本源眞性佛인 무아의식을 꺼내서 자아를 절대적 객관성으로 볼 수만 있다면 그것이 바로 도라고 황벽은 말한다.

이 이법理法을 깨닫는 데는 시간의 새로움(前)과 오래됨(後)이 없고, 또 얕음과 깊음의 차이도 없다. 이것을 하나의 법으로써 설하는 데도 그것은 이론이나 분석을 개입시키지 않으며, 그 종지의 개조開祖를 내세우지 않으며, 또 일파一派를 건립하지도 않는다. 곧바로 정확히 그것을 알아차리는 것, 단지 그것만 있을 뿐 조금이라도 사량하면 즉시 어긋난다. 이와 같이 깨달아야 비로소 우리 몸은 그대로 본래 부처가 되는 것이다.[93]

이법理法을 깨닫게 해주는 것은 수행 기간, 지적 수준, 이론과 분석, 특정한 학파의 계통이 아니라는 것이다. 왜냐하면 이법은 정확하게 알아차리는 것이기 때문이다. 정확한 알아차림이란 무아의식이다. 깨달음에 조건들이 필요하다고 생각하는 것은 자아의 상대의식이 만들어낸 착각이다. 자아의식은 법칙과 이론을 만들어 분석하고 의미를 남기는 특별한 것들과 연결시키려 한다.

이러한 현상은 자아가 있는 그대로의 자신이 부처라는 사실을 믿지 못하기 때문에 일어난다. 자아는 평범하고 불완전한 이대로의 자신이 부처라는 사실을 도저히 받아들일 수 없다. 왜냐하면 자아는 그러한 자신이 너무 싫어서 특별하고 완전한 존재가 되기를 바

---

93 『전심법요·완릉록 연구』, p.66.

라고 있기 때문이다. 이러한 자아의 특성과 활동을 알아차리는 것이 바로 사량의 마음이 조금도 없는 무아의식이다.

대승이라고 하는 것은 보살이 보시바라밀을 행함에 삼사三事의 본체가 공한 것인 줄 관찰하고, 6바라밀도 역시 그와 같이 관찰하기 때문에 대승이라고 합니다. 최상승이란 것은 단지 본래 자성이 공적한 줄 깨달으면 삼사의 자성이 본래 공한 것인 줄 알고, 또다시 관행觀行을 일으키지 않는 것입니다. 또 나머지 6바라밀도 그와 같이 관하는 것을 최상승이라고 합니다.[94]

대승은 본체가 공하다는 믿음을 가지고 공을 관찰하려는 주체가 있는 데 반해, 최상승은 자성이 공적한 줄 깨달아버렸기 때문에 주체가 없다. 즉 대승은 여전히 깨달음을 염원하고 깨달음에 가고자 하는 의지의 주체가 존재하는 자아의식의 세계다.

그러나 최상승선은 그러한 주체를 객관적으로 관조하는 것이 무아의식이기 때문에 깨달음을 추구하는 주체가 없는 무아의 세계다. 주체가 없는 깨달음에는 오직 청정한 마음에서 일어나는 절대적 객관성이 작용할 뿐이다. 그러므로 대승과 최상승선의 차이는 자아의 상대의식과 무아의 절대의식의 차이다.

이 마음이라는 본래의 부처는 실로 그 어떤 하나의 물건(실체)도

---

94 『전심법요·완릉록 연구』, p.69 住記.

없어서 텅 비어 고요하며 밝고 오묘하며 안락할 뿐이다. 스스로 깊이 깨달아 들어가면 지금 그대로 부처이어서 모든 덕이 원만히 구족하여 다시 모자랄 것이 없다. 설사 삼대아승지겁을 정신 수행하여 모든 지위(단계)를 거칠지라도 한 생각 증득하는 순간에 이르러서는 단지 원래 자기의 부처를 깨달았을 뿐 그 위에 또 어떠한 것도 더할 것도 없다. 이 오경悟境에 도달하고 난 지금까지 지나온 긴 세월 동안의 수행을 돌이켜보면 모두 꿈속의 허망한 소행이라는 것을 알게 될 것이다. 그러므로 여래께서는 말씀하시기를 "내가 아뇩다라삼먁삼보리에서 실로 얻는 것이 없다. 만약 얻은 것이 있다면 연등불께서 나에게 수기(예언)를 주지 않았을 것이다."라고 하셨다. 또 말씀하시기를 "이 이법理法은 평등하여 높고 낮음의 차별이 없기 때문에 이것을 보리(최고의 바른 깨달음)라고 이름한다."라고 하셨다. 바로 이 본원청정심은 중생과 제불, 산하대지와 모양 있는 것과 모양 없는 것 등 온 시방 세계의 일체 모든 것과 평등하여 너다 나다 하는 차별의 모양이 없다. 이 본원청정심은 항상 스스로 원명하게 널리 일체를 비춘다.[95]

여기서도 마음이 본래의 부처로 표시된다. 그런데 부처라는 마음에는 실체가 없단다. 왜냐하면 그것은 정신적 기능이기 때문이다. 부처를 찾아 헤매는 것은 '나'라는 자아의식이다. 자아의식은 늘 미

---

95 『전심법요·완릉록 연구』, pp.91~2.

혹하고 거칠어 정교함(奧妙)이 없기 때문에 드러나는 것만을 보고, 드러나지 않는 것들을 보지 못한다.

자아가 알고 있는 것은 오직 자아의식의 인식범위 안에 들어오는 부분적인 것들이다. 부분정신인 자아의식으로서는 전체를 커버할 수 없다. 이것이 자아로 하여금 본질적으로 불안정하게 만든다. 자아의식으로서는 도저히 '밝고 오묘하고 안락할 수'가 없는 것도 바로 이러한 구조적 문제에 있는 것이다.

반면에 밝아서 미세한 움직임도 알아차리는 것이 바로 무아의식이다. 무아의식에는 앞에서 거론된 문제를 모두 가진 '나'가 초월되어 있는 순수한 의식이다. 행복과 불행을 나누고 집착하는 주체가 없으니 어떤 것을 보아도 전혀 불편함이 없다. 그러므로 당연히 안락하다.

여기서 황벽은 다시 한 번 더 강조한다. 깨달음의 빛인 무아의식은 삼대이승지겁을 정신 수행하여 얻을 수 있는 지위(단계)가 아니라는 것이다. 누구나 그것이 있다는 것을 알고 꺼내서 쓰기만 하면 되는 정신의 기능이다. 깨달음의 단계를 상상하고 그러한 판타지를 가지고 있는 것은, 자아가 깨달음을 얻으면 중생의 인격이 부처의 인격으로 변신하는 것이라고 상상하기 때문이다.

무아의식에서 본다면 그것은 자아의 비현실적 욕구 충족을 위한 허망한 놀음에 지나지 않는 것이다. 자아는 아뇩다라삼먁삼보리에 도달하면 현재의 불완전함을 완전하게 해줄 찬란한 보상이 짠, 하고 나타날 것이라고 생각한다. 그러나 그것에는 실로 얻을 것이 아무것도 없었노라고 그것을 경험한 고타마 붓다는 말한다.

고타마 붓다는 자아의 판타지를 여지없이 무너뜨려버린다. 왜냐하면 깨달음은 판타지가 아니라 실재(reality)이기 때문이다. 실재란 무아의식에 의해서 자아의 모든 관념과 판타지가 여실히 드러나는 일이다. 즉 그것은 있는 그대로의 정신 현상을 경험함으로써 정신의 본질에 도달하는 것이다.

여기서 본원청정심에 대한 정확한 뜻을 알 수 있다. 아뇩다라삼막삼보리(anuttara-samyak-sambodhi, 無上正等覺)를 사전에서 찾아보면 정신적 기능적으로서의 부처와 존재론으로의 부처를 함께 설명하고 있다. 정신적 기능으로서의 부처에 대한 설명을 본다면, 아뇩다라삼막삼보리는 부처가 깨달은 진리는 '바른 평등' 또는 '원만'이라는 뜻을 가진다.

이것은 깨닫지 못하는 동안에는 평등하지 못했고, 원만하지도 못한다는 것을 의미한다. 깨닫지 못함이란 '나'라는 중생이 인식의 주체로 있으면서 부처는 훌륭하고 중생은 하찮으며, 선을 추구하면서 선과 악을 대한 근원적 이해가 없는 이원적 세계관이다. 이원적 세계는 결코 평등하지도 원만할 수도 없다.

평등하고 원만하지 못한다는 것은 단순히 외부적 문제가 아니다. 그것은 의식과 무의식, 중생과 부처, 선과 악으로 분리된 자기 내면의 문제다. 대극으로 분리된 정신은 갈등과 불안 그리고 혼란으로 늘 어지럽다. 왜냐하면 분리된 정신에서는 결코 자기 자신에 대한 이해가 일어나지 않기 때문이다.

그런 사람들은 언제나 혼란스러운 자기로부터 달아나거나 잊어버리는 일에 몰두한다. 그러나 혼란을 만들어내는 주체인 '나'가 누구인지를 모르는 상태에서는 어떤 처방도 백약이 무효다. 그러므로 '나'가 누구인지를 인식하는 무아의식이 나와야만 평등하고 원만해질 수 있는 것이다.

그런데 이것을 존재론적으로 해석하면 너와 내가 평등해지고 원만해지는 사회적 관계를 조명하게 된다. 그러나 위 본문에서도 '본원청정심은 항상 스스로 원명하게 널리 일체를 비춘다'고 설명되어 있다. 비춘다는 것은 의식한다는 것이다. 그러므로 빛은 심리학적 용어로 의식성이다.

그런데 자아의 의식은 외부적 사실에 초점을 맞춘다. 하지만 무아의식은 '스스로를 원명하게 널리 비춘다'고 함으로써 그것이 자기 내면을 비추는 빛이라고 밝히고 있다. 스스로를 비추는 무아의식은 부분적으로 희미하게 비치는 빛이 아니라, 온전하게 밝은 빛(圓明)이다. 그렇기 때문에 자아와 그것의 뿌리인 무명으로 작용하는 무의식조차도 다 드러나게 하는 것이다.

무아의식에 의해 관조되는 것들은 모두 자아의식에 의해서 부정되거나 혹은 왜곡되거나 억압된 정신의 내용들이다. 무아의 본원청정심은 높고 낮음의 차별이 없는 평등성인 절대적 객관성이기 때문에 일체를 구분하지 않고 있는 그대로를 비춘다. 이것을 붓다는 최고의 바른 깨달음(보리)이라고 했다.

그런데 세상 사람들은 이 내적인 빛을 깨닫지 못하고 다만 외적인 견문(見聞, 지견)과 각지(覺知, 인식)를 마음 그 자체라고 생각하여 그 견문각지에 가려 덮여서, 그 결과 순수하고 모자람이 없는 밝은 본체(精明本體)를 보지 못하고 있다. 그렇지만 단지 지금 무심하기만 하면 본체는 저절로 나타나는 것이며, 이는 마치 큰 태양이 허공에 떠올라 시방법계를 두루 비추어 다시는 장애가 없는 것과 같을 것이다. 그러므로 도를 배우는 사람이 다만 견문각지만을 축으로 하여 영위營爲하고 행동하는 것이나 그 근거가 되는 견문각지를 텅 비워버리면 곧 사념의 길이 끊어져 어느 곳에서도 사념이 들어갈 틈이 없다. 다만 보고 듣고 느끼고 아는 곳에서만 본래의 마음(本源의 마음)을 각지覺知하라. 그렇지만 본래의 마음 그 자체는 보고 듣고 느끼고 아는 것에도 속하지 않으며, 그렇다고 해서 견문각지와 떨어져 있는 것도 아니다. 중요한 것은 단지 자신의 견문각지에 서서 견해(해석)를 일으켜서도 안 되고, 또한 견문각지 상에서 생각을 움직여서도 안 되며, 또한 견문각지를 떠나서 마음을 찾아서도 안 되고, 또한 견문각지를 버리고 법을 취해서도 안 된다. 그들은 서로 의거하지도 않고 서로 떠나 있지도 않으며, 머무르지도 않고 붙어 있지도 않으며, 종횡으로 자재하여 도량 아닌 곳이 없다(道가 현현하지 않는 곳이 없다).[96]

견문각지見聞覺知는 보고(見)·듣고(聞)·깨달아(覺)·아는(知) 것이다. 봄(見)·들음(聞)·깨달음(覺)은 전5식의 마음작용이다. 그러므로 여기서 각覺은 깨달음, 즉 구경각의 지혜로 일어나는 깨달음

96 『전심법요·완릉록 연구』, p.92.

이 아니라, 시각·청각·냄새·맛·촉감을 지각하는 것이다. 그리고 지知는 제6식인 의식과 제7식인 자아, 그리고 제8아뢰야식인 집단 무의식을 통해서 일어나는 의식작용이다.

즉 견문각지라는 것은 마음(心)으로 총칭되는 의식과 자아의식, 그리고 집단무의식이 객관세계(外境)를 접촉하여 일어나는 인식활동 또는 인식기능이다.[97] 이 인식기능에서 순수한 객관성, 차별과 분별이 없는 평등성인 '내적인 빛'이 드러날 수 없는 것은 자아라는 틀 때문이다.

견문각지에서 얻어지는 인식은 자아의 틀에 의해서 극히 제한적으로 일어난다. 그것은 내적인 빛에 의한 진정한 이해를 막는 일이다. 그러므로 황벽은 무심을 강조하는 것이다. 무심은 다름 아닌 무아의식이다. 무심은 그러므로 유심인 자아의 움직임을 절대적 객관성으로 관조한다.

자아가 인식주체가 아니라는 사실을 스스로 인식하도록 만드는 것이 바로 내적인 빛인 무아의식이다. 견문각지는 깨달음으로 가는 근본적인 통로이지만, 자아의 사념思念으로 인해서 막혀 있다. 내면의 빛인 무아의식은 견문각지를 통해서 들어오는 내용이 자아의 주관성에 의해서 어떻게 왜곡되는지를 그대로 비춘다. 그것은 자아에 대한 철저한 이해다.

즉 무심은 보고 듣고 느끼고 아는 것에 속하지는 않지만 그것들과 따로 떨어져 있지도 않다. 또한 견문각지의 주체인 자아 중심의

---

97 위키백과사전.

해석이나 생각을 하는 것도 아니다. 그렇다고 무심은 자아의식의 작용을 떠나서 있는 것도 아니다. 그러므로 자아를 버리고 법을 찾는다는 것은 어리석다.

무심과 자아의 작용은 서로 의지해 있는 것도 아니지만 서로 분리되어 있는 것 또한 아니다. 왜냐하면 무심은 자아의 움직임을 관조하는 기능이기 때문이다. 말하자면 자아가 움직이면 동시에 무아의 관조가 일어난다. 자아가 움직이지 않으면 무아도 작용하지 않는다. 무심의 관조가 일어나면 그 어떤 삶도 도가 아님이 없는 것이다.

즉 자아는 자체적으로 만들어진 관념으로 견문각지를 해석하지만, 무심은 있는 그대로의 견문각지를 이해한다. 그렇기 때문에 무아의식은 이 세상에 존재하는 모든 것에서 도의 본질을 발견할 수 있는 것이다.

세상 사람들은 제불이 모두 심법心法을 전했다고 하는 말을 듣고 마음에 별도의 한 법(무엇인가)을 가히 증득할 수 있고 취할 수 있다고 잘못 생각하여 마침내 마음을 가지고 법을 찾기 때문에 마음이 곧 법이고, 법이 곧 마음인 사실을 알지 못한다. 마음을 가지고 또 마음을 찾아서는 안 되며, 만약 그렇게 한다면 천만겁이 지나갈지라도 끝내 찾는 날이 없을 것이다. 지금 즉시 무심한 것만 못하니 그 무심이 바로 본래의 법이다. 마치 역사力士가 자기의 이마에 보배구슬이 있는 줄도 모르고 밖으로 찾아 온 시방세계를 두루 다녀보지만 끝내 찾지 못하다가, 지혜 있는 사람이 그것을 가르쳐 주면 그 자리에서 스스로 본래의 구슬이 옛것과 다름이 없음을 보는 것과 같은 것이다. 더구나 도를 배우는 사람조차도 자기의 본심에 미혹하여 그것이 부처인 것을 알지 못하고, 마침내 밖으로 찾아다니며 수행에 힘쓰고 순차적으로 단계를 밟아서 깨달으려고 하지만 영겁 동안 부지런히 찾아도 영원히 도를 이루지 못할 것이다. 그렇게 하는 것보다도 지금 즉시 무심한 것이 훨씬 더 낫다.[98]

황벽은 위의 설법에서 깨달음에 대한 자아의 판타지가 무엇인지를 그대로 보여준다. 자아는 깨달음을 얻은 부처들이 모두 마음의 법을 전했다고 하니, 마음에 별도의 특별한 법이 있다고 생각한다. 근원으로부터 분리되어 있는 '나'로서는 무의식적 마음이 두렵다. 이러한 두려움이 '나'를 떠나 위대한 부처를 추구하게 만든다. 그러나 황벽은 그러한 판타지를 단호하게 잘라낸다.

버리고 싶은 그 마음이 곧 법이라는 것을 알지 못한다면 천만겁을 지난다고 해도 부처를 찾을 길이 없다는 것이다. 왜냐하면 부처는 바로 '나'를 관조하는 의식성이기 때문이다. 그러므로 '나'가 없으면 부처도 없는 것이다. 자아의 상대의식으로 보면 무의식의 마음은 괴물이지만, 무아의식으로 보면 그것들은 정신의 뿌리다.

'나'는 '나'가 그토록 원하는 부처가 그 뿌리 속에 있다는 것을 믿으려고 하지 않는다. 자아의 관념은 자신의 부처를 부정하게 함으

---

98 『전심법요・완릉록 연구』, p.93.

로써 밖에서 부처를 찾아 헤매게 만든다. 즉 수행을 통해서 자신의 모든 더러운 마음을 버리고 단계적으로 청정한 부처의 자리에 오를 것이라는 의지를 굳힌다. 그러나 그렇게 하면 영겁을 지나도 부처가 되지 못한다는 것이다.

왜냐하면 부처는 부처가 되고자 노력하는 자아를 객관적으로 보는 정신이기 때문이다. 그러므로 황벽은 자아의 모든 노력을 버리고 무심한 편이 훨씬 낫다고 하는 것이다. 이 말은 자아의 노력이야말로 무아의식을 가로막는 최대의 장애라는 것을 역설적으로 들려준다.

그러므로 일체의 법은 본래 소유할 것도 없고, 또한 얻을 것도 없으며, 의지할 것도 없고 머무를 것도 없으며, 주관도 없고, 객관도 없다는 사실을 명백하게 알아서 망념을 일으키지 않으면 곧바로 보리를 증득하게 될 것이다. 그 도를 깨닫는 때에 이르러서는 다만 자기의 본심불(本心佛, 本來心, 本來佛)을 깨달을 뿐이다. 영겁토록 쌓아온 수행은 모두 부질없는 노력에 불과하다. 예를 들면 역사가 보배구슬을 얻을 때 단지 본래 이마에 있는 구슬을 얻었을 뿐 밖에서 찾아 헤맨 노력과는 관계가 없는 것이다. 그러므로 부처님께서 말씀하시기를 "내가 아뇩다라삼먁삼보리에서 실제로 어떠한 것도 얻는 것이 없다."고 설한 것이다. 다만 부처님은 세상 사람들이 이 사실을 믿지 않을까 염려되었기 때문에 다섯 가지 눈과 다른 다섯 가지 말을 예로 든 것이다. 진실하여 허망하지 않은 가르침, 이것이야말로 최고 제일의 진리

이다.[99]

황벽이 이토록 무심하라고 하는 이유는 바로 자아가 가지고 있는 근본적인 문제를 제기하고 있는 것이다. 동시에 무심할 수 있는 능력, 즉 자아를 초월할 수 있는 힘이 근원적으로 내재되어 있음을 알려주는 것이기도 하다. 인간에게는 자기 자신을 객관화할 수 있는 위대한 정신기능이 있다. 그러므로 그것을 꺼내서 사용하기만 하면 된다. 그것을 꺼내 쓰는 일이 별나라에 도달하는 것처럼 어려워서 엄청난 고도의 훈련과정을 필요로 하다면, 황벽은 이렇게도 쉽게, 이렇게도 끈질기게 무심을 외치지 않았을 것이다.

황벽이 말하는 정명본체精明本體라는 것은 청정심에 갖추어진 절묘한 명증明證함이라고 밝히고 있다. 명증함은 자아의식의 간접적인 추리나 사고가 배제되어 있다. 그러므로 있는 그대로의 사실을 인식함에 있어 그 어떤 왜곡도 일어나지 않는다. 명증함을 방해하는 것은 바로 '나'라는 틀이다. 자신에게 내재한 무아의식을 믿고 꺼내 쓰는 방법만 안다면 쉽게 자아의 문제를 인식할 수 있다는 것을 황벽의 무심론無心論이 알려준다.

정명본체를 임제는 이렇게 말한다. "눈으로는 보며 귀로는 듣고 코로는 냄새를 맡으며 입으로는 대화하고 손으로는 잡고 발로는 걷고 있는 것, 본래 이는 하나의 정명精明이지만 나누면 육근이 된다."[100] 즉 육근은 정명에 의해서 생겨났기에 그 자체가 명증함이다.[101]

견문각지見聞覺知는 의식작용이다. 즉 의식은 정신의 빛으로 출현하여 무명을 밝히는 것을 목적으로 한다. 자아는 의식을 싸고 있는 껍질이다. 껍질에 싸인 불은 밝지 못하다. 그 껍질이 벗겨야만 빛은 본래의 역량을 모두 드러낸다. 이것을 이해하면 정명본체는 인간의 근원적 문제에 대한 해결이다.

자아의식의 발전이 가져온 이성의 인간문명은 자연의 수많은 비밀을 밝혀내고 있지만 정작 존재 자체의 비밀에 대해서는 알지 못한다. 왜냐하면 그것은 자아의 능력이 아니라 자아를 초월하여 있는 정명본체의 능력이기 때문이다. 정명본체는 자기 존재를 그대로 비추는 절대의식으로서 꺼지지 않는 내면의 위대한 통찰력이다. 이 것을 부처와 조사는 본심불(本心佛, 本來心, 本來佛)이라고 불렀다. 그 러므로 그것은 노력에 의해서 만들어지는 결과물이 아니라, 자신 안에 그것이 있다는 것을 믿고 꺼내어 쓰면 되는 본원진성불本源眞 性佛이라고 황벽은 말하는 것이다.

99 『전심법요・완릉록 연구』, pp.93~4.
100 『전심법요・완릉록 연구』, pp.94~5 注記.
101 『전심법요・완릉록 연구』, p.95 注記.『전심법요・완릉록 연구』의 저자 정유
    진도 달마가 썼다고 알려진『무심론』의 다음 문장을 예를 들면서 설명을 보
    충하고 있다. "다름 아닌 그 견문각지가 무심 그 자체이며, 知見과 認識을
    떠나서 따로 무심이 있는 것은 아니다. …… 무심이라는 것은 바로 진심임
    에 틀림없으며, 진심은 바로 무심이다."

8. (황벽3)
무아의식은 자기 자신에 대한 명료한 인식이다

배휴가 여쭈었다. "부처가 무엇입니까?" 선사가 대답했다. "마음이 부처이고 무심이 도이다. 단지 마음을 일깨워 사념을 움직여 유무나 장단이나 피아나 주체객체 등의 분별을 일으키는 마음이 없기만 하면 마음이 본래 부처이고, 부처가 본래 마음이다. 그리고 그 마음은 허공과 같다. 그러므로 이르기를, '부처의 진실한 법은 마치 허공과 같다'고 한 것이다. 따라서 무엇을 따로 구할 필요가 없다. 구하려고 하면 모든 것이 괴로움이 된다. 설사 갠지스강의 모래 수만큼이나 긴 세월 동안 육도만행을 실천하여 부처의 깨달음을 얻었다 할지라도 그것은 결코 공극空極인 것이 아니다. 왜냐하면 그것은 인연을 조작하여 영위한 것이기 때문이다. 그리고 인연이 다하면 역시 무상(死)으로 돌아갈 뿐이다. 그렇기 때문에 이르기를, '보신도 화신도 모두 진실한 부처가 아니고, 또한 진실한 법을 설하는 것도 아니다'고 한 것이다. 단지 그것의 마음을 자각하기만 하면 아견과 아집은 없어지는데, 그것이 바로 본래부처인 것이다.[102]

102 『전심법요·완릉록 연구』, pp.196~7.

마음이 곧 부처이다. 마음이 부처라는 말은 부처는 존재가 아니라 정신의 기능이라는 말과 일치한다. 무심이 도라고 한다. 도는 말하자면 마음의 작용이다. 그런데 마음의 작용은 두 가지로 나타난다. 하나는 사념을 움직여 서로 다른 것으로 나누어 분별하는 마음이다. 즉 심리학적 표현으로 '나'라는 자아의식이 바라보는 마음이다. 그런데 분별을 일으키는 '나'라는 것이 없어지기만 한다면 그것이 곧 본래부처라는 것이다.

여기서도 용어의 혼란은 당연히 일어날 수 있다. '나'가 없어지는 마음이라고 하니 진짜 나를 없애야 한다고 오해를 일으킬 수 있다. 그런데 그 다음 문장에서 '무엇을 따로 구할 필요가 없다'라는 것에서 무아의식은 닦는 노력에 의해서 만들어지는 것이 아님이 드러난다. 즉 나를 없애려고 인위적으로 노력하여 화신불·보신불에 이르러도 그것이 진실한 부처가 아니라는 것이다. 아견과 아집을 없애려고 한다면 아견과 아집을 만들어내는 주체인 '나'를 자각하기만 하면 된다. 말하자면 '나'를 자각하는 의식이 곧 본래부처다.

무아의식은 혼란스럽고 요동치는 마음을 수정하거나 거부하지 않고 있는 그대로 본다. 조사들이 마음을 허공이라고 부르는 이유도 바로 거기에 있다. 허공은 어떤 것도 구별하여 거부하지 않고 있는 그대로 받아들인다. 그러므로 달마는 "마음이 허공과 같다는 것을 알면 그것이 바로 부처를 보는 것이다(知心是空, 名爲見佛)."[103]라고 한 것이다.

---

103 『悟性論』,(대정장 권48, p.370).

육조혜능의 제자인 사공본정선사司空本淨禪師 또한 같은 말을 하고 있다. "만약 부처를 찾고자 한다면 마음이 바로 부처다. 만약 도를 깨치고자 한다면 무심이 곧 도다……. 도는 원래 무심인 것, 그무심을 도라고 한다. 만약 무심을 자기의 것으로 만들면 무심이 그대로 도다(若欲求佛, 卽心是佛. 若欲會道, 無心是道. …… 道本無心, 無心名道. 若了無心. 無心卽道).[104] 진실한 법이란 오직 자신의 마음을 자각하는 일이다. 무아의식의 절대적 객관성으로 '나'가 누구인지를 아는 것이 바로 도인 것이다.

배휴가 여쭈었다. "성인의 무심은 그대로 부처이지만, 범부의 무심은 공적에 빠져 들어가는 것이 아닙니까?" 선사가 대답했다. "법에는 범凡도 없고 성聖도 없으며 또한 공적에 빠지는 것도 없다. 법은 본래 있는 것이 아니지만, 그러나 '없다'고 보아서도 안된다. 법은 본래 없는 것은 아니지만, 그러나 '있다'고 보아서는 안 된다. 있음과 없음은 모두 관념에 지나지 않으며, 말하자면 마치 허깨비나 그림자와 같은 것이다. 그러므로 이르기를, '보고 듣는 것(見聞)은 마치 허깨비나 그림자와 같고, 깨달아 아는 것 (覺知)은 중생만이 하는 것이다'고 한 것이다. 우리 조사문중에는 다만 기심機心을 그치고 관념을 없애는 것을 문제로 삼을 뿐이다. 그러므로 '기심을 잊어버리면 불도는 흥륭하고, 분별심을 일으키면 마군은 치열하다'고 한 것이다."[105]

---

104 『경덕전등록』, 권5(대정장 권51, p.242).

배휴가 성인의 무심과 범부의 무심을 구분하면서 스승인 황벽에게 질문한다. 즉 배휴의 질문을 현대적 언어로 풀이한다면, 성인의 무심은 무아의식이 절대적 객관성으로 차별 없이 있는 그대로를 관조하는 최고의 인식기능이다. 반면에 범부의 무심은 인위적으로 마음의 움직임을 억압하여 아무런 생각이 없이 빈 마음으로 앉아 있는 것이다.

그런데 황벽은 여기에 대해서 왜 부정적인 대답을 했을까? 배휴는 긴 시간 황벽을 모시고 그의 법문을 듣고 수행했으므로 조사선의 핵심을 잘 알고 있었을 것이다. 그러므로 배휴의 질문은 전혀 어긋남이 없음에도 불구하고, 배휴의 질문 그 자체가 성인과 범부를 구분하는 자아의 상대의식이라는 점을 황벽은 파악하는 것이다.

즉 황벽이 어느 한쪽을 인정하는 순간, 무아의식을 경험하지 못한 사람들에게 그것은 곧 또 하나의 관념이 되어버린다. 자아의 상대의식은 언제나 양변을 구분해 집착하거나 배척한다. 자아가 무엇인지 이해하지 못하는 한 보고 듣는 것 모두가 자아의 틀의 형태에 맞게 조작된다. 그러므로 자아의 관점으로 보고 들어 깨달아 아는 것은 중생의 허상일 뿐, 무아의 절대지絶對知가 될 수 없는 것이다.

황벽이 말하는 기심機心의 기機란 틀을 의미한다. 그러므로 기심은 틀을 가진 마음, 즉 자아의식이 바라보는 마음이다. 조사의 문중에서 오직 중요하게 보는 것은 자아가 만들어내는 관념이다. 관념이 없으며 마음은 그대로 무심이니, 그것이 바로 부처인 도道다. 그

---

105 『전심법요·완릉록 연구』, pp.199~200.

러므로 "자아의 분별심이 일어나면 마군의 마음이 어지럽게 일어
날 뿐(祗論息機忘見, 所以忘機道卽佛隆, 分別卽魔軍熾)"이라고 황벽은 말
하고 있는 것이다.

"마음이 이미 본래로 부처라고 했는데, 그런데도 또 육도만행
(일체의 모든 수행방식)을 닦아야 합니까?" 선사가 대답했다. "깨
달음이란 것은 마음에서만 깨닫는 것일 뿐 육도만행과는 관계
가 없다. 그러한 육도만행이란 모두 세속교화의 방편, 즉 사물에
응하여 중생을 제도하는 차원의 일이다. 가령 보리나 진여라든
가, 또 실상이나 해탈이라든가, 그리고 법신이라는 것을 비롯하
여 직접 10지·4과의 성위에 이르기까지 그들은 모두 피안으로
건너가는 방편문이기 때문에 부처의 마음과는 아무런 관계가 없
다."[106]

황벽은 왜 육도만행의 수행이 깨달음과 관계가 없는 것이라고 말
을 했을까? 육도만행은 깨달음을 열망하는 자아의식의 인위적인
노력이기 때문이다. 그러므로 육도만행은 자아를 만족시키고 자아
구조를 강력하게 만드는 수행과정이다.

나약한 자아를 가진 사람들에게 육도만행과 같은 수행은 필요하
다. 자아의 힘을 길러주고 구조를 튼튼하게 만드는 하나의 방편인
것이다. 그러나 그것이 직접적으로 마음을 알게 해주지는 않는다.

106 『전심법요·완릉록 연구』, p.202.

왜냐하면 부처의 마음이란 오직 자아를 객관적으로 인식하여 '나'가 누구인지를 알게 하는 무아의식이기 때문이다. 무아의식은 결코 개념으로 말해질 수 없는 경험이다. 개념은 자아의 상대의식에서 필요로 하는 것이지, 무아의 절대의식과는 상관이 없다.

마음이 그대로 부처이다. 그러므로 일체의 교화방편문 가운데서 부처의 마음(佛心)이 첫 번째인 것이다. 단지 생사와 번뇌라는 사념만 없으면 보리 따위의 법은 필요 없는 것이다. 그러므로 이르기를 "부처님께서 일체의 법을 설하신 것은 내 스스로가 일체의 마음을 제거하도록 하기 위함이었다. 그러나 나에게 일체의 마음이 없기 때문에 어찌 일체의 법을 쓸 필요가 있겠는가."라고 한 것이다. 부처님으로부터 역대 조사에 이르기까지 모두 다른 특별한 것은 전혀 설하지 않으셨고 오직 한마음만을 말했을 뿐이며, 또한 일승만을 말씀하셨다. 그러므로 사방팔방을 자세히 탐구해보아도 역시 이 일승 이외의 다른 법은 없다. 〈이 회중會衆에는 쓸데없는 사람들은 없고, 오직 순수한 사람들만 있다.〉 그러므로 이 의미는 믿기 어렵다. 달마대사가 이 땅에 와서 양·위 두 나라까지 갔지만, 단지 혜가대사 한 사람만이 자기의 마음을 은밀히 보고 말끝에 곧바로 마음이 부처인 것을 깨달았다. 몸도 마음도 모두 함께 없는 것을 이름하여 큰 도(大道)라고 한다. 큰 도는 본래 평등하여 만인에게 통하는 것이다. 그러므로 살아 있는 모든 생명체는 전부 진실한 본질을 평등하게 공유하고 있다는 것과 마음과 불성은 다른 것이 아니라는 것, 마음은 불성과 다르지 않다는 것을 깊이 확신하는 것, 그를 이름하여 '조사'라 하는 것이다. 그러므로 말하기를, '마음의 본질을 깨달았을 때 다만 불가사의하다고 말해도 좋다'고 한 것이다."[107]

황벽은 마음이 그대로 부처인데도 불구하고, 그것을 알지 못하게 만드는 것은 생사와 번뇌를 분별하는 사념思念이라고 한다. 삶과 죽음, 번뇌와 보리를 구분하여 집착하는 것은 모두 자아의 상대의식이다. 그러므로 깨닫게 되거나 깨닫지 못하게 되는 것은 모두 자아의 문제로 귀결된다. 이것이 바로 자아, 즉 '나'가 무엇인지에 대해 정확하게 알아야만 하는 이유다.

"부처님께서 일체의 법을 설하신 것은 내 스스로가 일체의 마음을 제거하도록 하기 위함이었다. 그러나 나에게 일체의 마음이 없기 때문에 어찌 일체의 법을 쓸 필요가 있겠는가."라는 대목에 집중할 필요가 있다. 일체 법은 의식이 인식하는 모든 현상들에 대한 부처님의 가르침이다. 이 책에서 일관되게 서술하고 있는 것처럼, 의식은 자아의식과 무아의식이 있다.

그러므로 자아의식이 인식하는 것을 유위법有爲法이라 하고, 무아의식이 인식하는 것을 무위법無爲法이라고 한다.[108] 자아라는 틀 속으로 비치는 빛이란 매우 제한적이라서 그 틀을 벗어나는 것들은 볼 수가 없다. 반면에 틀이 없는 무아의식은 어떤 것도 제한 없이

---

107 『전심법요·완릉록 연구』, p.202.
108 시공불교사전.

있는 그대로의 사실을 볼 수 있다.

위의 부처님 설법 중에 재미있는 것은, 성불을 이루신 부처님께서 일체 법을 설하신 것이 부처님 스스로 자신의 마음을 제거하기 위해서였다는 것이다. 이것은 정각(正覺, abhisambodhi)을 얻었어도 '나'라는 자아의식은 여전히 기능하고 있다는 것을 나타낸다. 정각은 '들어가는 글'에서 말한 것처럼, 다름 아닌 완전한 인식이다. 어디에 대한 완전한 인식일까?

무아의식은 외부적 인식이 아니라 내부적 인식이라는 것이 증명되었다. 그러므로 완전한 인식은 바로 자기 자신이 누구인지를 명명백백하게 아는 것이다. 자기 자신은 자아와 무의식이라는 중생으로 이루어진 존재다. 존재를 지속시키는 내면의 중생들을 구제하는 것이 바로 정각을 얻어야만 하는 이유다. 그렇다면 정각을 얻은 후에도 자아가 기능해야 한다. 그래야만 완전한 인식이 전적으로 작용할 수 있고 전적으로 그 가치의 고귀함이 실현될 수 있는 것이다.

그런데 다른 한편으로 부처님에게는 일체의 마음이 없었기 때문에 일체의 법을 쓸 필요가 없었다고 했다. 이것은 부처님의 인식주체가 자아가 아니라 무아라는 것을 의미한다. 즉 일체 법에 대한 설법은 자아에게 말해진 것이나, 그것을 인식하는 주체는 무아였던 것이다. 그런데 부처님의 인용문장을 설명하는 황벽의 말에서 무아가 무엇을 의미하는지가 나온다.

"부처님으로부터 역대 조사에 이르기까지 모두 다른 특별한 것은 전혀 설하지 않으셨고, 오직 한마음만을 말했을 뿐이며, 또한 일승만을 말씀하셨다." 말하자면 무아는 곧 한마음이라는 것이다. 그렇다면 자아는 한마음이 아니라는 것이 된다. 자아의식은 무의식을 분리한다. 분리된 마음에서 중생과 부처는 전혀 다른 존재가 된다. 그러므로 자아의식으로서는 한마음이 될 수 없다. 오직 분리하는 주체인 자아가 초월되어 완전한 객관성이 일어나야만 분리되었던 마음은 한마음으로 회귀할 수 있는 것이다.

부처님과 조사들은 오직 한마음에 대해서만 말했다는 것은 결국 깨달음이란 분리된 마음이 한마음으로 돌아가는 것에 그 최종적 목적이 있다는 것이다. 이것을 어찌 최고의 심리학이라고 말하지 않을 수가 있을까? 정신의 모든 문제는 마음이 분리되어 있음에서 온다. 그러므로 분리된 마음을 통합하는 것이 가장 훌륭하고 탁월한 치유법이 되는 것은 너무도 당연하다.

성불할 수 있는 길은 일승一乘[109]이고, 일승은 바로 한마음이라는 것이다. 일승은 무아의식이다. 무아의식은 자신의 마음을 생사번뇌의 구분 없이 있는 그대로 꿰뚫어 볼 수 있다. 달마대사가 중국에 와서 두 나라를 돌아다녔지만 무아의식으로 '자기의 마음을 은밀히 보는' 사람은 오직 2대 조사인 혜가 한 사람이었다. 조사는 바로 무아의식으로 자기 자신을 명료하게 인식하는 사람이다.

---

109 『전심법요·완릉록 연구』, p.204. 일승一乘에 대하여 정유경은 『법화경』의 문구로 설명한다. "질문: 어떤 것이 일승입니까? 대답: 마음이 일승이다. 질문: 마음이 어떻게 일승이라는 것을 알 수 있습니까? 대답, 마음이 공적하여 존재성을 가지지 않는 것이라고 철견(徹見: 꿰뚫어보는 것)하는 것, 이것이 일승이다[問曰, 何者是一乘, 答曰, 心是一乘. 問曰, 心云何知是一乘. 答曰, 可(恐「了」)見心空無所有)]."

진여眞如란 있는 그대로의 마음 그 자체상이다.[110] 즉 진여는 자아가 제거하고 싶어하는 그 마음까지 모두 포함한다는 것이다. 그러므로 범부의 마음이 부처가 된다고 해서 달라지는 것은 아무것도 없다. 왜냐하면 마음 자체가 바로 인간 정신의 근원이기 때문이다. 마음 안에는 모든 우수한 능력이 다 갖추어져 있다. 진화의 목적은 마음이 내재되어 있는 우수한 능력을 발현시키는 것이다. 그것이 바로 무아의식이고, 무아의식은 절대적 객관성으로 작용하기 때문에 최고의 인식능력이 된다.

이것은 달마가 설명하는 불심佛心의 해석에서 더욱 선명하게 드러난다. "불심이란 무엇을 말하는 것입니까?"라고 묻는 질문에 달마는 다음과 같이 대답한다. "마음이 특별한 모습이나 틀을 가지지 않는 것을 진여(있는 그대로의 것)라 한다……. 마음 그 자체가 걸림이 없어서 자유로운 것을 보리라 한다. 마음 그 자체가 적막하게 아주 고요해져 있는 것을 열반이라 한다(心無異相, 名作眞如……. 心性無得, 名爲菩提. 心性寂滅, 名爲涅槃).[111]

즉 자아는 구조적 조건과 특정한 기능에 의해서 그것에 적합한 관념을 만들어낸다. 그런데 불심이라는 것은 그러한 자아의 조건과

---

110 『전심법요 • 완릉록 연구』, pp.203~4. "있는 그대로인 상태 그 자체의 모습(眞如自體相)은 범부 • 불제자 • 나한 • 보살 • 부처를 통하여 늘지도 줄지도 아니하며, 먼저 생겨난 것도 아니고, 나중에 생겨난 사라지는 것도 아니다. 궁극적으로 영원하며, 본래부터 그 자체는 모든 우수한 능력을 갖추고 있다."

111 『전심법요 • 완릉록 연구』, p.204.

기능을 초월하여 있다. 자아의 상대의식은 오직 의식만의 주체이기 때문에 무의식을 대극으로 둔다. 그러므로 대극의 중심에 있는 자아의식으로서는 편안해지거나 고요해지기 힘들다.

반면에 진여는 전체성의 중심에 있다. 그러므로 의식과 무의식은 대극으로 나누어지지 않는다. 대극으로 분리되지 않는 마음은 어떠한 갈등이나 불안이 없다. 이것이 바로 진여가 근본적으로 고요한 이유다. 진여는 의식이든 무의식이든 드러나는 사실을 아무런 왜곡함이 없이 그대로 볼 수 있다.

부처라고 불리는 마음이 곧 인간의 정신이다. 정신은 의식과 무의식으로 구성되어 있다. 이것은 우리가 의식의 마음뿐만 아니라 무의식의 마음까지를 모두 포괄하여 볼 수 있어야 한다는 것을 말하고 있는 것이다. 그러므로 무의식의 마음이 일으키는 그 어떤 것도 악이다 선이다 판단하거나 억압하지 않고 있는 그대로를 명상해야만 한다. 그렇게 했을 때 비로소 마음의 본질이 무엇인지를 알 수 있는 것이다.

조사祖師는 "악을 보고도 싫어하지 않고, 선을 보고 이행履行하고 싶다고 생각하지도 않으며, 우자愚者를 버리고 현인을 부르려고도 하지 않고, 미혹을 버리고 깨달음으로 나아가려고도 하지 않으며, 대도에 이르러 틀을 초월하고, 불심을 통달하여 보통 정도가 아니며, 범성과 같은 범주에는 살고 있지 않는 것, 그것을 초월적으로 '조祖'라고 부른다(赤不睹惡而生嫌, 赤不觀善而勤措, 赤不捨智而近愚, 赤不拋迷而就悟, 達大道兮過量, 通佛心兮出度, 不與凡聖同躔, 超然名之曰祖)."[112] 이것은 무아의식의 특성을 너무도 잘 묘사하고 있다.

온 시방의 허공계도 그 근본은 우리 일심의 본체의 투영인 것이다. 비록 그대들이 여러 가지 활동을 영위하여 보일지라도 어찌 허공 밖을 벗어날 수 있겠는가? 허공은 본래 크지도 않고 작지도 않으며, 유루도 없고, 유위도 없으며, 미혹함도 없고, 깨달음도 없다. 〈거기에는 한 물건도 없고, 사람도 없으며 부처도 없다는 것을 똑똑하게 보았다.〉 거기에는 털끝만큼도 계량計量할 수 있는 것이 없다. 그것이 바로 의지할 것도 없고 달라붙을 것도 없는 한 줄기의 맑은 흐름인 것이며, 자성 그 자체에 구족된 무생법인 것이다. 어찌 무슨 의론의 여지가 있겠는가? 진실한 부처는 입이 없기 때문에 설법을 할 줄 모른다. 진실한 들음은 귀가 없기 때문에 그 누가 들을 수 있겠는가? 편히 쉬십시오.[113]

세상에서 경험하고 있는 모든 것은 한마음(一心)으로부터 투영된 것에 불과하다는 것이 바로 불교이론이다. 우주탐사의 과학적 기술도 허공 그 자체를 벗어날 수 없다. 마찬가지로 인간의 모든 생각과 행위, 존재 그 자체가 바로 허공과 같은 한마음에서 나오는 것이라는 것을 잊지 말아야 한다는 것이다.

한마음이라는 것은 실체가 아니기 때문에 크다 작다 규정지을 수 없다. 한마음은 '털끝만큼도 계량計量할 수 있는 것이 없다'고 한 것은 자아의 상대의식이 아닌 무아의 절대의식이라는 것을 보여준다.

---

112 『전심법요·완릉록 연구』, p.207. 『보림전』 '달마장' 「祖」.
113 『전심법요·완릉록 연구』, p.268

무아의식이기 때문에 '그것이 바로 의지할 것도 없고 달라붙을 것도 없는 한 줄기의 맑은 흐름인 것'이라고 말하는 것이다.

황벽은 부처는 입이 없어서 설법을 말할 수 없다고 한다. 이 말의 의미는 임제에게서 더 분명하게 드러난다. "도대체 허공이 언제 너에게 같다거나 다르다고 말하던가?", "삼계는 스스로 '내가 삼계다'라고 말하지 않는다.", 혹은 "부처님의 경지는 스스로 '나는 부처의 경지입니다'라고 말하지 않는다."[114] 등이 그렇다.

임제의 이 말들은 모두 객체를 나누는 인식주체가 없는 무아라는 것을 강조하고 있는 것이다. 즉 부처라고 하는 것은 특정한 모습의 판타지를 드러내는 신비한 현상이 아니라 정신의 최고 인식기능이라는 것이다. 이것은 황벽의 다음 문장이 더욱 확실하게 받쳐준다.

"깨달음의 자리는 공적하여 아무것도 없지만, 그 공적한 자리에 반야의 지혜가 끊임없이 상속하기 때문에 허무한 것은 절대 아니다(菩提無是處, 亦無無知解)."[115] 여기에서 공空의 의미가 무엇인지 확실하게 밝혀진다. 즉 공하다는 말은 아무것도 없다는 것이 아니라 무아의식이기 때문에 인식주체가 비었다는 것이다. 무아의식이 최고의 인식과 최고의 지혜가 되는 것은 자아 관념의 틀에 의해서 오염되지 않는 '한 줄기의 맑은 흐름'이기 때문이다.

그러므로 황벽의 인사는 언제나 '편히 쉬십시오'이다. 무아의식은 자아의 관념에 지배받지 않기 때문에 거룩한 부처의 깨달음에

---

114 『전심법요・완릉록 연구』, p.242.
115 『전심법요・완릉록 연구』, p.230.

도달하려는 모든 인위적인 노력을 저절로 쉽게 만든다. 모든 노력은 현재적 상황이나 자신을 변화시키기 위한 목적을 가진다. 목적이 달성되기 위해서는 목적 이외의 욕구들은 배제되거나 억압되어진다. 그것은 곧 자기 자신의 본모습을 있는 그대로 수용할 수 없다는 의미다.

허공과 같이 있는 그대로의 자신을 거부하지 않고 있는 그대로 인식하고 수용하여 이해하는 것, 그것이 바로 무아의식이다. 무아의식은 자기 자신에 대해 명료한 인식을 하게 만든다. 마치 태양이 밝게 빛나면 세상의 모든 형태가 그대로 드러나는 것과 같다. 그러나 태양은 그것이 자신이 만든 일이라고 말하지 않는다. 무아의식은 이와 같기 때문에 도道라고 말해지는 것이다.

9. (임제1)
무아의식은 마음의 근원적인 법칙(心地法)이다

그대들이 붓다나 조사祖師와 다르지 않고자 하거든 오직 밖으로 구하지 말라. 그대의 마음 한 생각 위에 빛나는 청정한 광명, 이 것이 그대 자신 속의 법신불法身佛이요, 그대의 마음 한 생각 위에 차별 없는 광명, 이것이 그대 자신 속의 보신불報身佛이며, 그 대의 마음 한 생각 위에 일찍이 그침이 없는 광명, 이것이 그대 자신 속의 화신불化身佛이다. 이 세 가지 불신佛身은 지금 목전 에서 법문을 듣는 그대 자신이다. 이는 오직 밖으로 형상을 찾아 구하지 않기 때문에 이런 공용功用이 있는 것이다.[116]

밖으로 구하지 말고 한다. 왜냐하면 진리는 오직 자기 내면에 있 기 때문이다. 그것은 바로 자기 자신이 누구인가라는 것이다. 내 가 누구인지를 아무도 가르쳐줄 수 없다. 그것은 오직 자기 자신만 이 알 수 있다. 모든 존재는 오직 우주 안에 하나뿐인 독자적인 것 이다. 그러므로 붓다는 그것을 '천상천하 유아독존'이라고 말한 것 이다.

116 『임제록』, p.33.

임제는 그대의 마음 한 생각 위에 빛나는 청정한 광명이 바로 법신불이요, 보신불이요, 화신불이라고 한다. 생각 위에서 빛난다는 것은 생각을 비춘다는 것이다. 즉 마음에서 일어나는 생각이 무엇인지 명명백백하게 알고 있다는 말이다. 알기는 아는데 어떻게 아는가?

자아에 오염된 의식의 빛은 내가 알고 싶은 것, 좋아하는 것만 보고, 그 반대적 성질들에 대해서는 억압하고 외면한다. 반면에 청정한 빛은 자아의 편협한 시각에 물들지 않는 절대의식의 빛이기 때문에 마음이 일으키는 모든 것들은 거리낌 없이 비춘다. 편견이 없는 절대적 객관성의 빛을 보신불이라고 부른다.

삼신불三身佛 역시 존재론으로 보느냐, 정신의 기능으로 보느냐에 따라 그 의미가 달라진다. 임제는 삼신불을 존재론으로 보지 않고, 정신의 특정한 기능으로 설명하고 있다. 즉 법신불은 생명의 근원으로서 모든 생명체의 본성에 내재하는 의식성이다. 법신불은 자아의 한계를 초월하여 있는 무아의식이기 때문에 부족함이 없이 충분히 밝을 수 있어서 모든 어둠을 물리친다.

무명으로부터 벗어난 정신적 내용들을 편견 없이 수용하는 무아의식의 기능을 보신불이라고 한다. 무아의식을 '그침이 없는 광명'이라고 하는 것은 일회성에 그치는 것이 아니라 영원히 계속되기 때문이다. 그러므로 이러한 무아의식의 특성을 이름하여 화신불이라 부른다. 삼신불은 오직 밖으로 구하지 않고 내면으로 침잠했을 때 일어나는 기능(功用)이다.

이것이 바로 임제가 진정으로 조사와 부처처럼 되고 싶으면 마음을 알아야 한다고 말하는 이유다. 조사와 부처가 되는 비결은 바로 정견正見이다. "다만 스스로의 청정한 마음으로 정견을 일으키고 능히 괴로움(六根, 六塵)에 물들지 않으면 이것이 바로 깨달음(見性)이다. 선지식들이여! 안과 밖에서 물들지 않는다면 오고감이 자유롭다."[117] 바르게 보는 것은 오직 사실을 왜곡하는 자아가 초월되어 있는 의식일 때만 가능하다. 그러므로 '청정한 마음'은 정신의 절대지絶對知[118]가 되는 것이다.

마조는 '그대의 마음 한 생각 위에 빛나는 청정한 광명'이라고 표현한다. 청정한 광명이란 결국 자신의 생각 하나하나를 모두 의식하는 것이다. 청정한 광명인 무아의식은 그 어떤 관념에도 걸림이 없고 그 어떤 편견도 가지고 있지 않기 때문에 바르게 볼 수 있고(正見), 실재를 실재로서 볼 수 있는 것이다(絶對知).

또한 '나'가 없으면 괴로움이 없다. '나'가 없어 경계를 만들지 않으니 어떤 일을 하여도 걸림이 없어서 자유자재하다. 그러므로 임제는 "참 성품을 믿어 성찰하는 것이 바로 부처와 조사이다."[119]라고 말하는 것이다. 참 성품은 바로 무아의식이다. 무아의식이 있음을 믿고, 무아가 자아를 성찰할 수 있게 하는 그것이 바로 부처와 조사다. 즉 자기 자신에 대한 진정한 믿음이 있다면 누구나 부처와 조사

---

117 『임제록』, p.39.
118 절대지絶對知는 헤겔의 용어이지만, 그 의미에서 무아無我의 의식을 표현하고 있다. 즉 주관과 객관이 대립하는 자아의 상대의식을 초월하여 있는 앎으로서 있는 그대의 실재實在를 인식한다.
119 『임제록』, p.29.

들처럼 절대적 객관성을 사용할 수 있다는 것이다.

임제는 회광반조回光返照의 예를 들어 참된 깨달음에 대한 이야기를 한다. 비추는 햇빛도, 비추어지는 대상도 모두 진여의 이치로서 '차별이 없는 하나(一如)에 대한 영성적 자각'을 의미한다.[120] 평등하고 차별 없음이 바로 무아의식의 절대적 객관성이고, 영성적 자각이 바로 자기 자신에 대한 알아차림이다.

심리학적으로는 정신의 전체성인 자기(Self)가 '나'라는 부분정신을 보는 것이다. 회광반조回光返照라는 말을 처음으로 사용했다고 알려진 앙산仰山의 글을 보면 "그대들이여, 모두들 각자 회광반두하여 자신을 찾을지언정 나의 말만을 기억하지 말라."[121]라고 되어 있다. 회광반두回光返頭는 외적인 것에 집중하기를 좋아하는 자아의식의 습관을 내적으로 돌려놓는다.

즉 깨달음이란 육도만행과 같은 육체적 고행이 아니라 자기 자신에 대한 진정한 관조다. 진정한 관조는 마치 재미있는 영화를 보듯이 마음의 움직임을 보는 것이다. 그렇게 보는 것이 바로 심성의 신령한 성품이고 참다운 회광반조이다. 이것을 임제는 "차별 없는 참사람의 작용"이라 말하고, 융은 "절대적 객관성"이라고 말하는 것이다.

심지법心地法이란 '마음의 법문'이라고 일컬어진다. 즉 모든 법은

---

120 『임제록』, p.209.
121 『조당집』, p.18.

마음에 있다. 그러므로 마음이 무엇인지를 아는 것이 도道다. 심지법에서는 평상심이 곧 도다(平常心是道). 평상심이 도가 될 수 있는 것은 오직 '차별 없는 참사람'인 무아가 의식의 중심에 있기 때문이다. 자아의 상대의식으로는 평상심이 될 수 없다.

마음은 일상 안에서 그 진실을 드러낸다. 그러므로 마음이 어떻게 작용되는지를 안다면 도의 본질을 이해하게 되는 것이다. 임제는 부처가 와도, 문수나 보현이 와도 상관하지 않는다(了達)고 말한다. 왜냐하면 임제의 진리는 무아의식에 의해서 일어나는 진정한 견해뿐이기 때문이다.

진정한 견해는 오직 마음에 있다. 그렇기 때문에 임제는 일상에서 움직이는 그 마음을 투철히 보아서 다시는 의혹하여 그르침이 없다(見徹更不疑謬)고 말하는 것이다. '투철하게 본다'는 것은 인식함에 있어서 어떤 걸림이나 방해 요인이 없다는 것을 의미한다. 즉 자신의 마음을 자아의 틀을 통해서 보는 것이 아니다. 틀이 무엇이고, 어떻게 보는 것을 방해하는지를 아는 정신만이 있는 그대로를 명명백백하게 볼 수 있다.

자신의 마음이 곧 진정한 견해인 사람에게 부처·문수·보현의 말들이 중요할 이유가 없다. 그 말들은 그들의 것일 뿐이다. 임제에게 심지心地란 지금 눈앞에서 역력하게 활동하는 내부의 사람(今日目前歷歷底人)이다. 내부의 사람은 움직임을 일어나게 하는 근원이며, 참된 것과 속된 것, 범인과 성인(眞俗凡聖)을 구분하지 않는 참사람(眞人)이다.[122]

자아의식이 성인과 선을 사랑하고 집착하는 만큼, 범부와 악은 억압되어 무의식으로 있다. 억압되어 있다는 것은 무명으로 있는 것이고, 무명을 밝히는 것이 바로 부처라는 의식성이다. 부처인 무아의식에 의해서 무명이 밝혀짐으로써 선과 악, 의식과 무의식으로 분리되어 있던 정신의 통합이 일어난다.

그러므로 임제는 참된 것과 속된 것, 범부와 성인을 구분하여 집착하는 자아의 상대의식으로는 도저히 깨달음에 이를 수 없음을 말하면서 참사람인 무아의 필요성을 강조하는 것이다. 아무런 조건 없는 자유로운 정신인 무아의식만이 분리된 정신을 한마음이 되게 한다.

이 마음의 근원적인 법칙(心地法)은 능히 자유롭게 범부의 경지로 들어가고 성인의 경지로 들어가고, 깨끗한 곳에도 들어가고 더러운 곳에도 들어가며, 진속眞俗의 차별 없이 활동한다. 그대들이 지어낸 진과 속, 범부와 성인의 구별로써 진속범성眞俗凡聖의 세계에 대한 차별적인 이름을 지어 붙일 수 없다. 이 진속범성이 사람의 참 성품을 차별 지을 수 없는 것이다. 함께 도를 닦는 벗들이여! 진정한 자유정신을 깨달아 얻게 되면 다시는 명칭과 형상의 굴레에 구속되지 않나니, 이를 불법의 깊은 뜻(玄旨)이라고 한다.[123]

---

122 『임제록』, p.118.
123 『임제록』, p.116.

임제는 그 어디에도 걸림이 없는 무아의식을 '마음의 근원적인 법칙(心地法)'이라고 부른다. 선과 악, 성과 속, 범부와 성인을 구별하지 않아야 한다는 것은 그것들이 모두 본성이기 때문이다. 그것을 구분하여 분리해버리는 것은 자아의식의 특징이다. 그런데 사실 자아도 본성으로부터 나온 정신이다.

그러므로 자아가 그러한 특징을 갖는 것은 그만한 이유가 있을 것이다. 자아가 의식의 중심으로 들어가서 먼저 자아의 구조를 튼튼하게 만들어야 할 필요가 있다. 이미 앞에서도 수차례 강조된 바와 같이, 자아 구조의 강화는 무아의식이 출현할 수 있는 근본적인 토대를 만드는 것이다.

그러므로 조사들이 성과 속을 구분하지 않아야 한다고 말하는 것은 자아 구조가 잘 형성된 사람들을 겨냥한 것이다. 조사들은 자아 구조가 튼튼해져서 무의식과 대면해도 놀라서 피하지 않는 사람들을 상근기上根機라고 부른다. 상근기에 이른 사람이라면 자아의식의 특성이 무엇인지를 알아서 그것에 붙들려 있지 않는다는 것이다.

중생과 부처를 구분하여 깨달음에 집착하지 않는 사람을 임제는 귀한 사람(無事是貴人)이라고 부른다. 자아의 상대의식에서는 깨달음이라는 목적이 발생하지만, 무아의식은 깨달음을 추구할 일도 없다. 이런 이유 때문에 임제는 계속해서 불법佛法은 자아의 틀 속에 있지 않다고 강조하는 것이다. 그러므로 자아를 아는 것이 곧 임제가 말하는 "불법의 깊은 뜻(玄旨)"을 아는 것이 된다.

불법은 인위적인 조작이 필요하지 않다. 꾸밈이 없는 평상의 자유로움, 있는 그대로의 삶, 변소에 가고 옷을 입고 밥을 먹으며 피곤하면 쉬는 것이다. 어리석은 사람은 알지 못하고 웃지만, 지혜 있는 사람이라면 꾸밈없는 일상의 소중함을 안다. 옛사람도 말하기를 "밖을 향하여 공부를 짓는 것은 모두 어리석은 녀석들의 짓이다. 밖에서 오는 것은 언젠가는 흩어지고 떠나버릴 것이며, 오직 자신의 마음에서부터 진실의 눈이 깨어나야 하는 것이다."라고 말했다.[124]

"불법佛法은 인위적인 조작이 필요하지 않다"는 문장에서 자아는 끊임없이 인위적 조작을 한다는 것을 알 수 있다. 자아의식은 무의식에 대한 두려움을 본능적으로 가지고 있다. 다만 무의식이기 때문에 직접적은 의식은 없다. 하지만 마음을 고요하게 하고 싶어하고 혼란을 잊고 싶은 것은 누구에게나 있다. 그것은 자기 내면과 대면하는 일이 세상에서 가장 무섭고 힘들다는 것을 의미한다.

그러므로 자아의식은 무의식이라는 알 수 없는 근원적 두려움에서 벗어나려고 수많은 방법들을 찾아 나선다. 인위적 조작이란 무엇일까? 번뇌를 없애고 마음을 청정하게 만들려고 하는 것이다. 하지만 불법은 그러한 자아의 조작이 무엇인지, 왜 조작을 하려고 하는지를 아는 것에 있다. 그런 사람만이 평상심으로 돌아올 수 있다.

그러므로 조사들은 마음을 인위적으로 고요하게 만든다고 거룩

---

124 『임제록』, p.119상.

한 부처가 나타나는 것은 아니라는 것이다. 왜냐하면 부처는 변소에 가고 옷을 입고 밥을 먹으며 피곤하면 쉬는 일상의 모든 것 안에 있지, 고요 속에 있지 않기 때문이다. 그럼에도 불구하고 자아는 스스로가 만들어낸 거룩한 형상의 부처에 목을 매고 있어서 정작 중요한 평상심을 외면하는 것이다.

이러한 자아의 조작은 비단 깨달음의 세계에 한정되어 있는 것이 아니다. 자아가 중심이 되어 있는 사회는 자아의 분별의식을 으뜸으로 치고 사회에 적합한 가면(persona)을 요구한다. 사회적으로 훌륭한 사람으로 평가받기 위해서는 사회적 가면을 잘 유지할 수 있어야만 한다.

그러므로 자아는 사회가 요구하는 틀에 부응하여 사회에 적합한 가면을 만들기 위해 노력한다. 가면 뒤로 부끄러운 자화상들은 감추어진다. 자아는 이러한 사회적 인격을 진정한 자신의 인격으로 착각한다. 가면을 자신의 참모습이라고 생각하는 한 진짜 자신의 실체를 알지 못하게 된다. 그것은 자아가 스스로 속고 있다는 의미이다.

그러므로 임제는 불법이 이상주의를 향한 노력이나 윤리적 실천을 위한 것이 아니라고(佛法無用功處) 하는 것이다. 불법은 상이 없는(無相), 조작이 없는 마음(無心)일 때 마음이 맑아지기(欲得心淨無心用功) 때문이다. 인위적 기능으로 만들어진 페르소나는 언제나 외부적 가치 위주로 살기 때문에 자기 내면의 진정한 성질들에 대해서는 전혀 알지 못하게 된다.

자기 내면의 악의 모습을 볼 수 없는 사람들은 자신이 깨끗하고

도덕적이라고 생각한다. 그때 내면의 악은 자기가 아닌 외부적 존재에게로 향하게 된다. 주변으로부터 아주 착하다고 정평이 나 있는 한 남자가 있었다. 표현력이 부족했고, 말수가 적었던 그가 의외로 맹렬하게 관심을 쏟은 분야가 있었는데 그것이 바로 정치였다. 그는 자신이 좋아하는 정당이나 정치인에 대해서는 엉뚱할 만큼 관대했지만, 반대하는 정당이나 정치인에 대해서는 거침없이 저주를 퍼부었다. 그의 선하고 정의로운 페르소나 뒤로 숨겨진 악의 성질들은 그렇게 외부적 대상들에게로 투사되고 있었던 것이다.

투사는 아주 냉혹하고 잔인하게 주변과 타인을 공격한다. 왜냐하면 투사에는 의식이 수반되지 않기 때문이다. 그러므로 투사하는 사람은 자신이 투사하고 있다는 사실조차 인식하지 못한다. 그림자는 인격의 열등한 측면으로서 이기심·게으름·비겁함·소유욕 같은 부정적 성질들이다.[125]

"자신의 그림자를 알지 못하는 것은 원초적 위험을 등에 지고 있는 것과 같다."[126]고 융은 말한다. 이러한 위험으로부터 벗어나는 길은 임제가 말하는 '진실의 눈'이다. 진실의 눈은 무아의식이다. 진실한 눈에 의해서만이 조작되지 않는 '있는 그대로'의 자기 모습에 대한 인식이 일어날 수 있다.

자아는 의식의 밝은 측면만을 추구하지만, '진실한 눈'은 자유로운 본성이기 때문에 페르소나든 그림자든 어느 것도 거부하거나 억

---

125 『인격과 전이』, p.258.
126 『원형과 무의식』, p.129.

압하지 않고 '있는 그대로' 명상한다. 우리가 이 모든 것을 명상해야 하는 이유를 융은 다음과 같이 알려준다. "자기(Selbst) 안에서 선과 악은 그야말로 일란성 쌍생아보다 더 밀착된 관계로 공존하고 있다."[127]

부처라는 전체성에 있어서 선과 악은 근원적으로 하나인 것이다. 그것은 무아의 절대의식인 차별 없는 참사람에 의해서만 인식되고 이해되고 수용된다. 그것이 바로 한마음이다.

---

[127] 『꿈에 나타난 개성화 과정의 상징』, p.32.

10. (임제2)
무아의식은 마음의 생각 생각을 통찰한다

임제는 자신의 생각을 모두 통찰하는 것이 바로 진정한 부처요, 진정한 법이며, 진정한 도라고 말한다. 진정한 통찰은 자기 자신을 절대적 객관성으로 봄으로써 일어난다.

> 묻되 "어떤 것이 참 부처(眞佛), 참된 법(眞法), 참된 도(眞道)입니까? 바라옵건대 자비로써 가르쳐 보여주십시오." 임제가 대답하기를 "부처란 마음의 청정함이며, 법이란 마음의 광명이며, 참된 도란 온 누리에 걸림이 없이 비추는 청정한 광명의 작용이다. 이 세 가지는 곧 하나로서 이리저리 명칭을 나누는 것은 헛된 것일 뿐 참으로 실재하는 것이 아니다. 진정한 구도자라면 생각 생각 마음의 작용에 대한 통찰을 소홀히 하지 말아야 한다."[128]

황벽은 부처란 다름 아닌 깨끗한 마음이라고 한다. 그렇다면 부처가 되지 못한 것은 깨끗한 마음이 아니라는 것이다. 왜 깨끗한 마음이 되지 못했을까? 그것은 '나'라는 사사로운 마음 때문이다. '나'

---

128 『임제록』, p.83.

라는 사사로운 마음을 가진 자아의식으로서는 깨끗한 인식이 될 수 없다.

그러므로 부처란 무아의식을 말하는 것이고, 법이란 무아의식이 기능하는 것을 말하는 것이며, 도道란 무아의식의 절대적 객관성이 어디에도 걸리지 않고 있는 그대로를 인식하는 것을 말한다. 이 세 가지는 모두 '생각 생각 마음의 작용에 대한 통찰'이다. 그러므로 임제는 어디에도 걸림이 없는 정신의 위대한 인식능력을 실현하는 사람을 가리켜 부처나 조사라고 한다는 것이다.

부처와 조사는 그들이 인간의 정신적인 능력이 걸림 없이 위대하다는 것을 체험하고 행동했기 때문에 붙여진 이름일 뿐이다. 그대들은 삼계[129]가 무엇인지 알고 싶은가? 그대가 지금 법을 듣는 심지가 바로 삼계이니, 그대의 탐내는 한 생각이 욕계欲界인 것이다. 그대의 화내는 한 생각이 색계色界인 것이며, 어리석은 한 생각이 무색계無色界인 것이다. 이것은 모두 그대 자신의 마음이라는 무대에 설치된 연극의 도구다(是你屋裏家具子). 삼계는

---

129 삼계: 중생의 마음과 생존 상태를 세 단계로 나눈 것. (1) 욕계欲界: 탐욕이 들끓는 세계로, 지옥·아귀·축생·아수라·인간·육욕천六欲天을 통틀어 일컬음. (2) 색계色界: 탐욕에서는 벗어났으나 아직 형상에 얽매여 있는 세계로, 여기에 십칠천十七天이 있음. (3) 무색계無色界: 형상의 속박에서 완전히 벗어난 순수한 선정禪定의 세계로, 공무변처천空無邊處天·식무변처천識無邊處天·무소유처천無所有處天·비상비비상처천非想非非想處天을 말함.(시공불교사전)

스스로 '내가 삼계다', '여기가 삼계라네'라고 말하지 않는다. 오히려 나의 눈앞에서 여러 가지를 분별하여 외계外界를 헤아리는 사람이야말로 스스로 삼계를 구별하여 부르는 것이다.[130]

부처나 조사라고 불리는 사람들은 정신의 위대한 인식능력이 드러남을 직접적으로 체험한 것이다. 색계도 욕계도 무색계도 결국은 마음의 작용이다. 그러므로 진정한 구도자는 '나'라는 생각에 오염되지 않는 객관적 의식으로 매순간 일어나는 생각 생각을 하나도 빠짐없이 명상함으로써 마음을 통찰해야 하는 것이다. 자신의 마음, 자신의 생각, 자신의 번뇌를 빼고서 그 어디에서도 도를 찾을 수 없다. 마음을 아는 것, 마음을 보는 것, 그것이 바로 도이고 깨달음이다.

마음이 일으키는 생각 생각에는 존재의 모든 역사와 근원이 들어 있다. 그 근원을 아는 유일한 방법은 자신의 생각 생각을 절대적 객관성으로 관조하는 것이다. 무아의식의 절대적 객관성을 불교에서는 "출인저로出人底路"로 표현한다. 즉 모든 사람이 본래 갖추고 있는 참사람(眞人)을 끌어내는 일이다.

'나'라는 사람은 자기 자신을 보지 못하지만, 참사람은 있는 그대로의 자기 자신을 본다. 자기 자신에 대해서 알지 못하는 한 정신은 온전성을 갖출 수 없다. 그러므로 참사람이 드러나는 일은 생사의 속박에서 해탈케 하는 길이며, 이것을 일컬어 도道라고 부르는 것

130 『임제록』, p.177.

이다.[131]

그대들이 만약 생각 생각마다 밖으로 찾아 갈구하는 마음을 다스린다면 붓다나 조사(祖佛)와 다르지 않을 것이다. 그대들이 붓다나 조사를 알고자 하는가? 그는 바로 나의 면전面前에서 가르침을 듣고 있는 그대 자신들이다. 그럼에도 불구하고 여러분은 자신의 참 성품을 믿어 성찰함이 없이 밖으로 형상과 명칭을 구하여 허덕이고 있다. 그래서 만일 구해 얻었다고 하더라도 그것은 다만 문자를 그럴 듯하게 배열하는 카드놀이일 뿐, 저 조사의 살아 있는 마음은 아닌 것이다. 이것을 부디 잘못 이해함이 없기 바란다. 여러 선덕禪德들이여, 오늘 저 조불을 만나 투철히 깨닫지 못하면 만겁토록 생사에 윤회하며, 자신이 애착하는 경계에 이끌려 다님으로써 당나귀나 소의 뱃속에 나게 된다. 함께 도를 닦는 벗들이여! 산승이 본 바(見處)로는 우리의 참된 성품은 붓다 석가모니와 다르지 않다. 오늘 여러분이 진정 부족하게 여겨 찾는 것이 무엇인가? 여섯 가지 찬란한 광명(六道神光)이 잠깐도 그친 일이 없다. 만일 이와 같이 꿰뚫어볼 수 있다면 한 생애가 진정 자유로운 사람(無事人)이다.[132]

데카르트Descartes는 "나는 생각한다. 그러므로 나는 존재한다

131 『임제록』, p.91.
132 『임제록』, p.93.

(Cogito, ergo sum).”라고 했다. 이것은 생각이 곧 존재라는 말이다. 그렇다면 자기 내면에서 일어나는 생각 생각에 대해서 정확하게 인식할 수 있다면 ‘나’가 누구인지를 알게 된다. ‘나’는 부처가 되고 싶다는 생각을 한다. 그런 생각을 하게 되면 보통은 부처가 되기 위해서 밖에서 묻고, 특별한 수행법을 찾아다니게 된다.

반면에 조사들은 생각을 일으키는 ‘나’의 내부로 침잠한 것이다. 자기 안에 있는 참사람을 믿지 못하는 사람은 자기 성찰을 할 수 없지만, 부처나 조사들은 참사람을 믿었기에 참사람이 자기 자신을 성찰하도록 허용할 수 있었던 것이다. 또한 임제는 밖으로 찾아 나서서 여러 가지를 알았다고 할지라고 그것은 죽은 지식 덩어리에 지나지 않는다고 말한다.

왜냐하면 진정한 도는 생생하게 살아 있는 마음의 경험이기 때문이다. 이것을 알지 못한다면 자아의 굴레 속에서 영원히 빠져나올 수가 없는 것이다. 임제는 누구나 다 석가모니 붓다처럼 될 수 있다고 말한다. 다만 붓다와 같이 되지 못하는 것은 참 성품에 대한 진정한 믿음을 갖지 못하기 때문이라는 것이다.

황벽은 무사인無事人을 ‘많은 일을 하지만 그 일에 시달리지 않는다’고 해석한다. 다시 말해 마음에 많은 생각이 일어나고 그것을 보지만, 그것에 집착하거나 그것으로 인해 스트레스를 받거나 지치지 않는다는 것이다. 왜냐하면 스트레스의 주체는 자아이고, 무사인은 그러한 자아를 명료하게 인식하는 기능이기 때문이다.

참사람이 출현되면 일어나는 모든 생각이 관조된다. 생각이 일어날 때 그것을 관조할 수 있다면 그것이 바로 최고의 법문이다. 왜

나를 관조하는 것이 최고의 법문이 될까? 그것을 임제가 예를 든 옛사람의 노래에서 알 수 있다.

마음이여, 만경萬境을 따라 굽이치고 있네.
굽이치는 곳마다 현묘玄妙한 깨달음이 오고 있나니,
이 사바의 흐름에 따라 진리를 얻을 뿐
이제 기쁨도 슬픔도 모두 가고 없네.

심수만경전心隨萬境轉이란 마음이 여러 가지 경우(境遇)에 따라 변전變轉한다는 뜻이다. 이 말은 즉 붓다의 위대한 깨달음은 자신의 생각이 무엇인지를 보고 인식하며 그것을 이해하고 수용하여 분리된 마음의 통합이라는 것이다. 마음은 외부나 내부의 자극에 따라 끊임없이 변화한다. 변화하는 마음을 통제하거나 억압하지 않고 그대로 따라가 보는 것이 바로 내가 몸을 가지고 있는 이유이다.

그것을 통해 인간은 자신에 대한 이해와 더불어 타인에 대한 이해, 그리고 세상을 이해하며, 더 나아가 우주에 대한 근원적 이해가 일어난다. 그렇기 때문에 그것을 '최고의 인식'이라 부르는 것이다. 최고의 인식은 바로 자기 자신에 대한 근원적인 인식과 이해로부터 온다.

자기 자신이란 무엇일까? 그것은 우선적으로 내가 '나'라고 생각하고 있는 주체인 자아다. 자아는 현실적 삶을 가능하게 만들어주는 의식의 주체로서 기능한다. 자아의 가장 큰 임무는 자아를 살리는 일이다. 살아야 한다는 것은 끊임없이 죽음을 의식하고 있다는 것이다. 죽음을 대극으로 두는 자아로서는 불완전한 존재인 자신을 도무지 믿을 수 없다. 그것은 '나'를 보호해줄, 나보다 더 큰 힘을 밖으로 찾아 나서게 만든다.

위대한 석가모니나 전지전능한 신을 믿음으로써 구원에 매달리거나 외적 단체나 집단에 소속됨으로써 '나'를 의존한다. 의존적인 자아에게 붓다나 예수는 경배의 대상이기 때문에 자기 내면의 위대한 성품에 대한 믿음은 허약하다. 왜냐하면 위대한 성품은 자아의식 안에서는 보이지 않기 때문이다.

자아의식의 특성은 안의비설신의로 이루어져 있다. 이것은 자아의식이 눈에 보이고, 손으로 만질 수 있고, 들을 수 있고, 맛볼 수 있는 것에 의해서 생각하게 되어 있다는 의미다. 물론 그러한 과정에 의해서 의식의 힘이 강화되고 자아 구조는 더욱 튼튼해진다. 자아의 구조가 튼튼해져야만 자아가 객관화될 수 있는 바탕이 마련된다. 미성숙한 자아의식의 시선은 외부적인 것들에 집중되어 있지만, 객관화된 자아의식의 시선은 내부로 돌려 스스로를 관조한다.

왜냐하면 의식이 내부로 들어가는 문을 가로막고 있는 것이 바로 자아이기 때문이다. 말하자면 자아는 존재의 겉 포장지이다. 포장지는 안의 귀중품을 보기 위한 것이다. 그러므로 귀한 내용물을 보려면 먼저 포장지를 뜯어야만 한다. 본성으로 회귀하는 첫 번째 작업이 자아의 객관화 작업인 것이다.

외부적 존재는 자기 깨달음의 스승이 될 수 없다. 자기 자신이 누구인지를 아는 일은 오직 자신만이 할 수 있다. 자신의 스승은 바로 자기 자신이다. 그러므로 정신의 전체적 기능들을 경험한 부처와 조사들은 말한다. "부처도 없고 법도 없으며, 닦을 것도 없고 증할 것도 없다."[133] 왜냐하면 그 모든 것은 자기 내부에 이미 존재하고 있기 때문에 그러한 사실을 깨우치기만 하면 되는 것이다.

---

133 『임제록』, p.175.

11. (임제3)
무아의식은 거짓과 참이 생겨나는 근원을 이해한다

임제를 비롯한 많은 선승들이 자아와 부처가 다르지 않다고 말해왔다. 그렇다면 자아 그대로 살면 되지 왜 깨달음이라는 말이 나왔을까? 그런데 임제는 '참 자아'가 바로 부처라고 말한다. 그렇다면 '참 자아'와 '거짓 자아'는 어떻게 다른지를 우선 구분할 수 있어야 할 것이다.

　　대덕들이여! 그대들은 이 마음의 꼭두각시를 움직이는 참사람이 모든 부처님들의 본원本源이며, 이 삶 그대로가 모든 구도자들이 마침내 돌아가 쉬는 진리의 고향인 것을 분명히 알아야 한다. 그대의 사대색신四大色身은 법을 설하여도 듣지도 못하며 비脾·위胃·간肝·담膽도 법을 설할 수 없고 들을 수도 없다. 저 허공도 설법·청법을 할 수 없다. 그렇다면 무엇이 법을 설하고 법을 듣는가? 그것은 바로 그대 자신이다. 즉 눈앞에 홀로 밝아 분명한 것, 형상도 초월한 이것이 법문을 설하고 법문을 들을 줄도 아는 것이다. 만약 이와 같이 볼 수 있다면 여러분은 바로 부처이신 조사와 다르지 않다. 다만 어떤 때, 어떤 장소에서도 다시 단절됨이 없어서 순간순간 눈에 보이는 모든 것이 다 궁극적인 진리의 나타남일 뿐이다. 망념이 일어나면 지혜의 작용이 막히며, 생각의 물결이 일어나면 참된 자아의 활동이 구속된다. 그러므로 삼계에 윤회하며, 여러 가지 고통을 받게 되는 것이다. 산승의 견처를 간략히 말하건대, 깨달음의 바다는 넓고 깊어서 본래 해탈 아닌 것이 없다.[134]

임제는 부처가 무엇인지를 확실하게 알려준다. 즉 육신(四大色身)은 부처가 아니다. 형상은 아니지만 법을 설하기도 하고 듣기도 하는 것은 분명한 의식성이다. 더구나 '홀로 밝다'는 말에서도 의식이라는 사실이 드러난다. 사람은 눈으로 보고 있다고 할지라도 마음이 다른 것에 집중되어 있으면 그것이 무엇인지 알지 못한다.

즉 눈으로 보지만 그것을 인식하는 것은 바로 의식이다. 의식이 곧 부처라는 사실을 알면 자신이 의식하는 것들이 모두 궁극적인 진리를 나타낸다는 것을 알게 된다고 한다. 그런데 망념이 일어나면 모든 순간에 드러나는 진리를 보지 못하고, 생각의 물결이 일어나도 참 자아의 활동이 구속된다고 한다. 여기서 망념과 생각의 물결을 만들어내는 것은 다름 아닌 자아의식이다.

여기서 진리를 보지 못하게 하는 망념은 무엇이고, 참 자아의 활동을 구속하는 생각의 물결이란 무엇인지를 먼저 살펴야 한다. 망념은 '경계에 끌려 다니는 중생의 마음'이라고 사전은 해석한다. 즉 자아의 상대의식이 인식의 주체가 되면 마음은 경계의 대상이 된

134 『임제록』, p.98.

다. 말하자면 자아의식이 마음을 '있는 그대로' 보지 않고 자아가 원하는 방향으로 왜곡하는 것이다. 이처럼 생각들을 조정하고 조작한다는 것은 참 자아의 관조를 아예 막아버리는 일과 같다.

첫 번째 문장으로 되돌아가 보자. 자기 마음을 들여다본 경험이 있는 사람이라면 누구나 다 알 수 있다. 마음은 단 몇 초의 여유도 없이 줄에 매여 흔들거리는 꼭두각시처럼 끊임없이 움직인다는 사실을 말이다. 그런데 임제는 마음을 움직이게 만드는 주체를 참사람으로 보았다. 참사람이란 바로 부처다. 그렇다면 부처는 청정하기만 한 것이 아니라는 말이다.

여기서 우리는 의문을 품어야 한다. 참사람은 왜 마음의 꼭두각시를 흔들어대는 것일까? 본래 꼭두각시의 움직임은 그것을 움직이게 하는 주체가 그것을 바라보는 관객에게 무엇인가를 전달하고자 하는 것이다. 참사람이 꼭두각시를 움직이는 주체라면, 그것을 바라보는 관객은 바로 자아의식이다. 참사람은 꼭두각시를 통해 자아에게 어떤 메시지를 전달하고자 하는 것이다.

그런데 자아의식은 그것을 거부한다. 자아의식의 참사람이 청정하다고 알고 있기 때문에 청정하지 못한 마음을 피하고만 싶어한다. 그래서 청정하지 못한 자기 자신을 떠나서 고요하고 맑은 부처를 찾는다. 하지만 임제는 당신이 버리고 싶은 그 마음이 '진리의 고향'이라는 것이다. 마음의 꼭두각시를 움직이는 참사람의 의도를 융의 이론으로 이해해보자.

융에 의하면 자아의식을 힘들게 만드는 청정하지 못한 마음은 바로 무의식이다. 무의식의 출현은 의식의 일방적 독주를 견제하고자

함이다. 즉 의식과 자아는 무의식의 근원에서 출생하지만, 의식과 무의식은 완전히 그 성질이 다르다. 그러므로 의식은 자신의 성질과 전혀 다른 무의식을 대극으로 인식하게 되면서 무의식으로부터 분리된다.

그것은 의식의 성장을 위한 하나의 필수적인 과정이다. 그러나 의식이 성장하면 무의식은 의식에게 자신의 존재를 알리게 된다. 왜냐하면 정신은 본래 의식과 무의식의 구조로 이루어져 있기 때문이다. 그러므로 정신의 전체성으로 본다면 의식의 일방적인 독주는 정신에 대한 심각한 불균형이다.

부처는 의식과 무의식을 모두 포괄하는 전체적 정신이다. 그러므로 정신의 중심인 부처의 궁극적인 목적은 의식과 무의식의 통합이다. 의식이 성장하는 과정에서 잠시 분리되었던 무의식이 의식에게 자신의 존재를 끊임없이 알리는 것이다. 의식이 무의식을 인식해야만 그것과의 통합이 일어나기 때문이다.

인간의 몸 기능 중에서 설법을 하고 듣고 하는 것은 의식이다. 의식이 없는 것이 바로 무의식의 혼돈상태다. 오직 의식만이 모든 혼란과 모호함을 밝힐 수 있다. 그런데 여기서 중요한 것은 부처는 의식 그 자체라는 것이다. 그래서 부처를 자아의식과 구분하여 무아의식이라고 하는 것이다. 그런데 부처인 무아의식이 기능하지 못하도록 가로막는 것이 바로 자아다.

망상은 자아의식自我意識 중에서 '아我'의 기능이다. '나(我)'라는 인식주체는 고정된 틀이기 때문에 전체적 통찰력을 가질 수 없다. 그러므로 고정적 틀 역할을 하는 아我가 빠진 상태. 즉 '스스로 그러한 의식'의 기능만 남아 있는 자의식自意識, 그것이 바로 참 자아(眞我)이고, 융 심리학적으로는 '개성화된 자아', 즉 객관화된 자아이다.

자아의식이 사용하는 상대적 객관성은 지속성을 갖지 못한다. 왜냐하면 객관성이란 결국 자아 자체에 대한 진실에 직면하는 것인데, 자아가 자신의 부정적인 부분들을 마주하는 일은 너무도 힘든 과정이기 때문이다. 반면에 참 자아의 절대적 객관성은 단절됨이 없이 지속적으로 일어난다. 이것이 진정한 깨달음이 되는 이유다. 참 자아의 포용력은 바다와 같아서 걸림이 없이 모든 것을 받아들인다. 그렇기 때문에 해탈이라고 말하는 것이다.

보리열반菩提涅槃이란 인간의 근원적 지혜가 열림으로써 번뇌와 보리가 더 이상 분별하지 않음을 말한다. 번뇌와 보리가 존재하는 것은 자아의 분별하는 작용 때문이었지만, 무아의식에게는 번뇌도 보리도 있을 수 없다. 그것은 모두 자아 중심적 사고가 만들어낸 허상이기 때문이다.

무아의식의 작용으로 보리열반이 열리면 더 이상 영원성을 좇지 않는다. 영원성은 죽음을 두려워하는 자아의 상대의식이 만들어내는 욕망일 뿐이다. 무아의식에게는 위대한 존재의 형상만을 좇아 불과佛果를 구하는 마음이 조금도 없다. 즉 부처가 되기 위한 자아의 모든 인위적인 노력을 멈추는 것이다.

그런데 무아의식의 단 하나의 일은 "다만 인연 따라 과거의 업을 소멸할 뿐(但能隨緣消舊業)"이라는 것이다. 여기서 세이잔은 수연소구업隨緣消舊業을 해석하면서 "이미 깨달음을 얻었으니 어찌 구구하게 살겠는가? 다만 인연 닿는 대로 구업舊業을 소멸할 뿐, 다시 새로운 허물을 짓지 않는다.”는『완릉록』에 있는 황벽의 문장을 가져온다.

황벽의 문장 중에서 세이잔은 ‘소消’의 뜻을 소상히 밝힌다. “‘소消’는 속언俗言으로서 소멸의 뜻 외에도 ‘쓴다(用)’, ‘받아들인다(受用)’의 뜻이 숨어 있다.”[135]고 설명하는 세이잔은 황벽이 말하는 원래의 뜻에 가까운 것은 ‘소멸한다’가 적합하다는 것이다.

그런데 여기서 생각해보아야 할 일이 있다. 황벽의 언어에는 계契라는 말이 여러 번 등장하고 있고, 그것을『전심법요·완릉록 연구』를 쓴 정유진은 계합契合이라고 번역했다. 계합이란 ‘사물이나 현상이 꼭 들어맞는다’는 뜻이다. 그렇다면 여기서 ‘소消’는 ‘소멸한다’보다는 ‘받아들인다(受用)’는 해석이 더 잘 어울린다. 물론 받아들임으로써 더 이상 걸리지 않는다고 본다면 통찰적인 면에서 소멸의 뜻을 사용할 수는 있다. 다만 단어가 기능적 의미로 사용될 때 보다 더 세심한 주의가 요구되어질 수 있다는 것이다.

융 심리학적으로 해석하자면 ‘소멸한다’보다는 ‘받아들인다(受用)’가 좀 더 적합한 언어구조다. 구업舊業이란 전해져 내려오는 업이다. 이것은 융 심리학에서 유전으로 전해지는 집단무의식에 해당한다. 집단무의식과 유비되어 사용할 수 있는 것이 바로 불교의 아뢰야식이다. 집단무의식은 자아의식에 의해서 대극으로 분리되어 있다.

135『임제록』, p.103.

불교의 아뢰야식, 즉 집단무의식은 말라식인 자아의식에 의해서 번뇌로 규정된다. 그러나 견성한 '참 자아'는 집단무의식을 더 이상 번뇌로 보지 않는다. 왜냐하면 참 자아는 의식과 무의식이 한마음에 발생된 근원임을 알기 때문이다. 참 자아는 업이라 규정되어온 집단무의식을 관조하여 의식화하게 된다. 무의식이 의식화되면 무의식이 가지고 있던 부정적 작용이 없어진다. 즉 무의식은 의식에게 더 이상 두려운 대상이 되지 않고 생명 에너지의 근원으로 돌아간다. 그것이 바로 소멸이자 지멸이다.

융은 인간의 내면에 있는 그림자를 원래 인간심성에 내재한 신성의 에너지로 본다. 다만 자아의식이 그림자의 부정적 부분들을 두려워함으로써 억압하게 되고, 억압된 그림자의 에너지가 응축되기 때문에 파괴적인 괴물로 변용된다고 말한다. 즉 자아의식이 무의식을 나쁜 것으로 규정지을 때 무의식은 의식에게 위협적인 존재가 된다. 그러나 의식이 그것을 이해하고 수용할 때 무의식의 위험성은 사라진다.

세이잔이 소消를 소멸의 뜻으로 선택한 것을 이해할 수 있다. 불교에서의 업은 어리석음을 나타내는 아주 부정적인 의미이다. 업은 무명으로 인해서 일어난다. 말하자면 무명은 의식화 과정을 밟지 못한 무의식이다. 그러나 바꾸어 말하자면 존재는 업이 있음으로써 존재로서 가능한 것이다.

업이 없는 존재는 있을 수가 없다. 업은 불성을 보호하고 부처로 분화하게 만드는 수단이다. 그러므로 업은 부처에 의해서 구제되어져야 하는 중생들이다. 그 중생은 없애야 한다기보다는 부처의 빛,

무아의식에 의해서 의식화되어져야 하는 것이다.

'없앤다'는 뜻은 부정적인 의미가 담겨 있기 때문에 자칫 혼동을 일으키기 쉽다. 어떤 하나의 의미조차도 소중하게 생각하는 세이잔의 철두철미한 학자적 태도가 가져온 '소消'의 다양한 뜻풀이에 의해서 '쓰임'과 '받아들임' 그리고 '소멸'은 하나의 뜻으로 통일될 수 있었다는 것은 의심의 여지가 없다.

참으로 출가한 사람이라면 꾸밈없는 진정한 견해를 얻어 부처와 마군을 잘 판단하며, 진실과 거짓을 판단하며, 범부와 성인을 잘 알아내지 않으면 안 된다. 만일 이와 같이 꿰뚫어볼 수 있다면 진실한 출가라고 말할 수 있다. 만일 마군과 부처를 잘 분별하지 못하면 한 집에 나왔지만 다시 한 집으로 들어가는 것과 같다. 이는 업을 짓는 중생이지 진실한 출가인이라고는 말할 수 없다. 그렇다면 부처와 마군이 한가지로 뒤섞인 것은 물과 우유가 합해진 것과 같다. 거위는 물을 안 먹고 우유만 먹듯, 눈 밝은 구도자는 마군과 부처를 모두 물리쳐서 부정해버린다. 그대가 만일 성인을 따르고 범부를 꺼리는 애증愛憎의 분별에 떨어지면 생사의 흐름 속에서 떴다 잠겼다 할 것이다.[136]

임제는 자아의식의 분별을 일관되게 꾸짖어왔다. 그런데 여기서는 '꾸밈없는 진정한 견해를 얻어' 부처와 마군, 진실과 거짓, 범부

136 『임제록』, p.122.

와 성인을 잘 판단해야만 한다는 것이다. 이것을 풀어보면, 자아의식의 분별과 판단은 문제가 있지만 '진정한 견해'의 판단과 분별은 오히려 중요하다는 것을 볼 수 있다.

왜 그럴까? 잘 알다시피 자아의식의 앎이란 상대적이고 제한적인 것이다. 그러므로 자아의식의 분별과 판단은 진실을 왜곡시킨다. 그러나 '진정한 견해'는 절대적이고 전체적인 통찰이다. 그러므로 그것은 '있는 그대로의 진실'을 보게 한다.

여기서 먼저 무엇을 마군이라고 하는지를 알아봐야 한다. "마군이란 의혹을 일으키는 마음이다(你一念心疑處是魔)", "부처와 마군은 물들고 깨끗한 두 가지 경계이다(染淨二境)." 마군과 부처를 나누어 의혹을 일으키는 것도 자아고, 염染과 정淨을 나누어 보는 것도 자아다.

"공空과 가假의 분별에 집착하기 때문에 염정의 마음이 일어난다."라는 세이잔의 설명에서도 알 수 있듯이, 집착은 자아의 특징이다. 그러므로 공과 가의 도리를 바르게 관하는 것이 중도라는 것이다.

불교에서 말하는 청정심淸淨心이란 '맑고 깨끗한' 마음이다. 맑고 깨끗하면 아주 잘 보인다. 그렇다면 무엇을 잘 보아야 하는가? 그것은 자아의 이분법적 사고와 그것으로 인한 어리석음이 무엇인지 잘 보아야 한다는 것이다. 왜냐하면 그것이 진실을 보지 못하게 만들기 때문이다.

그러므로 임제가 말하는 '진정한 견해'는 바로 무아의식이다. 그러한 의미에서 볼 때, 이 문단의 핵심은 맨 마지막 문장인 "그대가 만일 성인을 따르고 범부를 꺼리는 애증愛憎의 분별에 떨어지면 생사의 흐름 속에서 떴다 잠겼다 할 것이다."이다. 이것은 자아의 분별심과 집착 그리고 어리석음을 말한다.

그 어리석음을 알아내는 것이 바로 '꾸밈없는 진정한 견해'다. '진정한 견해'는 자아를 명상한다. 그것은 거짓과 참이 생겨나는 근원을 이해하는 것이다. 무아의식에는 마군과 부처에 대한 명료한 인식이 일어난다. 범부인 자아에 대해서 안다는 것은 자아의 사사로움이 무엇인지를 분명하게 분별함으로써 그것이 만들어내는 함정에 더 이상 빠지지 않는다는 의미이다.

진정한 자기 이해는 진정한 통합으로 이어진다. 이 과정은 불교의 전형적인 후득지를 말하고 있다. 무아의식은 무엇이 부처이고 무엇이 마군인지 알지만 어느 한쪽을 취하거나 버리지 않는다. 어느 한쪽도 없으면 정신의 전체성이 아니기 때문이다. 지혜는 어리석음을 통하여 얻어진다. 어리석음이 없다면 당연히 지혜도 없다.

"그대가 만일 성인을 따르고 범부를 꺼리는 애증의 분별에 떨어지면 생사의 흐름 속에서 떴다 잠겼다 할 것이다(生死海裏浮沈)."라는 임제의 말은 자신의 어리석음을 보려고 하지 않고 지혜만을 바라는 자아의 어리석음을 질타하는 것이다. 자신의 어리석음을 인식해내는 일이 진정한 지혜이다.

야나기다 세이잔은 "취하고 버리는 마음을 잊지 못하는 취사미망取捨未忘"의 단어를 『증도가證道歌』에서 찾는다. "망심을 버리고 진리를 찾음이여, 버리고 찾는 마음, 거짓을 이루게 된다. 학인學人이 이것을 요달하지 못하고 수행한다면 도적을 잘못 알아 아들이라고 하는 것과 같네."[137]

망심과 진리를 나누는 것은 오직 밝은 측면만을 추구하는 자아의 상대의식이다. 자아의식이 망심을 버리려고 하는 것은 나쁜 것이라고 생각하기 때문이다. 하지만 그것이 바로 본성이라는 것을 알지 못하는 것이다. 그것은 임제가 매번 강조하듯이 스스로에 대한 믿음이 부족하기 때문이다.

그러므로 망심을 버릴 것이 아니라 망심이 무엇인지를 알아야 한다. 망심을 이해하는 일은 곧 진정한 자기를 아는 일이다. 부처는 망심과 부처는 다르지 않는 하나의 뿌리라는 것을 안다. 자아가 무엇인지를 알지 못하는 한 끊임없이 본질이 아닌 허구에 매달리게 된다는 것이다.

부처가 망심과 하나라는 기본적 구조를 이해하는 일은 참으로 중요하다. 그러한 이해가 부족하면 거룩한 허상을 쓴 망심이라는 도둑에게 속기 딱 좋기 때문이다. 부처는 망심을 보고 알고 이해하지만, 자아는 망심을 보지도 알지도 못하기 때문에 부처만을 찾아 나선다. 임제는 부처만을 찾고자 하는 그것이 망심이라는 말을 셀 수 없이 되풀이하고 있다.

위 임제의 본문에서 "눈 밝은 구도자는 마군과 부처를 모두 물리쳐서 부정해버린다(明眼道流 魔佛俱打)."는 문장은 '눈 밝은 구도자는 마군과 부처를 전부 말한다, 쌍으로 말한다', 혹은 '마군과 부처를 갖추어 말한다(魔佛俱打)'로 해석할 수 있다. 俱는 '함께·전부·갖

---

137 『임제록』, p.128.

추다'의 의미를 가지고 있고, 타打는 '치다·말하다·세다'의 뜻을 가지고 있다. '마군과 부처를 물리친다', '부정한다'는 자아의 분별하는 마음에 중점을 둔 해석이다.

그런데 '물리친다'는 의미가 마치 '아무것도 남기도 않고 다 없애버린다'는 뜻으로 혼동될 가능성을 생각해야 한다. 왜 이 단어에 대해 중요성을 부여하는가 하면, 임제는 "일상에서 움직이는 그 마음을 투철히 보아서 다시는 의혹하여 그르침이 없다(見徹更不疑謬)"는 말을 하고 있고, 황벽은 계합으로 보이는 '계契'를 사용하고 있기 때문이다.

이것에서 유추할 수 있는 것은 무조건적으로 물리치거나 부정해버리는 것이 아니라는 점이다. 단지 물리치는 것은 '분별하는 마음'이다. 분별하는 마음이란 자아의 조건적 상황이다. 즉 자아의 마음을 물리치는 것이다. 왜냐하면 자아의 조건적 제한이 없어야만 마음의 움직임을 전체적으로 투철하게 인식할 수 있기 때문이다.

만약 이 문장이 '어디에도 걸림이 없는 허공'을 의미하는 본성의 측면에서 진술될 때는 '마군과 부처를 쌍으로 말한다, 갖추어 말한다, 전부 말한다'로 번역되어야 한다는 것이다. 그 이유는 마음은 부처만 있는 것도 아니고 마군만 있는 것도 아니며, 융이 말한 것처럼 부처와 마군은 언제나 일란성 쌍둥이처럼 붙어 있기 때문이다. 무아의식이 있는 그대로를 본다고 하는 것은 어느 하나를 선택하지 않는다는 것이다. 그것은 부분적 인식이 아니라 전체적 인식이다. 전체적 인식은 참과 거짓의 구조와 그 근원을 이해하는 것이다.

12. (임제4)
무아의식은 신비로운 요괴변화妖怪變化가 아니다

임제가 말하는 "사람은 빼앗고 경계를 빼앗지 않는다(奪人不奪境)."라는 것은 견성이 진정 무엇인지를 보여준다. 임제는 무아의식을 참사람이라고 했듯이, 여기서 빼앗아야 하는 사람이란 인식하는 주체로서의 자아다. 경계는 '나'라는 주체에 의해서 일어난다. '나'라는 중심적 인식주체가 없다면 경계 또한 없다. 경계가 분별력을 일으키고 분별력에 의해서 대상은 또렷하게 인식된다. 이것은 경계를 만들어내는 자아의 역할이 중요하다는 것을 나타낸다.

'천상천하 유아독존'이라는 고유성을 획득하는 일은 '나'와 대상을 분별함에서 일어난다. 고유성을 획득하지 못하면 개체로서의 성립은 불가능하다. 다만 여기서 사람인 자아를 빼앗는다는 것은 자아의식의 좁은 틀을 지적하는 것이다. 자아와 대상을 모두 빼앗는다는 것은 의식작용 자체를 없애버리는 것이 된다.

자아를 아는 것이 부처라고 고타마 붓다와 조사선에서는 말한다. 그러므로 경계를 빼앗는다는 것은 아무런 생각도 일어나지 않는 공空에 떨어지는 일이다. 사람이 빠진다는 것은 인식의 중심이 자아에서 무아로 이동되는 것을 말한다. 여기서 또 한 번 확인하게 되는 것은, 깨달음은 '나'가 없어지는 것이 아니라는 것이다. 무아의식은

'나'를 관조하는 기능이다. 즉 관조는 부처가 중생의 모든 움직임을 명상하는 것이다.

그러므로 임제에게 있어서 무심삼매無心三昧란 죽은 사람의 선(死人禪)이다. 그것은 단순히 의식이 끊어지는 것이기 때문이다. 의식이 끊어지면 무의식이 범람한다. 말하자면 주인이 없는 집에 도둑이 들어 가짜 주인노릇을 하는 것과 같다는 것이다. "묻기를, 석실 행자가 방아를 찧을 적에 다리를 옮기는 것을 잊어버렸다 하나, 어떤 경지에 있었습니까?" 임제스님은 다음과 같이 대답한다. "깊은 우물 속에 빠져버린 것이지(問 祇如 石室行者 踏碓忘却移脚 向什麼處去. 師云 沒溺深泉)."[138]

임제가 일관되게 주장하는 것은 자기 자신이다. 자기 자신이란 결국은 자아다. 자아를 관조하는 일은 곧 자신의 근원에 대한 관조다. 자아는 아뢰야식을 뿌리로 두었다. 그러므로 자아에 대한 관조는 아뢰야식에 대한 관조다. 아뢰야식은 존재의 근원에 대한 모든 비밀을 담고 있다. 그렇기 때문에 임제는 "자아의 명상을 통해서 얻어지는 지혜가 참다운 선이다(定慧一等)."라고 말하는 것이다.

이것은 참다운 지혜란 마음의 모든 현상에 깨어 있음이지 의식이 끊어진 무심삼매가 결코 될 수 없다는 것이 드러난다. 자아를 명상하는 사람은 자신의 틀이 무엇인지를 안다. 틀을 아는 사람만이 틀에 걸리지 않는다.

무아의식이 절대적 객관성으로 자아를 관조할 때 '진정한 견해'

---

138 『임제록』, p.74.

가 일어난다. 그러므로 임제에게 참된 출가자란 진정한 견해를 깨달은 사람이다. 왜냐하면 참된 자아의 진정한 견해는 자신의 본래 모습을 있는 그대로 봄으로써 드러나기 때문이다.[139]

이것은 남악회양에게 있어서도 마찬가지이다. 깨달음을 얻는다고 앉아 있는 도일에게 남악회양은 "너는 앉아 있는 붓다를 흉내 내어 붓다를 죽이고 있다. 좌선에 사로잡히는 것은 선禪에 도달하는 길이 아니다."고 했다. 앉아 있는 것이 중요한 것이 아니라 자신을 아는 일이 중요한 것이다. 진정한 견해가 바로 견성이다.[140]

여기서 마조는 더욱 확실하게 못을 박는다. 마조가 말하는 제악불염諸惡不染도 근원적 자유를 가리킨다. 즉 "생사에 물들지 않으려는 노력은 오히려 자신의 올가미이며 일종의 인혹人惑이다."[141] 말하자면 견성은 자아의 움직임을 막고 억제하는 것이 아니라, 자아가 어떤 생각을 하는지, 어떤 욕구와 욕망을 갖는지, 어떤 습성을 가지고 있는지, 자아의 뿌리는 무엇인지를 아무런 제지 없이 있는 그대로 보는 것이다.

자아를 있는 그대로 허용할 때 자아의 본성은 드러난다. 마조가 말하듯이 생사에 물들지 않으려는 마음 자체가 자아의 특징이다. 생사에 물들지 않으려는 마음은 자신을 꾸미고 조작한다. 그러나 꾸며지고 조작된 마음에는 진정한 자신이 존재하지 않는다.

139 『임제록』, p.109.
140 『임제록』, p.110.
141 『임제록』, p.111.

예부터 선덕先德은 모든 사람을 끌어내는 방법이 있었다. 사람을 끌어낸다는 것은 생사의 질곡에 본래 더럽힘이 없는 참사람을 찾아낸다는 것이다……. 그때까지는 번뇌가 보리菩提이며 불안한 마음이 안심安心의 뿌리라는 법이 알려져 있지 않았던 것이다. 번뇌를 끊지 않고 열반을 얻는다는(不斷煩惱得涅槃) 사상은 대승불교의 기본이다……. 선禪은 참사람을 이끌어내는 방법이다. 그것이 직지인심, 견성성불이다.[142]

견성見性은 글자 그대로 성품을 본다는 말이다. 성性은 '사람의 타고난 성품, 혹은 본성(天性)'이다. 그렇다면 견성은 타고난 바탕을 보는 것을 말한다. 타고난 바탕은 본성으로서 불교에서 말하는 아뢰야식이고, 융 심리학에서는 집단무의식이다. 그런데 그것들을 보는 일은 희미한 불빛과 같은 자아의 상대의식으로서는 불가능하다. 오직 무아의식에서만 가능하다. 견성은 자신의 성품을 있는 그대로 볼 수 있는 최고의 의식성이 드러난 것을 말한다.

무아의식에게는 더 이상 번뇌도 열반도 없다. 번뇌와 열반은 자아의식의 몫이다. 그런데 임제는 "번뇌를 끊지 않고 열반을 얻는다(不斷煩惱得涅槃)."고 말한다. 이것은 무아의식이 드러난다고 해서 자아의식이 온전하게 소멸되거나 정지되지 않는다는 것을 의미한다. 번뇌를 끊지 않는다는 것은 자아가 여전히 활동하고 있다는 것이고, 열반을 얻는다는 것은 번뇌를 느끼는 자아를 관조함으로써 번

---

142 『임제록』, p.111~2.

뇌의 본질이 무엇인지 정확하게 밝혀낸다는 것이다.

임제는 선禪을 참사람을 이끌어내는 방법이라고 말한다. 참사람이란 자기 자신의 타고난 성품을 있는 그대로 보는 무아의식이다. 그러므로 다른 곳에서 달리 부처를 찾아야 할 이유가 없다. 자신이 부처임을 알고 자신 안에 있는 부처를 이끌어내면 된다.

즉 내재한 무아의식의 절대적 객관성이 기능함에 의해서 자기 자신의 참모습이 드러나는 것이다. 그것은 바로 자신에 대한 믿음에서 시작된다. 임제에 의하면 자기 안에 그러한 능력이 존재한다는 사실을 아는 것이 부처이고, 그것을 의심하는 것이 마구니다. 임제 법문의 핵심을 야나기다 세이잔은 다음과 같이 집어내고 있다.

임제의 설법이 갖는 매력은 그의 근원적이자 형이상학적이면서도 무엇 하나 추상화시키지 않고 가장 구체적인 현실을 직시해 보이고 있다는 것이다. 그러면서도 현실에 고정되어 있지도 않다. 무위無位의 진인眞人은 형이상화形理想化되고 구체화되지만 요괴변화妖怪變化는 아니다. 그것은 항상 살아서 움직이고 있다. 임제의 붓다는 항상 눈앞에서 활발발活潑發하게 전체 작용을 하는 인간 이외에는 아무것도 아니다. 설법하고 청법하는 인간 이외에 진불眞佛은 없다. 여기에는 젊은 날의 임제가 공부했던 법상유식法相唯識에의 비판도 들어 있다고 보여진다. 불성은 사람 사람의 일상적인 작용이다. 이것이 남종선南宗禪의 입장이다.[143]

143 『임제록』, p.112.

무위진인은 기상천외한 묘기를 부리는 환상의 세계가 아니다. 그것은 인간실존을 주도하는 정신적 기능 그 자체로서 구체적인 현실이다. 즉 설법을 하는 '나', 설법을 듣는 '나', 그 '나'가 누구인지를 아는 것이다. 자신에 대해 아는 것만큼 구체적인 현실은 없다. 자기 자신이 누구인지 모른다면 그 어떤 것도 진정한 현실이 될 수 없다.

그렇다면 무아의식이 왜 구체적인 현실이 될 수 있을까? 이 문제를 융의 심리학적 이론으로 풀어본다면 보다 명료해질 것이다. 융 심리학의 본질은 정신의 전일성에 있다. 전일성이란 불교의 한마음(一心)에 해당한다. 정신의 모든 병리현상이 전일성에서 벗어나 있기 때문에 발생한다고 보는 것이 융 심리학의 핵심이다.

그러므로 융이 보는 정신발전의 목적은 분리된 정신이 하나되는 데에 있다. 본래 하나의 성질인 의식과 무의식은 의식의 성장과정에서 분리되어진다. 하나가 둘로 분리되어 있다는 것은 정상적인 기능에 심각한 문제를 불러올 수밖에 없다. 그러므로 무의식을 도외시하는 의식 중심의 인간은 온갖 정신적 질병에 연관된 문제를 일상적으로 수반하게 되는 것이다. 이것이 바로 의식과 무의식의 통합이 존재의 필연적 의무이자 사명이 되는 이유다.

붓다의 깨달음 역시 이러한 정신의 구조를 바탕으로 하고 있다. 다만 그것을 설명함에 있어 듣는 사람들의 근기에 따라 설법의 다양한 방편을 사용한 것일 뿐이다. 모든 메시지의 전달이란 결국 그것을 받아들이는 사람의 의식수준에 한정되어지게 마련이다. 붓다 말씀의 본질이 제대로 전달되지 못하는 것도 바로 이러한 구조적 문제에 있는 것이다.

조사들의 설법 또한 정신구조와 기능이라는 지극한 사실성을 기반으로 하고 있지만, 부처를 존재론적으로 보는 사람들에게는 그러한 말들이 오히려 비현실적으로 느껴진다. 깨달음이 목적이 될 때 부처는 판타지가 된다. 부처에 대한 판타지는 자아가 자신의 불안을 망각할 수 있는 가장 좋은 도피처로서 작용한다.

자기를 망각한다는 것은 자기 자신이 누구인지를 알 수 있는 기회를 차단하는 것이다. 임제는 자기 자신 외에는 부처가 없다고 말한다. 이것은 정작 부처가 되려는 목적의식이 진정한 부처를 만나는 일과 반대로 멀어져가는 것이라는 것을 알려준다. 부처라는 판타지에 빠진 사람들에게 황벽은 부처라고 말해지는 본원청정심과 자아의 차이가 무엇인지를 다음과 같이 알려준다.

'본원청정심本源清淨心'은 중생도, 불佛도, 천지天地·산천山川, 유상有相·무상無相도 시방세계에 확대되어 있다. 절대적인 평등을 구현하고 있어 그 무엇에의 차별이 없다. 이 본원청정심은 항상 그 자체가 완전하고 분명해서 널리 비추고 있다. 범부凡夫는 그것을 알아차리지 못하고, 견문각지見聞覺智가 본심本心이라고 생각하여 견문각지에 가려짐으로써 정명精明의 본체가 보이지 않는 것이다. 그저 무심無心하면 본체는 확실히 모습을 드러낸다. 예컨대 큰 태양(大日輪)이 허공에 떠오르면 시방세계의 구석구석까지 비추어 전연 장애가 없는 것과 같다. 그러므로 그대들(학도인學道人)은 견문각지에 마음이 팔려 시위동작施爲動作하면 마음의 순일純一함이 흩어져 생각할 도리가 없다. 그러므로 견문각지가 있는 곳에 본심이 있다고 알면 좋다. 그러나 본심은 견문각지에 지배되는 일도 없고, 또 견문각지가 따로 있는 것도 아니다. 어디까지나 견문각지 위에 분별을 일으키거나, 견문각지 위에 염念을 움직이거나 하지 않고, 견문각지와는 별도로 본심을 찾거나, 견문각지를 끊어버리고 진리를 추정해서는 안 된다. '부즉불리不卽不離'로 태도를 바꾸지 않고 그대로 집착하지 않는 것이다. 온 누리가 자유롭고 어디든지 마음 닦는 도량 아님이 없다.[144]

'본원청정심本源清淨心'은 이분법적 세계가 아니다. 그것은 오직 한마음, 하나의 세계이다. 선과 악, 빛과 어둠, 중생과 부처라는 이분법적 사고는 자아의 상대의식의 특성이다. 한마음은 중생과 부처를 모두 가지고 있다. 어머니가 나쁜 자식 좋은 자식을 구분하지 않고 키우듯이, 절대 평등심인 본원청정심은 그 모두를 환하게 비춘다.

그러나 자아의 제한된 의식으로는 그것을 알 수 없다. 자아의식은 보고 듣고 아는 지식(見聞覺智)을 본심本心이라고 생각한다는 것이다. 융은 그것을 외부적으로 체험하는 의식의 특성으로 본다.[145] 즉 의식은 그 특성이 밝음·도덕성·선이다. 자아는 의식의 특성을 극대화시킨다. 선에 대한 숭상은 악에 대한 증오를 낳는다. 악을 증

---

144 『임제록』, p.113; 『꿈에 나타난 개성화 과정의 상징』, p.169.
145 『원형과 무의식』, p.105.

오하는 마음이 외부로 투사되면 극단적으로 위험해진다. 왜냐하면 증오는 오성(悟性, Verstand)적 이해를 배재하고 본능적 파괴에 매몰되게 만들기 때문이다.

이러한 자아의식의 특성이 본성의 깨끗하고 맑음(精明)의 본체를 가려버리는 것이다. 그러므로 자아의 상대의식이 정명을 가리는 원인인 줄 알아야만 그것을 벗어날 수 있다. 깨달음은 선과 악이 모두 외부에 있는 것이 아니라 본성의 성품임을 아는 것이다. 그것이 바로 무심無心이다. 무심은 규정하여 배척하지 않는 절대평등의 본체인 것이다. 그렇기 때문에 규정하고 판단하여 배척하는 자아의식을 객관적으로 관찰할 수 있다.

황벽은 여기서 아주 중요한 말을 하고 있다. 즉 견문각지에 본심이 있다는 것이다. 본심은 보고 듣고 깨달아 아는 그것에 있다. 다만 자아와 본심의 차이점이 있다. 자아는 견문각지에 얽매이지만, 본심은 견문각지에 지배되지 않고 그렇다고 분리되지도 않는 견문각지 그 자체다.

그 이유는, 자아는 견문각지의 앎을 자아의 틀을 가지고 이것과 저것을 분별하고 판단한다. 즉 자아의 조건에 따른 인식이다. 조건적 인식은 견문각지를 '있는 그대로의 사실'로 인식되지 못하도록 만든다. 그러므로 자아가 바라보는 대상은 있는 그대로의 실상이 아니라 자아의 관념에 의해서 재구성된 것이다. 그러나 본심은 대상을 '있는 그대로 드러난 모습'을 비출 뿐이다.

황벽의 견문각지가 임제에게로 와서 목전역력저目前歷歷底로 표현된다고 말한 야나기다 세이잔은 그 이유를 다음과 같이 설명한다. 즉 황벽이 견문각지가 그대로 불성이라고 말하니까, 그 말을 들은 사람들이 견문각지의 본체가 따로 있다고 믿고 다시 밖에서 찾는 어리석음을 때문이었을 것이라는 것이다.

자아의 알음알이의 문제를 언제나 경계하던 임제는 견문각지를 바로 눈앞에서 역력하게 움직임을 만들고 있는 그것(目前歷歷底)이라고 더 직접적으로 표현했다는 것이다. 자아의 상대의식은 십지만심十地滿心·등각等覺·묘각妙覺·나한벽지羅漢辟支·보리열반菩提涅槃과 같은 말들을 모두 상상의 세계로 상정하고 밖으로 찾아 나서는 것을 임제는 염려했을 것이다. 말하자면 사람들은 그런 말들에 갇혀버리는 것이다.

황벽이나 임제는 상대의식의 판타지가 갖는 어리석음을 너무도 익숙하게 경험해왔을 것이다. 그러한 경험이 황벽과 임제로 하여금 마음은 더 이상 신비로운 요괴의 세계가 아니라, 생생하게 살아 움직이는 현실이라는 것을 강조하게 만들었을 것이라고 세이잔 역시 평가하고 있다.[146]

---

146 『임제록』, p.113.

13. (조주1)
무아의식은 내면을 밝히는 영원한 빛이다

한 스님이 물었다.

"그처럼 당당하심이 스님의 제 모습(正位)이 아니겠습니까?"

"그래도 수긍치 않은 자가 있음을 아느냐?"

"그렇다면 다른 모습이 있습니까?"

"누가 다른 사람이냐?"

"누가 다르지 않은 사람입니까?"

"마음대로 불러라."[147]

자아가 의식의 중심이 될 때 의식과 무의식이 분리된다. 자아의식은 본성의 동물적 충동들이 의식 위로 올라오지 못하도록 억압하는 사회적 인격을 훈련한다. 이러한 상태에서 의식과 무의식이라는 두 개의 마음이 존재할 수밖에 없다. 문제는 자아의식이 훈련으로 억압된 마음에 대해서 인식하지 못한다는 것이다.

　무아의식의 전체성에서는 의식과 무의식이 하나다. 그러므로 억압할 마음이 따로 있지 않다. 이것을 불교에서는 한마음(一心)이라

147 『조주록』, p.57.

고 부른다. 한마음은 마음의 내용들을 있는 그대로 인식하고 이해하여 수용하는 것이다. 심리학적으로는 무의식을 의식화시키는 것이 된다.

질문자가 당당한 스님의 제 모습(正位) 말고 다른 모습이 있느냐고 물으니 '누가 다른 사람이냐?'고 조주는 그 물음을 질문자에게 되돌려준다. 그것은 지금 너의 질문이 바로 자아의 상대의식이 만들어내는 분별심이라고 알려주는 것이다.

한 스님이 물었다.
"옛 말씀에 '텅 비고 밝아 스스로 비춘다'고 하였는데, 무엇이 '스스로 비춤'입니까?"
"남이 비추지 않음을 말한다."
"비춤이 닿지 않는 곳은 어떻습니까?"
"그대는 말에 떨어졌구나."[148]

'텅 비었다'는 것은 '나'라고 하는 인식주체가 비었다는 것이다. '밝다는 것'은 구름처럼 가리고 있던 자아 관념이 걷어져서 무아의식이 그대로 드러난 것을 말한다. '스스로 비춘다는 것'은 이미 조주가 '남이 비추지 않음을 말한다'고 한 것에서 드러난 바와 같이, 무아의식은 타인이나 외부적 관찰을 위한 인식이 아니다. 오직 자기 자신을 절대적 객관성으로 인식하는 기능인 것이다.

---

148 『조주록』, p.83.

말하자면 무아의식은 내면을 밝히는 영원한 빛이라는 말을 하고 있는 것이다. 그러므로 깨달음은 자기 자신에 대한 자각이다. 이것은 다른 한편으로는 외부적 존재가 자신의 어둠을 밝혀줄 수 없다는 말이기도 하다. 무아의식이란 다른 사람과 관계가 있는 것이 아니라 오직 자기 자신과의 관계다. 여기서 바로 우리는 불교가 말하는 깨달음이 최고의 심리학일 수밖에 없다는 것을 다시 한 번 확인하게 된다. 그러나 질문자는 위대한 스승의 말의 본질을 이해하지 못하니, 그 말 자체에 걸려버린다.

한 스님이 물었다.
"마침 열엿새일 때는 어떻습니까?"
"동쪽은 동쪽, 서쪽은 서쪽이다."
"무엇이 '동쪽은 동쪽, 서쪽은 서쪽'입니까?"
"찾으래야 찾을 수가 없다."
"제가 전혀 알지 못하는 때는 어찌해야 합니까?"
"나는 더 모른다."
"스님께서는 도리가 있는 줄을 아십니까?"
"나는 나무토막이 아닌데, 어찌 모르겠느냐?"
"알지 못한다 하시니, 정말 좋습니다."
스님께서는 손뼉을 치며 웃었다.[149]

자아의식이 알고 있는 정신이란 오직 자아의 틀이 허용하는 범위 안에 있다. 자아가 알고 있는 자신은 혼란으로 가득 차 있는 불완전

그 자체다. 이것이 자아가 자기 자신을 믿지 못하는 이유다. 자신에 대한 신뢰가 부족한 자아가 자신의 이상적 세계, 즉 부처에 대하여 스스로 판타지를 만들어내는 것은 어쩌면 당연한 결과일 것이다. 그러나 이것은 자아로 하여금 실재에 살지 못하게 한다. 실재를 알지 못하기 때문에 자아로서는 비현실적인 질문을 할 수밖에 없다.

제자가 "마침 열엿새일 때는 어떻습니까?" 하고 묻는다. 아주 현실적인 문제 같지만, 그 뜻은 지극히 비현실적이다. 16일은 16일의 날이 있을 것이고, 17일은 17일의 날이 있을 것이다. 과거에 집착하고 미래를 불안해하는 것이 바로 자아의 특징이다. 무심으로 사는 사람, 깨어 있는 사람의 삶은 '지금 이 순간(卽今)'이다.

그러므로 무심의 조주에게 동쪽은 동쪽이고 서쪽은 서쪽이다. 그것에 특별한 의미를 부여하고자 하는 자아의식의 분별심이 가동되는 순간, 있는 그대로의 진실성은 오염되어 버린다. '제가 전혀 알지 못하는 때는 어찌해야 합니까?' 자신이 알지 못한다는 것을 인식하는 것은 아주 중요하다. 자아는 늘 자신이 안다고 생각하려고 한다. 안다고 생각함으로서 자아는 그 자체적 불안을 보상받으려고 하는 것이다.

자아가 스스로 알지 못한다는 생각을 가질 때 스스로에게 정직해질 수 있다. "나는 더 모른다."고 스승인 조주가 대답하자 제자가 놀라서 되묻는다. "스님께서는 도리가 있는 줄을 아십니까?" 깨달은 선사께서 모든 것을 알고 있을 것이라고 자아의 판타지는 이미 정

---

149 『조주록』, p.72.

해놓고 있다.

무아의식은 영원한 의식성이고 그것은 감성의 온전한 열림이다. 그러므로 조주는 그 누구보다도 도의 이치에 밝을 수 있을 것이다. 하지만 참으로 겸허하고 솔직한 조주는 말한다. 나도 사람인 이상 어찌 모를 수가 있겠느냐고.

진리는 모든 순간에 있지만, 어느 한 순간도 똑같은 것은 없다. 변하지 않고 영원한 것은 모든 것이 변한다는 그 사실뿐이다. 그런데 어느 것을 '이것이다, 저것이다'라고 확정지어 말할 수 있을까? 진정한 도는 고정되어 있는 것이 아니라 끊임없는 변화한다는 것이다. 그러므로 '자신이 알지 못한다는 것을 아는 것'이야말로 진정한 지혜가 될 수밖에 없다.

도에 통달하여 다 알고 있을 것이라고 생각된 위대한 선사 조주가 깨달음을 얻지 못한 질문자보다 더 모른다고 하니 제자는 너무도 반갑다. 왜냐하면 위대한 조주는 아는데, 나만 어리석어서 모른다고 생각하면 자아는 불안해지기 때문이다. 그러므로 질문하는 사람은 조주가 알고 있는 것을 알기 위하여 욕망을 불태울 것이다. 그 모든 욕망을 거두는 일이 바로 참된 자신의 모습으로 돌아오는 시작점이다. 그런 제자를 보고 조주가 손뼉을 치며 좋아하지 않을 수 없다. 천진한 아이 같은 조주의 모습을 연상케 하는 대목이다.

한 스님이 물었다.
"무엇이 바보 같은 사람입니까?"
"내가 그대만 못하다."

"저는 스님을 이길 도리가 없습니다."

"그대는 무엇 때문에 바보가 되었느냐?"[150]

　　바보 같은 사람이란 자아의 인위적인 노력이 없는 사람이다. 그
래서 조주는 바보가 무엇이냐고 묻는 질문에 "내가 그대만 못하다."
고 대답한다. 그 말을 곧이곧대로 '바보'라고 이해한 질문자가 자신
이 어찌 조주와 감히 비교가 되겠느냐고, 자신은 당연히 조주스님
보다 더 바보라고 이야기한다.

　　조주는 곧바로 그 질문을 되돌려준다. '그대는 무엇 때문에 바
보가 되었느냐?'라고. 어떤 한 스님이 "무엇이 '바로 그것(的)'입니
까?" 하고 물으니 조주는 "한 생각도 일어나지 않을 때이다."[151] 이
것이 바로 조주의 바보이론이다. 이와 같은 바보이론은 황벽을 통
하여 더 확실하게 들을 수 있다.

　　제행은 모두 무상으로 돌아가는 것, 인간의 힘이라는 것은 전부
없어질 때가 있다. 마치 화살을 공중을 향해 쏠 때 화살이 힘을
다하면 땅으로 떨어지는 것과 같이, 결국 생사의 윤회로 다시 돌
아가는 것이다. 이와 같은 수행은 부처의 본의도 알지 못한 채
허무하게 쓰라린 노고勞苦를 받을 뿐이다. 어찌 크게 잘못된 생
각이 아니겠는가? 지공이 말하기를 "출세간의 지혜가 뛰어난 밝

---

150 『조주록』, p.39.
151 『조주록』, p.83.

은 스승을 만나지 못했기 때문에 대승의 법약을 복용해도 효과가 없다."고 하였다. 지금 중요한 것은 모든 때 모든 기회에 일상의 다니고 머물고 앉고 눕는 하나하나의 행동 가운데 오로지 무심만을 배워 무엇을 분별하지도 않고, 어떤 것에 의지하지도 않으며, 또한 무엇에 집착하지도 않고 하루 종일 형편에 맡겨 빈둥거리며 마치 바보처럼 살아가는 것이다. 세상 사람들이 모두 너를 모르고, 너 또한 세상 사람에게 알려야지 하는 생각이라든가, 알지지고 싶지 않다는 등의 생각을 할 필요도 없다. 마음은 마치 단단한 돌과 같이 전혀 금도 균열도 없기 때문에 일체 법이 나의 마음을 뚫고 들어갈 수 없어서 굳건하게 무엇과도 관계를 가지지 않는다. 이와 같이 되어야만 비로소 조금은 상응하는 것이 있다고 할 것이다. 이렇게 하여 삼계라는 차원을 꿰뚫고 나간 것을 부처가 세상에 출현했다고 한다.[152]

제행은 자아의 상대의식으로 분별되고 차별된다. '나'가 없어지는 것을 가장 두려워하는 자아로서는 '나'가 영원하게 지속되는 것에 집착한다. 황벽은 그러한 자아의 집착을 다시 윤회 속으로 들어가는 원인을 제공할 뿐이라고 말하는 것이다. 황벽이 말하는 윤회를 심리학적으로 본다면 유전遺傳에 그 의미를 담을 수 있다. 즉 의식화 과정을 밟지 않는 집단무의식의 정신적 상속인 셈이다.

관념의 판타지로 채워진 자아로서는 부처의 실재를 경험할 수 없

152 『전심법요·완릉록 연구』, pp.264~5.

다. 그렇기 때문에 자아의 노력이란 고통만을 더할 뿐 그 본질이 허무한 것은 당연하다. 자아의 허무한 행위를 벗어나는 방법으로 황벽은 무아의 마음을 배울 것을 권유한다. '나'라는 생각이 의식의 중심으로 되어 있는 사람은 세상이 자신을 알아주면 우쭐하고, 몰라주면 자신의 존재를 확인시키고자 애를 쓴다. 그러한 자아의식의 관점으로 보면 무아의식 중심으로 사는 사람은 바보 같은 삶으로 보인다.

그러나 자아가 완전한 존재가 되고자 노력하는 모든 인위적인 행위들은 부처가 말하고자 하는 본래의 의미를 전혀 알 수 없게 만든다. 왜냐하면 완전한 존재에 대한 추구는 불완전한 자기 존재에 대한 거부에서 출발하기 때문이다. 그러므로 바보 같은 사람이란 자아의 욕구실현을 위한 인위적인 노력이 멈추어진 사람이다. 그는 자아를 명료하게 관조함으로써 자아로부터 자유로워진다.

부처가 되기 위해서 끊임없이 돋아나는 번뇌를 잘라야 하는 자아로서는 참으로 바쁘다. 반면에 부처를 찾아야 하는 목적의식이 없는 무아의식은 바쁠 이유가 없다. 그저 있는 그대로의 자기 자신을 비출 뿐이다. 부처나 조사, 혹은 신에도 의존하지 않아서 천상천하유아독존이라 불린다. 그는 최고의 존엄으로서 고유성을 실현한 사람이다.

황벽은 무아를 다음과 같이 표현하고 있다. "마음은 마치 단단한 돌과 같이 전혀 금도 균열도 없기 때문에 일체 법이 나의 마음을 뚫고 들어갈 수 없어서 굳건하게 무엇과도 관계를 가지지 않는다." 황벽이 설명하고 있는 마음은 금강석처럼 단단하다. 금강은 그 무엇으로도 파괴되지 않는 매우 단단한 돌이다. 그러므로 어떠한 번뇌도 무아의 마음을 파괴할 수 없다. 오히려 번뇌가 무엇인지 명확하게 인식되기 때문에 일체의 번뇌를 깨뜨릴 수 있다고 하는 것이다.

황벽의 말을 융의 말로 설명하자면, 자아의식은 아직 완성되지 않은 정신이라서 매우 여리다. 아주 작은 자극에도 쉽게 상처를 받는다. 그렇기 때문에 나약한 자아로서는 결코 자신의 내면과 마주하기 어렵다. 이것이 바로 자아의식이 아닌 무아의식이 출현해야 하는 이유다. 금강과 같은 무아의식만이 내면의 동물적 원시성을 의식화하여 본래의 기능으로 돌아가게 할 수 있는 것이다. 이것을 불교적으로 푼다면, 아뢰야식으로 있는 중생들을 부처가 구제하는 일이다.

황벽은 무아의 단단함을 '삼계라는 차원을 꿰뚫고 나간다'고 표현한다. 삼계란 중생의 세 단계로 구분되는 마음이다. 탐욕에 집착하는 욕계, 형상에 집착하는 색계, 형상의 세계를 벗어나 순수한 선정禪定의 무색계이다. 그런데 왜 무색계의 차원도 삼계에 포함되었을까? 무색계 역시 선정과 선정이 아닌 것을 구분하는 자아의 상대의식 상태에 있기 때문이다.

무아의식은 선정에 든다는 생각조차 없다. 그러므로 무아는 이와 같은 세 단계의 마음도 모두 꿰뚫고 지나갈 수 있는 힘을 가진다. 이처럼 무아의식은 다름 아닌 자기인식의 빛이다. 그것을 황벽은 부처의 출현이라고 말한다.

스님께서 상당하여 말씀하셨다.

"이 일은 마치 손바닥에 있는 밝은 구슬과 같아서, 변방 사람이 오면 변방 사람이 나타나고 중국 사람이 오면 중국 사람이 나타난다. 나는 한 줄기 풀을 가지고 열여섯 자 되는 금빛 부처님 몸(丈六金身)으로 쓰기도 하고 장육금신을 가지고 한 줄기 풀로 쓰기도 하니, 부처 그대로가 번뇌며 번뇌 그대로가 부처이다."

한 스님이 물었다.

"부처는 누구에게 번뇌입니까?"

"모든 사람에게 번뇌가 된다."

"어떻게 해야 면할 수 있습니까?"

"면해서 뭘 하려느냐?"[153]

조주가 말하는 '이 일'은 밝은 구슬과 같다고 했다. 그렇기 때문에 있는 그대로를 드러낸다. 즉 '이 일'이란 어떤 것이든 편견 없이 있는 그대로를 비추는 무아의식이라는 것을 알 수 있다. 그러므로 번뇌가 일어나면 번뇌가 되고, 부처가 일어나면 부처가 된다. "부처 그대로가 번뇌며 번뇌 그대로가 부처이다"라는 말은 중생과 부처가 다르지 않다는 말보다 더 적극적인 표현이다.

이것을 융 심리학적으로 해석한다면, 자아와 자기(Self)는 다르지 않다가 된다. 그 이유는 자아는 자기에서 나왔기 때문이다. 즉 중생의 근원이 부처이다. 그렇다면 부처는 왜 중생을 만들어냈을까? 이 질문은 부처가 되고자 하는 모든 사람이 가져야만 되는 화두이며,

---

153 『조주록』, p.51.

그 화두를 스스로 풀어내는 것이 바로 부처다.

부처의 씨앗은 불성이다. 불성은 그대로 부처의 성품이지만 그렇다고 부처는 아니다. 즉 사과의 씨앗은 사과가 될 가능성을 가지고 있는 근원이지만 사과 그 자체는 아니다. 사과의 씨앗은 땅에 뿌려지고 긴 성장의 과정을 거쳐 사과나무로 자라, 꽃이 피어나고 져서 열매가 되고, 최종적으로 사과가 된다.

마찬가지로 불성은 부처가 되기 위한 엄청난 과정이 필요하다. 불성이 부처가 되는 과정에서 필요한 것이 바로 의식이고, 그 의식을 보호하고 강화하는 주체가 바로 자아다. 그러므로 자아와 부처는 같은 것은 아니지만 그렇다고 다르다고 할 수 없는 것이다. 자아는 모든 번뇌의 근원이다. 그것은 자아가 곧 번뇌라는 의미다.

자아의 번뇌와 자기(Self)의 번뇌가 다른 것일까? 자아는 자기가 만들어낸 또 하나의 자기이기 때문에 자아의 번뇌는 곧 부처인 자기의 번뇌인 것이다. 질문자가 어떻게 하면 그 번뇌에서 벗어날 수 있느냐고 묻자 조주는 대답한다. "면해서 뭘 하려느냐?"

즉 번뇌는 자아의식 관념에 의해서 일어난다. 즉 번뇌를 구분하여 '번뇌를 면하려는 마음' 자체도 자아의 상대의식에서 나온다. 말하자면 문제는 번뇌가 아니라 자아다. 쉽게 말해서 자아를 알면 번뇌는 저절로 해결된다. 그런데 자아를 알기 위해서는 번뇌가 일어나야 한다. 왜냐하면 번뇌는 자아가 무엇인지를 알게 해주는 가장 중요한 요소이기 때문이다.

정신은 물질이 아니기 때문에 그 본체를 볼 수 없다. 다만 본체가 드러내는 현상을 통하여 인식할 수 있을 뿐이다. 자아는 부처 또는 자기(Self)라는 본체의 현상이다. 현상으로 나타나는 자아를 인식함으로써 정신의 본체에 대해서 알게 된다. 마찬가지로 자아는 자아의 현상인 번뇌를 통해서 알 수 있다. 자아가 대상을 만나면 그것과 연관되어 작용을 일으킨다. 자아는 '나'라는 주체를 중심으로 세운다. 그러므로 심리적으로는 자아의 대상이 무의식이고, 현실에서는 사람이나 물질이 그 대상이 된다. 자아가 대상들에 대응하는 다양한 형태를 관조하면 자아가 무엇인지를 알게 된다.

'나'를 중심으로 대상을 구분하는 자아가 없다면 번뇌도 없다. 번뇌가 없다면 깨달음도 없다. 결국 깨달음이란 자아의 문제를 인식하고 이해함으로써 '나'가 누구인지를 아는 것이 된다. 그래서 조주는 번뇌를 없애려고 하는 질문자에게 "면해서 뭘 하려느냐?"고 하는 것이다. 즉 중요한 것은 번뇌가 아니가 번뇌를 없애고자 하는 자아라는 사실을 일깨워주고 있는 말이다.

번뇌를 고통스러워하는 자아에 대해 아는 것은 불성이 부처로 분화하는 과정을 아는 것과 같다. 부처는 본체고 자아는 현상이다. 우리가 볼 수 있는 것은 본체가 아니라 현상인 자아다. 깨달음은 부처와 자아가 모두 하나로 연결되어 있으며, 하나의 뿌리로부터 일어난 작용임을 인식하는 사건이다. 그것은 오직 스스로를 밝게 비추는 무아의식만이 할 수 있다. 그렇기 때문에 무아의식은 정신의 내면을 밝히는 영원한 빛이라고 말하는 것이다.

14. (조주2)
무아의식은 자기 자신을 속이지 않는다

한 스님이 물었다.

"상상근기라면 한 번 건드리기만 해도 깨닫겠지만, 하하근기가 올 때는 어찌해야 합니까?"

"그대는 상상근기냐, 하하근기냐?"

"스님께서 대답해주십시오."

"이야기에 주인공이 없구나."

"저는 7천 리를 달려왔습니다. 스님께서는 심통을 부리지 마십시오."

"그대가 이렇게 묻는 한 심통을 부리지 않을 수가 있겠느냐?"

그 스님은 하룻밤만 자고 바로 가버렸다.[154]

조주의 법문 중에 "노승이 이곳에 30여 년을 있으나 선사라고는 한 명도 찾아온 적이 없다. 설령 있다 하더라도, 와서는 하룻밤을 자고 한 끼 먹고는 편하고 따뜻한 곳으로 서둘러 떠난다."[155]는 말이 있

---

154 『조주록』, p.57.
155 『조주록』, p.47.

다. 조주를 찾아온 사람들이 모두 위의 질문자 같았다는 것이다.

가장 높은 근기와 가장 낮은 근기를 나누는 자아의 상대의식에게 자아를 초월하여 있는 깨달음을 어떻게 설명할 수 있을까? 한마음을 아는 사람이라면 무아의식을 행하는 조주에게 이처럼 어리석은 질문은 할 수 없었을 것이다. 중생을 버리고 부처를 찾으려는 자아의 상대의식은 부처에 집착한다.

조주는 언제나 핵심을 말하지만 자기 자신에 대해 무지한 방문자는 그것을 받아들일 이해력이 없다. 이해력이 있어야 자기 성찰이 가능하다. 자기 성찰이 없는 사람은 모든 원망을 상대의 탓으로 돌린다. 7천 리를 달려온 사람에게 심통을 부린다며 섭섭해하는 것은 전형적인 자아 중심적 사고다. 자아의 상대의식으로만 사는 그에게 무아의 절대의식인 '주인공主人空'이 설 자리가 없는 것은 당연하다.

그것을 안타깝게 여긴 조주가 "이야기에 주인공이 없구나."라고 한 것이다. 주인공主人空은 정신의 주인主人이지만 '나'라고 주장하는 것이 비어 있는(空) 순수 의식성이다. 즉 방문자의 질문에는 자기 자신에 대한 있는 그대로의 경험이 드러나지 않았다. 그를 채우고 있는 것은 외부로부터 주입된 지식들이다. 그러므로 유심으로 사는 방문자에게 무심을 행하는 조주의 말이 그저 심통으로밖에 들리지 않는 것이다.

자아의식이 가장 두려워하는 것은 무의식이다. 무의식을 외면하는 한 진정한 자기 모습을 알 수 없다. 자기 자신에게 믿음이 없는 방문자는 거룩한 부처가 되려는 욕망의 노예가 되어 이곳저곳을 찾아다니며 깨달음을 구걸한다.

그래서 조주는 "무엇이 납승 문하의 일입니까?" 하고 묻는 제자에게 "스스로를 속이지 말라."[156]고 한 것이다. 깨달음을 밖으로 구하는 사람은 자기 자신을 솔직하게 바라볼 용기가 없는 사람이다. 무아의식은 자기 자신을 속이지 않고 정직하게 바라보지만 동요가 전혀 없다.

한 스님이 물었다.
"진여眞如니 범성凡聖이니 하는 것은 모두 꿈속의 말입니다. 무엇이 참된 말씀입니까?"
"그 두 가지를 말하지 말라."
"두 가지를 그만두고 무엇이 참된 말씀입니까?"
"옴 부림 파트!"[157]

제자가 진여 그리고 범부와 성인이 모두 아니라면 무엇이 참된 말이냐고 물으니, 조주는 '범부와 성인'의 두 가지만 말하지 말라고 한다. 의식의 기능은 분별이다. 모든 것은 분별에 의해서 선명하게 드러날 수 있다. 다만 자아의식의 분별력은 진실에 접근할 수 없다. 이것은 무아의식이 출현하여 자아의 문제를 정직하게 인식하는 것이 얼마나 중요한지를 단적으로 보여준다.
유심으로 사는 질문자가 무심으로 하는 조주의 말을 알아듣지 못

---

156 『조주록』, p.58.
157 『조주록』, p.58.

하고, 그 두 가지를 그만두면 무엇이 참되냐고 다시 묻는다. 조주의 대답은 "옴 부림 파트!"다. 진언은 본래 해석을 하지 않으므로 그 뜻을 정확히 알 수 없다. 그러나 전체적 맥락으로 이해하자면 그것은 아마도 자아의 알음알이가 작용하지 않는 자리, 자아의 상대의식이 초월된 자리를 의미할 것이다.

다른 조사들과 마찬가지로 조주의 설법 또한 철저하게 무아의식이다. 그러나 무아에 대한 설법은 역설적으로 자아에 대한 설법이기도 하다. 자아가 알음알이를 추구하는 것은 혼란스럽고 불안한 자신을 벗어나 부처라는 완전한 인격체가 되고 싶은 열망이다. 그러나 그것은 자기 자신을 스스로 속이는 길이다. 스스로에게 속지 않는 길은 오직 자아의 허상과 알음알이에 대한 명료한 인식이다. 그것은 무아의식에 의해서만 가능하다.

한 스님이 물었다.

"무엇에도 끄달리지 않을 때는 어떻습니까?"

"응당 그래야 할 것이다."

"그것이 바로 학인 본문의 일입니까?"

"끄달리는구나, 끄달려."

한 스님이 물었다.

"옛 사람은 30년 만에 활을 한 번 잡아당겨 두 발에 성인 반쪽을 쏘아 맞혔는데, 오늘 스님께서는 완전히 맞혀주십시오."

스님께서는 불쑥 일어나 가버리셨다.[158]

무아의식은 금강석과 같다고 앞에서 언급되었다. 금강석과 같은 무아의식은 쉽게 부서지는 흙덩이 같은 자아의식처럼 자극에 흔들려 우왕좌왕하지 않는다. 그러므로 그것을 묻는 질문자가 기특해서 '응당 그래야 할 것이다'라고 대답해 준다. 그러나 질문자의 말은 결국 자아의 좁은 소견으로 이루어진 알음알이에서 나온 것임이 그대로 드러난다. 진정으로 무심을 아는 사람이라면 '그것이 바로 학인 본문의 일입니까?'라고 묻지는 않았을 것이다.

왜냐하면 무심에는 학인과 조사가 다르지 않기 때문이다. 그러므로 그렇게 묻는 제자에게 '그것이 맞다'라고 한다면 그는 끄달리지 않는 것이 도라고 생각하여 끄달리지 않는 데 집착할 것이라는 것을 조주는 알고 있다. 조주가 '끄달리는구나, 끄달려' 하는 것은 자아의 알음알이를 잘라내는 것이다.

무심은 인위적인 노력으로 얻을 수 있는 것이 아니다. 자아가 끄달리지 말아야지, 무심해야지 하는 마음 자체가 바로 자아의 노력이다. 무심은 끄달려서 괴롭거나 끄달리지 않으려고 안간힘을 쓰는 자아의 그 모든 움직임을 있는 그대로 관조한다. 자아의식은 스스로를 볼 수 있는 힘이 없지만, 금광석과 같은 무아의식은 그 모두를 볼 수 있는 능력을 구비하고 있다.

스님께서 대중에게 말씀하셨다.

"법이란 본래 나는 것도 아니고 지금 없어지는 것도 아니다. '말

158 『조주록』, p.59.

을 꺼냈다 하면 나는 것이요, 말을 하지 않으면 없어지는 것이다'라고 말할 것도 없으니, 여러분은 무엇을 나지도 않고 없어지지도 않는 도리하고 하겠느냐?"

한 스님이 물었다.

"벌써 나지도 않고 없어지지도 않음이 아닙니까?"

"이놈이 그저 죽은 말만 알아듣는구나."

법이 나고 없어지는 것이 아니라는 말은, 법을 형상이 있는 실체라고 착각하는 자아의 허구를 깨기 위함이다. 자아의 상대의식은 부처를 거룩한 형상으로 생각하기 때문에 자기 자신 안에서 부처를 보지 못한다.

"말을 꺼냈다 하면 나는 것이요, 말을 하지 않으면 없어지는 것이다."라고 인용하고 있는 조주의 이 법문은 다음과 같은 황벽의 법문을 연상시키고 있다. "지금 실제로 말을 하고 있는 것이 바로 나의 마음인 것이다. 만약 말을 하지 않으면 작용도 하지 않는다."[159] 즉 자아가 활동해야만 무아도 작용한다는 것이다. 자아가 있음으로 해서 무의식이 일어나고, 무아의식이 작용하여 그 모든 움직임을 보는 것이다. 이것은 중생이 있어야 부처가 있다는 말과 같다.

그러나 조주가 이러한 사실조차 말할 것도 없다고 하는 것은 자아의 상대의식이 만들어낸 고정관념의 문제를 말하는 것이다. 죽은 말만 알아듣는다고 하는 것은, 아무리 말을 잘 알아듣는다고 할지

159 『전심법요·완릉록 연구』, pp.261~3.

라고 그것은 말에 지나지 않을 뿐이라는 말이다. 말은 관념이지 실재가 아닌 것이다. 관념은 언제나 자기 자신을 속인다. 무아의식이 실재를 경험할 수 있는 것은 스스로에게 속지 않기 때문이다.

한 스님이 물었다.
"선악에 혹하지 않는 사람이라면 우뚝 벗어날 수 있습니까?"
"우뚝 벗어날 수 없다."
"무엇 때문에 우뚝 벗어나지 못합니까?"
"바로 선악 가운데 있기 때문이다."[160]

이 문답에서 확실하게 드러난 것은 무아를 존재론으로 보느냐 정신의 기능으로 보느냐의 문제다. 무아를 존재라고 이해하면 질문자의 말은 잘못된 것이 아니다. 즉 무아가 존재의 초월이라면 선과 악역시 초월하여 있어야 한다. 그런데 조주의 대답은 질문자의 의도에서 완전하게 빗나간다.

왜냐하면 조주는 무아를 존재론으로 보는 것이 아니라 정신적 기능으로 대답하고 있기 때문이다. 조주의 대답에서 알 수 있는 것은, 무아는 존재의 초월이 아니라 정신적 기능인 자아의 초월이다. 자아의 초월이란 객관화된 자아다. 즉 객관화된 자아는 자기 자신을 조금도 왜곡하거나 각색하지 않고 있는 그대로 본다. 본다는 것은 곧 의식의 기능이다.

160 『조주록』, p.48.

선과 악은 존재 그 자체의 문제다. 그러므로 정신적 기능인 자아가 초월되었다고 해도 선과 악의 문제는 그대로 존재한다. 악도 선도 모두 부처로부터 나왔다. 부처는 정신의 전체성이다. 그러므로 어느 한쪽을 버리면 부처가 아닌 것이다. 이것을 육체에 비유해보자. 만일 똥을 담고 있는 대장이 냄새나고 더러운 장기라 여겨 떼어내 버린다면 생명은 온전하게 유지될 수 없다. 똥의 문제가 초월로서 해결되지 않는 것처럼, 악의 문제도 초월의 문제가 아닌 것이다.

부처가 의식성인 이유가 바로 여기에 있다. 의식성만이 선과 악의 문제를 해결할 수 있다. 왜냐하면 의식은 인식하고 이해하고 수용하는 기능이기 때문이다. 무아의식은 자아가 왜 선에 집착하여 악을 멀리하는지, 선이란 무엇이고 악이란 무엇인지에 대한 근원적 이해를 가져다준다. 그것이야말로 존재에 대한 진정한 이해이고 진정한 깨달음이다.

위 인용문으로 다시 돌아가 보자. 질문자는 선과 악에 혹하지 않는 사람이라고 했다. 그것은 앞에서 언급된, 황벽이 말한 무색계다. 황벽은 무색계가 여전히 자아의식의 범위 안에 있는 것으로 해석했다. 황벽이 왜 순수한 선정의 세계를 여전히 자아의 세계라고 보았는지 그 이유가 바로 마지막 문장에 나온다. 즉 무아의식, 혹은 부처가 선과 악의 한가운데 있다고 했다.

그런데 무색계는 물질이나 욕망에 대한 생각이 없는 경지로서 선과 악을 초월하여 있다. 말하자면 무색계는 인식주체로서 자아의 초월이 아니라 존재의 초월이다. 존재의 초월은 자아의식이 꿈꾸는 세계로서 자아실현이다. 하지만 부처는 자아실현이 아니라 자기 (Self)실현이다. 자아가 중생이라면 자기는 전체성으로서의 부처다.

조주가 가장 염려하고 있는 것도 자아의식이 만들어내는 깨달음에 대한 판타지적 관념이다. 즉 자아의 상대의식은 부처와 중생을 분별하여 집착함으로써 중생을 버리고 부처를 숭상한다. 중생을 버리고 부처가 되고자 한다면 중생에 대한 이해는 전혀 일어날 수 없다. 자아인 중생이 무엇인지를 알지 못하는 한 사람은 자기 자신에게 정직할 수 없다. 깨달음은 자기 자신에 대한 정직한 인식과 이해다. 무아의식의 중생에 대한 인식이야말로 중생에 대한 진정한 구제이자 한마음(一心)으로의 회귀다.

질문자가 선악에 혹하지 않는다고 하는 말은, 선과 악에 대한 이해에서 비롯되는 것이 아니라는 것을 알 수 있다. 만일 사람이 훈련에 의해서 선악에 혹하지 않는다고 한다면 그는 선악에 혹하지 않으려는 신념에 묶여 있을 뿐이다. 그러므로 선악에 혹하지 않으려는 마음 자체가 이미 선과 악에 미혹되어 있다는 것을 의미하는 것이다.

선악의 개념으로부터 자유로워진다는 것은 선과 악을 분별하여 집착하는 자아의 상대의식에 대한 철저한 관조에서 일어난다. 관조는 자기 자신을 기만하는 자아의 상대의식에서 일어나는 것이 아니라, 자기 자신을 절대로 속일 수 없는 무아의식의 절대적 객관성에서 비롯된다.

한 스님이 물었다.

"실오라기 하나 걸치지 않았을 때는 어떻습니까?"

"무엇을 걸치지 않았다는 것이냐?"

"실오라기 하나 걸치지 않았습니다."

"정말 훌륭하다. 실오라기 하나 걸치지 않았구나."[161]

인위적인 조작을 하지 않는다는 것은 있는 그대로의 상태를 의미한다. 다 벗었다는 것은 관념의 옷을 모두 벗어내고 자신을 그 어떤 것으로도 꾸미지 않아서 본래의 모습이 무엇인지 명백하게 볼 수 있음을 나타낸다. 말하자면 앞에서 언급된 '바보 같은 사람'에 대한 다른 표현이다. 바보는 바보라서 숨길 줄 모르고, 창피함을 모르고, 노력할 줄 모른다. 바보는 주어진 것에 그대로 순응하고 살 뿐이다.

즉 이것을 자아로 바꾸어 보면, 자아는 남을 의식하여 자신의 부끄러움을 숨기며 자신의 모자람을 채워 남보다 뛰어나려고 끊임없이 애를 쓴다. 자기 자신을 조작하여 꾸미는 이유도 바로 여기에 있다. 자아는 조작된 자신을 자기의 본래 모습이라고 착각하기 때문에 진정한 자기 자신의 모습을 기만하는 것이다.

부처를 완전한 존재라고 상상하는 자아로서는 판타지 속의 부처를 닮고 싶어한다. 그것이 자아로 하여금 부처가 무엇인지 영원히 알 수 없게 만든다. 왜냐하면 그러한 판타지가 자아로 하여금 실재로서의 자기 모습을 외면하게 만들기 때문이다. 참된 부처란 부처와 중생을 나누지도, 스스로를 부처라고 생각하지도 않는다. 왜냐

---

161 『조주록』, p.82.

하면 참된 부처는 자기 자신을 속이지 않는 진정한 의식이기 때문이다.

한 스님이 물었다.
"온갖 것이 다가올 때는 어떻습니까?"
"나와는 백 걸음 떨어져 있다."[162]

온갖 것이 다가오는 것을 걱정하는 것은 자아의 상대의식이다. 자아의식의 목적은 삶이다. 영속성을 목적으로 하는 자아에게 죽음은 공포의 대상이다. 이 공포로부터 자유를 찾고 싶다면 공포를 느끼는 주체인 자아가 무엇인지를 알아야만 한다. 자기 자신을 명료하게 할 수 있는 길이란 바로 자아를 객관적으로 보는 것이다. 객관화된 자아가 바로 불교의 견성見性이다. 견성은 무아의식의 출현이다. 무아의식은 자신의 성품을 두려움 없이 본다.

무아의식은 현상과 동일시하지 않기 때문에 현상에 얽매이지 않는다. 또한 절대적 객관성이기 때문에 자아의 실체를 있는 그대로 관조하게 된다. 그것을 조주는 '나와는 백 걸음 떨어져 있다'고 표현한 것이다. 즉 무엇이 닥쳐오더라도 그는 그것과 동일시되지 않고 객관화되어 있다는 말이다.

한 스님이 물었다.

162 『조주록』, p.104.

"어떤 사람이 인과를 떠난 사람입니까?"
"그대가 묻지 않았으면 나도 참으로 모를 뻔했다."[163]

자아는 영원성에 집착하기 때문에 인과에 떨어지는 것을 두려워한다. 그러므로 인과로부터 떠나기를 염원한다. 그러나 무아의식은 지금 이 순간의 실재(reality)만을 인식하기 때문에 인과를 생각하지도 걱정하지도 않는다. 그러므로 무심으로 사는 조주가 '그대가 묻지 않았으면 나도 참으로 모를 뻔했다'고 말하는 것이다.

한 스님이 물었다.
"공겁空劫에도 수행하는 사람이 있습니까?"
"무엇을 공겁이라고 하느냐?"
"한 물건도 없는 것입니다."
"이것을 비로소 수행이라고 하겠는데, 무엇을 공겁이라고 하느냐?"[164]

겁劫이란 자아의 상대의식에 속하는 시간의 세계이다. 시간의 세계에서는 삶과 죽음이 뚜렷하게 나뉜다. 자아는 시간의 세계 안에서만 존재한다. '나'를 영속적인 세계 속에 두기 때문에 겁이라는 시간이 존재하는 것이다. 반면에 무아의식에는 시간적 개념을 만

---

163 『조주록』, p.108.
164 『조주록』, p.90.

들어내는 '나'가 초월되어 있기 때문에 겁이 존재하지 않는다. 그러므로 공겁이란 무심無心의 세계이다. 무심의 세계에는 이름도 없고 분별도 없는, 주체인식이라고 이름할 '한 물건도 없는' 무아의 세계이다.

　조주는 한 물건도 없는 것은 맞지만, 그 말이 질문자의 경험으로부터 직접 나온 것이 아니라는 것을 알고 있다. 자아는 깨달음이라는 판타지 속으로 들어가 자기 자신을 속인다. 위대한 조주는 질문자가 자아의 트릭을 스스로 확인하기 바라는 의미에서 질문을 되돌려주고 있다. 그것은 자기 자신에게 속고 있는 질문자에게 주는 조주의 지혜다.

제3장

무아의식은
분리된
정신을
통합(一心)한다

1. (혜능1)
무아의식은 모든 법에 통한다

달마는 마음이 본래부터 도道 그 자체라고 말하고, 혜능은 깨달음이 본심을 아는 것이라고 말한다. 본심이란 자아의식에 의해서 꾸며지지 않은 자연 그대로의 마음이다. 본심은 정신적 근원이지만 의식화되지 못하면 무의식의 마음으로 있다. 그러므로 무의식의 마음을 알지 못하는 한 사람은 자기 자신에 대해서 알지 못하는 것이다. 혜능은 본마음이 곧 본성이기에 본마음을 아는 것이 본성을 깨닫는 것이라고 말한다.

융 심리학에서도 정신의 중심인 자기(Self)는 무의식에 있다. 이것이 바로 우리가 무의식을 알아야 하는 이유다. 부처의 심리학적 용어라고 말할 수 있는 자기는 자아를 초월하여 있다. 그러므로 자아의 상대의식으로서는 결코 자기인 부처를 알 수 없는 것이다.

무아는 자아의식의 영역이 아니라 무의식의 영역이다. "부처는 반야바라밀로부터 나오기 때문에 자기의 마음을 떠나서 아무리 부처를 찾아도 끝내 찾을 수 없다(外修覓佛)."라고 하고 "외부의 모양에서 부처를 구하면 비록 수 겁의 세월이 지날지라도 끝내 성불할 수 없다."[165]고 하는 것도 바로 이러한 정신의 구조를 말하고 있다.

달마는 도를 깨닫는 것에 늦고 빠름의 차이가 있느냐고 묻는 질문에 백만 겁의 차이가 있다고 대답한다. 즉 자아의 상대의식으로는 백만 겁이 걸려도 힘들다. 그러나 자아가 무엇인지를 관조하는 무아의식이 드러나는 그 순간이 바로 깨달음이다.

그러므로 달마는 "수행자는 스스로 미혹한 마음이 일어났다고 느낄 때 곧바로 이 법대로 관찰하여 미혹함이 없어질 때까지 관찰해야 한다."[166]고 말하는 것이다. 즉 미혹함은 자기 자신을 관찰하지 못함에서 오고, 깨달음은 관찰에 의해서 일어난다. 자아의 상대의식은 무의식을 미혹하다고 피하지만, 진정한 수행자는 그 미혹함을 스스로 관조한다. 혜능이 말하기를, 법에는 돈오와 점수가 없다. 다만 사람의 의식수준에 차이가 있기 때문에 돈오와 점수가 생겨나는 것이다.

여러분, 법에는 돈오와 점수가 없지만 사람에게는 총명하고 우둔한 사람이 있다. 미혹한 사람은 점차적으로 닦아가야 하지만 깨달은 사람은 불성을 돈오한다. 자기의 본심을 아는 것이 곧 본성을 깨닫는 것이다. 깨달으면 원래 차별이 없지만 깨닫지 못하면 영원히 윤회하게 되는 것이다.[167]

본심을 아는 것, 본성이 무엇인지를 깨닫는 것, 이 모든 것은 의식

---

165 『돈황본 육조단경 연구』, p.290 住記 『禪門經』.
166 『돈황본 육조단경 연구』, p.211 住記 "法無頓漸."; 달마의 『이입사행론』 제 18단.

의 기능이다. 부처가 의식성이라고 말하는 이유가 바로 여기에 있다. 부처가 존재라면 본성조차 초월되어 있기 때문에 본성을 알아야 하고 본성이 무엇인지 깨달아야 할 필요가 없을 것이다. 그러므로 성불이란 존재의 초월이 아니다. 그것은 존재에 대한 진정한 이해이자 중생과 부처로 분리된 마음의 통합이다.

미혹한 사람이란 곧 나약한 자아 구조를 가진 사람이다. 자아 구조가 약하면 무의식의 엄청난 내용들을 인식하고 수용할 수 있는 여력이 없다. 그러므로 나약한 자아 구조의 강화는 다양한 수행과정의 방법에 따라 점진적 발전을 거친다. 자아 구조의 강화는 자아의식의 크고 작은 수많은 인식의 과정이다. 그것이 바로 점수漸修에 해당한다.

반면에 돈오頓悟는 튼튼한 자아 구조의 결과로 일어난다. 튼튼한 자아 구조는 엄청난 무의식의 에너지에도 손상되거나 파괴되지 않고 견딜 수 있는 힘을 가지고 있다. 건강한 자아 구조는 자기(self) 혹은 부처에서 발현되는 누미노제를 경험하지만 그것을 자아와 동일시하지 않는다.

다만 자아는 부처를 경험함으로써 자신이 더 이상 정신의 중심이 아니라는 사실을 깨닫는다. 이것은 정신의 주체가 자아에서 무아로 넘어가는 순간을 의미한다. 무아의식이 정신의 주체로 등장하면 정신적 내용들은 있는 그대로(眞如) 드러난다.

즉 돈오한 사람의 정신적 주체는 자아의식이 아니라 중도인 무아

167 『돈황본 육조단경 연구』, p.210.

의식이다. 그러므로 자아의 상대의식이 망념이라고 분별했던 무의식의 내용들은 더 이상 버려야 할 몹쓸 것들이 아니다. 또한 자아의 상대의식에 의해 만들어진 허상도 더 이상 존재하지도 않는다.

무아의식에서는 모든 것이 있는 그대로의 실재이기 때문에 판타지에 현혹당하는 미혹함이 없다. 또한 무아는 인식의 주체가 없어서 '나'가 깨달았다는 생각도, 더 깨달아간다고 생각하는 '나'도 없다. 오직 관조만이 일어날 뿐이다.

자신의 마음이 깨끗함에 귀의했으므로 일체의 번뇌 망상이 비록 자성 가운데 있을지라도 자성이 번뇌 망상에 물들지 않는 것을 중중존이라 한다. 범부는 이러한 도리를 모르고 매일매일 삼귀의계를 받고 있다. 만약 부처에게 귀의한다고 말한다면 부처는 어디에 있는가? 만약 부처를 볼 수 없다면 귀의할 곳은 없는 것이다. 이미 귀의할 곳이 없다면 귀의한다는 말은 거짓말이다. 여러분, 각자 자세히 살펴서 그릇되게 마음을 쓰지 말아야 한다. 경 가운데 단지 자신의 부처에게 귀의하라고 말했을 뿐 다른 부처에게 귀의하라고 말하지 않았다. 자성에 귀의하지 않으면 귀의할 곳은 없다고 했다.[168]

중중존衆中尊의 일반적 해석은 승단僧團으로 되어 있다. 그러나 위 혜능의 설법으로 보면 승단으로 해석할 수 있는 여지가 전혀 없

---

168 『돈황본 육조단경 연구』, pp.257~8.

다. 중중존은 번뇌 망상에 물들지 않는 것이라고 되어 있다. 번뇌 가운데 있지만 물들지 않는 것은 무아의식이다. 무아의식에 귀의했다는 것은 무아의식에게 모든 것을 맡긴 것이다.

말하자면 인식의 중심이 자아에서 무아로의 이동이다. 무아가 인식의 중심이 되면 무엇이 달라질까? 자아에게 여전히 번뇌 망상이 일어나지만, 그것이 무아에게는 전혀 영향을 미치지 못한다. 그렇기 때문에 무아의식은 자아의식의 번뇌와 망상을 철저한 관조할 수 있는 것이다.

자기 내면에 무아의식이라는 최고의 인식기능이 있다는 사실을 모르는 사람은 날마다 삼귀의계를 받는다. 그것은 부처를 정신의 기능으로 보는 것이 아니라 역사적 인물인 고타마 붓다와 같은 존재로의 변신이라고 생각하기 때문이다.

중중衆中은 집단을 의미한다. 여기서 집단은 현실적 집단이 아니라 정신적 집단이다. 그러므로 그것은 심리학으로 말한다면 집단무의식이다. 중중존은 집단무의식 안에 존재한다. 이것은 우리가 왜 무의식을 인식하고, 무의식을 의식화해야 되는지를 그대로 보여주는 핵심을 말하고 있다.

중중존을 집단 가운데 가장 존귀한 것으로 승단이라고 해석하는 것은 '생성의 언어'를 '존재의 언어'로 왜곡시킴에서 오는 오류다. 혜능이 말하는 귀의는 오직 자기 자신의 자성에게 하는 것이다. 자성에게 귀의한다는 것은 중중존이 외부적 단체가 아니라, 정신 내부의 집합체임을 분명하게 드러내는 것이다.

그러므로 일체의 모든 법이 모두 자신의 마음 가운데 있는 줄을 알아야 한다. 왜 자기의 마음으로부터 진여본성을 단번에 깨닫지 못하는가? 『보살계』에 말하기를 "우리의 본래 근원적인 자성은 청정하다."고 했다. 마음을 알고 본성을 깨닫는 것이 스스로 불도를 이루는 것이다. 『유마경』에 "곧바로 확 트여 본심으로 되돌아간다."고 했다.[169]

혜능은 일체의 모든 법이 자신의 마음 가운데 있는 줄을 알아야 한다고 강조한다. 이것은 이미 앞에서 언급된 중중존이 내부에 있음과 무의식의 의식화에 대한 답변이다. 즉 마음이 법이기 때문에 마음을 알지 않고서는 깨달음을 얻을 수 없는 것이다. 그 마음이 바로 우리가 인식하지 않으려는, 혹은 인식하지 못하는 모든 정신적 내용들이다.

마음이 모든 법이라는 것을, 깨달은 조사들의 증언을 통해서 수없이 듣고 있지만 우리는 왜 그 마음을 깨닫지 못하는 것일까? 그 원인은 바로 '나'라는 자아에서 찾아야 한다. 깨달음을 얻지 못하는 원인이 '나'에 있다면 '나'를 아는 것이야말로 진정한 깨달음이 될 것이다.

자아의식과 무아의식이 어떻게 다른지를 아는 것은 정신을 이해하는 데 아주 중요하다. 유마가 '곧바로 확 트여 본심으로 되돌아간다'고 한 말을 뒤집어 본다면 마음은 무엇인가에 의해서 가로막혀

---

169 『돈황본 육조단경 연구』, pp.292~3.

서 확 트이지 못하고 있다는 의미다. 그것을 심리학에 적용하면 자아의식이 무의식을 대극으로 분리하여 무의식과의 접촉을 가로 막고 있다는 것과 같다.

즉 자아의식에 의해서 대극으로 분리되어 있는 무의식은 자아의식에 의해서 억압되어 있다. 이러한 무의식의 내용들은 다름 아닌 인간의 본성이다. 자아의식이 무의식을 억압할 수밖에 없는 것은 자아의식의 입장에서는 도저히 용납될 수 없는 정신이기 때문이다. 실제로 무의식은 자아의식에게 매우 위협적이다. 무의식을 전혀 두려움 없이 감당할 수 있는 것이 바로 무아의식이다. 무아의식의 출현은 자아에 의해서 가로막혔던 마음을 확 트이게 하고 본심으로 돌아갈 수 있게 한다.

혜능은 깨달은 사람은 불성을 돈오한다고 말했다. 즉 깨달은 사람의 인식 중심에는 무아의식이 작용한다. 무아의식(불성)이 단 한 번에 드러나면(頓悟) 무의식을 의식화하는 것에 자아의 인위적인 노력이 동원되지 않는다. 의식화는 무아의식에 의해서 저절로 일어나기 때문이다.

무엇을 무념이라 하는가? 무념의 법이라는 것은 일체의 법을 보지만 일체의 법에 집착하지 않는 것이며, 일체의 모든 곳에 두루하지만 일체의 모든 곳에 집착하지 않는 것이다. 항상 청정한 자기의 성품은 여섯 가지 도적으로 하여금 여섯 가지 문에서 나와 여섯 가지 대상 가운데 있지만, 떠나지도 않고 물들지도 않아서 오고 감이 자유롭다. 이것이 반야삼매이며, 자유로운 해탈이며,

무념의 실천이다. 여러 가지를 생각하지 않음으로써 망념을 끊어버리려고 하지 말라. 이것은 법에 속박되는 것이며, 또 변견이라 한다. 무념의 법을 깨닫는 사람은 만법에 모두 통한다. 무념의 법을 깨닫는 사람은 모든 부처님의 경계를 본다. 무념의 돈법을 깨닫는 사람은 부처님의 지위에 이른다.[170]

무념無念은 자신과 세상을 보지만 그것들에 집착하지 않는다. 무심은 장애가 없는 확 트인 마음이며, 자성의 빛으로서 무아의 절대의식이다. 여기서 재미있는 것은 '항상 청정한 자기의 성품'에 관한 설명이다. '항상 청정한 자기의 성품'에는 '여섯 가지 도적'이 있다. 그것은 바로 안의비설신의眼耳鼻舌身意다.

그런데 눈·귀·코·입·몸·의식이 왜 도둑일까? 그것은 바로 육식六識의 주체가 자아이기 때문이다. 안의비설신의로 들어오는 모든 것을 자아를 중심으로 분별하고 판단하고 집착한다. 정신은 의식과 무의식으로 되어 있고, 그 전체를 포괄하는 것은 부처, 즉 자기(Self)다. 자아는 부분의식의 주체로 있을 뿐이기 때문에 정신의 전체성에 대해 알지 못한다. 그러므로 자아는 전체 정신의 주인이 될 수 없다. 그것을 알지 못하고 주인행세를 한다면 그를 도둑이라 부르는 것이 마땅할 것이다.

도둑은 '여섯 가지 문에서 나와 여섯 가지 대상 가운데 있다.' 물론 정신의 주인공主人公인 무아의식도 그 도둑과 함께 있고, 도둑을

---

170 『돈황본 육조단경 연구』, pp.298~9.

애써 떠나지도 않는다. 그렇다고 해서 도둑처럼 대상에 물들지도 않아서 육식의 어떤 작용에도 걸림이 없으니 오고감이 자유로워 인식하지 못함이 없다.

그렇기 때문에 무아의식은 만법에 통하는 것이다. 혜능은 이것을 자유로운 해탈이며, 무념의 실천인 반야삼매般若三昧라고 말한다. 즉 무아의식의 자리에서는 중생과 부처가 하나다. 그러므로 다양하게 나타나는 생각을 망념이라고 분별하여 인위적으로 끊어내지 않는다는 것이다.

융이 말하는 바와 같이 인간이 알 수 있는 것은 자기(Self)가 아니라, 그 자기로부터 파생되어 나온 자아의식이다. 불교식으로 말하자면 부처는 정신의 중심이기 때문에 직접 볼 수 없다. 오직 부처로부터 파생되어 나온 중생을 통하여 부처를 알 수 있을 뿐이다. 그러므로 중생을 보는 무아의식이 곧 부처다.

부처는 중생이라는 작용을 통하여 부처 자신을 본다. 생각을 끊어버려야 한다고 하는 것은 부처를 존재로 해석할 때 일어난다. 즉 부처가 존재라고 해석되면 번뇌가 끊어져야 하는 것이 옳다. 왜냐하면 부처는 완전한 존재라고 알려져 있기 때문이다.

그러나 혜능은 부처가 만법을 발생시키는 근원이고, 생각은 그 근원의 작용이라고 말한다. 그렇다면 부처의 작용인 번뇌를 끊어버리는 것이 아니라 번뇌가 무엇인지를 알아야 한다. 무아의식은 다름 아닌 중생과 중생의 번뇌가 무엇인지를 인식한다. 이것은 부처가 존재가 아니라 정신의 기능이라는 것을 증명하고 있는 것이다.

무념이란 경계가 무엇인지를 알지만 그것에 집착하지 않는 것이다. 경계가 무엇인지를 안다는 것은 의식의 작용이다. 그러므로 무념은 역시 의식이다. 무념이라 불리는 의식이 바로 돈오의 법이고, 그 법의 작용이 곧 부처다. 여기서 주의 깊게 보아야 하는 것은 도둑과 청정함은 자성 안에 같이 있다는 혜능의 말이다. 즉 자아도 무아의식도 모두 부처의 성품이다. 그러므로 깨달음이란 자아의 입장에서 무아가 있음을 깨닫는 것이다. 무아의 입장에서는 깨달음이라는 말 자체도 성립되지 않는다.

또 한 스님이 있었는데 이름은 신회이며 남양사람이다. 조계산에 와서 혜능대사에게 예배하고 묻기를 "화상께서 좌선할 때 봅니까, 보지 않습니까?"라고 하자 혜능대사가 일어나 주장자를 잡고 신회를 세 번 내리친 후 신회에게 반문하기를 "내가 너를 때렸는데 아픈가, 아프지 않는가?" 신회가 대답하기를 "아프기도 하고 아프지 않기도 합니다." 육조대사가 말하기를 "나는 보기도 하고 보지 않기도 한다." 신회가 또 대사에게 묻기를 "어째서 보기도 하고 보지 않기도 합니까?" 대사가 말씀하시기를 "내가 본다고 한 것은 항상 자신의 잘못을 보기 때문에 또한 본다고 한 것이다. 보지 않는다고 한 것은 세상 사람들의 허물을 보지 않는 것이다. 그렇기 때문에 보기도 하고 보지 않기도 한다고 한 것이다. 네가 말한 아프기도 하고 아프지 않기도 하다는 것은 무슨 의미인가?" 신회가 대답하기를 "만약 아프지 않다면 감정이 없는 나무나 돌과 같은 것이며, 만약 아프다면 범부와 같이 원망하는 마음을 일으킬 것입니다." 혜능대사가 신회에게 말하기를

"앞에서 말한 보는 것과 보지 않는 것은 양변이고, 아픈 것과 아프지 않는 것은 생멸이다. 너는 자신을 먼저 깨닫지 않고 감히 와서 사람을 농락하여 드는가?"[171]

혜능의 좌선은 자기 자신의 허물을 보는 데 있다고 한다. 그렇다면 혜능이 말하는 좌선의 정확한 의미는 의식성이다. 허물은 자아의 의식세계를 잘 드러내지 않으려는 자아의 어두운 영역으로서 무의식의 거칠고 원시적인 마음이다. 이것들은 자아인격이 강화되는 사이에 의식의 아래에서 짙은 그림자로 남는다.

그림자는 없어진 것이 아니기 때문에 언제든지 의식세계를 침범할 수 있다. 이것이 자아의식의 두려움과 불안의 원인이다. 본능에 대한 두려움을 가진 자아의식으로서는 자기 내면으로 침잠하여 자기 자신과 대면할 수 없는 것이다. 오직 자아의 객관화된 의식인 무아의식이 드러나야만 한다.

그러므로 무아의식이 관조하는 것은 밖에 있는 타인이 아니라 바로 자신의 내면 모습이다. 자기 자신을 절대적 객관성으로 인식하는 일이 바로 진정한 명상이다. 이 명상에 의해서 무의식의 원시성들은 정신의 진화과정에서 필요불가결했던 에너지원이었음이 드러난다. 이것이 바로 무의식의 의식화이자, 자아의식에 의해서 두 영역으로 분리되었던 마음이 한마음(一心)으로 통합하는 것이다.

자아의 상대의식은 자기중심의 이기적이고 매우 협소한 인식이

---

171 『돈황본 육조단경 연구』, p.383.

다. 이러한 자아의식의 특징은, 자기 자신에 대해서는 아주 관대하지만 타인의 잘못에 대해서는 아주 옹졸하다. 그러나 무아의식은 남의 허물을 보지 않고 자기 허물을 본다. 보는 것과 보지 않는 것은 양변이다. 양변은 할 수도 있지만 하지 않을 수도 있는 선택의 문제라는 것이다.

그러나 아프고 아프지 않는 것은 생멸이다. 생멸은 본능이다. 그러므로 어느 하나를 선택할 수 있는 것이 아니다. 자아의 상대의식은 본능에 대한 인식을 가로막지만, 무아의식은 본능을 있는 그대로 인식한다. 있는 그대로를 인식할 때 사람은 자신이 누구인지를 알게 된다. 아픈 것을 아프지 않다고 하는 것은 자기기만이다. 자기기만은 진정한 깨달음을 가져오지 못한다.

혜능이 말하는 무아의식은 모든 법에 통한다. 그것은 자신을 아는 데에 있어서 아무런 걸림이 없다는 것이다. 신회의 대답은 지식으로 얻어진 것들이다. 지식은 본질이 될 수 없다. 무아의식의 열림이 없는 신회로서는 자기 자신이 누구인지 알 수 없는 것은 너무도 당연하다. 무아의식은 자기 자신이 누구인지를 깨닫게 하는 정신의 가장 위대한 기능이다. 보석처럼 빛나는 혜능의 지혜는 모든 법에 통하는 무아의식의 찬란한 열매인 것이다.

2. (혜능2)
무아의식은 반야의 지혜다

혜능이 말하는 삼신불을 통해서 무의식이 왜 의식화 과정을 거쳐야 하는지를 알 수 있다. 물론 여기서 말하는 무의식은 개인무의식일 뿐만 아니라 집단무의식을 포괄한다.

여러분들에게 분명하게 말하겠다. 여러분들로 하여금 자신의 색신 가운데 있는 자신의 법성에 삼세불이 있음을 보게 하겠다. 이 삼신불은 자성에서 생긴다. 무엇을 청정법신불이라고 하는가? 여러분, 세상 사람들의 자성은 본래 스스로 공적하지만 모든 법은 자성 가운데 있다. 그래서 나쁜 일을 생각하면 곧 나쁜 행동을 하게 된다. 여러 가지 착한 일을 생각하면 착한 행동을 닦게 된다. 이와 같이 일체의 법이 모두 자성 가운데 있지만 자성은 항상 청정한 줄 알아야 한다. 태양과 달은 항상 밝지만 단지 구름에 덮여 있기 때문에 위는 밝고 아래는 어두워 일월성신을 똑똑하게 볼 수 없는 것이다. 그러나 갑자기 바람이 불어서 구름과 안개를 걷어가 버리면 삼라만상은 한꺼번에 드러난다. 세상 사람들의 성품이 청정한 것은 마치 맑은 하늘과 같다. 혜慧는 태양과 같고, 지智는 달과 같다. 지혜는 항상 밝지만 밖에 있는 대상 경계에 집착하면 망념의 뜬구름이 지혜를 덮어서 자성은 어둡게 된다. 그러므로 선지식이 진실하고 바른 법의 개연함을 만나 미망을 걷어버리면 안과 밖이 밝게 사무쳐 자성 가운데 만법이 모두 드러나게 된다. 일체의 법이 자신의 자성 가운데 있는 것을 청정법이라 한다. 스스로 귀의한다는 것은 선하지 않는 행동을 제거하는 것이며, 이것을 귀의하고 한다.[172]

법신·화신·보신의 삼세불은 인간의 몸 가운데 있다고 혜능은 말한다. 몸에는 존재의 모든 것이 담겨 있다. 몸은 정신을 담고 있는 그릇이다. 몸이 없으면 정신도 없다. 정신을 추구하는 사람들이 흔히 놓치는 부분이 바로 몸의 중요성을 간과한다는 점이다. 아마 혜능도 그러한 것을 염두에 두었을 것이다.

삼세불이 존재하는 몸은 심리학에서 무의식의 영역이다. 자아의식에서 보면 무의식은 번뇌에 속하지만, 무아의식에서 보면 무의식은 부처가 자리하는 본체다. 혜능은 법신이 본성에 자리하고 있다고 말한다. 본성은 자아의식으로서는 알 수 없는 무의식의 영역이다. 무의식의 정신과 의식의 정신이 분리되면 안 되는 이유가 바로 여기에 있다. 깨달음의 정수인 무아의식이 출현하여 자아와 무의식의 영역을 아낌없이 비춘다. 자아 역시 무의식의 영역이다.

"안과 밖이 밝게 사무쳐 자성 가운데 만법이 모두 드러나게 된다."는 말에서 자성이 곧 의식이라는 것이 분명해진다. 그런데 자성

---

172 『돈황본 육조단경 연구』, p.240.

의 의식은 공적空寂하다. 인식주체가 없는 무아이기 때문이다. 작은 자극에도 민감하게 반응하는 '나'가 없는 무아의식은 동요됨이 없다. 그러므로 법신은 언제나 고요하다.

그런데 여기서 중요한 것이 밝혀진다. 법신은 태양과 같이 밝은 의식이지만 '사사로운 마음'이 개입하면 마음은 들끓고 판단은 바르게 되지 못한다고 했다. 즉 자아가 인식주체로 있는 의식과 무아가 인식주체로 있는 의식은 하나라는 사실이다. 단지 자아의 사사로운 마음이 구름처럼 의식을 가리느냐 가리지 않느냐의 차이다.

더없이 밝은 태양도 구름에 가려지면 온전한 빛을 발휘할 수 없다. 본성의 의식성은 본래 강력하지만 그 위용을 드러내지 못하게 막는 것은 바로 자아라는 사실이다. 자아가 스스로 객관화할 수 있는 능력을 갖출 때 본래의 의식성은 온전하게 드러난다. 그것이 바로 무아의식이다. 이것은 깨달음을 얻거나 얻지 못함은 오직 자아의식에 달려 있음을 보여준다. 자아가 본성의 온전한 의식성을 믿을 때 자아는 스스로 인식의 주체에서 물러난다.

무아의식이 드러나야 정신의 어두움인 무명이 밝혀진다. 그것이 바로 혜능이 말하는 만법의 모든 비밀이 드러나는 일이다. 그러므로 무아의식의 관조가 최상승선이 되는 것이다. 혜능이 말하는 '선하지 않는 행동'이란 자아의 사사로운 마음이다.

무엇을 천백억화신불이라고 하는가? 사량하지 않으면 본성은 그대로 공적하지만 사량하면 곧바로 스스로 변화한다. 나쁜 사량을 하면 변하여 지옥이 되고, 착한 사량을 하면 변하여 보살이 되고, 독해는 변하여 축생이 되고, 자비는 변하여 보살이 되고, 지혜는 변하여 천상세계가 되고, 우리는 지옥이나 아귀의 세계가 된다. 자성의 변화는 매우 많지만 미혹한 사람은 알지 못하고 있다. 한 생각이 선하여 지혜가 생겨나면 그 하나의 등불이 천년의 어두움을 능히 제거하고, 하나의 지혜가 만년의 어리석음을 능히 소멸한다. 지나간 일을 생각하지 말고 항상 지금의 일을 생각하라.[173]

자아가 의식에 개입하는 순간 사량이 되어 버린다. 사량은 자신이 처한 유불리의 상황에 따라 인식조건은 언제든지 변한다. 융 심리학에서는 의식은 분별성이고 무의식은 초월성이다. 말하자면 무의식은 분별의 세계 안에 있지 않다. 무의식에는 천백억 가지의 화신불이 들어 있다. 즉 부처는 세상에 존재하는 모든 성질과 요소들을 다 갖추고 있다는 것이다. 이것이 바로 세상의 아름다움과 추함이 모두 부처의 변화작용일 수밖에 없는 이유다. 융 심리학에서 자아의 역할에 대해 주목하는 이유도 바로 여기에 있다.

마찬가지로 혜능 또한 천백억 화신불인 무의식의 엄청난 힘을 조절하기 위한 자아 구조의 역할이 얼마나 중요한지를 말한다. 지옥과 보살, 축생과 아귀의 세계를 만드는 것도 모두 자아의식의 조절능력에 달려 있다는 것이다. 자신의 마음이 나쁜 생각을 하는 순간 그는 현실적으로 지옥을 만들고 경험한다. 자신의 마음이 좋은 생

---

173 『돈황본 육조단경 연구』, p.241.

각과 자비를 가지면 천당의 기쁨을 느끼고 보살이 된다. 축생은 남을 해치는 마음에 해당되고, 자신의 욕구를 충족시키지 못할 때 사람은 먹고 또 먹어도 배고픔에 허덕이는 아귀의 고통에 머무르게 된다.

이것은 무아가 존재로 해석되어서는 결코 안 된다는 것을 의미한다. 무아를 존재로 이해하여 '나'를 없애버리면 깨달음의 길에서 반드시 필요한 자아의 중요한 역할 또한 없애버리는 것이다. 혜능의 설법을 통하여 알 수 있는 중요한 사실이 있다. 즉 무의식의 원시적 동물성을 분별하는 자아의식에 의해서 존재는 존재다운 삶으로 나아가게 된다는 것이다.

다만 문제는 인식주체를 자처하는 자아가 사사로운 마음으로 분별하여 판단하고 받아들이기 때문에 진실에 접근할 수 없다는 점이다. 자아의 문제는 무아의식, 즉 객관화된 자아에 의해서 스스로의 본모습을 자각할 수 있을 때 해결된다.

자아 구조의 성장과정에서 본다면 자아의 자기중심적 사고를 결코 부정적인 것으로만 볼 수는 없다. 왜냐하면 '나'라는 생각에 의해서 자아 구조가 강화되기 때문이다. 강화된 자아 구조는 분리된 정신이 한마음으로 나아가는 데 있어 결정적인 역할을 한다. 혜능이 말하는 미혹한 사람은 나약한 자아 구조를 가진 사람이다.

자성의 빛은 태양보다 더 강력하고, 무의식의 원시적 동물성은 자아의식을 삼킬 수 있을 만큼 거대한 에너지다. 자아 구조가 탄탄하지 못한 사람이 자성의 빛을 경험하면 종교적·사회적 범죄자나 전쟁의 화신이 되고, 원시적 동물성에 직면하면 신경증이나 정신분

열증이 된다.

왜냐하면 미성숙한 자아는 경험을 동일시해 버리기 때문이다. 동일시는 자아가 자신의 경험을 객관적으로 구분할 수 있는 인식능력이 없을 때 일어난다. 자아 구조가 약하여 무의식의 내용에 의해서 휩쓸려버리는 것은 무의식화, 즉 의식의 부재다. 의식이 없다면 정상적인 사고 판단이 일어날 수 없다.

혜능이 말하는 지혜도 자아가 스스로를 객관화할 수 있는 의식의 힘을 가질 때만 발현된다. 무아의식은 건강한 자아 구조에 의해서만 드러날 수 있다. 무아의식이란 객관화된 자아다. 객관화된 자아는 자기 자신을 있는 그대로 본다. 이것에 의해서 무명으로 있던 아뢰야식, 말하자면 집단무의식은 어둠으로부터 밝은 의식의 세계로 올라올 수 있다. 의식화된 정신은 근원적 지혜가 된다. 혜능은 이것을 '천년의 어두움'과 '만년의 어리석음'을 제거한다고 말한다.

집단무의식은 의식의 빛을 받지 못한 채 아주 오랜 시간 동안 무명으로 있는 정신의 내용들이다. 자아의식이 집단무의식을 억압하면 원시적 동물성으로 나타나지만, 무아의식의 밝은 빛으로 보면 그것들은 천백억 화신불의 근원이라는 사실을 이해하게 된다. 그것이 바로 만법이 드러나는 일이다.

항상 후념이 선한 것을 보신이라 한다. 한 생각의 악한 과보는 천년의 선을 물리쳐 소멸하게 한다. 시작이 없는 예부터 지금까지 후념이 선한 것을 보신이라 한다. 법신으로부터 사량하는 것은 화신이다. 생각 생각이 선한 것이 보신이다. 스스로 깨닫고 스스로 닦는 것이 귀의이다. 피부와 살은 색신이고 집이기 때문에 귀의할 곳이 못된다. 다만 삼신을 깨닫기만 하면 곧바로 불법의 큰 뜻을 알게 된다.[174]

천백억 화신불을 만들어내는 것이 사량의 마음이다. 즉 세상에 드러나는 모든 일들은 인간의 마음으로부터 투영된 것들이다. 그러므로 세상을 이해하기 위해서는 사량이 무엇인지 알아야만 한다. 사량은 '나'라는 관념을 통하여 생각하고 헤아리며, 사유하고 판단하는 것이다.[175] 즉 사량은 자아의식의 작용이다. 그러므로 화신은 법신이라는 본체가 만들어내는 현상이다.

후념은 '지금의 일'이다.[176] 말하자면 후념은 생각이 지금 여기(卽今)에 있다. 생각이 과거나 미래에 가 있지 않고 지금의 모든 순간순간에 깨어 있는 것이다. 생각이 과거에 있다는 것은 행위와 동일시하는 자아의 집착이고, 생각이 미래에 있다는 것은 실재를 부정하는 자아의 판타지다. 생각이 과거나 미래로 가 있다는 것은 '지금'을 잃어버린다는 의미이다. 현재를 잃는다는 것은 '지금 여기서' 일어나는 그 자신의 마음과 행위를 의식하지 못한다는 것이다.

자기 마음과 행위는 곧 자신이 누구임을 알려주는 일이다. 그러므로 지금 여기에서의 마음이나 행위를 의식하지 못하고 있다는 것

174 『돈황본 육조단경 연구』, pp.241~2.
175 시공불교사전.
176 『돈황본 육조단경』, p.126.

은 곧 자기 자신이 누구인지 모른다는 것이 된다. 자기 자신도 모르는 사람은 미망 그 자체다. 미망에서 선함이 일어날 수 없다. 선함은 오직 자기가 누구인지를 알 때 저절로 행해진다.

혜능은 "다만 삼신을 깨닫기만 하면 곧바로 불법의 큰 뜻을 알게 된다."고 말한다. 여기서 혜능이 '알게 된다'라고 하는 의미를 신중하게 고려해야만 한다. '알게 된다'는 말은 어떤 것을 의식하고 이해한다는 것이다. 의식하여 이해한다는 것은 어떻게 가능한가? 그것은 '나'는 지금 어떤 생각과 행동을 하고 있는지를 명료하게 의식하고 있다는 것이다. 깨어 있음이란 의식함이다.

의식했을 때만이 자기 자신에 대한 진정한 이해가 일어난다. 지금 이 순간(即수) 일어나는 자신의 마음과 행위를 의식한다는 것은 천백억 화신불의 근원인 집단무의식을 의식화하는 일이다. 이것이 바로 무아의식이 과거에도 있지 않고 미래에도 있지 않고 지금 여기에 있는 이유이다. 그렇다면 집단무의식을 의식화해내는 일이 왜 이토록 중요할까? 다음에 나오는 혜능의 법문으로 이해해보자.

중생이 끝이 없지만 맹세코 다 제도하기를 발원합니다. 번뇌가 끝이 없지만 맹세코 다 끊기를 발원합니다. 가르침이 끝이 없지만 맹세코 다 배우기를 발원합니다. 위없는 불도를 맹세코 다 이루기를 발원합니다. 여러분, 중생이 끝이 없지만 맹세코 다 제도하기를 발원한다고 한 것은 혜능이 제도하는 것이 아니다. 여러분들의 마음속에 있는 중생은 각자 자신의 몸에 있는 자성이 스스로 제도하는 것이다. 무엇을 자성이 스스로 제도한다고 하는

가? 자신의 색신 중에 있는 삿된 견해와 번뇌, 그리고 우치와 미망은 스스로 본래 깨달음의 성품을 가지고 있기 때문에 정견으로써 제도해야 한다. 이미 정견인 반야의 지혜를 깨달아 우치와 미망을 제거하면 중생은 각자 스스로 제도한 것이다. 삿된 것은 바른 것으로 제도하고, 악은 선으로 제도하고, 번뇌는 보리로 제도한다. 이와 같이 제도하는 것이 참된 제도이다. 번뇌가 끝이 없지만 맹세코 다 끊기를 발원하는 것은 자신의 마음에 있는 허망을 제거하는 것이다. 가르침이 끝이 없지만 맹세코 배우기를 발원하는 것은 위없는 정법을 배우는 것이다. 위없는 불도를 맹세코 다 이루기를 발원한다는 것은 항상 자신을 낮추는 행동으로 일체를 공경하는 것이다. 미혹한 집착을 멀리 여의고 깨달으면 반야가 생겨난다. 미망을 제거하는 것이 곧 스스로 불도를 깨닫는 것이며, 서원의 힘을 이루어 행하는 것이다.[177]

위의 설법은 혜능의 위대한 정신력이 과연 무엇인지를 그대로 보여준다. 혜능은 깨달음을 얻은 사람이지만 각 개체의 중생을 제도하는 사람이 아니다. 세상의 중생은 깨달음을 얻은 고타마 붓다나 조사들이 제도할 수 있는 것이 아닌 것이다. 왜냐하면 중생은 모든 개체의 마음속에 무명으로 있는 무의식이기 때문이다. 그러므로 그것은 오직 각자 자성의 의식성으로 스스로 제도되어야 한다.

이것이 바로 조사선이 얼마나 과학적이고 심리학적이며, 높은 의

---

177 『돈황본 육조단경 연구』, pp.248~9.

식성의 교리를 가지고 있는지 여실하게 보여주는 대목이다. 혜능은 친절하게도 자성이 스스로 제도하는 방법까지 알려준다. 즉 자아의 상대의식이 만들어내는 '삿된 견해와 번뇌', 그리고 집단무의식의 원시성인 '우치와 미망'을 정견正見해야 한다는 것이다.

정견이란 글자 그대로 해석하자면 바르게 보는 것이다. 바르게 본다는 것은 왜곡됨이 없이 있는 그대로 보는 것을 말한다. 있는 그대로 본다는 것은 무아의식의 절대적 객관성에서만 가능하다. 왜냐하면 자아의식은 사견邪見이기 때문에 절대로 사물을 있는 그대로 보지 못한다. 무아의식의 정견으로 삿된 마음의 자아와 무의식의 어리석음을 관조하는 것이 바로 반야의 지혜이다. 반야의 지혜인 정견에 의해서 중생은 제도된다. 이것이 바로 만법이 드러나는 일이다

『융 심리학과 동양사상』의 저자인 이죽내는 융 심리학의 자기(Self)와 자아의 관계를 『대승기신론』의 비일비이非一非異의 관계로 해석하고 있다. 부처와 중생은 융 심리학에서 자기와 자아이다. 부처인 자기가 정신의 본질이라면, 중생인 자아는 정신의 현상이다.

자아와 자기는 비일비이의 관계로서 하나라고 할 수도 없지만, 그렇다고 다르다고 할 수도 없다. 즉 자아는 무명에 싸여 있는 자기(Self)이다. 자아와 자기는 하나의 뿌리이지만 자아의 무명으로 인해 자기를 알아보지 못하고 있는 것이다. 자아의 모든 행위는 자기의 보상작용에 의해서 일어나며, 결과적으로 자아는 '자기실현'으로 나아가게 된다는 것이다.

이죽내는 원효의 '일즉일체一卽一切 일체일즉一切一卽'을 융의 '다

일(多一, das All Eine), 일다(一多, die Vielheit der Einheit)'와 유비시킨다. 자아의 다양한 말들은 결국은 부처의 한 말(一音)에서 나왔던 것이다.[178] 이것은 중생과 부처가 다르지 않다는 것을 전적으로 보여주는 말이다.

다만 문제가 되는 것은 중생인 자아의식의 사사로운 분별심이다. 중생의 분별심은 무명에서 나온다. 무명은 모든 문제와 혼란의 근원이다. 이 무명으로부터 벗어나기 위해서는 반드시 무아의식이 자아와 집단무의식을 관조해야만 하는 것이다.

왜냐하면 무아의식의 절대적 객관성이 바로 혜능이 말하는 '위없는 정법'이기 때문이다. 정법에 의해서만이 중생은 더 이상 중생으로 분리되지 않는다. 그러므로 정법은 부처가 부처 자신을 명상하는 것이다. 중생구제와 번뇌를 끊음이 끝이 없다는 것은 무의식이 자아의식으로는 도저히 가늠할 수 없는 크기임을 나타낸다.

무아의식은 절대적 객관성이기 때문에 일체가 평등하다. 그러므로 일체에 대한 진정한 공경이 일어날 수 있는 것이다. 진정한 공경은 만법이 드러날 수 있는 조건이다. 만법을 드러내는 무아의식이야말로 반야의 지혜인 것이다.

---

178 『융 심리학과 동양사상』, pp.133~8.

3. (조주1)
무아의식은 있는 그대로의 마음을 관조한다

한 스님이 물었다.

"신령스러움이란 어떤 것입니까?"

"깨끗한 땅 위에 똥 한 무더기 싸놓은 것이다"

"스님께서는 명확한 뜻을 말씀해주십시오."

"나를 어지럽게 하지 마라."[179]

깨끗하지 못하다는 생각은 자아의 상대의식이 만들어내는 분별이다. 자아는 무의식을 추악한 것으로 판단하여 그것에 대한 보상을 원하게 된다. 그러므로 자아의 상대의식에게 '신령스러움'은 온통 밝고 깨끗한 것으로 가득한 것이다. 그러나 조주의 위와 같은 대답은 자아의 관념을 보기 좋게 날려버린다. 자아가 신령스러움을 묻는다는 것은 이미 그것에 집착하여 신령스럽지 않은 일상적인 것들을 모두 버리고 신령스러운 판타지의 세계로 가고자 하는 욕망을 가지고 있다.

하지만 부처는 신령스러움과 일상적인 것, 선과 악, 깨끗함과 더

179 『조주록』, p.49.

러움의 근원이라는 사실을 자아는 알지 못하는 것이다. 그러므로 부처가 된다는 것은 그 양변을 통합하는 것이지, 어느 한 변을 버린다는 뜻이 아니다. 그렇다면 자아가 무엇을 원하고 무엇을 원하지 않는지를 아는 것이 중요하다.

조사들은 평상심을 이야기한다. 왜 평상심을 이야기하는 것일까? 평상심이란 사람이면 누구나 일상적으로 일어나고 일상적으로 경험하는 마음이다. 즉 일상적으로 경험할 수 없는 특별히 고상하고 신비스러운 마음이 아닌 것이다. 그렇다면 도道를 염원하는 마음은 일상적인 마음인 평상심이 아니라는 것이 된다. 왜냐하면 도를 닦는다고 할 때 도는 부처이고, 일상은 중생이기 때문이다.

그러므로 도를 닦으려는 사람들은 중생심이라는 일상의 마음을 버리고 불심佛心이라는 거룩한 마음이 되고자 인위적으로 노력한다. 즉 부처의 마음이 되기 위해서 얼마나 오랜 시간 동안 가부좌를 틀고 앉아 있을 수 있는지를 스스로에게 실험한다. 그런데 조사들은 부처의 거룩함을 닦고자 하는 그 마음은 도가 아니라는 것이다. 오히려 도를 닦는다고 노력하지 않는 마음, 즉 중생심이 일어나는 그것이 바로 도라고 말한다.

즉 깨달음을 향한 마음은 자아의 상대의식이다. 그러므로 인간의 모든 감정이 일어나는 자연스러운 마음을 잠재우려고 마음을 인위적으로 조작한다. 깨달음은 마음을 조작하는 자아가 무엇인지를 알아차리는 것이다. 그것이 바로 절대적 객관성으로 기능하는 청정한 무아의식이다.

무아의식을 청정하다고 말하는 것은 신령스러움도 신령스럽지 않음도 없기 때문이다. 그러므로 신령스러움을 묻는다는 것은 청정한 무아의식의 세계에 관념의 똥 한 무더기를 싸는 것과 같다. 그렇다면 자아로는 왜 깨달음을 얻을 수 없는지 조주에게서 들어보자.

한 스님이 물었다.
"무엇이 부처이며, 무엇이 중생입니까?"
"중생 그대로가 부처이며, 부처 그대로가 중생이다."
"둘 가운데 어느 것이 중생입니까?"
"묻고 또 묻는구나."[180]

자아는 중생의 마음을 싫어하고 부처의 마음을 좋아한다. 그러므로 자아는 끊임없이 자신 안에 일어나는 원시적이고 거친 중생의 마음으로부터 벗어나 깨끗한 부처의 마음이 되려고 필사적인 노력을 다한다. 그러나 조사들은 중생의 마음이 곧 부처의 마음이라고 말한다. 이 말은 아주 중요하다. 중생 그대로가 부처인데도 왜 사람들은 알지 못하고 부처를 찾아 나서는 것일까?

그렇다면 중생과 부처의 차이가 무엇인지를 알아야만 한다. 즉 중생은 부처가 무엇인지를 모르지만 부처는 중생이 무엇인지를 안다는 것이다. 왜냐하면 중생은 부처가 무엇인지를 알지 못하기에 부처가 되기를 염원하지만, 부처는 중생이 무엇인지를 알기 때문에 중생을 밝은 곳으로 인도할 수 있는 것이다.

180 『조주록』, pp.49~50.

그러므로 중생의 마음이 곧 부처의 마음이라면, 중생의 마음을 없앤다면 부처를 없애는 것이 된다. 이 말은 곧 중생을 없앨 것이 아니라 중생이 무엇인지를 있는 그대로 보아야만 한다는 것이다. 중생이 무엇인지를 보는 그것이 바로 부처다.

평상심이 중요한 이유도 있는 그대의 모습을 드러내기 때문이다. 조주는 평상심을 "여우나 늑대다"[181]라고 말한다. 이것은 남전선사가 말하는 이류異類이고, 융 심리학의 집단무의식이다. 집단무의식은 의식의 뿌리다. 불교로 말하자면 육식六識과 칠식七識의 뿌리가 아뢰야식이다. 평상심은 이러한 정신의 원천들의 작용인 것이다.

한 스님이 물었다.
"평상시의 마음이 된 사람도 교화를 받습니까?"
"나는 다른 사람의 문전을 밟아보지 않았다."
"그렇다면 저쪽 사람을 침몰시킨 것이 아닙니까?"
"아주 훌륭한 평상심이다."[182]

자기 자신에 대한 믿음이 없는 사람은 확연하게 믿을 수 있는 존재인 깨달은 사람이 되고 싶어한다. 깨달음이 자기 안에서 실재로서 경험되지 않는다면 그것은 개념일 뿐이다. 실재는 자신 자신의 있는 그대로의 모습을 직면하는 일이다. 개념으로 사는 삶은 공허

---

181 『조주록』, p.77.
182 『조주록』, p.78.

하기 때문에 늘 자기 자신이 아닌 것들에 관심을 갖게 된다.

그러나 실재를 사는 사람은 자기 자신이 아닌 다른 것들에 관심이 없다. 왜냐하면 무아의식은 외부를 향해서 일어나는 의식의 빛이 아니기 때문이다. 그것은 오직 자기 자신의 내면을 향해 있다. 자아의식은 이것과 저것을 구분하여 어느 것은 취하고 어느 것은 버린다. 그러나 무아의식은 양변을 구분하지만 양변 모두를 포괄한다.

"나는 다른 사람의 문전을 밟아보지 않았다."고 하는 조주의 말은 자성이 곧 고유성임을 나타내고 있는 것이다. 그 고유성을 실현시키는 것이 바로 깨달음이다. 개성화의 길은 오직 고유의 자성만이 할 수 있다. 질문자는 자신이 원하는 대답을 듣지 못하자 조주의 깨달음을 의심한다. 그래서 "그렇다면 저쪽 사람을 침몰시킨 것이 아닙니까?"라는 비난조의 말을 던진다. 이에 조주는 '그래, 바로 그것'이라 한다.

숨기려고 애를 쓰는 의심 가득한 마음이 바로 정신의 동물적이고 원시적인 성질이다. 그것은 꾸미지 않는 있는 그대로의 마음인 평상심을 통해서 드러난다. 도道는 자기의 본래 모습을 아는 것이다. 평상심이 곧 도라고 말하는 이유가 바로 여기에 있다.

한번은 남방에서 한 스님이 와서 설봉(雪峰, 822~908)스님과 있던 일을 거론하였다.
"제가 설봉스님에게 물었습니다.
'태곳적 개울에 찬 샘이 솟을 때는 어떻습니까?'

설봉스님이 말하였습니다.

'눈을 똑바로 뜨고 보아도 밑바닥이 보이지 않는다.'

'마시는 이는 어떻습니까?'

'입으로는 들이마시지 않는다.'"

스님께서 이 이야기를 듣고 말씀하셨다.

"입으로 마시지 않으면 콧구멍으로 들이마시겠군."

그 스님이 스님(조주)께 물었다.

"태곳적 개울에 찬 샘이 솟을 때는 어떻습니까?"

"쓰다(苦)."

"마시는 이는 어떻습니까?"

"죽는다."

설봉스님은 스님의 이 말을 듣고 찬탄하였다.

"옛 부처님이시다, 옛 부처님이시다!"

설봉스님은 이런 일이 있은 뒤로 학인들의 물음에 대답하지 않았다.[183]

고苦는 '쓰다', '거칠다'의 뜻을 가지고 있다. 마시는 것에 대한 대답으로는 쓴맛을 의미하는 '쓰다'가 더 적합할 수 있지만 '거칠다' 역시 쓸 수 있다. '거칠다'는 것은 정제되지 않아 먹을 수 없는 물에 비유할 수 있기 때문이다. 이 말은 임제의 "거친 풀밭에는 손대지 않는다."[184]는 말과 같은 의미를 담고 있다는 것을 알 수 있다.

183 『조주록』, p.22.

조주는 태곳적 개울의 찬물을 마시면 '죽는다'고 말한다. 이 말을 들은 설봉스님은 조주를 고타마 붓다에 비유하면서 그에게 찬탄을 아끼지 않는다. 왜냐하면 조주의 대답은 그것을 경험한 사람만이 할 수 있는 것이기 때문이다. 즉 '마시면 죽는 태고의 쓴물'이란 집단무의식의 원시적 동물성을 의미하고, '눈을 똑바로 뜨고 보아도 밑바닥이 보이지 않는다'고 하는 것은 자아의식으로서는 그 크기를 파악할 수 없는 집단무의식의 광대함을 의미한다.

그러므로 집단무의식은 자아의식으로는 함부로 접근할 수 없는 원초적 위험성이다. 그것들은 자아의식이 마음대로 교정할 수 있는 내용들이 아닌 것이다. 그렇기 때문에 무아의식의 관조에 의해서 의식화 과정이 일어나야만 된다.

한 스님이 물었다.
"털끝만한 차이라도 없을 때는 어떻습니까?"
"거칠다."
"기연에 응할 때는 어떻습니까?"
"굽힌다."[185]

'털끝만한 차이가 없을 때'에서 '차이'란 의식과 무의식의 마음이 분리되지 않는 한마음이다. 조주는 답은 '거칠다'이다. 왜 그럴까?

---

184 『임제록』, p.60.
185 『조주록』, p.144.

자아의식이 중심에 있을 때는 거친 마음을 가리고 억눌러 조작하지만, 자아의식이 초월되면 집단무의식의 마음이 그대로 드러나기 때문이다.

그렇다면 그러한 마음이 일어날 때 어떻게 반응하느냐고 묻자 조주는 '굽힌다'고 대답한다. 즉 자아가 그것에 대립각을 세우지 않음으로써 무의식의 작용이 그대로 드러나게 된다는 것이다. 드러난다는 것은 무의식의 내용이 무아의식에 의해서 관조된다는 의미다. 관조가 바로 의식화이고, 무의식의 의식화는 분리된 정신의 통합이다.

4. (조주2)
무아의식은 정신의 무한영역을 탐색한다

그리고는 스님께서 말씀하셨다.

"노승이 90년 전 마조馬祖대사 문하에서 80여 선지식을 친견하였는데, 모두가 솜씨 좋은 선지식들로서 가지와 넝쿨 위에 또 가지와 넝쿨을 만드는 지금 사람들과는 달랐다. 성인이 가신 지가 오래되어 한 대代 한 대가 틀리게 나날이 다르다. 남전스님께서는 항상 말씀하시기를 '이류異類 가운데서 행해야 한다'고 하셨는데, 그대들은 이를 어떻게 이해하는가? 요즈음은 주둥이가 노란 어린 것들이 네거리에서 이러쿵저러쿵 법을 설하여 널리 밥을 얻어먹고 절을 받으려 하며, 3백 명이고 5백 명이고 대중을 모아놓고는 '나는 선지식이고 너희는 학인이다'라고 하는구나."[186]

가지와 넝쿨 위에 또 가지와 넝쿨을 만든다는 것은 자신이 부처임을 모르는 자아가 부처라는 허상을 만들어내는 것을 비유한 말이다. 자아가 상상하는 부처는 특별하고 거룩하다. 그런 자아에게 깨

---

186 『조주록』, p.35.

달음을 얻은 사람은 중생과 차별화되기 때문에 스스로를 선지식이라 부른다.

그러나 무아의식이 그대로 실현되는 사람은 스스로 선지식이라고 부르지 않는다. 조주는 스스로 자신이 깨달았다고 하면서 다른 사람들로부터 절을 받고 돈을 받는 이들을 가리켜 '주둥이가 노란 어린 것들'이라고 말하는 것이다. 조주의 다음 문장을 통하여 이 말의 참뜻을 알 수 있다.

"그대들이 나를 선지식이라고 부른다면 나도 마찬가지로 벌을 받아야 할 사람이다. 노승이 말장난을 좋아하는 게 아니라, 저 옛사람들에게 누를 끼칠까 두려워서 이런저런 말을 하는 것이다."[187] '나'를 내세우는 것은 부처로 해석할 때 일어난다. 조주에게 부처는 무아의식이다. 무아의식은 '나'라는 존재가 아니라 정신의 기능이다.

어느 날 조주에게 한 스님이 물었다. "법에는 별다른 법이 없다는데, 그 법이란 무엇입니까?" "바깥도 비고 안도 비고 안팎이 다 비었다."[188]라고 답한다. 안과 밖을 구분하는 것은 자아의 상대의식이다. 안과 밖이 모두 비었다는 것은 그것을 구분하는 자아의식을 초월하여 있는 무아의식이다. 그렇기 때문에 공空이라고 하는 것이다.

'내가 조사다'라고 하는 것은 자아의 상대적 개념에서 나온다. 그러므로 자신을 조사라고 한다거나 깨달았다고 하는 사람은 여전히 자아의 상대의식으로 살고 있음을 고백하는 것이다. 무아의식에는

---

187 『조주록』, p.38.
188 『조주록』, p.36.

부처도 중생도 없다. 무아의식은 오직 있는 그대로의 사실만을 비춘다. 이것을 최고의 인식이라고 부르는 이유는 자아의 인식이 그만큼 왜곡되고 한정되어 있다는 것을 증명하고 있는 것이다. 정신은 자아의 한계적인 의식으로는 절대로 밝혀질 수 없는 무한한 영역이다.

위 법문에서 조주가 하고 싶은 가장 중요한 말은 바로 남전스님의 이류중행異類中行이다. 이류중행의 본문 해석은 다음과 같다. "이異는 다른 것, 류類는 같은 것. 이류중행異類中行은 보살이 성불한 후 육도六道 가운데 윤회하면서 모든 중생을 제도하는 행을 말한다."[189]

조주도 이류에 대해 남전스님께 묻는다. "다른 것(異)은 무엇이고, 같은 것(類)은 무엇입니까?" 남전스님이 두 손을 땅에 짚는 시늉을 하자 조주는 남전을 발로 밟아 쓰러뜨리고 씩씩거리며 나간다. 즉 스승 남전이 동물의 흉내를 내자 조주 역시 스승을 발로 밟아 쓰러뜨리고 씩씩거리며 나감으로써 동물성으로 답한 것이다.

이류중행은 당나라의 고승 남전보원南泉普願이 주장한 수행법이라고 알려진다. 이류異類란 자아의식과는 다른 무의식의 동물적 원시성을 뜻하는 말이다. 전해 내려오는 해석을 보면, 동물은 망상이 없어서 이들 가운데서 도를 구해야 한다고 남전이 말한 것으로 알려져 있다. 사람이 동물의 순수성을 본받는다는 의미는 자아의식의 꾸미고 조작하는 마음에 대한 역설적 비판을 담고 있다고 봐야 한다.

189 『조주록』, p.32.

즉 자아의 사사로움에 오염되지 않는 청정한 무아의식이 집단무의식의 원시성을 의식화하는 것이다. 그런 의미에서 이류중행은 깨달음을 얻은 남전의 진정한 후득지 과정이다. 남전이 이류중행은 그 유명한 무심선無心禪의 의미가 무엇인지를 보여준다.

무심선이란 무아의식이 드러난 자리로서 절대적 객관성으로 자아와 무의식을 관조하는 것을 말한다. 이류異類를 묶어서 '종이 다르다'라는 한 단어의 의미로도 볼 수 있다. 즉 이류는 인간과는 다른 동식물이라고 풀이할 수 있을 것이다. 그런데 이것이 물리적 구별을 의미하는 것이 아니라는 것은 조주의 질문에서만 보더라도 알 수 있다. 이류는 인간정신의 의식적 측면과 또 다른 것으로서의 무의식적 측면에 대한 두 가지 차원으로 나눠 보아야 한다는 것이다.

융에 의하면 집단무의식은 인간정신의 원시성으로서 동물적 성질을 그대로 지니고 있다. 융이『사자의 서』해설에서 말하고 있듯이, 불성佛性은 동물계나 잡신들의 세계로 둘러싸여 있다. 임제는 이것을 '거친 풀'[190]이라고 했고, 조주는 이것을 '태고의 쓰디 쓴(苦) 샘물'[191]이라고 했다. 남전은 스스로 '남전참묘아南泉斬猫兒'라는 화두를 가짐으로써 그의 수행의 진수를 보여준다.

만일 남전참묘아를 글자 그대로 풀이할 수 있다고 한다면 '남전은 아주 살쾡이 같은 녀석'이다. 즉 남전이 경험하는 본성에 대한 직접적인 표현이다. 남전이 남전참묘아를 평생의 화두로 삼음으로

---

190 『임제록』, p.60.
191 『조주록』, p.22.

써 자기 자신의 본성을 명상하고 의식화해내는 데 총력을 집중했을 것이라는 점은 의심의 여지가 없다.

남전이 했다고 알려진 무심선無心禪은 견성으로 드러난 무아의식에 의해서 자아와 개인무의식, 그리고 집단무의식에 대한 명상이다. 이것은 그의 화두와 일치된다. 이처럼 위대한 정신적 스승이었기에 그는 조주를 첫눈에 알아보았고, 조주 또한 그를 평생의 스승으로 모셨을 것이다. 조주는 그러한 스승의 이류중행의 중요성을 알았고, 다음 세대들이 그것을 어떻게 이해하고 있는지를 묻는 것이다.

'남전스님께서는 이류異類 가운데서 행해야 한다고 말씀하셨는데, 그대들은 이를 어떻게 이해하는가?' 하지만 자아의 상대의식으로 살아가는 대중들이 이류를 바르게 이해하는 일은 결코 쉽지 않을 것이라는 것을 조주는 알고 있다. 그러므로 '주둥이가 노란 어린 것'들이라고 표현한 것이다. '어리다'는 것은 의식의 수준이 낮은 단계라는 말이고, 낮은 의식상태란 결국 어리석다는 것이다. 어리석음으로 인해 스스로에게 기만당하고 있는 가짜 선지식들과 그것에 아무런 생각 없이 따라가는 나약한 대중들을 염려하고 있는 것이다.

본문이 해석한 이류중행을 다시 여기에 옮겨 본다. "이異는 다른 것, 류類는 같은 것. 이류중행異類中行은 보살이 성불한 후 육도六道 가운데 윤회하면서 모든 중생을 제도하는 행을 말한다." 여기서 중요한 것은 '육도 가운데 윤회하면서 모든 중생을 제도하는 행'을 어떻게 해석하느냐의 문제이다. 왜냐하면 황벽은 부처의 삼신인 법신·보신·화신을 다음과 같이 말하고 있기 때문이다.

법신은 자성의 허통한 법을 설하고, 보신은 모든 청정한 법을 설하며, 화신은 육도만행의 법을 설한다. 법신의 설법은 언어·음성·형상·문자를 통하여 이해할 수 있는 것도 아니고, 설명될 수 있는 것도 아니다. 설할 것도 없고, 증득할 것도 없으며, 그저 자성이 허통할 뿐이다. 그러므로 말씀하시기를 "법으로 설할 것이 없는 것, 그것을 설법이라 한다."[192]

그런데 아미타불의 염원에 의해서 되는 보신과 화신은 법신과는 차원이 다르다는 것을 알려준다.

보신과 화신은 모두 근기에 따라 감응하여 나타나며, 따라서 그 설하는 법도 개개의 사정에 따르고 기근機根에 대응하여 교도教導하는 것이기 때문에 이 둘은 진실한 법이 아니다. 그러므로 말하기를 "보신과 화신은 진실한 부처가 아니며, 또한 진실한 법을 설하는 것도 아니다."라고 한 것이다.[193]

조사는 이미 무아의식이 드러나 있는 사람들이다. 그러므로 중생을 구원하려고 염원을 세우는 아미타불과는 다르다. 왜냐하면 황벽

---

192 『전심법요·완릉록 연구』, pp.128~9.
193 『전심법요·완릉록 연구』, pp.128~9.

의 설법에서 밝히고 있듯이 화신과 보신의 세계는 여전히 상대적 가치관을 가지고 있는 자아의 세계이기 때문이다. 그들은 중생과 부처를 나누어 보고 중생을 제도하려는 목표를 세운 것이다. 그러나 허통한 법은 상대적 개념이 없다. 허통한 법을 설하는 법신은 조주의 법문에서는 허명虛明이 된다. 조주가 말하는 허명을 여기서 확인해보자.

"고인의 말에 '허명虛明은 스스로 비춘다'고 하는 말이 있습니다만, '스스로 비춘다'는 것은 어떠한 것입니까?"
"다른 사람이 비춘다는 것은 말하지 않는다."
"비추지 않으면 어떻게 됩니까?"
"자네는 말에 걸렸다."[194]

허명虛明에서 허虛는 비어 있음이고 명明은 밝음, 비춤, 즉 의식이다. 그런데 '나'라는 인식주체가 있는 자아의 상대의식이 아니라 '나'가 비어 있는 무아의 절대의식이다. 그러므로 허명은 자아의 상대적 주관성이 전혀 개입되지 않는 절대적 객관성인 것이다. 조주는 허명이 다른 사람을 비추는 것이 아니라 오직 자기 자신을 비춘다고 한다.

즉 허명이란 오직 자기 자신을 아는 기능이다. 그러므로 그것은

---

194 『전심법요 · 완릉록 연구』, p.145; 『조주록』(선의 어록11. p.162). "問, 承古有言, 虛明自照, 如何是自照. 禪云, 照不著處如何. 師云, 爾話墮也."

어느 누구에게 줄 수도, 어느 누구에게서 받을 수도 없다. 오직 자기 내면에서 일어나는 유일하고 고유한 의식성인 것이다. 즉 불교에서 말하는 깨달음은 위대한 신이나 거룩한 부처에 의해서 일어날 수 있는 것이 아니다. 그것은 오직 개인적 존재 안에 홀로 밝게 빛나는 독자적인 정신에 의해서만이 가능하다.

왜냐하면 자성이라는 말 자체가 고유성이며, 깨달음이란 고유성의 실현이기 때문이다. 그러므로 조사가 말하는 중생은 외부에 있는 것이 아니라는 것을 알 수 있다. 즉 중생은 혜능이 말한 '천년의 어두움'이고, '만년의 어리석음'[195]인 자기 내면의 집단무의식들이다.

보신과 화신에 대한 잘못된 이해 또한 생성의 언어를 존재의 언어로 해석함에서 온다. 생성의 언어가 존재의 언어로 바뀔 때 엄청난 괴리가 발생하는 것은 너무도 당연하다. 이러한 괴리가 자아의 상대의식으로 하여금 언어에 걸려버리게 만드는 것이다.

『정명경』에 이르기를 "오직 침상 하나만을 남겨두고 거기에 병들어 누워 있었다."고 하는 것은 이는 마음이 일어나지 않는 것을 말한다. 그와 같이 하여 그는 지금 앓아 누워 있기 때문에 외경과의 관계는 모두 끊어지고 망상은 소멸한 것이다. 그것이 바로 보리인 것이다. 지금 만약 마음속이 어지러워 정지靜止되지 않으면 비록 네가 3승·4과·10지 등 보살수행의 모든 지위(階

195 『돈황본 육조단경 연구』, p.241.

程)를 배워 통달했다고 할지라도 결국 범·성이라는 상대적인 가
치세계에 머무르고 있는 것에 지나지 않는다.[196]

'오직 침상 하나만을 남겨두고 거기에 병들어 누워 있었다'는 것
은 무아의식이 드러나면 자아는 더 이상 인식주체가 될 수 없다는
것을 말한다. 외경과 관계하고 망상을 구분하는 일은 모두 자아에
게 있다. 더 이상 정신의 주인이 아닌 자아는 서서히 죽어간다. 자
아가 죽어간다는 것은 정신의 주체로서 작용하지 못한다는 의미다.

이것을 황벽은 보리菩提라고 한다. 보리란 각자覺者가 깨닫는 내
용이다. 각자에게 드러난 무아의식은 내면의 무명을 비춘다. 무아
의식이 드러나도 자아는 여전히 작용한다. 자아의 모든 움직임은
무아의식에게 자아와 무의식을 명상할 수 있는 기회다.

'3승·4과·10지 등 보살수행의 모든 지위(階程)을 배워 통달했더
라도 내가 범·성이라는 상대적인 가치세계에 머무르고 있다'면 그
것은 진정한 깨달음이 아니다. 진정한 깨달음은 오직 무아의식이기
때문이다. 자아의 상대적인 가치체계가 아닌 무아의 절대적인 가치
체계가 어떤 것인지 조주의 다음 말을 통해 이해해보자.

어떤 속인 관리가 물었다.
"부처님께서 계실 때에는 일체 중생이 부처님께 귀의하지만, 부
처님이 멸도하신 다음에는 일체 중생이 어디에 귀의합니까?"

---

196 『전심법요·완릉록 연구』, p.263.

"중생이란 있은 적이 없다."

"지금 묻고 있지 않습니까?"

"그렇다면 더 무슨 부처를 찾느냐?"[197]

생성의 언어가 존재의 언어로 해석되면 부처는 역사적 인물인 고타마 싯다르타가 된다. 고타마 싯다르타가 질문자를 구원할 부처가 되면 질문자는 스스로 중생이 된다. 그것이 바로 자아의 상대의식이 갖는 개념이다.

그러나 생성의 언어가 말하는 부처는 외부적 존재가 아니라 정신의 중심기능인 무아의식이다. 무아의식은 상대의식이 아니라 절대의식이다. 그러므로 중생도 없고 부처도 없는 오직 한마음(一心)이다. 이것이 바로 한마음의 조주가 '중생인 네 자신이 바로 부처'라고 친절하게 가르쳐주는 근거다.

부처를 찾는 것은 자아의식이 부처와 중생을 구분하기 때문이다. 무아의식은 부처를 찾고자 하는 그러한 자아를 명상한다. 자아는 정신의 전체성으로 가는 문이다. 그 문이 열리면 무아의식은 정신의 무한영역으로 탐험 여정을 시작하는 것이다.

197 『조주록』, p.46.

5. (조주3)
무아의식은 본성의 원시성을 생명 에너지로 바꾼다

무심을 실현한 조주의 스승 남전이 외부의 중생을 제도하기 위해서
육도 윤회를 했다고 해석한다면 그것은 남전의 수행을 곡해하는 것
이며, 조사가 무엇인지에 대해 정확하게 이해하지 못했다고 볼 수
있다.

육도六道는 자아 중심으로 사는 마음을 여섯 개의 상태로 나누어
형상화한 것이다. 자아는 아뢰야식에 뿌리를 두고 있다. 육도에서
는 자아가 아뢰야식으로부터 어떻게 영향을 받고 있는지를 보여준
다. 인간의 의식수준은 자아의식이 아뢰야식의 영향을 어떻게 받아
내느냐에 따라 달라진다.

그러므로 자신의 마음이 어디에 머물고 있는지를 알아차린다면
자신의 상태가 어떤지를 알게 된다. 인간은 늘 하나의 상태에 머무
는 것이 아니라 끊임없이 여섯 개의 세계를 왕래한다. 견성 이후에
무아의식이 드러나면 인간이 가지고 있는 육도는 차례로 돌아가면
서 의식화 과정을 밟는다.

이것은 불교의 후득지가 분리된 정신의 통합과정임을 확실하게
보여주는 증거이다. 조사들이 깨달음을 자아의 형이상학적 판타지
가 아니라는 것을 명확하게 지적함으로써 '있는 그대로'의 마음 현

상으로 돌아가도록 끊임없이 촉구하는 이유도 바로 여기에 있는 것이다.

마음을 이해하기 위해서 육도六道를 심리학적으로 접근해보자.

첫 번째 도道는 천계天界로서 자만自慢의 세계이다. 상징적으로 표현되는 천도天道는 하늘의 도, 즉 신들의 세계로 상징될 만큼 높은 의식수준을 나타낸다. 이 단계에 이르면 모든 욕망이 충족될 수 있고, 모든 즐거움이 온전히 갖추어진다. 그러나 이 단계에서도 여전히 자아가 의식의 중심에 있다.

말하자면 깨달음을 인위적으로 추구하지 않고 자신의 본래 모습을 그대로 드러내는 귀한 사람(無事是貴人)의 세계는 아닌 것이다. 욕망의 추구와 그것에 대한 충족은 자아에 의해서 일어난다. 이 천도의 세계에 이르기 위해서는 엄청난 자아의 노력이 필요하다. 욕계의 6천과 색계의 18천과 무색계의 4천에 태어나기 위해서는 십선十善을 닦고, 선정禪定을 익혀야 한다.

십선과 선정은 자아강화를 위한 최고의 방편이다. 천상계를 윤회세계로 보는 것도 바로 공덕을 기초로 하는 자아의 세계이기 때문이다. 그러므로 하늘의 세계가 즐거움이든 행복이든 선함이든 그 무엇으로 부르든지 간에, 그것은 모두 자아의 욕망이 충족되는 것을 목적으로 한다.

즉 자아는 언제나 완전함을 추구한다. 자아가 보는 자신의 모습은 불완전함 그 자체이다. 불완전함은 자아에게 영속성을 잃어버릴지도 모른다는 두려움을 가져온다. 즉 자아가 지속되지 않고 없어지는 것에 대한 불안이다. 그러므로 자아는 자신의 영원성을 추구하게 되는데 그것이 바로 완전성이다.

완전성을 외적으로 추구하는 사람은 자신이 아닌 전지전능한 신을 외부에서 찾고, 내적으로 추구하는 사람은 내면의 불완전성을 제거함으로써 완전성을 추구한다. 자아의 육체적·정신적 욕망을 완전히 제거함으로써 영원성이라는 새로운 욕망이 성취되는 것을 불교에서는 천계의 세계로 보는 것이다.

그것은 자아가 모든 것을 해낼 수 있었다는 엄청난 자만심을 불러일으킨다. 그러므로 그것은 자만의 세계가 될 수밖에 없다. 육도는 자아를 만족시키는 자아실현의 세계이다. 그러나 자아를 초월해야만 가능한 무아의 세계, 즉 심리학의 자기(Self)실현의 세계는 아닌 것이다.

두 번째 도인 아수라계는 경쟁과 투쟁의 세계이다. 아수라는 인도의 가장 오래된 신으로서 지혜는 있으나 분노의 마음이 많아 싸우기를 좋아한다. 아수라도는 현대인의 모습을 그대로 보여주고 있다. 교육의 보편성으로 인해 과거 그 어느 때보다 현대인의 지식수준이 높아지기는 했지만, 정작 현대인들의 삶은 투쟁과 경쟁을 가장 중요한 삶의 기술로서 배워야 하고 그 체계 속에서 노심초사하면서 평생을 살아가야만 한다. 태어나기 위해서 시작된 경쟁은 죽음에 이르기까지 끝이 없고, 경쟁을 벗어나는 순간 실패라는 절벽으로 떨어져야 한다. 경쟁과 투쟁의 세계에서 한 걸음도 나아갈 수 없는 현대인은 아수라도에 갇혀 있는 것이다.

세 번째 도인 인간계는 추구와 변화의 세계이다. 인간계는 자아가 성장하는 가장 기본적인 세계이다. 자아는 끊임없이 무엇인가를 추구한다. 그것은 자아가 끊임없는 변화의 과정 속에 있다는 것을 의미한다. 추구는 자아의 탐욕이고, 그것을 만족시키지 못하면 분노가 일어난다. 자아는 그 과정을 통해 자신에게 잠재된 무의식적 성질을 인식할 수 있다.

무의식에 대한 인식이 바로 의식의 확장이며 전체성을 향한 자아의 열림이다. 자아는 탐욕의 실현과정 속에서 삶의 덧없음(無常)을 느끼고 집착도 깰 수 있다. 그러므로 인간계는 자신을 알아가는 가장 적합한 장소로서 불완전한 자신을 끊임없이 보완하고자 하는 욕망의 세계이기도 하다. 그런 의미에서 불교는 인간계를 불법佛法을 수행하기에 가장 적합한 세계라고 보는 것이다.

네 번째 도인 축생계는 사고思考가 없고 오직 행동만 있는 세계이다. 인간계가 무의식의 충동을 의식의 세계에서 옳고 그름을 검열하여 비교적 합당한 것만을 현실화하는 반면에, 축생계는 사고의 검열과정이 없이 충동이 그대로 현실화되어 버린다. 그것은 끊임없이 사회적 마찰이 되어 자신과 주변을 괴롭게 한다. 그러므로 당연히 기쁨보다는 고통이 더 많다. 자신의 욕구를 컨트롤할 능력이 없는 짐승의 세계와 같다고 하여 축생계라고 하는 것이다.

다섯 번째 도인 아귀계는 오직 이기적인 탐욕과 불만의 세계이다. 아귀는 모을 줄만 알았지 쓸 줄도, 타인을 위해 나눌 줄도 모른다. 그러나 탐욕은 채워도 채워도 끝이 없다. 남보다 많이 가지고 있지만 채워지지 않는 탐욕은 불만이 될 뿐이다. 탐욕에 사로잡혀 있는 사람은 아무리 먹어도 해골처럼 말라 있는 사람과 같고, 벌거벗고 뜨거운 열기 속에 있거나 언제나 목말라 있는 고통에 비유된다. 그러나 그는 자신의 불행이 자신의 탐욕에 의한 것인지를 알지 못하니 해결의 방법이 없다.

여섯째 도인 지옥계는 공격과 침략의 세계이다. 자신의 분노를 분별할 능력이 없다. 악행에 대한 인식조차 없으니 스스럼없이 행한다. 마치 정신병자가 칼을 들고 세상을 활보하는 격이라 악행으로 인한 고통이 쉴 사이가 없다. 그러므로 불교에서는 이것을 두고 무간지옥이라고 부르는 것이다.

이러한 여섯 가지 마음이 곧 정신의 본질이다. 육도는 우리가 현실 속에서 직접적으로 경험하거나 간접적으로 목격하고 있기 때문에 부인할 수 없다. 세상은 마음이 현실화된 것들이다. 그렇기 때문에 인간은 마음의 본질을 인식하고 의식화해내야만 하는 의무를 숙명적으로 가지고 있는 것이다. 이러한 정신구조를 철저하게 관조했던 조주의 스승 남전은 자신을 가리켜 '살쾡이 같은 녀석'이라고 말할 수밖에 없었고, 그의 자랑스러운 제자 조주 또한 자신을 가리켜 '나귀'라고 불렀던 것이다.

한 스님이 물었다.
"무엇이 이류 가운데 행함(異類中行)입니까?"
"옴 부림, 옴 부림!"[198]

'옴 부림, 옴 부림!'은 진언이다. 앞에서 말한 것처럼 진언은 굳이

---

198 『조주록』, p.144.

그 뜻을 해석하지 않는다. 다만 일반적으로 알려지고 있는 옴唵은 명심明心·비로자나불毘盧遮那·보시·평등·본연각성本然覺性·항사일체묘의恒沙一切妙意의 뜻을 가지고 있다. 명심明心을 밝고 깨끗함으로 해석한다면 무아의식이다.

비로자나불 또한 우주의 실상을 나타내는 근본 부처이다. 그것은 모두 분별이 끊어진 상태로 평등이며 수없이 많은 오묘한 뜻을 가지고 있다. 즉 '이류 가운데 행함(異類中行)'이 곧 본연의 실상이 드러나는 오묘함이다.

한 스님이 하직하자 스님께서 말씀하셨다.

"그대가 밖에 나갔을 때 갑자기 어떤 사람이 조주를 보았느냐고 묻는다면 어떻게 대답하겠느냐?"

"그저 보았다고만 해야 되겠지요."

"나는 한 마리의 나귀인데, 그대는 어떻게 보느냐!"

그 스님은 말이 없었다.[199]

스님께서 한 스님에게 물었다.

"여기에 있은 지 얼마나 되느냐?"

"칠팔 년 됩니다."

"노승을 보았느냐?"

"보았습니다."

[199] 『조주록』, p.150.

"내가 나귀가 된다면 어떻게 보겠느냐?"

"법계에 들어가서 보겠습니다."

"나는 이 중이 한 가지는 갖춘 줄 알았더니 숱하게 공밥만 퍼먹었구나."

"스님께서 일러주십시오."

"어찌 '꼴(草料) 속에서 봅니다'라고 말하지 못하느냐?"

조주는 왜 스스로 나귀라고 표현하는 것일까? 이것은 물론 남전의 이류중행異類中行과 융이 말하는 집단무의식의 동물적 원시성과 무관하지 않다. 자아의식의 인위적 조작이 없이 본성을 있는 그대로 명상할 수 있는 높은 의식 상태의 조사들이 스스로, 혹은 동료스님들을 동물로 표현하고 있다.

두 번째 대화에서 자신이 나귀였다면 어떻게 볼 수 있을까, 묻는다. 질문을 당한 스님은 그 말을 법력이 높으신 조주의 말이라는 것에 걸려버린다. '법계에 들어가서 본다'고 하는 표현은 정신의 실제적 사실조차 부처라는 거룩한 판타지로 환원시켜 버리는 자아의 전형적 사고를 보여준다.

그러므로 조주가 그 스님에게 헛공부를 했다고 핀잔을 줄 수밖에 없다. 깨달음이란 본성을 있는 그대로 파악하는 것이다. 나귀는 당연히 사람이 먹는 밥이 아니라 나귀의 밥인 꼴을 먹는다. 조주뿐만 아니라 임제 또한 보화스님에게 나귀의 표현을 쓰고 있다.

보화스님이 생채를 먹고 있는데, 임제스님이 보고 말하였다.

"보화는 꼭 한 마리 나귀 같구나."

보화스님이 나귀 울음소리를 내자 임제스님은 곧 그만두었는데,

보화스님이 말하였다.

"꼬마 임제가 그의 외짝 눈은 갖추었다."

스님께서 대신 말씀하셨다.

"다만 본분의 먹이물(本分草料)을 주어라."[200]

생채를 먹고 있는 보화스님을 보고 나귀 같다고 임제스님이 말했다면 그것은 보화의 인위적으로 꾸미지 않은, 자연스러운 모습에서 드러나는 본성적 태도를 의미했을 것이다. 깨달음을 얻은 사람들은 타인을 의식하지 않고 거침없이 자연스러운 행동을 하게 된다.

나귀는 무리를 이루기도 잘하고 깨지기도 잘한다. 야생나귀에서 가축나귀가 되면 활동력이 뛰어난 사회적 동물이 된다. 관찰력이 예리하고 조심스러운 동물로서 복종심이 강하고 이유 없이 명령을 거부하지 않는다. 말처럼 빨리 달리진 못해도 거의 먹이를 먹지 않고서도 며칠 동안 무거운 짐을 운반할 수 있을 만큼 지구력이 뛰어나다.

조주가 "다만 본분의 먹이물(本分草料)을 주어라"고 한 것은 이러한 나귀의 특성을 빗대어 말한 것으로 보인다. 즉 다시 말해서 무의식을 의식의 기준에 맞추어 조작하려 하지 말고, 무의식을 있는 그대로 보고 그 특성을 인정하라는 의미일 것이다. 그렇게 해야만 야

200 『조주록』, p.161.

생의 무의식이 생명의 에너지로서 원천이 될 수 있다. 다음에 나오는 조주의 대화 또한 원시적 동물성에 관한 것이다.

> 스님께서 시랑侍郎과 함께 정원을 거니는데, 토끼가 달아나는 것을 본 시랑이 물었다.
> "스님께서는 대선지식인데, 토끼가 보고는 무엇 때문에 달아납니까?"
> "제가 살생을 좋아한 탓이지요."[201]

일반적으로 깨달음을 얻으면 거룩한 부처가 되기 때문에 모든 것에 한없이 자비로운 사람이 되는 것으로 알려져 있다. 그래서 동물도 그를 피하지 않는다는 것이다. 깨달음을 이와 같은 것으로 이해하고 있던 나라의 높은 관리가 조주와 함께 정원을 걷다가 토끼가 달아나는 것을 보고 이처럼 비꼬아 물었던 것이다. 질문을 받은 조주는 너무도 태연하게 자신이 살생을 좋아한 때문이라고 말한다.

왜냐하면 진정한 깨달음이란 자기 안에 있는 동물성을 인식하는 것이기 때문이다. 또 한편으로 이 말은 깨달음을 신적인 존재로의 완전한 변신이라고 생각하고 있는 자아의 판타지를 부수는 것이기도 하다. 깨달음의 목적은 자아의식에 의해서 분리되었던 잃어버린 본성을 되찾는 것이다. 조주가 그러한 본성에 온전하게 깨어 있음을 보게 하는 대목이다.

---

201 『조주록』, p.162.

스님께서 한번은 원주가 생반生飯을 놓아주고 있는 것을 보노라니, 까마귀들이 보고는 모두 날아가 버렸다. 스님께서 말씀하셨다.

"까마귀들이 너를 보고는 왜 날아가 버리느냐?"

"제가 두려운 게지요."

스님께서는 "그게 무슨 말이야?" 하면서 대신 말씀하셨다.

"제게 살생하는 마음이 있기 때문입니다."[202]

이 대화에서도 조주는 무아의식이 내면을 비추는 빛이라는 것을 보여준다. 그러므로 조주는 모든 원인을 언제나 본인에게서 먼저 살피는 것이다. 까마귀가 두려워서 도망간다고 하면 그것의 원인은 자기 자신보다 까마귀의 어리석음이 되어버린다. 그러나 나에게 살생하는 마음이 있다는 것은 자기 자신의 문제를 의식하는 것이 된다. 모든 문제의 해결은 의식함에서 시작한다. 이 모든 대화가 결국은 원시적 동물성으로 있는 무의식의 의식화를 말하고 있다는 것이다.

스님께서 남전스님 회하에 있을 때 남전스님께서 물소 한 마리를 끌고 승당으로 들어와 빙빙 잡아 돌았다. 수좌가 이에 소 등을 세 번 두드리자 남전스님께서는 그만두고 가버렸다. 스님께서 뒤에 풀 한 묶음을 수좌 앞에 갖다 놓자 수좌는 대꾸가 없

202 『조주록』, p.176.

었다.[203]

남전스님은 평생 동물과 살았다고 전해진다. 이것은 집단무의식의 동물적 원시성에 대한 자각과 의식화 과정을 제자들에게 상징적으로 보여주려는 의미심장한 행위였다고 보지 않을 수 없다. 승당은 승려들이 정진하거나 거처하는 곳이다. 만약 그곳이 정진하는 자리였다고 한다면 진정한 정진은 자기 내면의 동물성을 인식하는 것이라는 것을 알려주고자 하는 마음이었을 것이고, 거처하는 곳이었다면 인간의 정신은 동물과 같이 살고 있음을 알리고자 했을 것이다.

남전의 수좌는 소를 세 번 두드려 보며 호기심을 보였지만, 조주는 물소에게 꼴을 가져다줌으로써 원시적 동물성에 대해 이미 깊이 인식하고 있음을 보여준다. 동시에 동물이 먹을 수 있는 먹이를 주었다는 것은 동물을 사람으로 변화시키는 것이 아니라, 동물을 동물로서 있는 그대로 인식하고 수용한다는 것을 의미한다.

즉 이류중행異類中行은 집단무의식에 대한 철저한 인식이자 그것의 의식화에 대한 방법론이다. 그야말로 위대한 스승 남전과 빼어난 제자 조주 사이의 이심전심의 지혜가 무엇인지를 그대로 드러내고 있다. 정신에 내재한 원시성, 마음의 중생들을 확연하게 보는 것은 오직 무아의식뿐이다.

그것은 무명을 밝히는 일이며, 마음의 중생들을 구제하는 일이

203 『조주록』, p.177.

다. 심리학적으로는 무의식을 의식화하는 일이며, 분리된 정신의 통합이다. 구제된 중생들은 더 이상 중생이 아니고, 불안의 근원이었던 동물적 원시성은 더 이상 정신적 혼란의 근원으로 작용하지 않는다. 왜냐하면 그것들은 무아의식의 관조에 의해서 생명 에너지의 근원이라는 본연의 자리로 돌아가기 때문이다.

6. (조주4)
무아의식은 마음의 불가사의한 본질을 드러낸다

오직 마음이 부처이고 마음 밖에서는 구할 것이 없다고 하는 것이 바로 불교의 기본 사상이다. 동시에 이것은 곧 융 심리학의 기본적 주제이기도 하다.[204] 누구나 마음을 가지고 있고, 마음이 그대로 부처인데도 사람들은 왜 부처를 알지 못할까? 그 이유는 바로 사람들이 마음이 나타내는 그 모두를 다 보지 않거나, 보지 못하거나 하기 때문이다.

　한 스님이 물었다.
　"온갖 경계가 한꺼번에 일어날 때는 어떻습니까?"
　"온갖 경계가 한꺼번에 일어난다."
　"한 번 묻고 한 번 대답함은 일어난 것입니다. 무엇이 일어나지 않는 것입니까?"
　"선상禪床이 일어나지 않는 것이다."[205]

　깨달았다고 소문난 조주를 만나러 온 방문객이 온갖 경계가 일어

---

204 『융 심리학과 동양사상』, pp.112~3.

날 때는 어떠냐고 묻자, 조주는 "온갖 경계가 한꺼번에 일어난다."고 대답한다. 즉 그것은 경계가 일어나는 그대로 둔다는 것이다. 일반적으로 깨달음을 얻으면 마음은 고요해서 어떤 경계도 일어나지 않는다고 생각한다. 그러나 깨달음이란 경계가 일어나고 있다는 것을 아는 것이지, 경계가 일어나지 않는다는 것은 아니다.

일없는 사람(無事人)이란 깨닫기 위해서 인위적인 노력을 끝낸 사람이다. 도를 목표로 하는 자아에게 중생과 부처는 완전히 다른 차원의 세계이다. 그러므로 시끄러운 중생의 마음이 일어나지 않게 하여, 고요한 부처의 마음만을 간직하려고 노력한다. 그러나 황벽은 '마음은 불성과 다르지 않다는 것을 깊이 확신하는 것, 그를 이름하여 조사라 하는 것이다'고 말한다.

움직이지 않는 것은 조사들이 설법하기 위해 올라가 앉는 선상禪床과 같은 물건뿐이라는 것이다. 마음이 일어나지 않으면 그것은 죽은 것이다. 살아 있는 한 마음은 일어나고 일어나야만 한다. 다만 중생과 부처의 차이는, 중생은 일어나는 마음에 집착하여 기쁘고 슬프고 하지만, 부처는 중생이 느끼는 온갖 반응들을 명상한다. 그러므로 깨달으면 경계가 없을 것이라고 생각하는 것은 자아의 관념이 만들어낸 판타지일 뿐이다.

경계란 자아라는 주체에 의해서 구분되는 한계다. 융의 심리학에 의하면 자아의식이 무의식을 구분하면서 대극對極을 만들어낸다. 자아의식이 무의식을 대극으로 두는 이유는 무의식의 내용들이 자

205 『조주록』, p.75.

아의식의 기준 안에서는 용납할 수 없는 것들이기 때문이다. 자아의식은 그러한 무의식의 성질들을 두려워하기 때문에 언제나 고통스럽다.

반면에 두려움을 느끼는 인식주체가 없는 무아의식은 절대적 객관성으로 경계를 만나는 자아와 자아가 느끼는 고통을 있는 그대로 관조한다. 그러한 사람이 바로 조사이다. 왜냐하면 조사는 있는 그대로의 마음이 곧 부처라는 것을 알기 때문이다.

황벽의 다음 말은 자아의 관점에서 보면 의미심장한 것이 된다. "그러므로 말하기를, 마음의 본질을 깨달았을 때 다만 불가사의하다고 말해도 좋다고 하는 것이다."[206] 마음의 본질에 대한 깨달음은 자아의식이 생각하는 그러한 차원이 아니라, 오히려 자아의식으로서는 짐작할 수도 상상할 수도 없는 오묘奧妙한 이치가 드러난다는 것이다.

한 스님이 물었다.
"어떤 것이 눈앞의 부처입니까?"
"불전 안에 있는 것이다."
"그것은 모양만이 부처입니다. 무엇이 부처입니까?"
"마음 그대로가 그것이다."
"마음이 그대로인 것이라 해도 그것은 테두리가 있는 것입니다. 무엇이 부처입니까?"

206 『전심법요・완릉록 연구』, p.202.

"마음 없는 것이다."

"마음 있음과 마음 없음을 제가 가려내도 괜찮겠습니까?"

"마음 있음과 마음 없음이 네게서 다 가려졌는데, 더 이상 내게 무슨 말을 하란 말이냐?"[207]

자아의 상대의식은 눈으로 볼 수 있는 확실한 것을 원한다. 그러므로 '눈앞에 있는 부처'가 무엇인지를 묻는다. 눈에 보이는 부처란 불전 안에 앉아 있는 불상佛像이라고 조주는 대답한다. 왜냐하면 질문자는 눈에 보이지 않는 부처를 볼 수 있는 능력이 아직은 없기 때문이다. 그러나 질문자는 많은 불교지식을 가지고 있다. 그러므로 불상이 진짜 부처가 아닌데 뭔 말씀이냐며, 정확한 답을 내놓으라고 한다.

말을 왜곡하지 않고 있는 그대로 받아들이는 스승은 진실을 그대로 말해준다. 지금 네 마음이 일으키는 그 모든 마음 그대로가 부처다. 그러나 자아의 관념으로서는 원시적 동물성이 시도 때도 없이 일어나는 무의식의 마음을 부처로 받아들이는 것은 불가능하다. 그렇다면 그것이 비록 부처라고 할지라도 그 가운데 특별히 무엇인가 다른 표시가 있을 것 아니냐고 묻는다.

"마음이 그대로인 것이라 해도 그것은 테두리가 있는 것입니다. 무엇이 부처입니까?" 조주가 마음이 부처라고 하니 질문자는 마음이라는 것에 집착해버린다. 조주가 마음이 부처라고 한 것은 마음

207 『조주록』, p.76.

을 피하지 말고 있는 그대로 인식해야 한다는 것이다. 즉 그 말은 의식이라는 정신의 기능을 강조한 것이었다. 하지만 부처라는 존재가 되고 싶은 자아의식에게 그것은 너무 막연하고 애매모호하다.

존재는 구체적인 실체다. 그래서 질문자는 마음이 부처라면 뭔가 확연하게 테두리가 있을 것 아니냐고 반문한다. 조주의 생성의 언어가 질문자의 존재의 언어로 왜곡되어 버리는 순간이다. 생성의 언어가 존재의 언어로 둔갑하는 것을 막기 위해 '마음은 없는 것이다'라고 말한다. 즉 마음은 구체적인 실체가 아니라는 말이다. 자아의 상대의식은 동물적 본성이 없는 완벽한 존재인 부처가 되고 싶어한다. 그러나 자아가 그토록 버리고 싶어하는 중생의 마음을 명상하는 것이 바로 깨달음이고 부처인 것이다.

한 스님이 물었다.

"무엇이 부처의 마음입니까?"

"그대는 마음이고 나는 부처이니, 받들 것인지 아닌지를 그대 스스로 살펴라."

"스승이 없는 건 아니나 받들어 모실 수가 있습니까?"

"그렇다면 나를 교화해 보아라."

"삼신三身 가운데 어느 몸이 본래 몸입니까?"

"하나만 빠져도 안 된다."[208]

마음에 집착하는 자아에게 마음은 고통이다. 왜냐하면 자아가 원하지 않는 내용들이 끊임없이 나타나기 때문이다. 그러므로 자아의 상대의식은 정신의 통합이 아니라 분리를 만들어낸다. 분리는 갈등이고, 갈등은 고통이다. 반면에 마음을 객관적으로 관조하는 사람에게 마음은 곧 부처이다. 왜냐하면 무의식의 내용들은 모두 존재를 있게 하는 근원임을 알기 때문이다. 자신의 본성을 있는 그대로 관조하고 이해하는 것은 갈등을 극복하는 것이고, 그것이 곧 의식과 무의식의 통합이다.

본래의 마음이란 자아의식의 분별이 시작됨과 동시에 분리됨으로써 무명으로 남아 있는 것이다. 그러므로 깨달음의 핵심은 무명으로 있는 마음의 중생들을 무아의식의 빛으로 구제하는 것이다. 그러나 부처가 되려는 욕망으로 가득 차 있는 자아의식은 법신·보신·화신 중에 어느 것이 진짜 부처인지 다시 알음알이를 낸다.

조주는 삼신에서 하나만 빠져도 부처가 안 된다고 한다. 왜냐하면 그것들은 모두 정신적 기능이기 때문이다. 부처란 어느 하나를 버리고 어느 하나를 취하는 것이 아니다. 그러므로 이것과 저것을 구분하는 자아의식의 마음이 무엇인지를 아는 무아의식이 바로 부처이다.

한 스님이 물었다.
"이 나라에서 어느 분이 조사이십니까?"
"달마스님이 오신 이래로 이쪽에서는 모두가 조사이다."
"스님께서는 몇 번째 조사이십니까?"

208 『조주록』, p.84.

"나는 순서에 떨어지지 않는다."

"어느 곳에 계십니까?"

"그대 귓속에 있다."[209]

부처와 중생은 자아의식의 분별성에 의해서 일어난다. 자아는 스스로 부처가 아니라고 생각하기 때문에 늘 부처에 대한 그리움과 동경을 가지고 있다. 그래서 부처가 누구인지를 찾고 싶어 도가 높다고 소문난 조주에게 와서 누가 부처인지를 묻는다. 그러나 조주는 조사선의 시조인 달마가 모든 사람이 부처라고 말했으니, 모두가 부처를 가지고 있고 모두가 조사가 될 수 있다고 말한다.

그러나 중생임을 확신하는 자아의식에게 그 말이 쉽게 수용될 리가 없다. 조주 당신은 몇 번째 조사가 되느냐고 묻는다. 자아의 상대적 분별심을 너무도 잘 알고 있는 조주가 그 말의 함정에 빠질 이유가 당연히 없다. 자아의 분별성은 드디어 부처가 어디에 있느냐고 묻는다. 조주의 대답은 더할 수 없이 자비롭다. "그대 귓속에 있다."고 친절하게 가르쳐 준다. 조주의 말을 듣고 있는 질문자의 의식성이 바로 부처라는 것이다.

한 스님이 물었다.

"무엇이 길을 잘못 들지 않는 것입니까?"

"마음을 알고 성품을 봄이 길을 잘못 들지 않는 것이다."

209 『조주록』, p.84.

"밝은 구슬이 손바닥에 있을 때 빛이 납니까?"

"빛이 없지는 않으나 무엇을 구슬이라고 하느냐?"[210]

조주는 바른 깨달음이 '마음을 알고 성품을 보는 것'이라고 말한다. 마음을 아는 기능은 무아의식이다. 성품을 본다는 것은 정신의 근원인 본성을 본다는 것이다. 그러나 전등불 같은 자아의식으로는 억겁의 시간 동안 짙은 무명으로 있는 무의식의 세계를 비출 수도 없고 의식화시킬 수도 없다. 광대한 무의식의 내용은 오직 태양과 같은 무아의식에 의해서만이 가능한 것이다.

이렇게 직접적인 방법을 가르쳐 주지만 자아의 상대의식은 부처를 밝은 구슬일 것이라는 판타지에 대한 집착을 버리지 않는다. 그러므로 조주의 대답은 부처와 중생을 구분하는 상대의식의 관념이 무엇인지를 분명하게 인식하기를 바라는 것이다.

한 스님이 물었다.

"무엇이 도량입니까?"

"그대는 도량에서 와서 도량으로 간다. 전체가 다 도량인데 도량 아닌 데가 어디냐?"

"싹이 아직 트지 않았을 때는 어떻습니까?"

"냄새만 맡아도 머리는 갈라진다."

"냄새 맡지 않았을 때는 어떻습니까?"

---

210 『조주록』, p.88.

"그 같은 한가로운 공부란 없다."[211]

우리가 마음이라고 부르는 것은 의식이 알고 있는 것만이 아니라, 의식이 알지 못하는 마음인 심층무의식을 포함해야 한다고 융은 말한다. 이 심층의 마음은 비록 의식에게는 아직 알려지지 않았지만 그 시작을 알 수 없는 아주 오래된 마음이다. 프로이드는 이것을 '고대의 잔재'라고 하였고, 융은 이것을 '원시적 이미지' 혹은 '원형'이라고 부른다.

즉 이것은 신체의 진화과정과 마찬가지로 마음의 진화과정을 담고 있다. 원형은 꿈이라는 매개를 통해서 나타난다. 그러므로 심층심리학에서의 꿈은 무의식의 반응이나 충동을 의식에 전달하는 정상적인 심리현상으로서 정신의 보상작용으로 이해된다.

일반적인 꿈들은 꿈꾼 사람의 이미지 연상이나 문맥의 설명에 의해서 이해될 수 있다. 그러나 아주 오래된 마음은 강박적인 꿈이나 정동성이 강한 꿈으로 나타나는데, 개인의 생활로서는 도저히 설명할 수 없는 원초적인 마음의 형태를 보여준다.

프로이드와 융은 마음의 오래된 내용물들의 기초를 발견했다. 이것은 신체의 진화과정과 같이 마음의 진화과정이 존재한다는 것을 증명하는 것이다. 융이 말하는 원형은 집단을 형성하고 둥지를 짓는 동물들의 충동성과 같은 본능적인 경향성이다.

말하자면 원형은 인간이 가지고 있는 보편적인 사고형태인 셈이

211 『조주록』, p.94.

다. 이것은 유전에 의해서 세대로 전해 내려온다. 원형이론으로 본다면 어느 한 인간도 텅 빈 마음으로 세상에 태어나지 않는다는 것이다. 누구나 저마다 각각의 고유한 특성들을 가지고 태어난다. 이것은 마음이 의식적 측면이 나타내고 있는 그 이상을 가지고 있다는 것이고, 동시에 마음을 의식과 동일시할 수 없는 이유가 된다.

대부분의 동물들도 마음 현상이 나타내는 충동과 반응을 가지고 있다고 융은 말한다. 융이 아프리카를 여행했을 때, 미개인들의 특정한 행동을 발견한다. 그러나 정작 미개인들은 자신들이 하는 행동의 의미가 무엇인지를 알지 못하고 있었다. 이러한 현상은 융이 만나는 환자들에게도 발견되었다. 환자들은 자신이 하고 있는 특정한 행동에 대해 분명한 이유를 찾지 못하는 경우가 있었다.

융은 이러한 반응이나 충동들을 개인적인 성질이라고 단순하게 평가 절하하는 현실을 안타까워했다. 왜냐하면 융은 그것들을 본능적인 체계에 뿌리를 둔 인류의 특성으로 이해했기 때문이다. 인간의 이성적 제어능력이 부족하여 본능의 정동이 폭발하게 될 때 인간은 엄청난 고통을 받는다. 어쩌면 인류의 반성능력은 이러한 고통의 경험들이 만들어낸 결과일지 모른다고 융은 생각한다.

만일 한 사람이 강력한 분노에 사로잡혔을 때면 되돌릴 수 없는 파괴적인 행동을 할 수 있다. 그것은 결국 자기 자신에게 지울 수 없는 상처가 되어 그 자신을 각성으로 이끄는 계기가 된다. 융은 한 개인에 있어서 갑작스러운 변화들은 원형에 교묘히 설정되어 있던 것들의 현실화일 수 있음을 말한다. 이러한 이론은 불교의 근본교리 가운데 하나인 인과설因果說에서도 찾을 수 있다.

즉 현실적으로 도무지 원인을 알 수 없는 꿈이나 환상 그리고 예견豫見과 같은 기능들은 잠재되어 있는 집단무의식과의 연관성을 배재시킬 수 없다는 것이다. 예지몽이 우리들에게 알려주는 것은 의식이 예견할 수 없는 것을 집단무의식이 예견한다는 것이다. 이처럼 꿈으로 알려지는 무의식적 사고는 본능에 의해서 만들어지는 원형적인 마음이다.

예견과 같은 것들은 원형적인 마음이 직관에 의해서 무의식적으로 파악되어 처리되는 것이다. 융이 이러한 일련의 과정들을 통하여 말하고자 하는 것은, 원형이 자체적으로 주도권과 특정한 에너지를 가지고 있다는 점이다. 그렇기 때문에 원형적 마음은 상징적인 양식과 의미 깊은 해석을 산출하게 된다는 것이다.

뿐만 아니라 원형의 자체적 주도권과 에너지는 콤플렉스와 같은 기능으로서 충동이나 사고에 개입하여, 의식이 하고자 하는 의도에 장애를 주거나 수정을 하게 만든다. 사람들이 원형을 특수한 에너지로 경험하는 것도 원형이 갖는 특별한 마력의 힘 때문이다. 이것이 개인적·사회적 콤플렉스의 특성으로서 역사를 가질 때 신화·종교·철학의 근원이 된다.[212]

이와 같은 융의 이론을 위의 조주의 말에 대입시켜 보자. 질문자가 무엇이 도량이냐고 묻는다. 도량이란 불도를 공부하고 수행하는 장소이다. 조주는 대답한다. '그대는 도량에서 와서 도량으로 간다. 전체가 다 도량인데 도량 아닌 데가 어디냐?' 마음 그 자체가 도량

---

212 『무의식의 분석』, pp.99~126.

이고, 그 마음과 관련되어 일어나는 모든 현장이 바로 도량이다.

도량이 특별한 무엇일 거라고 생각하는 것은 실재를 경험하지 못하는 자아의 상대의식이 만든 관념일 뿐이다. 융의 이론에서 보는 바와 같이, 인간의 마음은 집단무의식이라는 엄청난 역사적 과정이 있다. 그러므로 그것은 생생하게 살아 움직임으로써 인간의 정신을 끊임없이 발전시켜 나간다.

그렇다면 어떻게 도량과 도량이 아님을 구분할 수 있을 것인가? 이 말은 곧 깨달음을 구하려고 특정한 도량을 찾아다니는 사람이나, 평범한 일상을 살고 있는 사람이나 다르지 않는 것이다. 즉 삶 자체가 경험이고, 그 경험은 개인의 정신작용과 관련되어 있으며 그것이 바로 진화과정이 된다. 그러므로 깨어 있어서 그것을 인식하는 사람이라면 삶의 그 어떤 과정, 어느 순간도 도량 아님이 없다는 것을 알아야 한다.

융은 인생의 후반기 사람들이 많이 경험하게 되는 신경증조차도 단순히 현실적 원인과 결과의 작용만으로 보기 어려운 경우가 많다는 것을 임상적으로 경험한다. 그는 노이로제Neurosis를 심리학적으로 이해함으로써 그것이 내포하고 있는 목적의미를 중요시한다. 즉 노이로제의 고통은 의식과 무의식의 분리로 일어나는 인격적 해리를 지양함으로써 전체성의 회복을 목적으로 하고 있다고 보는 것이다. 융이 이것을 병든 자아의식을 치유하기 위한 자연(무의식)의 시도라고 말하는 이유가 여기에 있다.[213] 이러한 관점은 모든 생

---

213 『융 심리학과 동양사상』, p.34.

명의 과정이 불성佛性의 분화를 목적으로 한다는 것을 보여주는 것이다.

조주의 깊은 뜻을 이해하지 못하는 질문자는 "싹이 아직 트지 않았을 때는 어떻습니까?" 하고 묻는다. 어쩌면, 깨달음을 구하려는 자아의식의 마음이 아직 일어나지 않았을 때는 어떠냐는 의미를 담고 있는지도 모른다. 그러나 조주는 "냄새만 맡아도 머리는 갈라진다."고 단호하게 말한다.

즉 마음의 발달과정 그 자체가 바로 깨달음으로 가는 과정인 것이다. 제자가 다시 그렇다면 "냄새 맡지 않았을 때는 어떻습니까?" 하고 물으니, 조주는 "그 같은 한가로운 공부란 없다."고 한다. 왜냐하면 비록 의식적으로는 분별할 수 없지만, 생명체의 발전과정 자체가 불성 분화과정이 되는 것이기 때문이다.

그러므로 모든 생명체는 분화과정의 법칙을 태생적으로 가지고 있다고, 불교도 융 심리학도 말하는 것이다. 이것은 무의식의 정신을 의식화하는 것이 얼마나 중요한지를 여실하게 일깨워 준다. 무아의식은 마음이 간직하고 있는 불가사의한 본질을 드러낸다. 그렇기 때문에 마음이 나타내는 그 모두가 부처라고 말하는 것이다.

7. (조주5)
무아의식은 진정한 현실적 삶을 살게 한다

한 스님이 물었다.

"누가 비로자나불의 스승입니까?"

"험담하지 말아라."[214]

한 스님이 물었다.

"어떤 이가 비로자나불의 스승입니까?"

"성품이 그 제자이다."

"근본으로 돌아가서 종지를 얻을 때는 어떻습니까?"

"몹시 바쁜 놈이로구나."

"안녕하십니까?"

"그 인사는 어디서 났느냐?"[215]

비로자나불의 스승에 대한 질문은 여러 곳에서 나온다. 그것은 창조의 본질에 대한 궁금증이다. 비로자나불은 우주의 본체인 진여실

---

214 『조주록』, p.140.
215 『조주록』, p.142.

상眞如實相이다. 진여는 스스로 태어나고 스스로 양육하며 스스로 완성한다. 그것은 우주 만물의 근원, 즉 모든 것의 근원이다. 질문자가 '안녕하십니까?'라고 말하고 있는 그 주체가 바로 진여실상이라고 조주는 알려준다. 스승과 제자를 나누는 마음은 중생과 부처를 나누는 자아의 상대의식이 갖는 분별심일 뿐, 진정한 부처의 마음은 아니다.

비로자나불의 스승을 찾는 일은 진정한 부처가 무엇인지를 알지 못하는 일이다. 그것은 부처를 험담하는 일이 되는 것이다. 왜냐하면 마음이 나타내는 그 모두가 부처임에도 불구하고 부처를 따로 찾아 나서는 것은 자아가 부처를 상대적으로 보고 있기 때문이다.

한 스님이 물었다.

"누가 삼계三界 밖의 사람입니까?"

"내가 삼계 안에 있는 걸 어찌 하겠느냐?"[216]

삼계란 탐욕에 매여 있는 욕계欲界, 형상에 매여 있는 색계色界, 여전히 자아로부터 초월되지 못한 무색계無色界다. 한편에서는 무색계를 모든 형태를 초월한 순수이념의 세계라고도 한다. 그러나 삼계를 모두 초월하여야 한다는 선종의 이론으로 본다면 무색계 역시 자아실현의 세계 안에 있다. 무색계에 머무르려는 마음 그 자체가 이미 색계를 상대적으로 가지고 있기 때문이다.

216 『조주록』, p.141.

여기서 재미있는 것은 삼계를 인간의 일상생활로 해석하고 있는 원효와 지눌의 이론이다. 원효의 삼계유일심三界唯一心론은 삼계가 일심一心에서 일어나고, 일심의 미혹으로 지옥·아귀·축생 등의 세계를 윤회한다는 것이다. 그런데 위의 문답에서 눈여겨보아야 하는 것은, 질문자가 삼계의 초월을 묻고 있는 데 반해서 조주는 삼계의 현실성을 이야기하고 있다는 점이다.

이상理想의 세계를 추구하는 자아의식의 분별심은 삼계의 삼독심三毒心을 두려워하여 삼독의 해탈을 꿈꾼다. 그러나 조주는 자신이 삼독 안에 있음을 말한다. 일체유심조一切唯心造는 여기에 해당한다. 삼독을 두려워하는 자아의 마음은 삼독에 대해 진심으로 이해하지 못한다. 삼독에 집착하지 않는 무아의 마음은 자아에 의해서 경험되는 삼독을 철저하게 인식함으로써 삼독이 무엇인지를 알게 된다.

삼독에 대해서 알지 못한다는 것은 삼독을 다룰 줄 모른다는 말이다. 그것은 언제든지 삼독의 위험에 빠질 가능성을 가질 뿐만 아니라 삼독을 약으로 사용할 수 없다는 것을 의미한다. 독을 철저히 경험하고 그것에 대해 잘 아는 사람은 독을 약으로 사용한다.

삼독이 바로 무의식이다. 무의식의 마음이 부처라는 것을 아는 사람은 무의식을 두려워하지 않고 경험하지만, 무의식의 마음을 두려워하는 사람은 그것으로부터 벗어나기를 끊임없이 꿈꾼다. 그러나 마음은 초월의 대상이 아니라 경험의 대상이다.

스님께서는 대중에게 말씀하셨다.

"남방의 총림으로 가고, 여기는 있지 말라."

그러자 한 스님이 물었다.

"스님의 이곳은 어떤 곳입니까?"

"나의 이곳은 땔나무 숲이다."[217]

총림은 승려들이 수행하고 교육하는 기관이다. 그러므로 자아의식을 강화하기 위한 나무가 되고자 하는 사람은 총림으로 가는 것이 옳다. 조주가 있는 곳은 자아의 나무를 키우는 곳이 아니라 자아의 나무를 불태우는 땔나무 숲이다. 자기 자신이 누구인지를 아는 사람, 자아의식을 객관화할 수 있는 사람들이 있는 곳이라는 말이다.

자아의 초월로 일어나는 무아의 절대의식만이 진정한 현실로 돌아올 수 있고, 있는 그대로를 체험할 수 있다. 현실이란 자아의 관념적 세계가 아니라, 있는 그대로를 나타내는 실재의 세계다. 실재란 자아에 의해서 전혀 방해받지 않는 무아의식에 의해서 경험된다. 왜냐하면 무아의식만이 무의식은 자아와 어떻게 연관되어 있으며, 자아가 그것에 어떻게 반응하고, 또한 무의식의 내용이 무엇인지를 있는 그대로 보고 이해할 수 있기 때문이다.

한 스님이 물었다.

"조사의 뜻과 경전의 뜻이 같습니까, 다릅니까?"

---

217 『조주록』, p.141.

"조사의 뜻을 알면 바로 경전의 뜻을 안다."[218]

황벽이 말하는 '조사란 있는 그대로의 마음'이고 '마음이 불성과 다르지 않다는 것을 깊이 확신하는 사람'이다.[219] 즉 조사란 무아의식이 발현된 사람이다. 무아의식은 자아의 상대의식이 만들어낸 가상의 세상이 무엇인지를 안다.

가상의 세계는 자아의 상대의식이 죽음을 두려워하여 영원을 꿈꾸는 관념의 세계다. 자아의 상대의식에게 무의식은 죽음의 상징으로 다가온다. 그러므로 무의식의 마음을 있는 그대로 보고 의식화할 수 있는 사람은 조사의 뜻과 경전의 뜻이 다르지 않다는 것을 알게 되는 것이다.

한 스님이 물었다.
"높고 험하여 오르기 힘든 때는 어떻습니까?"
"나는 스스로 꼭대기에 살고 있다."
"조계로 가는 길이 가파른 걸 어찌합니까?"
"조계로 가는 길은 험하다."
"지금은 무엇 때문에 도달하지 못합니까?"
"그 길이 높고 험하기 때문이다."[220]

218 『조주록』, p.143.
219 『전심법요·완릉록』, p.202.
220 『조주록』, p.144.

조계는 육조혜능이 머물던 산이다. 여기서 조계를 오른다는 말은 육조혜능의 길, 조사선祖師禪의 방법론에 따라 공부한다는 걸 의미한다. 자아가 인식의 중심이 되어 있는 한 그 길은 참으로 험하다. 자아의식으로써 자아를 안다는 것은 그만큼 고통스럽고 힘든 과정인 것이다. 자아의식이 현실을 받아들이지 못하는 이유가 바로 여기에 있다.

자아의식에게 깨달음이 쉬웠다면 깨달음은 누구에게나 일어나는 흔한 일이 되었을 것이다. 조주가 30년을 한 곳에 있었지만 단 한 사람도 만나지 못했다고 한탄할 만큼 조계로 가는 길은 결코 쉽지 않다. 왜냐하면 무아는 자아의 죽음을 의미하는 고난의 길이기 때문이다.

스님께서 새로 온 납자에게 물었다.
"어디서 왔느냐?"
"남방에서 왔습니다."
"조주의 관문이 있음을 아느냐?"
"관문을 상관하지 않는 자가 있음을 아셔야 합니다."
스님께서는 "이 소금 암거래하는 놈아!" 하고 꾸짖으시고는 다시 말씀하셨다.
"형제들이여! 조주의 관문은 통과하기 어렵다."
그러자 그 스님이 물었다.
"무엇이 조주의 관문입니까?"
"돌다리다."[221]

조주의 관문이란 조주의 것이다. 그러므로 조주의 관문을 상관하지 않는다는 말은 자성의 독자성에 대한 강조이다. 즉 조주의 것이 방문자의 것일 수는 없다는 말이다. 그러한 방문자에게 조주는 '이 소금 암거래하는 놈아!'라고 응대했다. 암거래는 법을 어기면서 몰래 물품을 거래하는 행위이다.

그렇다면 여기서는 어떤 법을 어기는 것일까? 법이란 자아의식의 특성에 의해서 만들어진 관념이다. 무의식은 자아의식의 법에서 벗어나 있다. 그러므로 무의식과의 교류는 자아의식의 법을 어겨야만 일어날 수 있는 것이다. 조주는 자아의식의 판타지가 무엇인지를 아는 사람에게 '이 소금 암거래하는 놈아'라는 말을 자주 사용한다.

조주의 관문은 돌다리다. 돌다리는 넓고 편안한 도로가 아니다. 반드시 깨어 있어 조심스럽게 건너야만 물에 빠지지 않을 수 있다. 그러므로 돌다리는 의식성에 대한 강조이다. 무아의식은 마음이 나타내는 그 모두가 부처임을 안다. 무아의식은 관념이 아니라 실재다. 실재를 아는 사람만이 중생의 삶을 철저하게 경험할 수 있다. 그러므로 무아의식은 진정한 현실적 삶을 사는 것이다.

221 『조주록』, p.150.

8. (임제)
무아의식은 무의식을 의식화시킨다

만일 사람이 도를 닦으면 도는 행하여지지 않고 도리어 만 가지 잘못된 경계가 서로 앞을 다투어 일어나게 된다. '근원적 예지의 칼이 나온즉 한 물건도 없으며, 밝은 머리(明頭)가 나타나지 아니하니 깜깜한 머리(暗頭)가 바로 밝다'고 했다. 또한 옛사람은 '평상심이 바로 도'라고 했던 것이다.[222]

도를 닦는다는 생각이나 행위 자체가 도와 도 아님을 분별하는 자아의 상대적 관점이다. 도를 닦기 위해 육도의 만행을 한다면 육도만행을 한 만큼 도와 멀어져 있는 것이다. 왜냐하면 도를 추구하는 자아의 상대의식은 '이것은 도다' 혹은 '이것은 도가 아니다'라는 경계를 만들어내기 때문이다.

그러므로 무아의식이 나와야만 이것과 저것이라고 말할 한 물건도 없다는 것을 알게 된다. 그것은 자아의 상대의식에 의해서 분리되었던 마음이 본래의 한마음으로 회귀한다는 의미다. 이런 기능때문에 무아의식을 근원적 예지의 칼이라고 부르는 것이다.

222 『임제록』, p.154.

임제의 말을 잘 들어보면 이것에 대한 해답이 들어 있다. 임제가 말하는 밝은 머리(明頭)란 것은 밝음과 깨끗함, 도덕성을 추구하는 의식의 특성이다. 깜깜한 머리(暗頭)란 무의식이다. 무의식이란 다만 의식에게 알려지지 않았을 뿐이지 그것의 존재가 없다는 말이 아니다.

그렇기 때문에 융 심리학에서는 무의식의 관점에서 본다면 오히려 의식이 무의식일 수 있다고 말하는 것이다. 이 무의식은 개인이 생활 속에서 놓친 것들이거나 억압된 것들을 말하는 개인무의식만이 아니다. 정신의 근원으로 내재되어 있는 원형으로서의 집단무의식을 포함한다.

자아의식은 무의식을 대극으로 두고 끊임없이 밀어내거나 억압해왔다. 그러나 '밝은 머리'가 사라진다는 것은 자아의식의 분별이나 판단이 개입되지 않는다는 것을 의미한다. 즉 자아의식이 인식 주체의 역할을 그만둠으로써 무아의식이 드러난 것이다. 무아의식에 의해서 자아의식에게 억압되었던 무의식은 있는 그대로 관조된다. 이러한 기능 때문에 무아의식은 근원적 예지의 칼이라고 말해지는 것이다.

즉 근원적으로 내재되어 있는 예지의 칼인 무아의식에 의해서 무의식이 의식화 과정을 밟는 것이다. 무의식의 의식화를 임제는 '깜깜한 머리가 밝다'로 표현하고 있다. 이것이 바로 무아의식으로 전환되어야만 하는 이유이다.

선사들이 평상심平常心을 도道라고 하는 이유도 여기에 있다. 도는 바로 '나' 자신이기 때문이다. 평상심에서 '나'라는 존재의 모든 작용은 다 드러난다. 평상심이 아닌 꾸며진 마음은 진정한 '나'의 모습이 아니다. 나를 아는 것이 '도'라면 평상심을 버리고서 그 어디에서도 도를 찾을 수 없다.

그래서 임제는 지겹도록 같은 말을 되풀이하여 말한다. "여러 대덕들이여, 무엇을 찾고자 하는가? 오늘 여러분 눈앞에서 법문을 듣는, 의지함이 없는 도인(無依道人)이 역력하게 분명해서 조금도 모자라지 않다."²²³ 무아의식의 밝기는 무한하다. 다만 모자란다고 생각하는 것은 자아의 제한된 의식성이 무의식을 인식할 수 없기 때문에 일어나는 일이다. 정신은 의식으로만 이루어지는 것이 아니라 의식으로는 도저히 가늠할 수 없는 광대한 무의식을 함께 포괄하고 있다.

그러므로 자아가 스스로 의식의 빛을 제한하고 있음을 알아차리고 물러나면 정신의 전체성에는 더 구할 것이 없이 그대로 여여如如한 것이다. 그래서 임제는 말한다. "그대가 만일 부처이신 조사祖佛와 다르지 않기를 원한다면 다만 이와 같이 꿰뚫어보고 다시는 잘못 이해함이 없어야 한다."²²⁴ 이미 존재는 그 자체로서 부처인데도 자아의식의 관념으로 무의식을 보기 때문에 끊임없이 불안에 떨고 있다.

임제가 그것이 잘못되었다고 지적하는 것은 자아의식이 알고 있는 정신의 내용들은 극히 부분적인 것들이기 때문이다. 자아의 불

---

223 『임제록』, p.155.
224 『임제록』, p.155.

안과 두려움을 없애는 일은 자아가 무엇을 걱정하는지, 무엇을 염려하는지를 알면 해결된다. 무아의식의 관조는 자아가 무엇인지를 명확하게 드러낸다.

무의식이 의식화되어야 하는 이유를 임제의 다음 문장을 통하여 볼 수 있다. "마음이 만약 다름이 있다면 마음의 본성과 현상은 다르게 된다. 그러나 마음이 다르지 않으므로 마음의 본성과 현상은 다르지 않다."[225] 굉장히 중요한 말이다. 어떤 현상이 일어난다는 것은 그 현상을 만들어내는 본성이 있기 때문이다. 그러므로 임제는 현상과 본성이 같은 것이라고 말하는 것이다. 그럼에도 불구하고 깨달음을 추구하는 사람들이 현상은 거부하면서 본성만 찾으려고 한다.

왜 무의식을 의식화해야만 되느냐고 누가 묻는다면, 융은 이렇게 대답한다. 의식의 중심은 자아이지만 무의식의 중심은 자기(Self)[226]이다. 그러므로 무의식을 의식화하는 일이 바로 부처인 자기가 드러나는 일이 된다. 이것은 임제가 말하는 마음과 본성이 전혀 다른 것이 아니라는 것과 같다. 마음이란 본성이 일으키는 현상이다. 그러므로 현상을 아는 것이 곧 본성을 아는 것이다. 그렇기 때문에 무의식을 안다는 것은 무의식의 주체인 부처를 아는 것이 된다.

자심自心이란 무엇일까? 글자 그대로 스스로 그러한 마음이다. 『능가경楞伽經』에서는 스스로 일어나는 마음을 자아의 상대의식으

---

225 『임제록』, p.155.
226 『융 심리학과 동양사상』, p.199.

로 분별하지 않고(無分別) 있는 그대로 보아 이해하고 수용할 수 있다면 그것이 바로 깨달음(覺)이라고 밝히고 있다.

이것을 융 심리학으로 바꾸어 말하면 스스로 일어나는 마음은 무의식이고, 이 무의식을 의식화하는 것이 깨달음이다. 이것을 뒤집어보면, 많은 이들이 심지어 깨달음을 얻으려는 사람들조차도 자신의 마음을 있는 그대로 보지도, 이해하지도, 수용하지도 않는다는 것이 된다. 자아의식의 입장에서 무의식을 본다는 것은 끝없는 자기부정의 과정이기 때문에 '나'가 없어지는 두려움을 느낀다.

그러므로 사람들은 자신의 마음을 무조건 억압하거나 마음으로부터 도피하기 위해 여러 가지 노력들을 한다. 명상을 하거나 선행善行에 집착하며, 술·마약·게임·쇼핑·드라마와 같은 것에 중독되거나 사랑·돈·정치·이데올로기·종교와 같이 자신을 몰두할 수 있는 것에 빠진다. 그러나 황벽은 그들이 그렇게 없애려고 하는 그 마음이 부처라고 말하는 것이다.

부처는 자아의식의 조건 안에 있는 것이 아니라 그 조건을 넘어서 있다. 임제의 말처럼 '나'라는 조건적 인식을 넘어서는 것이 바로 무아의식이다. 무아의식에 의해서 깜깜한 머리(무의식)는 의식화될 수 있는 것이다.

9. (황벽1)
무아의식은 모든 정신적 요소들을 이해한다

이 마음에 구족되어 있는 영각靈覺의 본성은 비롯함이 없는 옛날부터 허공과 수명이 같아서 일찍이 생겨나지도 않았고, 일찍이 없어지지도 않았으며, 일찍이 더러운 적도 없고, 일찍이 깨끗한 적도 없으며, 일찍이 시끄러운 적도 없고, 일찍이 고요한 적도 없으며, 일찍이 젊은 적도 없고, 일찍이 늙은 적도 없으며, 방향과 장소도 없고, 안과 밖의 구분도 없으며, 개수로 셀 수 있는 수량도 없고, 형상도 없으며, 색상도 없고, 음성도 없어서 가히 찾을 수도 없고, 구할 수도 없으며, 가히 지혜로써 알 수 있는 것도 아니고, 언어로써 표현할 수도 없으며, 대상으로써 파악할 수도 없는 이런 점으로부터 애써 노력한다 해도 도달할 수 없는 것이다. 모든 불보살과 일체의 꿈틀거리는 인간들과는 이 대열반의 성품과 같다. 이 성품이 곧 마음이고, 마음이 곧 부처이며, 부처가 곧 법이다. 한 생각이라도 진실을 여의면 모든 것이 망상이 된다. 마음으로써 다시 마음을 구하지 말고, 부처를 가지고 다시 부처를 구하지 말 것이며, 법을 가지고 다시 법을 구하지 말라. 그러므로 도를 배우는 사람은 지금 당장에 무심하여 묵연히 계합할 뿐 마음을 계교하면 곧 어긋난다. 마음으로써 마음을 전하는 것이 '정견(순정한 견지)'이다. 결코 밖을 향해 대상을 좇지 말라. 대상을 인정하여 마음이라고 하면 이는 도적을 인정하여 아들이라고 하는 것과 같다.[227]

황벽이 설명하고 있는 영각의 본성은 실체가 있는 것이 아님이 분명하게 드러난다. 그런데 그것은 대열반의 성품과 같다고 한다. 대열반이란 번뇌에 속박이 없고(滅度), 생사生死의 괴로움이 없고(寂滅), 원만하게 갖추었고(圓寂), 자연 그대로이고(無爲), 의식적으로 만들지 않고(不作), 태어난 것이 아니다(無生).[228] 그야말로 영각의 본성은 무아의식의 특성 그 자체임을 알 수 있다.

본성의 자연적 성질인 무아의식은 인위적인 노력에 의해서 얻을 수 있는 것이 아니다. 다만 영각의 본성이 드러나지 못하도록 장애하는 것이 무엇인지 아는 것이 바로 영각이다. 부처를 비롯한 모든 조사들이 보살과 부처와 중생이 모두 같은 하나의 성품이라고 누누이 밝히고 있다.

이것은 곧 자아의 상대의식이 만들어내는 분별성에 대한 경고이다. 성품이 곧 마음이고 부처이지만, 자아의 상대의식은 그것을 알지 못하기 때문에 부처와 중생을 구분한다. 부처가 되고 싶은 자아의식으로는 결코 있는 그대로의 성품을 보지 못한다. 왜냐하면 부처가 되고자 하는 것은 있는 그대로의 자신을 부정하는 일이기 때

---

227 『전심법요·완릉록 연구』, pp.104~5.
228 두산백과사전.

문이다. 그것은 자기 자신에 대한 진실을 외면하는 것이다.

황벽은 "한 생각이라도 진실을 여의면 모든 것이 망상이 된다."고 말한다. 황벽이 말하는 진실은 무엇이고 진실이 아님은 무엇일까? 진실은 마음이 나타내는 내용을 하나라도 부정하거나 왜곡하거나 억압함이 없이 그대로 인식하고 수용하는 일이다. 즉 마음을 인위적으로 고요하게 만들려고 하거나 무의식의 내용들을 부정하려고 시도하는 자아의 모든 행위들은 진실하지 않는 것이다.

왜냐하면 좋은 마음이든 나쁜 마음이든 그것이 다 부처의 마음이고 부처의 법이기 때문이다. 자아는 자신의 내부에 부정적 생각이 존재하고 있다는 사실조차 인정하기를 거부한다. 그러나 자아가 밀어내고 싶어하는 집단무의식의 주체가 바로 부처인 자기(Self)다.

그렇다면 문제는 분명해진다. 자아가 규정하고 있는 마음의 부정적인 부분을 밀어내면 부처도 만날 수 없다는 말이 된다. 그래서 융은 개성화로 가는 첫걸음이 바로 내면의 그림자를 만나는 일이라고 한다. 그림자란 사회적 인격의 가면(persona) 아래로 숨겨진 정신의 어두운 성질들이다.

그러므로 부처가 된다는 것은 내 안에서 일어나는 모든 정신적 요소들을 있는 그대로 이해하는 일이다. 그것은 분리된 정신을 하나의 마음으로 통합하기 위한 토대를 건설하는 것이다. 의식과 무의식을 분리하는 자아의식으로서는 무의식의 마음을 있는 그대로 보지 못한다.

그렇다면 무의식을 의식화하는 것이 왜 중요할까? 자아의식이 현재의식의 역사를 가졌다면 무의식은 현재의식을 있게 한 모든 조상들의 역사를 담고 있다. 그렇기 때문에 집단무의식이라고 부르는 것이다. 자아의식과 집단무의식의 분리는 나무줄기와 뿌리의 분리와 같다. 분리된 정신은 심각한 갈등과 혼란을 야기한다. 즉 그것은 모든 정신 병리적 현상의 근원인 것이다. 그러므로 무의식의 의식화는 분리된 정신을 통합하는 일이고 병리적 현상을 치유하는 일이다.

황벽의 "묵연히 계합할 뿐, 계교하는 마음은 곧 어긋난다(默契而已 擬心卽差)."는 말은 그런 의미에서 아주 중요하다. 무엇을 계합한다는 것일까? 즉 의식과 무의식으로 분리된 마음이 한마음(一心)이 된다는 것이다. 그런데 묵연히 계합한다는 것은 무엇인가? 즉 자아의 상대의식으로 계합하는 것이 아니라는 말이다. 선과 악을 분별하여 집착하는 자아의 상대의식으로는 묵연한 계합이 될 수 없다. 그러므로 무아의식만이 있는 그대로의 마음을 인식하여 묵연한 계합이 일어날 수 있다.

무의식이 의식화되면 그것은 자아를 두려움에 떨게 하는 무의식이 아니라, 정신의 원천적인 에너지 역할만을 하게 된다. 이것은 정신적 내용들이 무의식으로 있는 것과 의식화되는 일이 얼마나 중요한지를 알려준다. 무의식 상태로 있다는 것은 의식과 무의식이 서로 대극으로 있다는 말이다. 이미 말했듯이 대극적 관계는, 대극을 주도하는 의식에게 무의식은 위협적인 존재다. 위협적인 존재는 긴장관계를 형성하기 때문에 의식의 에너지는 무의식을 방어하는 데 소비된다.

이러한 대립구도는 의식의 에너지를 약화시킨다. 의식 에너지가 약하면 강한 무의식 에너지에 의해서 사로잡혀 버릴 위험성을 갖는다. 무의식화는 곧 정신병이라는 말과 다르지 않다. 그러므로 의식과 무의식이 서로 대립하지 않고 공존한다면 정신의 에너지가 풍부해지는 것은 더 말할 필요가 없을 것이다. 이것은 무의식의 의식화 작업이 무엇보다도 중요한 정신건강의 문제라는 것을 밝혀준다.

무아의식에 의해서 인식된 모든 정신적 요소들은 모두 법이 된다. 무아의식의 관조는 만법萬法을 드러낸다. 만법을 보지 못하도록 방해하는 것은 불법佛法을 찾아 헤매는 바로 그 자아이다. 자아에 대한 올바른 이해가 없다면 자아의 허상이 진실을 인식하는 눈을 가려버린다.

그러므로 황벽은 도를 배우고자 한다면 지금 당장 무심無心해야 한다고 말하는 것이다. 무의식의 내용들을 있는 그대로 명상하는 무심만이 의식과 무의식의 통합이 일어나게 할 수 있기 때문이다. 자아의 상대의식은 일어나는 마음을 서로 합하게 하는 것이 아니라 자아의 기준으로 비교하여 분별함으로써 분리를 조장한다.

황벽의 말대로 자아가 마음을 계교하는 한 도道와는 거리가 멀다. 이것은 불교의 깨달음이 의식과 무의식의 통합임을 확실하게 알려주고 있다. 분리된 정신의 통합이 한마음(一心)이고 그것이 곧 성불이다. 태초의 원시적 정신이 불성佛性의 전체성이었다면, 의식과 무의식이 통합되는 전체성은 부처의 전체성이다.

즉 전체성에서 의식과 무의식으로의 분리는 불성이 부처로 발현되는 과정에서 일어나는 일이다. 그러므로 의식과 무의식의 통합으로 일어나는 전체성으로의 회귀는 불성이 부처로 완성되는 것이라고 말할 수 있을 것이다.

그런데 탐욕·성냄·어리석음이 있기 때문에 곧 계·정·혜를 세운 것이다. 본래 번뇌가 없으니 어찌 깨달음인들 있겠는가? 그러므로 조사께서 말씀하시기를 "부처님께서 일체의 법을 말씀하신 것은 일체의 마음을 없애기 위함이다. 그러나 나에게 일체의 마음이 없으니 일체의 법이 무슨 소용이 있겠는가?" 하셨다. '본래 근원이 청정한 부처(本源淸淨佛)'에게는 다시 어떤 것도 덧붙일 수 없다. 비유하자면 마치 허공에 비록 수많은 보배구슬이 장엄할지라도 끝내 머무를 수 없는 것과 같다. 불성도 허공과 같아서 비록 무량한 공덕과 지혜로써 장엄하다 하더라도 끝내 머무를 수 없다. 다만 본래 성품에 미혹하여 더욱더 보지 못할 뿐이다. 이른바 '심지법문'이라는 것은 만법이 모두 이 마음에 의지하여 건립되는 것을 말한다. 대상을 만나면 마음이 있고, 대상이 없으면 마음도 없는 것이다. 따라서 청정한 성품 위에 절대 대상이 있다는 알음알이를 일으켜서는 안 된다. 흔히 말하는 것처럼 '정혜의 비추는 작용이 역력하다'든가 또 '적적하면서도 성성한 견문(지견)과 각지(인식)'라고 하는 것은 모두 대상 위에서 알음알이를 일으킨 것이니, 이는 잠시 중하근기의 사람들을 위하여 설하는 것은 가능하다. 만약 몸소 깨닫고자 한다면 모두 이와 같은 견해를 지어서는 절대 안 되며, 이는 모두 대상에 계박된 것이다. 법이 어딘가에 매몰될 곳이 있다고 한다면 그것은 있다라고 하는 생각에 빠진 것이다. 다만 일체의 법에 대하여 있다거나

없다는 견해를 짓지만 않으면 곧 법을 보게 될 것이다.[229]

계·정·혜는 탐욕과 성냄 그리고 어리석음에 빠져들지 않기 위한 최상의 방안이다. 그러한 훈련들은 자아 구조의 강화를 위한 지렛대 역할을 한다. 훈련에 의해 자아 구조가 튼튼해져서 자아초월이 일어나 무아의식이 정신의 주체로서 작용하면 계·정·혜는 더 이상 필요하지 않다. 황벽이 무심에는 계·정·혜가 필요하지 않다고 하는 이유가 바로 여기에 있다.

부처가 말한 모든 설법들은 마음에서 일어나는 온갖 분별들을 없애기 위함이다. 그러나 황벽은 분별하여 집착하는 자아의식이 초월되어 있으니 부처의 모든 법들이 필요가 없다고 한다. 본래의 성품, 즉 부처라는 단어에 대해 대해서 너무도 많이 헷갈려 왔다. 왜냐하면 자아의 상대의식으로 부처를 상상했기 때문이다. 그것이 수행의 올바른 방향에 대한 눈과 귀를 가리는 역할을 한 것이다.

본래 부처란 존재가 아니라 순수의식성이다. 이것은 모든 것을 편견 없이 비추는 공덕이고, 주관과 객관이라는 대립 없이, 있는 그대로의 실재를 보는 절대적 앎(絕對知)이다. 그러므로 그것을 지혜라고 말하는 것이다. 어리석음이란 본래 성품을 잘못 이해하여 한층 더 보고 듣지 못하는 것에 있다.[230] 즉 자아의식이 본래의 성품을

---

229 『전심법요·완릉록 연구』, pp.103~6.

230 위 본문 해석 중에 "다만 본래 성품에 미혹하여 더욱더 보지 못할 뿐이다."라고 한 해석부분을 "다만 본래 성품을 헷갈려한다면 한층 더 보고 듣지 못

밝고 깨끗한 것이라고 분별하기 때문에 깨달음에 대한 많은 오해가 일어난다.

그런데 여기서 아주 중요한 단어가 있다. 바로 '심지법문心地法門'이라는 것이다. 심지법문이란 모든 것이 마음에 의지해서 일어난 것이다. 마음이란 자아가 알지 못하는 무의식의 세계이다. 그런데 황벽은 만법이 바로 마음에 의해서 건립된다고 말한다. 황벽의 말 중에 또 하나 중요한 것은 무의식의 마음은 대상이 있어야 일어난다는 것이다. 즉 자아의식이 있기 때문에 무의식이 있다.

자아의식이 없다면 무의식도 일어나지 않는다. 자아의식이 무의식을 경계로서 분별하기 때문에 무의식의 존재가 드러날 수 있고, 인식 또한 일어날 수 있는 것이다. 이것은 정신의 어떤 기능이나 내용들도 반드시 존재해야만 하는 이유가 있다는 것을 보여준다.

즉 자아의 상대의식에서 일어나는 분별성은 무의식을 명료화하기 위한 필수적인 기능인 셈이다. 자아를 무조건 없애서는 안 되는 이유가 여기서 드러난다. 무아가 '나'가 없는 것이라고 하니, 생각마저 없는 것으로 해석한다면 그것은 참으로 잘못된 해석이다. 무의식은 상대적으로 분별하는 자아에 의해서만 분명하게 드러나게 되고, 그러한 자아의 작용을 있는 그대로 인식하는 것이 무아의식이다. 무아의식이 자아를 명상하는 것은 곧 무의식을 명상하는 것이 되는 것이다.

그러므로 부처도 중생도 모두 한마음의 작용이다. 마음의 음과

할 것이다(但迷本性, 轉不見耳)."로 바꾸면 좀 더 이해가 쉽다.

양(陰陽)의 원리는 자연의 음과 양의 원리와 같다. 음양은 만물의 생성과 변화의 원리이다. 음과 양 어느 한쪽이라도 없다면 만물의 생성은 일어나지 않는다. 무의식은 마음의 음陰적인 측면이다. 그것은 의식에 의해 전혀 다듬어지지 않는 자연 그대로의 마음이다.

인간이 동물과 다른 것은 자연 그대로만 살지 않는다는 것이다. 그것이 본성으로부터 자아의식이 태어나는 이유이다. 자아의식은 성숙한 단계에 이르러 스스로를 초월할 수 있는 능력을 가지고 있다. 초월능력이란 자아가 스스로를 객관화할 수 있는 힘을 말한다. 객관화된 자아는 본성의 원시성을 의식화하여 순수 에너지로 전환하게 한다. 그것은 한마음(一心)으로의 회귀다.

'정혜의 비추는 작용이 역력하다'든가 또 '적적하면서도 성성한 견문(지견)과 각지(인식)'라고 한 붓다나 조사의 말들은 낮은 근기에 있는 사람들에게 자성自性의 존재와 기능을 설명하기 위한 것이다. 정혜의 비추는 역력한 작용이나 적적하면서도 성성한 견문과 인식은 다름 아닌 무아의식의 특징을 그대로 표현하고 있다. 다음 인용구에서 붓다라는 말의 의미를 찾아보자

붓다라는 말은 서방의 말이고, 우리말로는 각성覺性이다.
각覺은 영각靈覺과 같은 것으로
기에 응하고 물에 접하여
눈 깜빡할 사이에 눈앞에 나타나
손을 움직이고 발을 일어나게 하는
이 모두가 자기 영각의 성품이다.

성性은 곧 마음이고, 마음은 곧 부처이며,

부처는 곧 도이고, 도는 곧 선禪이다.[231]

즉 이것은 부처가 존재로서의 실체가 아니라 정신적 기능이라는
사실을 분명하게 나타내고 있다. 각성覺性은 자신의 성품을 깨닫는
다는 것이고, 그것은 곧 자신의 무의식적 마음이 무엇인지를 아는
것이다.

모든 개체는 소우주다. 그러므로 소우주를 있게 하는 마음을 깨
닫는다는 것은 사물의 본질과 만유萬有의 원인이 드러나는 일이기
도 하다. 각성의 정확한 의미는 무아의식으로 인식되는 자기 자신
이다. 황벽이 무아의식을 영각성靈覺性이라고 부르는 이유도 여기
에 있다. 영각성은 부처와 중생의 본원인 자성청정심이기 때문이다.
『경덕전등록』 권13 '종밀'에서 말하기를, 자성청정심에는 영묘한
지혜가 있는데, 그것을 영각靈覺·각성覺性·영지靈知라고 부른다는
것이다. 이것은 무아의식이 가지고 있는 무한한 능력을 표현하는
것이다. 정신의 본질은 무아의식의 이러한 능력에 의해서 인식되고
이해된다. 정신에 대한 참다운 이해를 가져오는 무아의식이 바로
영험한 깨달음이며 영묘한 지혜다. 왜냐하면 무아의 절대적 객관성
인 무심만이 묵연히 계합할 수 있기 때문이다.

231 『전심법요·완릉록 연구』, pp.107~8 (주기)『血脈論』(대정장), "佛是西國語,
此土云覺性, 覺者靈覺, 應機接物, 揚眉瞬目, 運手動足, 皆是自己靈覺之性,
性卽是心 心卽是佛, 佛卽是道, 道卽是禪."

10. (황벽2)
무아의식은 잊어버린 본마음을 되찾는다

보살이란 불법이 있음을 굳게 믿고 대승과 소승이 다름을 문제
삼지 않으며, 부처와 중생을 같은 법성으로 본다. 이들을 가리켜
'선근이 있는 천제'라고 한다. 일반적으로 부처님의 말씀을 듣고
깨달은 사람을 성문이라 하고, 인연을 관찰하여 깨달은 사람을
연각이라고 한다. 그러나 만약 자기 마음속에서 깨닫지 못하면
비록 부처가 된다 할지라도 역시 성문불이라 이름한다. 도를 배
우는 사람들은 대개 법에 있어서는 깨닫는 것이 많으나 마음에
있어서는 깨닫지 못하고 있다. 이와 같이 비록 영겁 동안 수행을
거듭할지라도 끝내 '본래의 부처(本佛)'는 될 수 없다. 만약 자기
의 마음에서 깨닫지 않고 법에서 깨닫는다면 마음을 가벼이 여
기고 법만 소중히 여겨 마침내 흙덩이를 쫓는 개의 꼴이 되고 말
것이다. 이것은 본마음을 잊어버렸기 때문이다. 다만 본래 마음
에 계합하면 될 뿐 법을 구할 필요가 없다. 왜냐하면 마음이 곧
법이기 때문이다.[232]

---

232 『전심법요 · 완릉록 연구』, p.126.

잊어버린 본마음이란 무엇일까? 융 심리학에 의하면 그것은 정신의 전일성(Wholeness)이고 불교적으로 말하면 한마음(一心)이다. 자아의식은 무의식으로부터 나왔지만 자아의식이 성장하는 과정에서 잠시 그 뿌리를 잊는다. 자아의식이 무의식을 구별하고 분리하는 것은 필수적이다. 그러한 자아의식의 기능과 역할이 없다면 의식은 너무 쉽게 무의식의 에너지 속으로 돌아가 버리기 때문이다.

융에 의하면 무의식 또한 자아의식이 성숙하는 과정 동안 분리를 허락한다. 그러나 그 과정이 지나면 무의식은 자신의 존재를 의식에게 알리고자 한다. 그러나 무의식과 분리되어 있던 자아의식은 무의식을 완전히 자신과 다른 것이라고 판단하여 없애야 하는 것으로 여긴다.

그러나 의식과 무의식은 본래 한마음이기 때문에 자아의식이 무의식을 아무리 외면하고, 억압하려고 해도 무의식의 마음이 끊임없이 일어난다. 왜냐하면 의식과 무의식 어느 한쪽만으로는 온전한 정신이 될 수 없기 때문이다. 그렇기 때문에 황벽은 잊어버린 마음을 기억해내어 하나가 되지 못하면 부처가 아니라고 말하는 것이다.

마음이 곧 법인데 도를 배운다는 사람이 자신의 마음이 어떻게 생겼는지를 알지 못한다면 그것은 참으로 괴이한 일이 된다. 깨달음은 의식과 무의식이 한마음이라는 것을 아는 것이다. 그러므로 '본래의 부처(本佛)'가 되는 일은 분리되어 있는 의식과 무의식의 통합이다. 의식과 무의식의 계합 이외에 달리 구할 것이 없다는 말도 정신의 전체성을 이루는 것이 깨달음의 본질이기 때문이다.

대부분의 사람들은 대상이 마음을 장애하고 현상(事)이 본체(理)를 장애하는 것이라고 생각하여 대상으로부터 벗어나 마음을 편안하게 하려고 하고, 또 현상을 물리치는 것에 의하여 본체를 보존하려고 한다. 그러나 이런 마음이 도리어 대상을 가로막고 본체가 현상을 장애하게 되는 사실을 모르고 있다. 다만 마음을 비추기만 하면 경계가 저절로 공적해진다. 다만 본체를 적정하게만 하면 현상은 저절로 고요해진다. 그러므로 거꾸로 마음을 쓰지 말아야 한다. 또 사람들이 마음을 비우려고 하지 않는 까닭은 공에 떨어질까 두려워하기 때문이다. 이는 자기 마음이 본래 공한 줄을 모르는 것이다. 어리석은 사람은 대상을 없애려고 하면서도 마음을 없애려고 하지 않는다. 그러나 지혜로운 이는 마음을 없앨 뿐 대상을 없애지 않는다.[233]

"대상이 마음을 장애하고 현상(事)이 본체(理)를 장애하는 것이라고 생각하여 대상으로부터 벗어나 마음을 편안하게 하려고 하고, 또 현상을 물리치는 것에 의하여 본체를 보존하려고 한다."고 한 말은 자아의 상대의식의 특성을 그대로 묘사하고 있다. 자아는 스스로를 의식의 주체로 세우기 때문에 대상이 생긴다.

즉 자아의식이 인식하는 것은 오직 대상이다. 대상만을 인식하는

---

233 『전심법요 · 완릉록 연구』, pp.126~7.

자아의식으로서는 인식주체의 자아 문제를 인식하지 못하게 된다. 그러므로 자아의식에게는 대상의 잘못만 크게 보인다. 즉 시비가 일어날 때 자신의 잘못은 보지 못하지만 대상의 잘못에 대해서는 아주 밝게 알고 있다. 괴로운 사람일수록 속세를 떠나서 도를 닦고 싶어한다. 그러나 괴로움의 주체에 관하여 모른다면 산속에 있어도 편하기는 어렵다.

그래서 황벽은 깨닫고 싶다는 자아의 마음이 '도리어 대상을 가로막고 본체가 현상을 장애하게 되는 사실을 모르고 있다'고 말하는 것이다. 대상이 없으면 인식주체인 자아가 어떻게 대상을 인식하며, 마음의 움직임을 없애버리면 어떻게 마음의 본체를 알 수 있겠는가? 그러므로 황벽이 '어리석은 사람은 대상을 없애려고 하면서도 마음을 없애려고 하지 않고, 지혜로운 이는 마음을 없앨 뿐 대상을 없애지 않는다'고 말하는 것이다. 즉 대상이 있음으로써 인식이 일어나고, 인식한 결과에 영향을 받는 것이 곧 인식주체인 자아이다.

그러므로 대상을 없앤다는 것은 인식을 없앤다는 뜻이고, 마음을 없앤다는 것은 자아의 틀로 인한 왜곡의 문제를 없앤다는 뜻이다. 언제나 문제가 되는 것은 인식 그 자체가 아니라 인식주체를 자처하는 '나'라는 생각의 관념이다. '나'라는 생각에 의해서 대상과 현상은 고통으로 다가온다. 고통의 주체에 대해서는 알려고 하지 않으면서 그 대상과 현상 탓만 하는 것은 거꾸로 아는 것이다.

황벽은 '다만 마음을 비추기만 하면 경계가 저절로 공적해진다'고 친절하게 가르쳐준다. 무아의식은 자아의 마음을 비추기만 한다. 순수의식인 무아의식으로 관조한다면 자아의 실체가 무엇인지 정확하게 알게 된다. 경계를 만드는 자아를 정확하게 알게 됨으로써 경계로 일어나는 문제들은 저절로 해결이 된다.

황벽이 '잊어버린 본마음'은 곧 무의식의 마음이다. 잃어버렸다는 것은 의식되지 않아서 알지 못한다는 것이다. 그러므로 그것을 찾으려면 무의식의 내용들을 의식화해야만 한다. 무의식을 의식화할 수 있는 것이 바로 무아의식이고 그것이 바로 부처다. 그 외에 따로 무엇을 구하는 것은 모두 자아의 어리석음에 지나지 않는다고 황벽은 말한다.

보살은 마음이 허공과 같아서 모든 것을 다 버린다. 자기가 지은 복덕마저도 탐하지 않는다. 그런데 이 버림에는 세 단계가 있다. 즉 안도 밖도 몸도 마음도 모두 다 버려서 마치 허공과 같이 하여 어디에도 집착하는 마음이 없어진 다음에, 장소에 따라 사물에 응하되 제도하는 주체도 제도될 객체도 모두 잊어버리는 것이 '큰 버림(大捨)'이다. 다음에 만약 한편으로 도를 행하고 덕을 펴면서 동시에 그들을 점차적으로 버려 가지고 싶어하는 마음이 전혀 없으면 이것을 '중간의 버림(中捨)'이라고 한다. 그 다음에 설사 여러 가지 선행을 널리 실천하면서 그것의 공덕을 바랄지라도 법을 듣고서는 일체개공一切皆空의 도리를 알고 마침내 그것에 집착하지 않는 것, 이것은 '작은 버림(小捨)'이다. 큰 버림은 마치 어두운 길을 갈 때 등불이 바로 정면을 비추는 것 같아서 전혀 미혹함도 깨달음도 없다. 중간 버림은 등불이 옆에 있는 것과 같아서 밝기도 하고 어둡기도 하다. 그리고 작은 버림은 마치 등불이 뒤에 있는 것과 같아서 빠질 구덩이나 함정을 볼 수 없다. 그러므로 보살의 마음은 허공과 같아서 일체를 다 버린다. 과거의 마음을 얻을 수 없는 것은 과거를 다 버린 것이고, 현재의 마음을 얻을 수 없는 것은 현재를 버린 것이며, 미래의 마음을 얻을 수 없는 것은 미래를 버린 것이다. 이른바 '삼세를 모두 버린 것'이다.[234]

본문에서는 '큰 버림(大捨)', '중간의 버림(中捨)', '작은 버림(小捨)'에서 사捨를 '버린다'로 해석했다. '버린다'를 대체적으로 쓰기는 하지만, 여기서는 자아의 판단이 개입된 인위적인 개념으로 해석될 여지를 남길 수 있다. 그러므로 '버린다'는 표현보다는 '쉰다' 혹은 '개의치 않는다'가 적절하지 않을까 생각해본다.[235] 왜냐하면 그것

---

234 『전심법요 · 완릉록 연구』, p.127.

235 菩薩心如虛空, 一切俱捨 보살의 마음은 허공과 같아서 일체의 모든 것을 쉰다. 所作福德 皆不貪著 복덕을 작위적으로 지으려고 탐하여 드러냄이 없다. 然捨有三等 그런데 이 쉼에는 세 가지 등급이 있다. 內外身心, 一切俱捨 안과 밖, 몸과 마음 일체의 모든 것을 쉰다. 猶如虛空, 無所取著 가히 허공과 같아서 취하여 쌓아둠이 없다. 然後隨方應物 그런 후에는 사물에 응하고 방향에 따르니 能所皆忘, 是爲大捨 주체와 객체가 모두 없어져버린다. 이것이 크게 쉼(大捨)이다. 若一邊行道布德, 一邊旋捨 다음에 만약 한편으로 도를 행하고 덕을 펴고, 한편으로 조금 쉬어서 無希望心, 是爲中捨 (도를 이루고자 하는) 바람이 없다면 이것은 절반의 쉼이다. 若廣修衆善 만일 널리 수행하고 착한 일을 많이 하여 有所希望, 聞法知空 (도를 이루고자) 희망하는 것

이 보다 더 '일 없는 사람(無事人)'에 가까워 보이기 때문이다. 또한 '개의치 않는다'는 말은 모든 것을 수용하는 보살의 허공 같은 마음을 나타낼 수 있기 때문이다.

큰 쉼(大捨)을 "복덕을 작위적으로 지으려고 탐하여 드러냄이 없다(所作福德 皆不貪著), 또한 '내'가 무엇을 한다거나 했다는 자부심이 없고(無所取著), '나'라는 주체가 없으니(能所皆忘) 두려움이 없어 운명에 순응하여 그대로 응하고 나아간다(然後隨方應物)."로 해석한다. 즉 큰 쉼(大捨)이란 삶을 조작하지 않는다. 하지만 절반의 쉼(中捨)이란 한편에 기울어져 있어 아직은 정신적 균형이 무엇인지 알지 못한 상태이고, 작은 쉼(小捨)이란 모든 행위가 자아의 상대의식으로 귀결된다.

보살의 마음이 허공에 비유되는 것은 작위적이지 않는 무아의식의 특성을 말한다. 선이 오면 선을 비추고 악이 오면 악을 비춘다. '비춘다'는 말은 있는 그대로 명료하게 드러낸다는 의미이다. 즉 인식함에 있어서 아무런 장애가 없다는 것이다. 허공의 마음과 같은 보살을 기준으로 해서 보여주는 세 가지 등급이 의미하는 것은 단 하나다.

즉 도를 열심히 닦고 많은 선행으로 공덕을 쌓아도 깨달음과는 아무런 관련이 없다는 것이다. 왜냐하면 깨달음이란 자기 자신을 아는 일이기 때문이다. 말하자면 깨달음은 공덕의 결과가 아니라

이 있어, 법을 깨우치고 공을 알아도 遂乃不著, 是爲小捨 뜻밖에 드러나지 않고 아득하다면, 이것은 작은 쉼이다.

자기 자신을 있는 그대로 관조함의 결과다.

여기서 한 가지 기억해야 할 것은 '자아가 초월한다' 혹은 '자아가 사라진다'는 말의 의미다. 이 말들이 많이 사용되기는 하지만 사실 그 뜻은 매우 혼동되기 쉽다. 이미 황벽이 앞에서 밝혔듯이 깨달음이 일어난다고 해서 자아의 마음이나 무의식의 마음이 없어지거나 달라지는 것은 아무것도 없다. 깨달음 이후에도 깨달음 이전과 마찬가지로 마음의 현상은 동일하게 일어난다.

그러나 단 한 가지 다른 점은, 자아의식이 일어나는 마음의 내용들을 간섭하고 제재하고 억압하는 인위적 작용이 더 이상 힘을 발휘하지 못한다는 것이다. 그러므로 일어나는 모든 마음 작용은 무아의식에 의해서 있는 그대로 관조된다. 견성을 경험하지 않은 사람들은 생각이 떠오를 때 자아의식에 의해 나쁜 것이라고 판단하면 즉시 눌러버리거나 잊어버리려고 애를 쓴다.

자아의 그러한 작용은 마음에 대한 인식을 방해하는 것이다. 무아의식은 무의식을 억압하려는 자아의식의 다양한 방어기제들까지도 명료하게 인식한다. 자아의식에 대한 이해는 한마음의 통합에 있어서 필수적인 과정이다. 자아의식에 대한 이러한 관조가 없다면 사람은 자신의 진정한 모습을 알 수 있는 길이 없다.

부처에는 삼신이 있다. 법신은 자성의 허통한 법을 설하고, 보신은 모든 청정한 법을 설하며, 화신은 육도만행의 법을 설한다. 법신의 설법은 언어·음성·형상·문자를 통하여 이해할 수 있는 것도 아니고, 설명될 수 있는 것도 아니다. 설할 것도 없고, 증득할 것도 없으며, 그저 자성이 허통할 뿐이다. 그러므로 말씀하시기를 "법으로 설할 것이 없는 것, 그것을 설법이라 한다."고 하셨다. 보신과 화신은 모두 근기에 따라 감응하여 나타나며, 따라서 그 설하는 법도 개개의 사정에 따르고 기근機根에 대응하여 교도敎導하는 것이기 때문에 이 둘은 진실한 법이 아니다. 그러므로 말하기를 "보신과 화신은 진실한 부처가 아니며, 또한 진실한 법을 설하는 것도 아니다."고 한 것이다. 말하자면 원래는 동일한 하나의 정명일 뿐인데 이것이 나누어져 육화합六和合이 된 것이며, 일정명一精明이라는 것은 바로 일심一心이다. 육화합이라는 것은 육근六根이다. 이 육근은 각기 육진六塵과 화합한다. 즉 눈은 색과 합치하고, 귀는 소리와 합치하며, 혀는 맛과 합치하며, 몸은 감각과 합치하고, 뜻은 법과 합치한다. 그런 가운데 육식이나와 18계가 된다. 만약 이 18계가 어디에도 존재하지 않는 것을 깨달으면 육화합이 하나로 묶여서 일정명이 된다. 일정명이란 바로 마음이다. 그런데 도를 배우는 사람들은 이것을 모두 알고는 있지만 단지 '일정명'과 '육화합'에 대하여 지적으로 이해하는 것을 벗어나지 못하여 마침내 법에 속박되어 본래 마음과 계합하지 못한다.[236]

부처에게는 법신·보신·화신이라는 세 개의 법이 있다. 법신은 언어·음성·형상·문자로 설명될 수 없으며 새롭게 얻을 수 있는 것

---

236 『전심법요·완릉록 연구』, pp.128~9.

이 아니다. 왜냐하면 그것은 정신의 본질로서 존재하기 때문이다. 그런데 법신은 자성의 허통한 법이다. 허통虛通이란 막힘이 없다는 뜻이다. 허통이 필요한 이유는 허통치 못하여 막힘이 있기 때문이다.

정신의 무엇이 막히는 것일까? 자아의 상대의식이 무의식의 정신을 두려워하여 억압하니 의식과 무의식이 서로 통하여 흐르지 못하는 것이다. 모든 막힘은 병이고 죽음이다. 허통한 법신인 무아의식에 의해서 억압되었던 무의식은 본래의 모습을 드러내어 의식과 무의식의 소통은 시작된다.

화신의 육도만행을 설한다는 것은 육도만행이 필요하다는 것을 나타낸다. 육도六道란 전형적인 자아의식의 세계이다. 깨달음으로 가기 위해서는 자아의 실현이나 자아의 역할이 아주 중요하다. 왜냐하면 자아의 실현이 이루어질 만큼 강력한 자아 구조가 형성되었을 때 자아는 스스로를 초월할 수 있는 힘을 가지기 때문이다.

마치 아이보다 인격이 성숙한 어른이 자기 성찰의 힘을 더 가질 수 있는 것과 같다. 자아의 초월이란 자기 자신을 객관적으로 볼 수 있는 의식성이다. 그것은 무의식에 대한 인식이자 수용이며 이해이다. 여기서 알 수 있는 것은 자아가 초월된 의식성과 본성의 의식성은 같은 것이라는 사실이다. 즉 중생심의 초월이 곧 부처이다.

그렇다면 왜 육도와 육진이 필요한 것일까? 물론 최고의 인식에 가면 육도만행을 의미하는 화신도, 청정한 법을 의미하는 보신도 진실한 부처가 아니라고 말한다. 다만 그 법이 필요한 의식수준의 사람들을 위한 방편이라는 것이다. 육도만행이란 열반의 피안에 이

르기 위해서 닦아야 할 실천 덕목인 보시布施·지계持戒·인욕忍辱·
정진精進·선정禪定·지혜智慧의 육바라밀을 완전하게 수용하는 일
이다. 앞에서 자아의식의 강화를 위해서 육도만행은 필연적 과정이
라고 설명한 바 있다. 그러므로 육도만행은 나약한 자아에게는 필
요한 단계적 깨달음에 해당한다.

하지만 그것이 궁극적인 깨달음은 아닌 것이다. 황벽이 화신과
보신을 진실한 부처나 진실한 도가 아니라고 하는 이유도 바로 여
기에 있다. 융 심리학의 개성화도 자아실현이 아니라 자기(Self)실
현이다. 황벽이 법신만이 진실한 법이라고 말하는 것도 무아의식에
의해서 마음의 허통이 이루어지기 때문이다. 허통이 되어야만 한마
음(一心)이 될 수 있는 것이다.

황벽은 어떻게 하면 한마음이 될 수 있는지 그 방법을 말해준다.
즉 육식에서 나온 18계가 어디에도 존재하지 않는 것을 깨달으면
한마음이 된다는 것이다. 다시 말해서 자아는 18계가 신체에 존재
한다고 생각하여 집착한다. 그러므로 그것이 존재하지 않는다는 것
을 안다는 것은 자아 중심적 사고로부터 벗어났다는 것이다.

그러나 이것을 지식적으로만 안다는 것은 또 다른 굴레를 만드는
일이다. 오직 의식이 본래 마음인 무의식과의 계합이 일어나야만
진실한 부처이고 진실한 도道를 이룰 수 있다. 그러므로 진실한 부
처는 의식과 무의식의 통합을 의미하는 한마음(一心法)일 뿐이라고
하는 것이다.

"일불성一佛性의 속은 일심성一心性이다. 그 일심一心 밖에 따로
무엇인가를 구해서는 안 된다. 만약 별도로 구하면 전도된다. ……

제불여래는 모두 일심법을 사용하여 일체 중생과 일체의 마음으로 하여금 일심 가운데서 불법을 구하게 하고, 불신을 얻게 했다(一佛性中卽一心性. 於一心更無他求. 若作他求卽爲顚倒. …… 諸佛如來, 皆以一心法, 令諸一切衆生一切之心, 於一心中而求佛法而得佛身)."[237]

한마음으로 통합하는 것 이외의 모든 것은 진실한 법이 될 수 없다. 신통력을 얻어 달나라에 가고, 죽은 사람을 살리는 능력을 가졌다고 해도 그것은 진정한 법이 아닌 것이다.

---

237 『전심법요・완릉록 연구』, p.137.

11. (마조)
무아의식은 마음의 동맥경화를 치료한다

모든 것이 한 명제 밑에 통합되어 진리도 사상(事)도 온통 하나가 되면, 이윽고 전체는 무엇이라 말할 수 없을 만큼 왕성하게 생동하기 시작하는 것이다. 그 외에 다른 말이 있을 수 있겠는가? 이 모두가 마음의 자유자재한 여유로부터 유래하는 것이다. 비유를 들자면 달그림자는 그 모양이 여럿이지만 정작 달 그 자체는 오로지 하나이며, 물줄기도 그 근원은 여럿이지만 물이라는 본질에 있어서는 서로 아무런 차이도 없으며, 눈에 보이는 현상계에는 이것저것 차이가 있지만 허공계에는 이것저것 할 만한 것이 아예 없으며, 이론으로는 억지를 부려 이것저것 분별하지만 자유자재의 지혜 안에는 그러한 분별이 없는 것과 같다. 이와 같이 각양각색의 모든 존재는 한마음으로부터 유래한 것이다. 이를 말로 가름하여 밖으로 드러내는 것도 좋고 그대로 덮어두는 것도 좋다. 어느 경우에도 전체는, 꼬집어 설명할 수 없지만, 지극히 왕성하게 움직이면서도 여전히 그 본질을 잃지 않는다. 진실과 관계없는 우리만의 존재방식이 따로 있는 것은 아니며, 우리의 존재방식 그대로가 바로 진실이기 때문에 전체는 동시에 우리 자신의 본체인 것이다. 만약 그렇지 않다면 도대체 누구라는 말인가?[238]

마조는 왜 그토록 무의식의 의식화가 필요하고 한마음이 되는 것이 중요한지를 우리에게 확인시켜준다. 세상에 각양각색의 모양을 나타내는 존재들이 있지만 그것은 모두 한마음에서 유래한 것이라고 마조는 말한다. 마치 달은 하나이지만 달빛을 받는 대상의 모습에 따라 그림자는 제각각 다른 것과 같다는 것이다.

이것과 저것이 다른 것은 오직 자아의 상대의식이 만들어내는 관념의 형태에 따라 일어나기 때문이다. 그러나 본질에서는 한마음(一心)이다. 마조는 그렇게 된 이유에 대해서는 정확히 꼬집어 말하지는 않는다. 그러나 마조가 확실하게 말할 수 있는 것은 분리된 정신이 한마음으로 통합되면 그 결과는 '무엇이라 말할 수 없을 만큼 왕성하게 생동하기 시작하는 것'이다.

이미 앞에서 설명되어 온 바와 같이, 의식과 무의식으로 분리되어 있다는 것은 대극으로서의 갈등구조이다. 갈등의 심화는 전쟁이다. 즉 의식과 무의식의 대극 상황은 긴장과 방어와 억압의 과정이다. 모든 전쟁은 그것이 물리적인 것이든 심리적인 것이든 엄청난 에너지 소비가 요구된다. 에너지가 전쟁에 소모되어 버리면 당연히 창조적 생산성은 전면 중단된다. 정신 에너지의 고갈은 삶의 파괴로 나타난다.

그러므로 그러한 소모적 대극의 갈등을 없애는 일이 중요하고,

238 『마조어록』, p.60.

그 해결은 갈등구조를 근본적으로 이해함에서 온다. 의식이 무의식과 친밀해지면 무의식은 적이 아닌 동지로 함께 살아날 수 있다. 그 통합과정은 오직 무아의식에 의해서만 가능하다. 무아의식은 형체로 나타나는 사물이나 현상까지도 절대적 객관성으로 관찰하기 때문에 받아들이지 못하는 것이 없다.

마조는 그것을 '모든 것이 한 명제 밑에 통합되어 진리도 사상事象도 온통 하나'가 된다고 표현한다. 이것은 진리를 보지 못함이 결국은 우리들의 존재방식에 있는 것이 아니라 그것을 바라보는 자아의식의 관념적 구조에 있다는 점을 분명하게 보여준다. 즉 삶은 있는 그대로가 진실이지만, 자아의식의 사사로운 분별과 집착에 의해서 있는 그대로의 진실은 왜곡되는 것이다.

그렇기 때문에 있는 그대로를 관조하는 무아의식의 출현이 시급한 것이다. 마조는 무아의식을 '지극히 왕성하게 움직이면서도 여전히 그 본질을 잃지 않는다'고 표현한다. 이것이 바로 진정한 창조성이다. 왜냐하면 자아의 상대의식은 인위적이고 모방적이지만, 무아의 절대의식은 그 누구의 것도 흉내 내지 않는 오직 고유한 자신만의 삶을 드러내기 때문이다.

고유성이란 천상천하 유아독존이고, 진정한 창조성이다. 무의식의 의식화는 더 이상 대극적 갈등으로 인하여 에너지를 빼앗기지 않는다. 그러므로 정신의 에너지가 왕성하게 활동하게 되는 것은 너무도 당연한 결과인 것이다.

일체 법 모두가 불법佛法이며, 갖가지 법 나름대로 모두 해탈이다. 해탈은 곧 진여眞如와 다르지 않으며, 갖가지 법은 진여의 밖에 있지 않다. 일상생활 가운데의 들고 놓는 모든 동작은 사려思慮가 다 끊어진 자리에서 나오는 움직임이며, 이는 또한 어느 때에만 잠시 그러한 것은 아니다. 경에 이르기를 "실로 부처는 모든 곳에 꽉 들어차 있다."라고 했다. 부처는 능인能仁이다. 지혜롭고 슬기로운 성품으로 모든 중생을 덮고 있는 의심의 그물을 걷어준다. 이로부터 중생은 비로소 있다느니 없다느니 하는 분별의 속박으로부터 벗어나게 되며, 범凡이니 성聖이니 하는 생각도 멀리 여읜다. 사람도 법도 모두 공空인 줄 알며, 어느 것과도 비교되지 않는 경계境界에 이르러 뭇 개념이나 범주를 초월하면 무엇을 하더라도 장애가 없으며, 이윽고 사상事象과 진리가 하나로 통하게 된다. 이는 마치 하늘이 구름을 일으켜 내는 것과 같아서, 나타냈다고 하여 이를 쳐다보면 다시 금방 흩어져 아무런 흔적도 남기지 않는다. 또한 물에 글씨를 쓰는 것과 같아서 일어나지도 않고 사라지지도 않는다. 이것이 대적멸大寂滅이다.[239]

일체 법이 모두가 불법佛法이지만 그것을 알지 못하는 것은 자아의식의 관념 때문이라는 사실은 계속해서 진술되어 왔다. 해탈이란 바로 '나'라는 틀이 무엇인지를 알아 그것으로부터 자유로워지는 것이다. 나로부터 자유로운 시각이 바로 무아의식이다. 무아의식에 의해서 모든 것이 일체 법이라는 사실을 깨닫는 것이 바로 해탈

---

239 『마조어록』, pp.62~3.

이다.

그렇기 때문에 진여라고 불린다. 무아의식으로 비추어진 세상은 부처의 진실로 가득 차 있다. 왜냐하면 존재하는 모든 것은 그 스스로 존재 이유를 가지고 있기 때문이다. 어느 것 하나 쓸모없는 것이 없고, 어느 법 하나 무시할 수 있는 것은 없다.

마조는 "부처는 능인能仁이다."라고 말한다. 여기서 능能이라는 글자는 '능히 할 수 있는 기량, 능력, 재능'을 나타내면서 동시에 '화목하게 지내다'라는 의미도 담고 있다. 즉 자아의 상대의식이 무의식을 대극으로 분별하여 갈등을 만들어낸다면, 무아의 절대의식은 무의식을 포용하고 화합하여 막힘이 없는 허통虛通이다. 그러므로 '능인'은 화합하는 자애로움이다.

중생과 부처로 분리된 마음을 화합하여 갈등을 없애는 무아가 '지혜롭고 슬기로운 성품'이라고 표현되는 것이 마땅하다. "사람도 법도 모두 공空인 줄 알며, 어느 것과도 비교되지 않는 경계境界에 이르러 뭇 개념이나 범주를 초월하면 무엇을 하더라도 장애가 없으며, 이윽고 사상事象과 진리가 하나로 통하게 된다."는 말에서 무아의식이 왜 최고의 의식성인지를 알 수 있다.

그 어디에도 걸림이 없는 무한한 인식에 의해서 중생을 덮고 있는 의심의 모든 그물은 걷어진다. 이러한 사실들은 부처와 깨달음에 대한 개념을 명확하게 드러낸다. 여기서 '사상과 진리가 하나로 통할 수 있는 것'은 그 모두가 한마음의 작용임을 알기 때문이다. 무아의식은 분별하지만 분별에 대한 집착이 없고, 인식하지만 그 인식과 동일시하는 주체가 비어 있다. 그러므로 그것을 '대적멸大寂

滅'이라고 부르는 것이다.

> 현상세계를 부정하지도 않으며, 절대의 경지에 안주하지도 않는
> 다. 현상은 절대의 작용이며 절대는 현상의 근거이다. 근거하는
> 것에 머무르지 않기 때문에 '허공과 같이 기댈 데가 없다'고 말
> 하는 것이다.[240]

이것을 심리학적으로 바꾸어 말한다면 '현상세계'는 자아의식이
고, '절대의 경지'는 자기(Self)이다. 즉 '현상세계'는 중생의 세계이
고, '절대의 경지'는 부처의 세계이다. 깨달음에 있어서 가장 문제가
되는 것은 자아의 상대의식이었다. 그러므로 자아의 초월, 즉 자아
의 객관화는 깨달음에 있어서 핵심적인 문제가 되었던 것이다.

그러나 그 현상세계인 자아의식이 없다면 불성이 부처로 분화할
수 없다. 그러므로 자아는 부정될 수 있는 대상이 아니다. 현상세계
를 부정하는 사람은 절대의 경지에 안주하게 된다. 그러나 그것 또
한 자아의식의 판타지 속에 있는 것이다. "현상세계를 부정하지도
않으며, 절대의 경지에 안주하지도 않는다."는 말은 자유자재하다
는 말이다. 즉 집착함이 없다면 '현상세계'나 '절대의 경지'나 차별
이 없다. 차별이 없는 세계에서는 현상을 통하여 절대를 경험하고
절대를 통하여 현상을 경험한다. 그 둘을 모두 아는 것이 바로 전체
성인 것이다.

240 『조주록』, p.65.

위의 뜻을 알아차린다면 임제가 왜 "차라리 오무간업五無間業을 짓더라도 깨달음을 얻으리라(造五無間業方得解脫)."[241]고 했는지를 이해할 수 있다. 오무간업에 대한 설법은 깨달음에 대한 임제의 적극성을 그대로 보여준다. 임제가 말하는 오무간업은 융의 다음 내용들과 너무도 흡사하다. 사람이 비록 나쁜 일을 하더라도 그것을 인식하고 있다면, 자기인식의 기회라는 점에서 축복이라는 것이다. 물론 나쁜 행위를 통해 지옥에 갈 수 있다. 그러나 그 길을 가지 않았다면 자기 모습을 정직하게 인식할 기회가 주어지지 않았을 것이라고 융은 말한다.

깨달음이란 자기 자신에 대한 절대적 객관성의 관조다. 만일 완전무결함을 추종한 누군가가 죄를 짓지 않는 것에 자긍심을 느낄 수는 있다 할지라도, 자기이해와 자기인식의 측면에서는 정신적 비겁함이고 정신적 퇴행이 될 수 있다는 것이다.

정신의 내용들이 자신 안에서 구체적으로 어떻게 존재하고 있는지를 명확하게 아는 것이 바로 禪의 근본이다. 융은 그것을 '인생의 내용들이 제대로 채워지는 일'이라고 표현한다.[242] 인생이 필요한 이유, 즉 깨달음에 있어서 삶의 마당이 필요한 이유는 삶의 자연스러운 활동 속에서 자신 안의 무의식의 내용들을 확인할 수 있기 때문이다.[243]

241 『임제록』, p.121.
242 『인간과 문화』, pp.140~1.
243 『원형과 무의식』, p.219.

조사선에서 평상심을 외치는 이유도 마음을 의식적으로 꾸미지 않을 때 자신의 본래 모습이 드러나기 때문이다. 무의식을 모른다면 자신이 누구인지를 결코 알지 못한다. 무의식이 자아의식의 근원이다. 자신의 근원을 모르고 사는 사람이 정신적으로 불안정한 것은 너무도 당연하다.

도덕주의자는 정신의 의식적 측면만을 고집하는 사람이다. 의식적으로 도덕을 추구하면 내면의 원시성들은 의식의 수면 위로 올라오지 못한다. 즉 무의식이 되어 있다는 것은 그것들을 인식하지 못한다는 말이다. 무의식에 대한 이해가 없는 사람들은 자신의 결점을 보지 못한다. 그 결점들은 모두 외부적 존재에게로 투사된다. 도덕주의자들이 냉혹한 비난을 특징으로 갖는 이유도 바로 여기에 있다.

억압은 내적 갈등을 없애기 위해 변칙적으로 만들어지는 해소방법이기 때문에 영원히 지속되는 것이 아니라 언제 어디서나 나타날 수 있다. 왜냐하면 모든 심리적 사건은 필연적으로 목표 지향적이기 때문이다. 심리적 현상에서 일어나는 갈등을 자신 안에서 발견하지 못할 때 그것은 자동적으로 외부에서 대상을 찾는다. 그것이 자신의 정신 밖에서 존재한다고 믿는 것이다. 투사를 하게 되면 갈등의 책임이 외부적 존재나 상황으로 옮겨짐으로써 자신은 그 속에서 벗어난 것처럼 생각된다.[244]

244 『상징과 리비도』, pp.96~8.

이와 같은 융의 말은 우리가 왜 무의식을 의식화해야 되는지를 너무도 잘 보여주고 있다. '모든 심리적 사건이 필연적으로 목표 지향적'이라는 말은 무의식들은 언제나 의식화를 기대하고 기다리고 있다는 것이다. 무의식은 정신의 본래 성품들이다. 그러므로 그것들을 억압한다고 하여 없어지지 않는다.

무의식과 조화가 없는 의식의 일방성은 정신의 균형을 깨는 일이라고 융은 말한다. 의식이 무의식을 없애려고 하거나 부정하는 것은 마치 나무의 뿌리를 자르는 어리석음이라는 것이다. 불교에서 '나(我)'라는 자아의 문제를 끊임없이 제기하는 것도 자아의식의 일방성이 전체성을 가로막고 있다는 것에 대한 경고이다.

그렇기 때문에 분리된 의식과 무의식을 통합하는 것만이 진정한 깨달음이 될 수밖에 없는 것이다. 동물적 원시성을 그대로 가지고 있는 한 그는 사람의 모습을 하고는 있으나 진정한 사람은 아닌 것이다. 동물성은 본능의 거친 성질로 드러나지만 본질적으로 생명의 근원이다. 다만 그것들이 무의식으로 있는 한 사람은 그것에 지배를 받는다. 의식화는 그것들로부터 자유로워지는 일이다.

그러므로 무의식을 억압한다는 것은 흐르는 물줄기를 막는 것이고, 무의식을 의식화한다는 것은 막혔던 물줄기를 활기차게 흐르게 하는 일이다. 순환이 없다면 생명은 죽는다. 무의식의 의식화는 정신을 활기차게 하는 진정한 생동감이다.

제4장

무아의식은
고유성이다

자성을 인식론적 의미로 본다면 개별적·독립적·단독적·자기 정체성이다.[245] "자성은 그 자신의 고유한 성격으로서 시공간적 변화에도 불구하고 다른 것과 구별하여 인식할 수 있는 존재자이다."[246] 그러므로 개체로서의 독자성은 다른 것과 구별하는 자성의 고유한 성질에서 일어난다. 융은 이것을 '개성화의 원리(principium Individuation)'라 부른다.

개체로서의 특수성은 이 같은 개성화 원리에 의해서 지켜질 수 있는 것이다. 말하자면 특정한 어떤 것을 인식한다는 것은 그것의 고유성인 자성에 대한 인식이다. 즉 고유성인 다르마dharma 때문에 인식이 가능해지는 것이다. 예를 들어 우리가 땅이라고 인식하는 것은 땅의 고유한 성질 때문이다.

이것은 융이 왜 깨달음을 고유성의 실현이고 개성화라고 하는지 그 이유를 말해주고 있다. 각각의 개체는 개체만의 고유한 특징을

---

245 『불교의 언어관』, p.10.
246 『불교의 언어관』, p.151.

가진다. 이 고유성의 발현을 위해서 자성은 작은 자성이라 말할 수 있는 자아를 발아시킨다. 말하자면 자성으로부터 자아인 중생이 태어나는 것은 결국 천상천하 유아독존의 부처로 가기 위한 출발점인 것이다. 그렇다면 고유성의 발현이 왜 중요할까? 개체가 고유성을 발현시키지 못하면 다시 집단성인 무無로 돌아가 버린다고 융은 말한다.

자성은 자상自相과 공상公相을 함께 가지고 있다. 즉 자상이 심리학의 자아의식이라면, 공상은 집단무의식이다. 자아의식이 유有이자 삶이라면, 집단무의식은 무無이자 죽음이다. 그러므로 개성화되지 못한 개체가 집단무의식에 그대로 용해되어 버린다는 융의 주장은 불교적으로도 성립되는 것이다.

개성화 과정까지 이르는 데 있어서 중요한 기능이 바로 자아의식의 역할이다. 즉 공상의 다르마 사이에서 혼돈을 피하여 독자성을 확보하는 것은 자성의 분별기능에 의해서 일어난다. 즉 의식의 분별기능이 바로 자성의 성질인 것이다. 물론 자아의식은 자아라는 특성 때문에 상대적 한계성을 지니지만, 의식 그 자체는 본성의 발현이다. 그러므로 의식에 의해서 공상公相인 집단성으로부터 개체로서의 독립성의 확보를 시작하는 것임에는 틀림없다. 이러한 사실은 자아의식의 기능과 구조가 한마음(一心)으로 회귀하는 데 있어서 중요한 수단임을 보여주는 것이다.[247]

붓다가 베다의 권위를 인정하지 않는 것도 고유성에 대한 침해를

---

247 『불교의 언어관』, pp.108~9.

염려했기 때문이다. 즉 권위는 숭배를 낳는다. 모든 숭배는 숭배의 대상을 따르게 함으로써 자신의 고유성을 외면하게 만드는 부정적 역할을 한다. 그러므로 붓다는 자신이 평생을 통해서 한 말조차 부정했던 것이다. 물론 한 말도 하지 않았다는 붓다의 말은 '나'가 초월되어 있는 무아의식이 정신의 주체라는 의미를 담고 있다.

무아의식의 극치를 보여주는 붓다의 최고 아름다운 문장이 탄생한다. "비구들이여, 나는 자신의 말로 붓다의 말을 배우는 것을 허락한다."[248] 이 말은 물론 고급언어로 알려진 산스크리트(sanskrit)를 고집하는 사람들의 고정관념을 부수기 위한 붓다의 혁명성에 있다.

그러나 이 말을 깨달음의 측면에서 생각하게 하는 다음의 문장이 탄생한다. "붓다의 깨달음은 '스스로에게' 증득되는 것이므로 '남에게' 언어로써 전달되는 것이 원천적으로 불가능하다."[249] 고타마 붓다의 깨달음은 고타마 붓다의 깨달음일 뿐, 다른 사람의 깨달음이 될 수 없는 것이다. 붓다의 진리를 고상한 산스크리트로 옮긴다 한들 그것이 꼭 각각 개체의 고유한 진리가 되는 것은 아니다.

어떠한 언어나 행위로도 진리를 드러낼 수 없는 것은 오직 자신만이 자기 자신의 주인이며, 자기 자신의 고유한 진리가 될 수 있기 때문이다. 그러므로 어떤 언어를 사용하느냐의 문제가 아니고, 붓다의 말이 듣는 주체의 고유한 언어로 이해될 수 있느냐 없느냐의 문제다. 말하자면 그것을 받아들이는 주체의 의식수준에 달려 있는

---

248 『불교의 언어관』, p.40.
249 『불교의 언어관』, p.58.

것이다.

불교의 언어관에서 자성自性은 세 가지 정도로 그 뜻을 구분할 수 있다. 첫째, "형이상학적 실체가 실재하는 것으로 생각하는 실체로서의 자성(svabhava as substance)"을 의미한다. 이것은 불교의 궁극적 실재로서의 열반이다. 열반은 본성에서 일어나는 정신적 기능으로서의 무아의식이다. 그러므로 열반은 자아의 상대의식이 아니기 때문에 행위자가 없는 무위無爲다.

둘째, 찰나 생멸하는 현상(svabhava as phenomenon)으로서의 자성이다. 즉 다르마dharma의 법칙으로서의 자성이다. 이때의 자성은 '사물 자체'로서, 자아의 상대의식에 의해서 그 의미가 왜곡되지 않는 순수한 생멸현상 그 자체로서의 자성을 의미한다.

셋째, 타성과 구분하여 쓰이는 독자성으로서의 자성(svabhava as self identity)이다.[250] 여기서 논하고자 하는 부분은 바로 독자성으로서의 자성이다. 즉 자성은 원천적으로 독자성을 가지고 있는 것이다. 이것은 융의 개성화 개념과 일치한다.

융 심리학이 말하는 개성화도 결국은 집단무의식으로부터 자기 본래의 고유성을 획득하는 것이다. 그러므로 불교의 깨달음은 또한 자성으로의 회귀이며, 그것은 독자성의 완성이기도 한 것이다. 그렇다면 조사들은 자성의 독자성에 대해 어떤 말을 하고 있는지 살펴보자.

---

250 『불교의 언어관』, pp.7~10.

1. (혜능)
나의 깨달음이 너의 미혹을 대신할 수 없다

어느 날 남양에 있는 신화라는 스님이 찾아와서 혜능대사에게 "화상께서 좌선할 때 봅니까, 보지 않습니까?" 하고 물었다. 혜능은 바로 일어나 주장자를 들고 그 사람을 때리면서 아픈지, 아프지 않는지를 되물었다. 이러한 혜능의 행위는 깨달음이 지식으로 오는 것이 아니라 직접적으로 본성을 체험하는 것임을 알려주려는 것이다.

너의 마음이 미혹하여 깨닫지 못했으면 선지식에게 물어서 깨달음의 길을 찾아야 하며, 너의 마음을 깨달아 스스로는 보게 되면 법에 의지하여 수행해야 한다. 너는 스스로 미혹하여 자신의 마음도 깨닫지 못했으면서 도리어 이곳에 와서 혜능에게 '봅니까, 보지 않습니까?'라고 묻는가? 내가 깨닫고 스스로 알았다 할지라도 너의 미혹을 대신할 수 없다. 네가 만약 스스로 깨달았다 할지라도 나의 미혹을 대신할 수 있겠는가? 어찌 스스로 닦지 아니하고 나에게 '보는가, 보지 않는가?' 따위의 질문을 하는가?[251]

251 『돈황본 육조단경 연구』, p.383

자아 중심적 사고 안에서는 언제나 미혹할 수밖에 없다. 인식의 중심에 '나'가 있으면 모든 대상에 대한 판단은 나의 관점에 따라 좌우되기 때문이다. 관점은 있는 그대로의 사실을 보지 못하게 한다. 그러므로 혜능에게 깨달음의 길이란 자아의식이 대상과의 관계 안에서 어떻게 작용되고 있는지를 아는 것이다. 즉 혜능이 말하는 깨달음은 자아를 '스스로 보게 되는 것'이다. 그것은 자기 자신에 대한 관조다.

마음과 동일시하는 자아에게 '스스로 보게 되는 것'은 엄청난 고통의 과정이다. 그러므로 자아로서 자아를 보는 일은 온전한 관찰에 이르기 어렵다. 온전한 관찰은 고통과 연결되지 않는 객관적 정신인 무아의식에 의해서만 일어난다. 그렇기 때문에 무아의식은 진정한 명상이 될 수 있는 것이다.

"깨달음을 얻어 스스로 알았다고 할지라고 다른 사람의 미혹한 마음을 대신해줄 수 없다."는 혜능의 말은 아주 중요하다. 자신의 어리석음은 자신만이 해결할 수 있다. 왜냐하면 자성은 고유성이기 때문이다. 그러므로 융은 진정한 자기인식 과정을 개성화 과정이라고 부르는 것이다. 다른 사람의 깨달음이 어떠한들 자기 자신에게는 전혀 도움이 되지 않는다. 다른 사람의 깨달음이 무엇이라고 듣는다고 하여도 그것은 또 하나의 지식이 될 뿐이다. 자신의 법은 자신에게만 있다. 그러므로 혜능은 오직 자기 자신에게 귀의해야 한다고 말하는 것이다.

여러분, 혜능이 여러분들에게 자신의 삼보께 귀의하도록 하겠다. 부처란 깨달음이다. 법이란 바름이다. 승이란 깨끗함이다. 자신의 마음이 깨달음에 귀의하여 삿되고 미혹함이 생겨나지 않아 …… 자신의 마음이 깨끗함에 귀의했으므로 일체의 번뇌 망상이 비록 자성 가운데 있을지라도 자성이 번뇌 망상에 물들지 않는 것을 중중존이라 한다. …… 경 가운데 단지 자신의 부처에게 귀의하라고 말했을 뿐 다른 부처에게 귀의하라고 말하지 않았다. 자성에 귀의하지 않으면 귀의할 곳이 없다고 했다.[252]

삼보三寶는 불교도의 세 가지 근본 귀의처歸依處라고 불리는 불보佛寶·법보法寶·승보僧寶이다. 혜능은 이 세 가지 보배가 모두 자기 자신에게 있다고 말한다. 이것이 바로 자기 자신에게 돌아가 자신을 의지해야만 하는 근거다. 깨달음을 찾아 밖으로 향했던 시선을 내면으로 돌려야 한다.

자기 자신에게 귀의한다는 말은 무엇인가? 지극한 마음으로 믿고 따르는 것이다. 무엇을 믿고 따르라는 말인가? 즉 자기 내면에 본래부터 있는 부처를 믿고 따르라는 것이다. 물론 이 말은 깨달음을 추구하는 모든 사람들이 이미 알고 있다. 그런데 왜 그들은 깨닫지 못하는 것일까? 왜냐하면 '나'라고 주장하는 자아가 인식의 주체로 있기 때문이다.

'나'는 자기 내면에 부처님이 있다는 사실을 지식으로는 받아들인다. 그러나 정작 그것이 믿음으로 발전하지는 못한다. 왜냐하면

---

252 『돈황본 육조단경 연구』, p.258.

'나'가 간간히 의식하고 있는 내면은 온통 부정적인 것들로만 채워져 있기 때문이다. '나'가 들어서 알고 있는 부처는 청정하다. 그러므로 부정한 마음을 없애려고 노력한다.

이것은 다시 한 번 더 부처가 무엇인지에 대한 정직한 인식이 중요하다는 사실을 일깨워준다. 깨달음을 얻으면 부처라는 완벽한 존재로 변신할 수 있다고 하면, 마음의 쓰레기를 치워 청정한 부처를 맞이하는 것이 옳다. 그런데 혜능은 부처가 깨달음이라고 말한다. 깨달음은 자각自覺이다. 자각이란 자기 자신이 누구인지를 아는 것이다. 뒤집어 말하자면, 자각이 없는 사람은 자신이 누구인지를 알지 못한다. 왜 알지 못할까? '나'라는 자아의식은 보잘 것 없는, 있는 그대로의 '나'를 부정하기 때문이다.

깨달은 사람과 깨닫지 못한 사람은 바로 여기에서 차이를 보인다. 깨달음을 얻은 사람은 버리고 싶어하거나 변형시키고 싶어하지 않고 있는 그대로의 중생의 마음을 본다. 반면에 깨닫지 못한 사람은 중생으로 사는 자기 자신의 마음을 보면 고통스럽다. 법이 바르다고 한 것은 있는 그대로의 자기 자신을 직시하기 때문이고, 승이 깨끗하다고 하는 것은 있는 그대로의 자신을 꾸미거나 왜곡하지 않기 때문이다.

자아의식이 그토록 싫어하고 무서워하는 마음이 바로 무명이다. 무명은 정신의 원시적 요소들이다. 원시적 요소는 정신의 근원이다. 즉 원시적 요소들이 없다면 정신이 존재하지 않는다는 의미다. 그것을 알지 못하는 자아의식은 정신의 근원을 버리고자 하는 것이다. 부처는 곧 의식이다. 의식은 무명으로부터 태어나 무명을 밝히는 것을 목적으로 한다. 그것을 불교에서는 부처라고 부른다.

깨달음은 자아가 자신이 알고 있는 자아의식과는 비교도 할 수 없는 거대한 의식 에너지가 자기 안에 있음을 알아차리는 것이다. 자아의 깨달음은 더 이상 무아의식의 비춤을 방해하지 않는다. 그때 의식은 무명을 조건 없이 온전하게 비춘다.

의식화 과정을 밟지 않는 무의식은 자아의식에 의해서 번뇌와 망상이 된다. 번뇌와 망상이 무명의 작용임을 아는 혜능은 그것들이 모두 자성에 의해서 일어난다고 말하는 것이다. 그렇다면 자성은 무명이면서 동시에 부처다. 자아의 상대의식에게 무명은 번뇌와 망상이지만 무아의 절대의식에게 그것은 본성이다. 본성은 무아의식의 관조에 의해서 무명의 상태를 벗어난다. 본성을 있는 그대로 이해한다는 것은 자신의 고유성을 온전하게 받아들인다는 것이다. 그러므로 고유성은 오직 무아의식에 의해서만 온전하게 꽃피워진다.

누구나 깨달음을 얻을 수 있는 것은 이처럼 자기 안의 선지식이 존재하기 때문이다. 그러므로 혜능이 말하는 선지식은 외부적 존재가 결코 될 수 없다. 외부에 존재하는 선지식이 할 수 있는 일이란 기껏해야 인연이 닿는 각 개인들에게 내면에 있는 본성의 선지식이 있다고 알려주는 것이다. 아무리 뛰어난 선지식이라고 해도 개인이 받아들일 준비가 되어 있지 않으면 인도해줄 수 없다고 혜능은 말한다.

만약 스스로 깨달을 수 있는 사람은 외부 선지식의 도움이 필요 없다. 만약 외부의 선지식을 찾아 해탈하기를 바란다면 이는 올

바른 일이 아니다. 자기 마음속의 선지식을 알면 곧바로 해탈할
수 있다. 만약 자신의 마음이 삿되고 미혹하여 망념으로 전도되
면 외부의 선지식이 가르침을 베푼다 할지라도 여러분들은 결코
스스로 깨달을 수 없을 것이다. 그러므로 반드시 반야를 일으켜
관조하면 찰나 사이에 망념이 모두 사라진다. 이것이 곧 자신의
진정한 선지식이며, 한 번 깨달으면 바로 부처의 지위에 이른다.
자성의 마음자리에서 지혜로써 관조하면 안과 밖이 밝게 사무쳐
자신의 본래 마음을 알게 된다. 본심을 아는 것이 곧 해탈이다.
이미 해탈했다면 이것은 반야삼매이다. 반야삼매를 깨닫는 것이
곧 무념이다.[253]

선지식(善知識, kalyamitra)은 불법의 이치를 알아 바른 도리를 가
르치는 사람이다. 그런데 혜능은 그러한 선지식이 자기 안에 있다
고 강조한다. 이것은 곧 선지식은 사람이 아니라는 말이다. 선지식
이 안에 있다는 것은 정신의 기능임이 드러난다. 그러면 정신의 어
떤 기능이 선지식이 되는 것일까? 혜능은 반야를 일으켜서 관조하
라고 한다. 반야는 있는 그대로의 법의 이치를 깨닫는 근원적인 지
혜다. 즉 근원적인 지혜는 있는 그대로의 법의 이치를 아는 것이다.
　있는 그대로의 법의 이치를 안다는 것은, 있는 그대로를 보아야
한다는 말이다. 있는 그대로를 보려면 있는 그대로를 비추어야 한
다. 이것은 결코 있는 그대로를 보지 않으려는 자아의식의 문제를

253 『완릉록・육조혜능 연구』, pp.298~9.

지적하는 것이다. 있는 그대로를 보지 않는 '나'라는 의식은 늘 삿되고 미혹하여 망념으로 전도될 수밖에 없다.

그러므로 오직 있는 그대로를 보는 의식이 필요하다. 그것이 바로 무아의식이다. 무아의식이 바로 혜능이 말하는 반야를 일으키는 것이고, 무아의식의 인식이 바로 반야의 관조다. 무아의식이 관조하는 것은 다름 아닌 자아이고, 자아가 만들어내는 망념이다.

무아의식의 관조는 진정한 자신에 대한 이해다. 해탈은 자기 자신이 누구인지 아는 것에서 온다. 이러한 무아의식의 관조를 혜능은 '안과 밖이 밝게 사무쳐'라고 표현한다. '나'를 봄에 있어서 너무도 명료한 의식이라는 것이다.

자기 자신을 왜곡하지 않고 있는 그대로 보는 것이 왜 그토록 중요할까? 그렇게 했을 때만이 개체의 고유한 본성을 훼손하지 않고 그대로 드러낼 수 있기 때문이다. 그렇기 때문에 고유한 본성을 드러내는 일은 그 어떤 사람도 대신해줄 수 없다. 오직 고유성의 주인만이 할 수 있는 고유한 작업인 것이다.

2. (임제1)
무아의식은 진정한 자기 자신이 되게 한다

유명한 불교학자인 야나기다 세이잔은 임제를 다음과 같이 평한다. "임제의 불교는 무엇보다도 인간의 자유에 대한 종교이며, 역사적 현실 속에서 인간의 자유를 최대한 실현하려는 '불도현성佛道現成'의 가르침이다."[254] 말하자면 임제의 불교는 철저하게 현실적이다.

그것은 마치 하이데거가 인간을 '역사적 규정'이라고 한 말을 연상시킨다. 인간은 누구나 역사가 규정하는 그 순간을 벗어날 수 없다는 것이다. 인간은 '역사적 규정' 그 자체이며, 그 안에서 존재는 존재의 의미를 발견하는 것이다. 인간이 발견하는 모든 것, 즉 그 상상력까지도 인간이라는 '역사적 규정' 안에서 이루어진다. 역사적 규정이라는 것은 결국 그것을 인식하는 주체를 의미한다. 주체에 대한 정확한 자기인식이 바로 주체에 대한 진정한 객관성인 것이다.

그러므로 임제는 존재 그 자체를 말할 뿐, 부처를 구하라고 말하지 않는다. 즉 임제가 일관되게 주장하는 것은 도를 깨닫고자 한다면 진정한 자기 자신이 되어야 한다는 것이다. 중요한 것은 부처나

---

254 『임제록』, p.40.

조사가 아니라 오직 자기 자신이다.

자기 자신으로 살아가는 사람만이 자신이 누구이며 정신의 본질이 무엇인지를 알 수 있다. 그러므로 깨달음은 진정한 자기 자신이 되는 사건이다. 바꾸어 말하면, 깨닫지 못했다는 것은 자기 자신으로 살고 있지 못하다는 것이다. 사람이 사회의 일원으로 태어나는 순간, 사회인에 잘 어울리는 인격을 연마한다. 그러므로 사회적으로 알맞게 조성된 인격은 결코 진정한 자기 모습은 아니다.

그런데 만들어진 가짜 인격을 자신의 참모습으로 인식하는 한 그의 내면에 있는 진정한 참모습은 외면당한다. 가짜 인격 안으로 숨겨진 원시적 정신들은 인식하지 못하는 외부에 있는 대상에게로 투사된다. 투사는 무의식이다. 그러므로 투사된 원시적 성질들은 잔인한 결과를 만들어낸다. 자아의식이 무의식과 대면하기를 두려워하는 것도 무의식으로 있는 그림자의 파괴력을 본능적으로 느끼기 때문이다.

무의식의 파괴력이 클수록 자아의식은 무의식으로부터 도망치기를 꿈꾼다. 무의식을 괴물로 인식할수록 자아는 훌륭한 사람, 위대한 사람이 되고 싶어한다. 부처로의 깜짝 변신을 원하는 마음은 그러한 욕망의 정점일 수 있다. 자아의식의 삶이 불안을 느끼는 것은 무의식의 위협과 심리적 혼란 때문이다.

그러므로 자아는 불안과 두려움으로부터 근원적으로 벗어나고 싶어한다. 그러나 진정한 자기 자신을 회피한 채로 선한 것을 구한다면 그는 허구 속의 존재를 좇는 것이다. 그것은 차별의 세계만을 알고 있는 자아의 생각이며 자아의 무지이다. 이러한 이유 때문에 임제는 그것을 피한다고 될 일은 결코 아니라고 말하는 것이다.

"한 사람은 높고 고적한 산꼭대기 위에 있어도 형상이 있는 몸을 초월하는 길이 없고, 한 사람은 십자十字의 사거리에 있어도 앞과 뒤, 좌우의 차별이 없다. 어떤 것이 앞에 있고 어떤 것이 뒤에 있느냐? 유마힐도 되지 말고 부대사도 되지 말라. 모두 편히 쉬어라(上堂云, 一人在孤峰頂上, 無出身之路. 一人十字街頭, 赤無向背)."[255]

야나기다 세이잔은 '고봉정상孤峰頂上'을 "높고 고적한 산의 정상, 수행의 도달점, 또는 산상山上의 고독"으로 해석한다. 고봉정상은 매우 높은 경지의 수행의 이름을 의미한다고 보는 것이 가장 적절해 보인다. 왜냐하면 뒤에 나오는 '무출신지로無出身之路'가 "수행의 극한에 도달하여 수행하는 자신의 존재조차 잊어버린 절대의 세계"를 말한다고 세이잔이 해석하고 있기 때문이다.

그런데 세이잔은 정작 본문의 해석에서는 '무출신지로'를 "형상이 있는 몸을 초월하는 길이 없고"라고 쓰고 있기는 하다. 아무튼 본문의 해석을 그대로 옮긴다면, 아무리 수행이 높다 하지만 현실적 몸을 초월하지는 못한다는 것이다. 즉 수행의 최고봉에 오른다 할지라도 인간 그 자체인 것은 변함이 없다는 말이 된다. 이 말을 뒤집어본다면, 몸은 살아 숨 쉬는 현실태(現實態: energeia, actuality)다. 그런데 도를 닦아 새로운 사람이 되고자 한다는 것은 그 현실을 뛰어넘으려는 어떤 시도이다.

그러나 몸이 없다면 깨달음도 없다. 깨달음이라는 이상을 추구

---

255 『임제록』, p.77.

하는 것이 의식의 세계라면, 몸은 무의식의 세계이다. 의식의 세계가 아무리 최고의 형이상학적인 것을 추구한다 하더라도 형이하학의 몸을 알지 못한다면 그것은 모두 허구일 수밖에 없는 것이다. 왜냐하면 의식은 무의식에서 태어났기 때문이다. 그러므로 임제는 말한다.

함께 도를 닦는 여러 벗들이여! 마음의 근원적인 법칙은 형상이 없으나 순수하고 유연하게 온 누리를 관통한다. 눈으로 보며, 귀로 듣고, 코로 냄새를 맡으며, 입으로는 대화하고, 손으로는 잡고, 발로는 걷고 있지 않은가? 이는 본래 한 개의 신비한 구슬인데 쪼개져 여섯 조각으로 나누어진 것이다. 그 한마음이 본래 공空한 것이므로 서는 곳마다 해탈의 법계法界가 펼쳐지는 것이다. 산승山僧은 왜 이렇게 설하는 것일까? 그것은 바로 구도자 여러분들이 밖으로 향해 찾아 헐떡이는 마음을 쉬지 못하고 저 옛사람의 쓸데없는 언어와 행위(機境)에 매달려 흉내를 내려 하기 때문이다. 현재의 살아 있는 진리는 결코 지나간 과거의 언구言句와 형상 속에 존재하지 않는다. 함께 도를 닦는 여러 벗들이여! 산승의 견처를 말하건대 보신불과 화신불의 머리를 앉아서 끊나니 십지十地의 수행을 성취한 보살도 더부살이와 같고, 등각等覺·묘각妙覺의 부처도 형틀을 짊어지고 족쇄를 찬 것이며, 아라한과 벽지불은 마치 변소의 똥 덩어리와 같고, 보리·열반도 마치 당나귀를 매어두는 말뚝과 같다. 왜냐하면 구도자 여러분들은 영원한 시간의 흐름이 바로 공한 것임을 깨닫지 못하므로 이런 장애가 있는 것이다. 만약 진정한 도인이라면 절대 이와 같지는 않을 것이다. 다만 인연 따라 과거의 업을 소멸할 뿐 한 생각도 형상만을 좇아 불과佛果를 구하는 마음이 없다. 다만 형편 닿는 대로 옷을 입고 싶으면 입고, 가고 싶으면 가고, 앉고 싶으면 앉는 평상심平常心의 자유를 누리며, 한순간도 불과를 좇아 구하지 않는다. 왜냐하면 고인古人이 이르되 "만일 업을 지어 부처를 구하고자 할진대 부처는 생사윤회의 큰 징조인 것"이라고 하지 않았는가?[256]

임제의 설법에서도 부처가 곧 의식성임이 여실하게 드러난다. 형상 없이 온 누리를 관통하는 것이 바로 마음의 법칙이다. 보아서 알고, 들어서 알고, 냄새로 알고, 말로써 알고, 감각으로 아는 기능이 바로 의식이다. 그런 의식에는 '나'라고 하는 주체가 없다. 무아의식이 드러나는 것이 바로 해탈이다.

그런데 의식으로 살고 있음에도 무엇이 해탈을 막고 있는가? 의식의 빛을 막고 있는 것이 바로 자아다. 자아가 의식의 중심에서 해탈의 법계가 펼쳐지는 것을 막고 있는 것이다. '나'가 의식의 빛을 가리고 있으니 '나'가 누구인지 알 수가 없다. 나를 볼 수 없으니 당연히 다른 사람에게 '나'가 누구인지 알려달라고 구걸할 수밖에 없다.

왜 부처를 구하고자 하는 마음이 생사윤회의 큰 징조라고 말하

---

256 『임제록』, p.100.

는 것일까? 왜냐하면 구하고자 하는 마음은 현실을 부정하고 새로운 것을 취득하고자 하는 자아의 욕망이기 때문이다. 그런데 임제는 부처를 '현재의 살아 있는 진리'라고 말한다. '현재의 살아 있는 진리'는 오직 '현재를 살고 있는 나'라는 존재 속에 있다. 고타마 붓다도, 그가 남긴 위대한 경전들도 죽은 지식들일 뿐이다. 죽어 있는 것이 살아 있는 것을 알려줄 수는 없다.

부처는 몸을 떠나서 따로 거룩하게 존재하는 것이 아니라, 몸을 움직이는 그 모든 것이 부처의 작용이다. 그런데 자아의식은 자신의 몸을 떠나서 자아가 생각한 상상 속의 부처를 찾고자 한다. 부처는 실재다. 실재는 상상 속에서 발견할 수 없다. 그렇기 때문에 최고의 수행을 한들 자기 자신을 알지 못하면 참사람과는 거리가 멀다고 임제는 말하는 것이다.

"한 사람은 십자의 사거리에 있어도 앞과 뒤, 좌우의 차별이 없다(一人十字街頭 赤無向背. 那箇在前 那箇在後)."에서 십자가두十字街頭란 울고 웃는 현실의 일상이다. 또한 무향배無向背는 세속적인 차별 가운데서도 차별에 집착하지 않는 무애자재無碍自在의 의미라고 세이잔은 밝히고 있다. 현실의 한가운데서 울고 웃지만 그것에 걸림이 없는 사람이 있다. 즉 자아는 현실 속에서 울고 웃지만 그 자아를 명상하는 걸림이 없는 '참사람'이 있는 것이다.

그렇다면 산에서 홀로 고고히 도를 닦는 것과, 세속의 모든 경험을 하지만 '있는 그대로의 사실'을 명상하는 사람과 어느 것을 더 낫다고 할 수 있겠는가?라고 임제는 묻고 있다. 물론 임제가 하고자 하는 말은 뒤에 있는 말이다. 자신의 민낯은 사회적 관계가 만들어내는 자극을 통해서 더 뚜렷하게 드러난다.

외부적 자극이 거의 없는 산속보다 외부적 자극이 충만한 시장이 자신을 알기에는 더 적합한 장소임에 틀림없다. 그러므로 진정한 자기 자신이 되기 위해서라면 유마힐이나 부대사가 될 필요가 없다. 자신을 있는 그대로 이해하는 일은 자신이 하고 싶은 것을 하는 평상심에서 비롯된다.

그것은 부처가 되겠다는 생각이 자아의 조건적 욕망에 의한 것이라는 것부터 인지하는 것이 중요하다. '진정한 견해'는 진정한 자신이 되었을 때 드러난다. 그러므로 그것은 경전에서 다른 사람의 설법을 통해서도 찾을 수 없다. 오직 자기 자신을 알았을 때 저절로 일어나는 일이다.

그러므로 수많은 지혜로운 선사들을, 조사들이 쓰다버린 죽은 화두를 들고 깨달음을 얻고자 하는 사람에게 '그것은 똥 덩이에 불과하다'고 말하는 것이다. 그것은 조사들의 삶이지 결코 그것을 따라 하려는 자의 고유한 살림이 될 수 없기 때문이다. 진정한 자기 살림은 자기 내면을 응시하는 것에 있다.

구도자 여러분! 그대들에게 다만 진실한 하나의 본원이 있을 뿐이다. 다시 무엇을 구하려고 하느냐? 각자 스스로의 내면을 깊이 응시하여 비춰보기 바란다. 고인古人도 말하기를 "야주냐닷타(Yajñadatta, 演若達多)는 자신의 얼굴을 잃어버렸다고 구하여 찾았지만, 그 잘못 구하는 마음을 쉬었을 때 바로 평화를 찾을 수 있었다."고 하지 않았는가? 대덕들이여, 중요한 것은 늘 평상

심을 누리는 것이다. 아무런 조작이나 인위적인 꾸밈이 없는 진
정한 견해에서 작용하고 형상과 문자만을 탐착하여 구하지 말
라.[257]

자아의식은 스스로를 깊이 응시하여 비추지 못한다. '각자 스스
로의 내면을 깊이 응시하여 비춰'보는 것은 무아의식이다. 무아의
식에 의해서 '진실한 하나의 본원'은 드러난다. 꾸미거나 조작하지
않는 있는 그대로의 마음이 평상심이다. 자아의식은 생각과 감정을
억압하기 때문에 그것들을 제대로 인식할 수 없다. 그러므로 자아
의식이 인식의 주체로 있는 한 정신은 심각한 불균형 상태에 있는
것이다.

평상심이 도가 되는 것은 꾸미지 않는 있는 그대로의 자신의 감
정과 사고와 생각이기 때문이다. 그것들이 일어나는 그대로를 알아
차리는 일, 그것은 자기 자신에 대한 진정한 명상이다. 꾸며진 자신
에 익숙해져버린 사람은 자신의 참모습에 직면하기를 두려워한다.
진정한 견해는 자기 보기를 두려워하지 않을 때 일어난다.

오늘 불법을 배우는 구도자들은 무엇보다도 진정한 견해(眞正見
解)를 깨닫지 않으면 안 된다. 만약 그대들이 진정한 견해를 얻
었다면 태어남과 죽음의 물결에 휩쓸리지 않고 거주去住의 자유
를 누릴 것이다. 다시 특별한 진리를 구하지 않아도 스스로 위대

257 『임제록』, p.88

(殊勝)한 자유를 누리게 될 것이다. 함께 도를 닦는 여러 벗들이여! 예부터 지혜를 갖춘 삶의 스승들은 사람을 깨달음으로 인도하는 방편이 있었다. 오늘 산승이 여러분에게 가르쳐 보이는 것은 다만 그대 자신들의 참모습이 아닌, 사람으로 말미암아 어리석음(人惑)에서 벗어나 그 스스로를 주체로 행동하게 함이니 결코 주저하지 말기 바란다. 오늘날 그대들이 깊은 깨달음의 견처 見處를 얻지 못하는 병은 어디에 있는가? 병은 스스로 철저하게 믿지 않는 데 있는 것이다. 그대들이 만약 스스로의 근원적 자유에 투철하지 않으면 밖으로 헉헉거리며, 분방하게 일체경계를 좇으며 여러 가지 조건과 구실에 집착해 자유를 잃게 될 것이다.[258]

진정한 견해를 알고자 한다면 자신의 내면으로 침잠해야만 한다. 그것은 자기 자신을 알 수 있는 유일한 방법이다. 부처의 말을 아무리 잘 외워도 그것은 자신의 견해가 아닌 부처의 견해일 뿐이다. 자신을 아는 사람은 자기의 근원을 아는 것이기 때문에 살고 죽는 일에도 흔들림이 없다. 그런 사람만이 자기 삶의 진정한 주인이 될 수 있다. 완전함에 대한 열망은 불안·초조·두려움으로 고통스러운 자아의 보상심리다. 그러므로 진정한 견해는 그러한 자아를 절대적 객관성으로 보는 일이다.

"해탈을 구하지 않아도 스스로 해탈에 이른다(不要求殊勝)."는 문

258 『임제록』, pp.88~9.

장을 해석하기 위해 세이잔은 『안락집安樂集』(하권, 第十二大門)에 있는 '불구해탈不求解脫'이란 구절을 언급하면서 수승殊勝이라는 단어를 다음과 같이 해석한다. "수승이란 '훌륭한' 것을 가리킨다. 수승함을 구하는 것은 불법佛法의 목적이 아니다. 오직 진정한 견해만이 불법의 가치를 말해준다."[259]

다시 말해서 깨달음이란 훌륭한 인격이 되기 위한 것이 아니라는 것이다. 깨달음이란 훌륭한 인격이 되는 것이 아니라 온전한 인격이 되는 일이다. 온전함이란 통합된 정신인 한마음(一心)이다. 그것은 진정한 견해가 일어났을 때만이 가능하다. 진정한 견해는 자아 중심의 오염된 인식이 아니라 무아 중심의 청정한 인식에서 온다.

임제의 법문을 해석하는 세이잔의 말을 옮겨봄으로써 그것을 확인해보자. "임제의 선사상도 역시 생사의 오물에 더럽혀지지 않는 (生死不染) 자유인의 견처를 제시하고 있다. 임제의 문제는 항상 목전目前에 펼쳐지는 인간의 현존재現存在이며, 자유 속에서 파악되고 체험된 삶이었다."[260] 임제는 "생사의 오물에 더럽혀진다."로 자아를 표현하고 있다.

즉 자아는 '나'라는 특정 조건으로 만들어진 관념이다. 그러므로 자아 중심적인 사고는 밖에서 오는 것이든 안에서 오는 것이든 자아 관념의 조건에 맞추어 검열한다. 말하자면 그 조건에 맞지 않는 것들은 들어올 수가 없다. 즉 자아 중심으로 사는 한 임제가 말하는

---

259 『임제록』, p.91.
260 『임제록』, p.90.

자유 속에서 현존재의 삶을 파악하고 체험하면서 살 수 없다는 말이 된다.

그 이유는 자아의 조건적 시각으로 인해 목전에 있는 것들은 있는 그대로 살피기 어렵기 때문이다. 조건은 구속이다. 그러므로 자아의 조건적 시각을 초월해야만 진정한 자유인이 될 수 있고 진정한 견해가 드러나는 것이다. 진정한 견해란 있는 그대로의 자신의 참모습을 알 때 생긴다. 자신의 참모습을 보는 인식은 자기 안에 그러한 인식능력이 있음을 철저하게 믿었을 때 일어난다.

자기 자신에 대한 철저한 믿음이 없다면 진정한 견해를 발견하게 해줄 무아의식은 기능하지 않는다. 그러므로 중생은 자기 자신에게 철저한 믿음이 없는 사람이고, 부처는 자기 자신에게 철저한 믿음이 있는 사람이다. 자신을 철저하게 믿으면 무아의식이 드러나고, 무아의식이 드러난 사람만이 '스스로를 주체로 행동'한다.

3. (임제2)
무아의식은 자기 삶의 주인으로 살게 한다

진정한 자기 견해는 결국 자기 자신에 대한 진정한 이해다. 자신에 대한 정직한 인식이 어려운 자아는 부처가 되기를 염원하지만, 그것은 결국 자아가 만들어낸 허상에 지나지 않는다고 임제는 말하는 것이다. "함께 도를 닦는 이들이여! 부처로서 최상의 목표를 삼지 말라. 내가 보는 것으로 말하면 그것은 마치 똥 단지와 같은 것이다. 보살과 나한은 죄인이 목에 거는 쇠사슬과 자물쇠이며, 사람을 결박하는 물건이다."[261]

자기 자신에 대한 불신과 불안이 자기 자신을 외면하고 부처라는 이상을 목표로 하여 살아가도록 만든다. 하지만 그것은 스스로 만들어낸 감옥이고, 스스로 자신을 구속하는 쇠사슬이 되어 진정한 자기 자신을 볼 기회를 빼앗아버린다.

부처가 되려는 자아는 스스로에 대한 믿음이 없다. 그러므로 믿고 의지할 외부의 부처가 필요하다. 자아의식은 끊임없이 불안한 자기 마음으로부터 도망치기 위해 다양한 방법을 찾는다. 그러나 도망친다고 하여 불안이 해결되지는 않는다. 해결책은 불안감이 일

261 『임제록』, p.19.

어나는 근원이 무엇인지를 아는 것이다. 그것이 바로 불안으로부터 진정한 자유다. 임제가 경전을 알기 위해 노력하기보다는 '진정한 자기 견해'를 깨닫는 것이 중요하다고 말하는 이유도 바로 여기에 있다.

자아의식의 관념은 옳음·밝음·도덕성·일방성과 같은 수많은 조건들로 이루어져 있다. 조건이란 이미 제한적이고 배타적이며 일방적인 틀이다. 틀을 벗어나는 길이 바로 누구에게도 의지하지 않고, 그 무엇으로도 방해받지 않고, 스스로 존재할 수 있다는 것을 깨닫는 일(透脫自在)이다.

황벽은 투탈자재하는 것을 차별 없는 참사람(無位眞人)이라고 부른다. 차별 없는 참사람은 결코 자기 자신을 벗어나서 찾을 수 없다. 왜냐하면 근본적인 마음은 자기 내면에 있기 때문이다. 모든 차별을 만들어내는 자아를 객관적으로 인식하는 무아의식만이 무위진인이 눈·귀·코·입을 통해서 출입하고 있다는 것을 비로소 알게 해준다.[262]

화엄종의 세계관인 유일진법계唯一眞法界는 모든 종류의 존재가 제각기 독자적인 본연의 모습을 보유하고 있다고 본다. 이러한 각 개체의 차별적인 모습이 조화를 이루어 하나의 진법계를 형성하고 있다는 것이다. 임제의 "가는 곳마다 주인이 되고, 서는 곳마다 진리의 땅이 되게 하라(隨處作主 入處皆眞)."라는 문장에서 '개성화'라는 의미가 무엇인지 가장 잘 드러나고 있다. 즉 자기 삶의 주인이

---

262 『임제록』, p.31.

되라는 것이다.

야나기다 세이잔은 임제선사상의 특색이 이 한 구절에 표현되어 있다고 말한다. '수처작주隨處作主'란 어떠한 대상에 규제됨이 없고 움직이는 모든 것이 그대로 진실이라는 것이고, '입처入處'란 진정한 자유정신을 깨달으면 다시는 명칭과 형상의 굴레에 구속되지 않는다(把得使用 更不著名字)는 뜻이 내포되어 있다는 것이다. 또한 이 것은 중국의 대승불교가 추구해온 기본적 주제이며, 임제가 독자적인 발전의 정점을 세웠다는 것이다.[263]

융은 각 개체가 집단무의식에서 벗어나 철저하게 개체로서의 삶을 회복하는 것이 존재의 고유한 본성을 꽃피울 수 있다고 본다. 고유한 본성이란 '천상천하 유아독존'으로 표현되는 독자성이다. 그러므로 융은 깨달음의 과정을 개성화 과정이라고 말하는 것이다.

주인이 된다는 것은 그 어디에도 구속되지 않는 주체로서 사는 일이다. 구속된다는 것은 고유의 개체성을 잃는 것이다. 즉 '부처를 만나면 부처를 죽이고 조사를 만나면 조사를 죽여라'는 말은 깨달음의 근본이 고유성이라는 사실을 확실하게 드러낸다. 주체로 살아야만 그 누구의 영향을 받지 않는 상태로서 고유의 존재가 될 수 있기 때문이다. 임제의 말대로, 부처가 살아 돌아온다 해도 그것에 걸려서는 안 되는 것이다.

유일진법계唯一眞法界에서 말하고 있듯이, 모든 종류의 존재가 제각기 독자적인 본연의 모습을 보유하고 있다. 그 본연의 모습을 되

---

263 『임제록』, pp.138~9.

찾는 것이 진정한 깨달음이 된다. 본연의 모습이 발현되면 그가 하는 모든 것은 진리가 된다. 왜냐하면 보고, 듣고, 먹고, 마시고, 눕고, 자는 삶의 모든 순간에서 '나'라는 실체를 발견하기 때문이다.

그런데 개성화에 있어서는 강인한 자아 구조가 요구된다. 자아의 구조가 약하면 절대로 주체적 인간이 될 수 없다. 스스로를 지킬 수 없는 나약한 자아는 외부의 큰 힘에 자신을 의지하고자 한다. 그러므로 위대한 스승·거룩한 종교·구원의 이념과 같은 것을 통한 집단의식에 쉽게 사로잡힌다.

융 심리학에서 자아의 문제를 결코 소홀하게 넘기지 않는 이유가 바로 여기에 있다. 불교의 무아 주장은 어디까지나 강인한 자아 구조의 소유자를 대상으로 한다. 불교의 팔만사천 법문은 다양한 의식수준에 따라 적용되는 필요한 내용들이다. 그러므로 미숙하고 나약한 자아의식 수준의 사람들을 대상으로 할 때는 부처에 대한 믿음을 강조하고, 선업善業을 권장하며, 집중명상수행을 통하여 자아 구조의 강화를 시도하는 것이다.

임제는 가는 곳마다 주인이 되라고 말한다. 그래야만 자신의 생각이 무엇인지, 자신의 느낌이 무엇인지를 알 수 있기 때문이다. 자신의 생각과 느낌을 아는 것이 바로 진리이다. 그러므로 임제는 일관되게 '즉금의 현재, 눈앞에서 뚜렷이 홀로 밝아 역력하게 설법을 듣는 사람(即今目前孤明歷歷地聽法底人)'을 주장한다.

법문을 듣고자 하고, 깨닫고자 하는 것은 바로 자아다. 자아는 정신의 전체성으로 가는 문이다. 그 문을 통과하지 않고서 정신의 본질에 도달할 수 없다. 대상에 규제됨이 없다는 것은 자아를 절대적·객관적으로 관조하는 무아의식이다. 무아의식은 아我는 없고 자自만 있는 상태를 말한다.

이것을 임제는 수처청정隨處淸靜이라고 부른다. 청정은 '나(我)'의 개입이 없는 무아의식이다. 무아의식이 저절로 작동되는 것이 바로 견성이라는 사건이다. 그러나 견성이 일어나지 않더라도 그것을 실행하는 방법을 알아야 한다. 자自에는 항상 아我가 일란성 쌍둥이처럼 붙어 있다. 어떻게 하면 아我의 기능에 방해받지 않고 자自만 기능하게 할 수 있을까?

그것은 아我를 객관적으로 관조할 때 가능해진다. 아我를 명백하게 인식할 때, 아我의 작용은 본래적 기능의 범주를 벗어나지 않는다. 아我를 명상하는 것이 바로 무아의식이다. 무아의식이 기능하면 '움직이는 모든 것은 그대로 진실이 되는 것'이다. 그것이 바로 '진정한 정신을 깨달아 얻게 되면 다시는 명칭과 형상의 굴레에 구속되지 않는(把得使用 更不著名字)' 입처入處다.

입처는 명칭과 형상의 굴레에 구속되지 않기 때문에 진리가 그대로 드러난다(皆眞). 아我가 만들어내는 관념의 통으로 보는 인식으로는 진리를 볼 수 없다. 그러므로 변형시키는 근원을 없애야 모든 것들이 있는 그대로의 진실한 모습으로 드러나는 것이다.

여기서 중요한 것은, 입처入處는 어디에도 걸림이 없는 '근원적인 깨달음'이라는 것이다. 그러므로 어디에도 들어갈 수 있고 무엇이든 경험할 수 있다. "임제가 말하는 진정한 견해는 진속眞俗·범성凡聖·염정染靜의 세계에 들어가 진속·범성·염정을 판단하고 물리친다는 것이 전제되어 있다."[264]

즉 이것을 융 심리학으로 말한다면, 객관화된 자아는 진과 속·범과 성·염과 정을 가리지 않고 그것을 직접적으로 경험하여도 그것에 의해 지배되거나 방해받지 않는다. 즉 부정적인 측면을 있는 그대로 경험함으로써 그것이 왜 그렇게 될 수밖에 없는지에 대한 이해를 하게 되는 것이다.

의식의 기준에서 보았을 때 무의식의 내용들은 직면하기 두려울 정도의 부정적인 것들이다. 그러나 자아의식의 선입견이나 편견 없이 있는 그대로 명상을 하게 되면 그것이 정신의 원시적 성질이며, 의식의 모태母胎라는 사실을 알게 된다.

의식은 무의식을 토대로 하여 탄생하고 성장하여 무의식을 관조함으로써 최종적으로 의식과 무의식을 통합하는 기능을 한다. 이처럼 객관화된 자아는 무의식의 근원적 성질을 두려워하지 않고 직접적으로 인식하고 이해하며 수용하게 되는 것이다. 융은 이것을 '무의식의 의식화'라고 부른다. 무의식의 의식화는 의식의 일방성에 의해서 더 이상 분리되지 않음을 의미한다. 이것은 정신의 근원적 에너지를 원활하게 하는 일이다.

"입入은 열반을 물리치고 번뇌에 들어가 활동한다는 적극적인 의미가 포함되어 있다."[265] 말하자면 이것은 후득지後得智다. 단어를 통해 알 수 있듯이, 후득지란 깨달음으로 얻어지는 지혜다. 이 말은 전체적 정신이 아닌 부분 정신을 말하는 자아의식으로서는 진정한

---

264 『임제록』, p.140.
265 『임제록』, p.140.

지혜가 얻어지지 않는다는 말이다.

후득지에서 알 수 있는 또 하나는 번뇌가 그대로 열반일 수는 없다는 것이다. 왜냐하면 번뇌가 열반이라면 우리는 깨달음의 과정이 필요 없을 것이기 때문이다. 번뇌가 열반이라고 하는 것은 번뇌의 근원을 알면 그것이 곧 열반이 된다는 것이다. 열반은 번뇌를 인식하고 이해하며 수용하는 일이다. 그러므로 번뇌가 없다면 열반도 없다. 번뇌를 버리고 열반에 집착한다면 그것은 열반과 번뇌를 대극으로 두고 있다는 말이다. 번뇌에 대한 진정한 이해가 곧 열반이다.

번뇌란 곧 자아다. 열반은 곧 부처이다. 그러므로 자아를 모르고는 부처를 알 수 없다. 자아를 아는 것은 곧 부처를 아는 것이다. 임제가 말하는 부처(佛)와 마구니(魔)가 바로 '진정한 자아'와 '가짜 자아'의 차이이다. 임제는 이것을 구분할 줄 아는 사람을 참된 출가자의 조건으로 보는 것이다.[266] 왜냐하면 가짜 주인을 아는 것이 곧 진짜 주인이고, 진짜 주인만이 자기 삶의 진정한 주인이 되는 일이기 때문이다.

266 『임제록』, p.139.

4. (임제3)
무아의식은 '절대적 주체로 사는 사람(無位眞人)'이다

그대들이 만약 여법如法히 되려거든 바로 대장부가 되지 않으면 안 된다. 저 깨져서 달그락거리는 그릇에는 제호醍醐를 담을 수 없는 것이다. 큰 역량을 갖춘 대기大器의 인물은 절대로 타인으로부터의 미혹함을 받지 않는다. 어느 곳에서든지 주체적이라면서는 곳마다 진실된 곳이다. 밖에서 밀려오는 것에 이끌려 집착해서는 안 된다. 그대가 만일 한 생각 의혹을 일으키면 바로 마魔의 경계가 마음에 들어와 환각幻覺이 생겨난다. 저 보살도 의혹을 일으킬 때에는 생사의 마(生死魔)가 틈을 타게 된다. 오직 한 생각을 쉴 줄 알아야 한다. 절대로 밖에서 구하여 진실을 찾지 말라. 밖에서 밀려오는 것이 있으면 그대 스스로의 성품인 지혜로써 반조返照하라. 그대는 다만 현재에서 전체적으로 작용하는 주체만을 믿으라. 거기에는 하나의 차별도 없다. 그대들의 한 생각의 마음이 삼계를 내어 연緣을 따라 경계를 반연해 나타내어 육진경계六塵境界인 색성향미촉법色聲香味觸法이 된다. 그대들이 지금 외계外界에 응하여 작용하는 주체적인 활동 밖에 달리 또 무엇이 모자란다는 말인가? 한 찰나 사이에 바로 정토淨土에 들어가고 예토穢土에 들어가고 미륵의 누각에 들어가고 삼안국토

三眼國土에 들어가서 곳곳을 다니지만, 걸림이 없기 때문에 다만 텅 빈 이름뿐이라고 보는 것이다.[267]

여기서 '깨어진다는 것'은 정신이 하나로 온전하게 통합되어 있지 못하다는 것이다. 융 심리학으로 본다면 의식과 무의식이 분리된 상태이다. 의식과 무의식이 대치 상태로 있는 마음은 끊임없이 부딪히는 소리가 난다. 그러므로 임제는 여법하려면 이것과 저것, 중생과 부처, 선과 악을 나누는 자아의식의 좁은 울타리를 초월하여 대극을 아우를 수 있는 큰 역량을 갖춘 그릇이어야 한다고 말한다.

자아의식의 관념적 사고로는 큰 역량이 불가능하다. 허공과 같은 무아의식만이 무의식을 통합할 수 있는 큰 역량이다. 큰 역량의 의식을 가진 사람을 임제는 대장부라고 부르는 것이다. 대장부는 절대적 주체성을 가진 사람이기 때문에 타인으로부터 미혹함을 받지 않는다. 미혹함은 나약하고 미숙한 자아의 전형적인 특성이다.

내부의 원인이든 외부의 원인이든 그것을 자아 중심으로 분별하고 집착하는 것은 모두 자아의 문제이다. 그러므로 임제는 "밖으로 찾아 구해서는 안 된다(莫向外覓)."[268]라고 끊임없이 강조하는 것이다. 밖에는 도道가 없다. 왜냐하면 도란 자기 자신이 누구인지를 아는 내면의 문제이기 때문이다. 자기 자신은 밖에서 찾을 수 없다.

267 『임제록』, p.145.
268 『임제록』, p.142.

오직 자기 안으로 들어와야만 알 수 있는 것이다.

내부적 불안과 외부적 자극에 반응하는 것이 자아의식이다. 이것을 반조返照하여 성찰한다면 자아를 알 수 있다. 자아가 무엇인지를 아는 것이 바로 무아의식의 절대적 객관성의 기능이다. 무아의 절대적 객관성은 어느 것에도 차별을 두지 않는다. 이러한 무아의식의 특성이 진정한 명상과 진정한 지혜를 가져온다. 그러므로 임제는 법안法眼·지안智眼·혜안慧眼을 행동에 따라 변화하는 경계로 보는 것이다.

임제가 말하는 대장부는 절대적 주체로 사는 사람이기 때문에 마음 밖이나 마음 안이나 구해야 할 진리가 없다.[269] 임제는 대승보살이 닦는 모든 수행방편도 업일 뿐이고, 수행을 하면 증득함이 있다고 하는 것도 진정한 도가 무엇인지 모르기 때문이라고 말한다. 왜냐하면 도는 닦아서 얻어지는 것이 아니기 때문이다.

그러므로 도를 목적으로 삼는 그 어떠한 인위적인 수행도 진실하지 않다. 그 모든 행위가 장애가 될 뿐이다(皆是造業).[270] 도를 구하고 진리를 구하려고 애쓰는 사람은 늘 시끄럽고 혼란스럽고 불안한 자신의 마음만을 본다. 그러니까 늘 앉아서 일어나는 생각을 억압하면서 고요함에 빠져드는 것을 좋아한다.

혜능대사의 법손인 굴다삼장의 재미있는 에피소드는 지금도 일반적으로 일어나는 일이다. 신수의 제자가 초막에서 좌선관행坐禪

---

269 『임제록』, p.147.
270 『임제록』, p.149.

觀行을 하는 것을 보고 굴다삼장이 무엇을 하느냐고 물었다. 신수의 제자가 대답하기를 "고요함을 지켜봅니다."라고 하자, 굴다가 "지켜보는 그는 누구이며, 고요함이란 무엇인가?"라고 묻는다.

그 말을 들은 승려가 일어나서 예배하고 가르쳐 달라고 하자, 굴다가 "왜 스스로를 지켜보지 않고 스스로를 고요하게 하지 않는가?"[271]라고 말한다. 고요하게 되고 싶은 사람은 마음이 왜 시끄럽게 되는지에 대한 이유를 알아야 한다. 그것을 알면 마음은 저절로 조용해진다. 아이가 배가 고프다고 우는데, 밥은 주지 않고 우는 입만 막는다면 아이는 절대로 울음을 그치지 않을 것이다. 오히려 그것은 우는 아이를 죽이는 일이다.

그러므로 시끄러운 마음을 인위적으로 고요하게 만들어 버린다는 것은 마음에 대하여 무례한 사람이다. 그런 사람이 진실할 수 없다는 것은 당연하다. 융 심리학으로 보면 마음을 시끄럽게 만드는 근원은 무의식이다. 자아의식이 무의식을 부정하고 일방통행하려고 할 때, 무의식은 의식에게 분리의 위험신호를 보낸다.

이것은 시끄럽고 불안한 마음이 왜 일어나는지를 의식이 알아차려야 하는 이유를 분명하게 제시하고 있다. 의식과 무의식은 근원적으로 하나이고, 의식의 탄생 목적은 결국 무의식을 의식의 세계로 끌어올리는 데에 있다. 그런데도 신수의 제자는 무의식의 시끄러움을 피해 고요함만을 좇고 있으니, 보는 굴다가 안타까웠던 것이다.

271 『임제록』, p.151.

고요함을 지켜본다던 신수의 제자는 굴다의 말을 듣고 혜능을 찾아간다. 자신을 찾아온 신수의 제자에게 혜능은 말한다. "굴다의 말이 옳다. 그대는 어찌하여 스스로를 지켜보지 않고 스스로를 고요하게 하지 않으면서 누구더러 그대를 고요하게 하라 하는가?"

선禪을 수행하는 것은 번뇌를 대극으로 두기 때문이라고 좌선관행의 뜻풀이에서 밝히고 있다. 즉 번뇌가 있다고 생각하기 때문에 의도적으로 선수행을 한다는 것이다. 신수는 자신의 제자에게 시끄러운 번뇌를 가라앉히고 고요함을 지켜보라고 했다.

그러나 그 말을 전해들은 혜능은 신수 자신도 마음을 관조하는 일이 무엇인지 모르면서 다른 사람에게 고요하게 하라고 한다고 비판한다. 즉 마음이 시끄러워 괴로운 것은 자아의식이다. 그렇기 때문에 자아는 고요한 부처가 되고 싶은 것이다. 그러나 마음이 고요한 것이 부처가 아니라, 시끄러운 마음을 보는 것이 바로 부처다. 시끄러운 마음이 작용할 때 그것을 지켜보는 부처 또한 작용한다. 부처는 시끄러운 마음을 관조함으로써 정신의 근원에 대한 비밀을 풀어낸다. 임제는 이것을 신비스러운 우주의 멜로디가 저절로 귀에 들려온다(靈音屬耳)[272]고 표현한다.

자신의 마음이 왜 시끄럽고 복잡한지 알려고 하지 않고 고요하게만 만든다면 그것은 참다운 고요함이 되지 않는다. 아이가 우는 이유를 분명하게 알아야 하듯이, 마음이 울 때 그것의 분명한 이유를 찾아야 한다. 그 원인을 알아냈을 때 마음은 더 이상 소음이 아니라

---

272 『임제록』, p.190.

신비스러운 우주의 멜로디로 바뀔 수 있게 되는 것이다.

그러므로 임제는 진정한 도는 있는 그대로의 자기 자신을 이해하는 것이라고 말하는 것이다. 꾸며지고 조작된 가짜 모습이 아니라, 가짜 모습 뒤로 숨기고 싶었던 그 모든 것이 바로 진정한 자기 모습이다. 이것을 관조하는 것이 최고의 의식성인 법안法眼이며, 지안智眼이고, 혜안慧眼이다.

도의 본질이자 주체인 자기 자신을 밀쳐놓고 외부에서 찾으려고 한다면 그것은 방안에서 잃어버린 바늘을 마당에서 찾는 어리석음과 다르지 않다. 자기 자신이 누구인지 부처나 조사가 알려줄 수 없다. 자기 자신이 누구인지 부처나 조사에게서 찾고자 한다면 그것은 오히려 참된 자기 자신을 더욱 잃어버리게 하는 길이다.[273] 오직 자신만이 자신을 가장 잘 알 수 있다.

임제는 그 어디에도 얽매임이 없고 의지함이 없는 사람을 무의도인(不能繫縛此無依道人)이라고 부른다.[274] 무의도인이란 깨달음조차도 자아의 욕망이라는 것을 알아버려서 깨달음을 찾고자 노심초사하는 일이 없어진(無事) 사람이다. 사사로운 분별과 조작의 주범인 자아를 알아버리면 모든 행위가 그대로 청정하다(爲淸淨業)는 뜻이다.

또한 여기서 청정의 뜻은 오염에 대한 상대적인 의미가 아니다. 그것은 아무것도 걸림이 없는 비어 있음(空)의 본성을 가리킨다.[275]

---

273 『임제록』, p.158.
274 『임제록』, p.162.

그러므로 청정은 어떤 것도 인식을 방해하지 않기 때문에 무엇이든 지 투명하게 드러난다. 자아의 틀에 의해서 오염되어 있는 의식과 는 대조를 이룬다.

무의도인은 절대적 주체를 깨달은 사람이다. 절대적 주체가 바로 고유성의 실현이고 개성화이다. 이처럼 개성화된 무의도인은 도를 얻었다, 혹은 도를 얻지 못했다는 개념 자체가 없다. 즉 고苦도 집 執도 멸滅도 도道도 없으며, 지智도 없고 득得도 없어서 무소득無所 得[276]이라는 말과 같다. 왜냐하면 '얻는다, 혹은 얻지 못한다'는 것은 상대적 주체인 자아의 관점이기 때문이다. 그러므로 절대적 주체로 사는 무의도인이란 자아의 한정되고 편협한 의식성이 아니라 무한 정으로 열린 전체적 의식성을 말하는 것이다.

구도자 여러분! 어느 장소에서든지 주체적일 수 있다면 그 서 있 는 곳은 모두 참된 곳이다. 어떠한 경계에서도 잘못 이끌리지 않 을 것이다. 가령 종래로 지어온 나쁜 습기習氣와 무간지옥에 떨 어지는 카르마가 있더라도 삶은 자연히 해탈의 큰 바다로 변한 다. 오늘날의 수행자들이 진리의 자유로운 본성을 이해하지 못 하는 것은 마치 코에 닿은 것은 무엇이든 입에 물어넣는 염소의 행동과 같다. 종과 주인, 손님과 주인도 구별할 줄 모르는 것이 다. 이와 같은 염소 떼들이 불문佛門에 들어와서는 즉시 온갖 이

275 『임제록』, p.150.
276 『임제록』, p.208 주해.

해득실과 웅성거림이 뒤섞이는 곳으로 발길을 향하고 만다. 이
것은 진실한 출가인出家人이라고 할 수 없으며, 이런 자들은 누
구보다도 천하고 속된 사람이다.[277]

진실한 눈은 주체적이어서 외부에서 주장하는 위대함이나 거룩
함에 흔들리지 않는다. 그러므로 어느 곳이든 가는 곳마다 주인이
되는 것이다(隨處作主). 수처작주隨處作主는 '어떤 경우에도 자신을
잃어버리지 않으면 모든 것이 참되다'고 풀이된다. 이것은 진정한
견해가 무엇인지 단적으로 드러내고 있다.

즉 자아의식의 견해는 상대적이기 때문에 늘 이것과 저것으로 분
리된다. 뿐만 아니라 자아의식에게는 진실한 눈과 진정한 견해가
없기 때문에 외부적 권위權威나 힘에 의해서 쉽게 좌우된다. 그러나
무아의식은 권위에 지배되지 않고, 태양과 같은 밝음으로 비추기
때문에 미치지 않음이 없다.

주체적이고 자유로운 본성을 가진 진실한 눈은 명상을 위한 특
별한 장소나 시간이 필요치 않다. 모든 순간, 모든 움직임이 명상될
뿐이다. 『전등록』 제30권에 있는 위부魏府 화엄장로華嚴長老의 말대
로 걷고, 앉고, 움직이고, 눕고, 차 마시고, 친구를 만나고, 피곤하면
쉬는 이 모든 것이 다 불법佛法이기 때문이다(祇是平常無事).[278]

이 모든 것을 가리지 않고 보는 진실한 눈만이 자신이 누구인지

277 『임제록』, p.119 하.
278 『임제록』, p.120.

를 알려주는 진정한 견해가 되는 것이다. 임제는 이처럼 내면의 진실한 눈을 뜬 사람만이 진정한 출가인出家人이라고 말하는 것이다.

자아의식이 개념으로 알고 있는 성인이란 인간의 어떤 허물도 상상될 수 없는 완전한 존재다. 그런데 승조가 말하는 성인은 너무도 인간적이다. "성인聖人은 모두 변화를 따르면서도 변하지 않고, 한없는 계박 속에서도 항상 스스로 빠져 나가고 있다. 만물은 그 자체가 공空이라는 도리에 통달하고 있기 때문이다……."²⁷⁹

즉 성인도 몸이라는 조건적 상황에 놓여 있기 때문에 번뇌 망상과 시간과 공간 안에 속박되어 있다. 그러나 중생과 성인이 다른 점은 중생은 그것에 속박되어 벗어나지 못하지만, 성인은 그것에 속박되면서도 그것으로부터 잘 빠져나가는 지혜를 갖고 있다는 것이다. 공空을 경험하지 않은 중생은 그 자체가 실체라고 생각하는 반면에 성인은 만물 자체가 공이라는 사실에 통달해 있다. 성인이라고 해서 몸 자체를 초월하는 것이 결코 아니다. 몸은 곧 무의식이다. 이것이 있는 한 번뇌 망상은 자연스럽게 일어나고 몸이 있는 한 외부적 조건을 무시하고 살 수 없다.

그러므로 성인 또한 당연히 몸과 외부적 조건에 속박되어 있다. 중생에게 번뇌 망상과 외부적 조건은 고통과 집착의 인연을 만드는 요인으로 작용하지만, 절대적 주체로 사는 무위진인(臨濟眞人)에게 그것들은 자신과 이웃과 세상과 우주를 알아가는 최고의 법문이 된다는 점에서 차이가 난다.

---

279 『임제록』, p.121.

5. (조주)
무아의식은 자아실현이 아니라 자기(Self)실현이다

달마의 일심지법一心之法이란 곧 전체성이다. 즉 중생의 마음과 부처의 마음이 하나의 마음으로 통합된 것을 의미한다. 그렇다면 일심지법은 어떻게 일어나는 것일까? 남악회양은 '심지心地의 법안法眼'이라고 말한다. 말하자면 마음의 본바탕에는 법의 눈이 존재한다는 것이다. 눈이란 보는 기능이다.

그런데 법의 눈이란 물체를 보는 몸의 기능이 아니라 마음을 보는 정신의 기능이다. 본바탕에 있는 법의 눈은 외부적 사실을 인식하는 자아의식이 아니라 내부적 사실을 인식하는 무아의식이다. 깨달음이란 바로 자아가 본바탕에 법의 눈이 있음을 알아차리는 것이다.

마음의 법을 인식하는 그 기능을 이 책에서는 '무아의식'이라고 부른다. 무아의식은 무상삼매無相三昧의 상태로서 절대적 객관성이다. 절대적 객관성은 어떠한 편견도 없이 있는 그대로를 본다. 그러므로 그것은 자아와 무의식을 있는 그대로 인식한다. 그러한 무아의식이 무명을 밝히게 되는 것이다. 그것은 자아의 욕구와 욕망을 만족시키는 자아의 실현이 아니라 정신의 온전성을 회복시키는 자기(Self)의 실현이다.

자아의 실현은 겉으로 드러나지만 자기의 실현은 겉으로 드러나지 않는다. 자아는 초라한 자신을 보상해주는 영웅적 존재가 되기를 꿈꾼다. 자아실현을 염원하는 사람들이 자기실현을 한 사람들을 인식할 수 없는 것은 너무도 당연하다. 진리를 보지 못하는 자아의식이 권위를 숭배하고 의존하는 이유도 바로 여기에 있다. 자아는 걸인이 진리를 말해도 무시하지만, 권위를 가지고 있는 사람이 거짓을 말해도 믿는다. 왜냐하면 자아의식은 진리를 알아들을 수 있는 지혜가 없기 때문이다.

한 스님이 물었다.
"멀리서 조주의 명성을 듣고 찾아왔는데, 어째서 보이지 않습니까?"
"내 허물이다."[280]

깨달음을 완벽성이라고 알고 멀리서 깨달은 조주를 찾아왔다. 그러나 와보니 비범한 영상과 안광이 빛난다던 부처님은 그 어디에서도 볼 수 없고, 눈에 보이는 것은 오직 늙고 초라하여 보기에 그저 평범한 사람이 있었는지도 모른다. 자아의 판타지가 그런 평범한 모습을 부처라고 인정하기에는 참으로 어려운 것이다.

자아의식은 부처가 이러이러한 모습을 가지고 있을 것이라고 상상하기 때문에 외부의 상에 집착한다. 그러나 무심으로 사는 조주

280 『조주록』, p.80.

가 조작되고 꾸민 모습을 가졌을 리가 만무하다. 그러므로 조주가 자아의식의 그러한 판타지를 채워줄 수 없었을 것이다.

헤세의 소설 『싯다르타』에서, 주인공 싯다르타가 깨달았다고 소문이 나서 많은 사람들이 그를 찾아왔지만 단 한 사람도 그를 만나지 못하고 돌아간다. 왜냐하면 깨달은 사람에 대한 찬란한 형상을 기대하고 찾아온 이들에게 싯다르타는 너무도 평범했기 때문이다. 부처와 중생을 나누어 보는 자아세계로서는 너무도 당연한 결과이다.

한 스님이 물었다.
"명의인 편작扁鵲에게 무엇 때문에 병이 있습니까?"
"명의인 편작도 침상과 베개를 여의지 않는다."
다시 말씀하셨다.
"한 방울의 감로수로 대천세계를 널리 적셔준다."

신선의 세계에서 온 장상군張桑君으로부터 비전의 의술醫術과 의서醫書를 전부 받고 신비의 명약까지 받아먹은 뒤 사물을 꿰뚫어볼 수 있게 된 천하의 명의名醫 편작이 병이 났다는 것은 참으로 아이러니하다. 질문자가 어떻게 명의 편작도 병에 걸리느냐고 조주에게 묻자, 조주의 대답이 참으로 현실적이다. "명의인 편작도 침상과 베개를 여의지 않는다." 즉 편착이 아무리 명의라고는 하나 그도 세상의 음식을 먹고 잠을 자고 살아가는 몸을 가진 사람이라는 것이다. 명의를 깨달음의 세계로 바꾸어본다면 같은 이야기임을 알 수 있다. 자아의식의 판타지는 깨달음을 자아의 불완전함에서 탈출하여 부처라는 완전함을 획득하는 것으로 생각한다.

말하자면 자아의식은 자아의 객관화를 의미하는 정신적 초월을 병도 나지 않는 몸이라는 물리적 초월로 착각하는 것이다. 그러한 자아의 판타지를 만족시키는 것이 바로 육도의 천상계天上界이다. 천상계는 신들의 세계이기 때문에 모든 것이 마음으로 통한다. 그러므로 천상계는 모든 욕망이 충족되고, 모든 즐거움이 온전히 실현되는 세계를 상징한다.

그러나 천상계는 여전히 자아의식의 세계다. 즉 천상계는 자아실현의 세계이지 자기(Self)실현의 세계는 아닌 것이다. 자기실현은 자아실현의 만족까지도 초월한다. 이것이 바로 자기실현이 현실세계에 대한 온전한 경험을 할 수 있는 이유다.

자아실현과 자기실현이 어떻게 다른지를 살펴보자. 자기실현이 보여주는 깨달음은 이 천상계조차 초월해 있다는 것을 유마거사에게서 볼 수 있다. 문수보살은 유마거사의 병문안을 하면서 불이不二에 대한 이해를 하게 된다. 법력이 높기로 소문난 유마거사가 병이 나서 누워 있으니, 부처께서 지혜로운 사리불과 가섭, 수보리에게 병문안을 가게 했다. 그러나 그들은 유마거사의 높은 법력이 두려워 문병가기를 꺼리자, 문수보살이 유마거사의 문병을 가게 된다.

병문안을 온 문수보살에게 유마거사는 "유마가 본래 병이 없지만 중생들이 병을 앓기에 보살도 병을 앓는다."는 말을 했다고 경전은 전하고 있다. 그러나 이러한 경전의 해석은 후대의 사람들이 법력이 높은 유마거사를 중생과 차별화하기 위해 나온 것이라고 봐야 한다. 왜냐하면 문수보살은 병든 유마에게서 불이不二법문이 무엇인지 깨닫고 왔기 때문이다.

불이법문이란 본질과 현상의 분별이 없이 초월되어 있는 '진여眞如'로서 '실상實相'의 깨달음이다. 여기에는 중생도 부처도 없어서 서로 평등하며 서로 간에 어떤 구별도 존재하지 않는다. 즉 이미 깨달음의 최고의 경지에 이른 유마는 중생과 부처가 하나인 주객일여主客一如다. 즉 그는 부처이면서 동시에 중생인 것이다.

진여의 실상實相이란 자아의식의 모든 관념이 사라지면 보이게 되는 있는 그대로의 현실이다. 그는 몸이 있음으로써 살아가고, 몸이 있음으로써 병이 들고, 몸이 있음으로써 깨달음이 있는 그 모든 리얼한 현상 가운데 그 어느 것으로부터도 도망치지 않는다. 그러므로 유마거사는 있는 그대로의 참된 실상을 있는 그대로 체험하는 진정한 무심의 사람인 것이다.

무심이 아닌 유심인 자아의식의 마음은 무의식과 분리되어 있다. 분리는 불안이다. 그러므로 그것은 본능적으로 불안을 느끼고 두려움에 떤다. 그렇기 때문에 자아의식의 마음은 리얼한 실상을 있는 그대로 볼 수 없다. 자아는 실상으로부터 끊임없이 도망하기를 꿈꾼다.

그러나 무심을 실현한 사람은 리얼한 실상으로부터 단 하나의 것도 빼거나 보태지 않고 있는 그대로를 경험할 수 있다. 있는 그대로를 경험함으로써 분리된 정신은 한마음으로 통합된다. 정신의 통합을 이룬 사람을 불교에서는 부처라고 부른다. 이것이 유마거사가 보여주는 바로 "중생들과 동심일체가 된 보살의 경지"인 것이다.

유마거사의 가족에 대해서 묻는 문수보살에게 아버지는 지혜이고 어머니는 방편이라고 말한다. 방편이란 중생을 깨달음으로 이끌기 위해 편의적으로 행하는 수단과 방법이다. 어머니인 방편이 없다면 깨달음의 지혜도 없다.

유마거사가 아프지 않는다면 어떻게 몸을 알며, 몸을 알지 못하고서 어떤 깨달음을 얻을 수 있을까? '유마의 병' 이야기에서 본다면 마음이 본질이고 병은 현상이다. 마음도 병도 모두 유마의 것이다. 현상과 본질을 나누어 보는 것은 자아의식의 관념일 뿐이다. 최상승선에서는 현상과 본질은 하나다.

그러므로 현상을 떠나서는 깨달음은 없다. 현상이 본성의 작용임을 깨달은 사람만이 현상을 있는 그대로 보고, 있는 그대로 경험할 수 있는 것이다. 자아의식은 그 자체의 한계 때문에 현상을 보지만 '있는 그대로' 볼 수 없고, 현상을 경험하지만 '있는 그대로' 경험하지 못한다.

유마거사가 만일 깨달음을 얻었다 하여 무병장수와 같은 신神의 경지를 자랑하였다면, 그는 자아실현의 천상계에 머무르고 말았을 것이다. 무아의식은 자아실현이 아니라 자기(Self)실현이다. 자기는 자아와 무의식을 통합하는 전체성이다. 그러므로 문수보살은 유마거사의 병문안을 하면서 중생과 부처가 둘이 아니라는 것(不二)을 이해하게 된 것이다.

나가는 말

무아의식은 최고의 과학이다

불교는 모든 생명체에 근원적으로 존재하는 불성佛性이 억겁의 긴 세월을 거치면서 부처를 이룬다고 말한다. 융의 심리학 또한 태고 정신의 중심에 있는 자기(Self) 원형이 기나긴 정신분화과정을 통해서 개성화를 이루어낸다고 본다. 불교와 융의 분석심리학은 인간 삶의 여정을 목적론이라고 규정짓고 있다는 점에서 이미 공통적인 본질을 갖는다. 붓다와 융이 말하는 정신의 목적론은 단순히 추상적 결과로 말해지는 것이 결코 아니다. 왜냐하면 그것은 정신의 구조적 문제이기 때문이다.

붓다와 융은 서로 다른 문화와 언어로 삶을 구성하였지만, 불성佛性과 자기(Self)는 한마음(一心)과 전일성(Wholeness)을 향하여 상향적 발전을 한다는 것에서 하나의 결론에 이른다. 상향적 발전은 육체의 진화과정에서 보이는 것처럼, 정신의 진화과정에서 일어나는 필연적인 결과다. 정신의 역사가 저장되어 있는 장소를 불교에서는 아뢰야식이라고 부르고, 융은 집단무의식으로 부른다.

집단무의식(集團無意識, Collective unconscious)은 인류의 진화과정이 담겨 있는 원시적 이미지들이다. 이전 세대의 경험이 미래 세대에 형질(形質, character)로서 유전되는 것이다. 즉 개인은 세상을 경험하고 반응하는 기본적인 이미지와 소질을 물려받는다. 융은 다양한 사람들이 꿈을 통하여 동일한 상징성을 드러내고, 다양한 종족들이 동일한 의미의 상징성을 사용한다는 점에서 집단무의식이라는 이름을 붙였다.

조상의 경험들은 사실로서 저장되는 것이 아니라 이미지로서 저장된다고 하여 원형(archetype)이라고 한다. 말하자면 원형은 집단무의식의 또 다른 이름인 셈이다. 이것은 불교의 아뢰야식을 또 다른 이름으로 이숙異熟이라 부르는 것과 같다. 이숙이 원인과 다른 성질로 성숙된다고 말하는 것처럼, 유전으로 물려받은 원형 또한 개체의 환경적 요소에 의해서 다양한 형태로 변형되어 나타난다. 원형은 본능에 있는 정서로서 개인의 심리적 행동유형이 되는 것이다.

정신에 내재한 목적론적 방향성의 근원을 붓다는 불성이라고 불렀고, 융은 자기(Self)라고 했다. 불성은 '나(我)'를 중심으로 하는 중생으로 발현되고, 자기는 자아의 기능으로 발현된다. 즉 불교의 중생은 분석심리학의 자아에 해당한다. 자아의식은 무의식을 분별함으로써 분리된다. 그러나 분리에 의해서 자아의식은 강화되고, 강화된 의식의 에너지에 의해서 자아 구조는 탄탄하게 구축된다.

자아 구조가 탄탄해져야만 자아는 스스로를 초월할 수 있다. 초월한다는 것은 자기를 객관적으로 볼 수 있는 능력이다. 그것이 바로 불교의 견성이고, 심리학의 '객관화된 자아'이다. 견성은 무아의식의 작용이다. 무아의식의 작용은 의식과 무의식으로 분리된 정신이 전체성으로의 회귀라는 임무를 완성할 수 있는 유일한 방법이다. 위대한 선각자들은 무아의식을 인간정신이 할 수 있는 최고의 인식이며, 인간정신의 가장 탁월한 승리라고 말한다.

붓다는 전체성으로의 회귀를 '성불成佛'이라고 하고, 융은 '개성화'라고 한다. 붓다의 성불은 수많은 선지식들에 의해 실현되어 이어지고 있다. 융의 '개성화' 이론은 붓다와 조사들이 경험한 깨달음의 세계를 학문적·과학적 방법으로 입증한 것이다.

융의 개성화는 객관화된 자아, 즉 자기(Self)의 출현으로 집단무의식의 상태를 벗어나 독자성을 이루어가는 과정이다. 집단무의식은 개체를 무無 속으로 용해시켜 버리는 죽음이자 저주인 반면, 개성화는 진정한 삶이며 축복이다. 그러므로 개성화는 정신의 목적론이 지향하는 종착역이 되는 것이다.[281]

정신이라는 과제를 접근하는 데 있어서 붓다와 융은 방법론상에서는 분명하게 차별성이 있다. 그것은 문화적·종교적·환경적 차이라는 점에서 너무도 자연스럽고 당연한 일이다. 붓다는 자기 수행이라는 종교적 토양을 기본으로 가지고 있는 인도 문화권에 속한다. 종교는 믿음과 신념을 기반으로 한다.

믿음은 그 자체적으로 특정한 방향성과 목적론을 가지고 있다. 즉 불교수행자들은 정신의 목적론적 과정을 주체적으로 인식함으로써 자발적으로 수행과정에 참여하는 사람들이다. 그들은 내적으

---

281 칼 구스타프 융, 이기춘 외 옮김, 「죽은 자를 위한 일곱 설교」, 『융의 생애와 사상』, 현대사상사, 1995.

로 표명되는 원형의 이미지들을 능동적으로 받아들이고 이해할 수 있는 능력을 직접적으로 키우는 사람들인 것이다.

반면에 융의 분석심리학은 융 자신의 내적 경험을 기반으로 하여 같은 경험과정에 있는 환자들의 수많은 임상연구의 결과물이다. 융은 자신이 경험한 무의식의 내용을 확인하기 위해 고전의 지혜를 찾아 끊임없이 확인과정을 거친다.

융과 융을 찾아오는 내담자들은 불교수행자들과 달리 내적 경험을 수용하는 종교적·문화적 토양이 거의 없는 사람들이 대부분이었다. 즉 그들은 깨달음에 대한 구체적인 방법론을 알지 못한 사람들이다. 그렇기 때문에 오히려 보다 더 쉽게 융의 지도에 따라 객관적 관찰이 가능했을 수도 있었을 것이다.

깨달음이라는 이론적 토대는 불교수행자들에게 있어서 이상적 관념을 만들기에 충분한 토양이 되었다. 그럼에도 불구하고 직접적인 자기발견에 있어서는 막연했을 수도 있다는 점에서 결코 쉬운 길일 수는 없다. 융에게 상담을 받았던 사람들은 자신이 전혀 알지 못하는 내적 세계를 어느 날 느닷없이 직접적으로 마주했다는 점에서 매우 충격적인 사건이었을 것이다. 하지만 그것은 관념적 대면이 아니라 실재적 대면이었기 때문에 보다 더 현실적이었고, 보다 용이하게 자신의 것으로 인식할 수 있었을 것이다.

이러한 방법론상의 체계 발전사는 오히려 방법상에 나타나는 양측의 문제를 보완하고 있다는 점에서 매우 중요한 의미를 지닌다. 불교는 깨달음이라는 구체적 목표를 가진 사람들을 대상으로 하는 설법이 강세를 이룬다. 물론 이것은 불교의 철학적 본질을 추구하는 경전들을 중심으로 할 때 나타나는 현상에 한정된 것이기는 하다. 그에 반해서 융의 심리학은 깨달음과 같은 이상적 정신세계를 의식적으로 추구하지 않았던 사람들이었지만, 꿈이나 환상을 통하여 자연스러운 내적 통합과정에 참여하는 사람들의 경험을 다루었다. 물론 융은 불교적 수행 경험이나 지식이 없었음에도 붓다나 선사들의 경험과 매우 유사한 과정의 경험을 거치게 된다.

그러므로 융의 경험적 연구는 집단무의식의 원형이 표명해내는 상징적 이미지를 스스로 이해할 수 없어 고통받는 사람들의 치유를 목적으로 하고 있다. 융에게 분석을 받은 사람들은 내적 종교성을 이해하지 못하는 사람들이었던 것이다. 그들은 정신에 내재한 종교성의 지향점과 그 과정에서 일어나는 신비한 현상들에 대한 지식이 전혀 없었기 때문에 내적 의미를 받아내는 것에도 수동적일 수밖에 없었다. 여기서 말하는 종교성이란 융이 말하는 개성화이고, 붓다의 말로는 깨달음이다.

이것은 정신은 본질적으로 모든 분화과정이 내적 세계를 중심으로 발전을 지향하고 있다는 점에서 목적론의 의미를 정당화시킨다. 융 또한 자기 내부에서 일어난 신비한 정신적 현상을 철저하게 객관적으로 검증하고 명상했다. 그런데 그것은 자아의식으로서 단 한 번도 교육받거나 현실적으로 경험한 적이 없는, 전혀 알려지지 않은 무의식적 내용이었던 것이다.

무의식의 내용들이 의미하고 있는 과정을 추적한 융은 인간정신에는 보편적이고 집단적인 내용이 존재한다는 결론에 이른 것이다. 이것은 인종과 문화와 지역을 초월하여 나타나는 공통적인 형태를 가지고 있었다. 융은 그것들이 세계의 신화를 만들어냈고, 현대사회의 사람들에게는 꿈이나 상상을 통해 재현되고 있음을 발견한다.

융은 정신의 방향성이 지극히 주체적 현상이라는 점을 누구보다도 더 잘 알고 있었지만, 그럴수록 심리학과 정신의학이라는 과학적 방법론으로의 접근에 중요한 의미를 두고 있다. 사실 견성이라는 사건의 가장 궁극적인 진실은 절대적 객관성에 있다. 그런 의미에서 불교의 깨달음은 근원적인 과학적 탐구 방법론을 토대로 하고 있는 것이다. 일반적으로 널리 알려진 과학적 탐구 방법론조차도 과학연구의 특정한 기법을 만들고 그것을 사용하는 연구자라는 주체가 있다.

즉 특정한 기법이나 연구자의 주관적 관점이 개입된다면 완전한 객관성을 담보하기가 어렵다. 그러나 불교의 견성이나 무아의식, 융 심리학의 '객관적 자아'나 '자기(Self)'의 절대의식은 인식의 주체 자체가 상정되지 않는다. 그러므로 인식주체의 관여가 전혀 허락되지 않는 견성의 자기탐구 방법론은 최고의 과학이라고 말할 수 있는 것이다.

무아의식은 진정한 자유이다

융이 도道의 이론에서 주목하는 또 다른 것은 비인과론적 동시성(akausale Synchronizitat) 개념이다. 우리의 삶은 이성적 범주 안에서 모두 설명되어질 수 없다. 인과론적 접근은 의식적 측면만이 기준이 될 뿐이다. 이것은 자아의식의 구조가 근본적으로 부분적인 사고임을 말하고 있는 것이다.

그러므로 자아의식은 분명하게 구속과 장벽의 한계를 갖는다. 조금만 주의 깊게 자신을 관찰하다 보면 자아의식의 한계는 쉽게 경험될 수 있다. 세상의 모든 것이 정확한 원인과 결과로 예측될 수 있는 것이라면 실패라는 단어는 없어야 한다.

이성의 모든 깃털을 곤두세우고 미래를 예측하려고 하지만 때때로 결과가 전혀 다른 양상으로 드러날 때, 의식의 한계를 절감하게 된다. 이것은 인간의 정신이나 삶이 오직 밖으로 드러난 사실만이 아니라 의식이 알지 못하는 미지의 세계가 더 넓게 존재한다는 것을 알려주는 것이기도 하다.

예지몽으로 불리는 꿈을 통해서 자신의 미래를 예측하는 경우가 의외로 많이 있다. 또한 『역경易經』에서는 괘卦를 이용하여 인간의식의 한계를 극복해보려 한다. 이것을 융은 무의식의 활성화로 보는 것이다. 괘를 본다는 것은 자아의식이 자신의 무의식에게 묻는 것이라고 융은 설명한다. 집단무의식의 내용이 괘를 던지는 행위를 통하여 배열되면서 자아의식에게 전해지는 것으로 보는 것이다.

인과론이 순전히 의식적 사고에만 의존하는 반면, 비인과론적 동시성의 사고는 무의식의 내용까지 받아들이는 전체성에 기초하고 있다. 그러므로 비인과론적 동시성이란 의식 일방적 한계를 보상하는 것이기도 하다. 융은 인간과 세계를 관찰할 때 비인과론적 동시성을 일차적으로 하여 전체적 사고와 연결되는 의미와 관계를 짓고, 인과적 방식을 이차적으로 적용함으로써 양자를 보완한다.[282]

---

282 『융 심리학과 동양사상』, pp.115~8.

자연의 본질인 음과 양의 합일이 자연의 현상을 만들어내는 것처럼, 정신의 음과 양인 의식과 무의식의 대극 합일이 정신의 참다운 온전함을 만들어낸다는 것이다. 그러나 자아의식이 정신의 주체로 있는 한 무의식은 대극으로 분리되어 있다.

대극이란 선과 악이라는 반대적 성질로서 마주하고 있다. 그러므로 대극은 갈등을 유발시키는 원인이다. 삶에 집착하니 죽음이 위협으로 떠오른다. 행복의 다른 날개는 불행이다. '나의 것'이라는 생각이, 가진 것을 잃어버릴 것이라는 공포를 잉태하게 만든다.

이러한 대극을 합일로 이끄는 방법은 어느 한쪽을 선택하는 것이 아니라 양쪽에 똑같이 머물 수 있어야 한다고 융은 말한다. 대극 속에 머무는 것이 어떤 의미일까? 예를 들어 어느 한쪽에 머무는 것이 두려워, 즉 집착하는 것이 두려워 의도적으로 그것들로부터 벗어난다면 그것은 두려움을 회피하는 것이다.

회피에는 실재에 대한 경험이 차단된다. 직접적인 경험 없이는 그것에 대한 정확한 이해 또한 일어나지 않는다. 모든 두려움은 자아의 특성이다. 그러므로 두려움과 이기적 특성으로 이루어진 자아를 객관적으로 인식할 수 있는 능력이 인간에게는 주어져 있다. 융은 그것을 자기(Self)라고 했고, 불교에서는 부처라고 부른다.

그러므로 부처인 자기는 자아가 느끼는 모든 감정의 차별심을 명상한다. 자기가 하는 자아에 대한 명상은 존재 자체에 대한 인식이자 이해이며 수용이다. 자기의 인식과 이해와 수용은 자아에 의해 분리되었던 모든 갈등을 극복하고 본연의 모습인 한마음(一心)으로 돌아가게 한다.

자기란 자아 중심적 관점과 사고가 완전히 초월하여 있는 의식으로서 절대적 객관성의 기능이다. 즉 중생이라는 '아我'를 객관적으로 인식할 수 있는 것이 곧 부처다. 부처는 인격적 실체가 아니라 정신적 기능이다. 그러므로 대승불교에서 부처는 공성空性이다. 석가모니 붓다가 아트만의 영원한 실체성을 부정한 이유도 여기에 있다.

아트만의 기능 또한 하나의 정신적 기능일 뿐, 실체가 아니기 때문이다. 무아는 어떤 것에 집착하지도 않고, 어떤 것을 경시하시도 않으며, 모든 대극으로부터 해방된 진정한 자유이다. 그러므로 무아의식은 진정한 해탈인 것이다.

무아의식은 최상의 정신치료이다

인간의 본성은 종족과 역사 그리고 문화를 초월하여 유사성을 가진다. 그러나 본질을 추구하고 접근해가는 방법론은 문화·역사·환경에 따라 다른 양상을 띤다. 불교가 동양적 세계관을 바탕으로 일어난 철학과 종교라면, 심리학은 서양적 세계관을 바탕으로 한 학문적·과학적 방법론에 의해서 탐구되어지고 체계화되어졌다. 이것은 우리가 불교와 심리학을 어떤 방식으로 바라볼 것인가에 대한 해답을 제시해주고 있다.

불교와 심리학은 종교와 과학이라는 상이相異한 그릇에 담겨 있기는 하지만, 정신의 본질을 추구한다는 점에서 공통분모를 벗어나지 않는다. 두 분야의 방법론적 특이성을 감안하여 수용할 수 있다면 본질적인 접근은 보다 용이해질 것이다.

융은 종교의 개념을 신성한 경험을 통해 변화된 의식 상태[283]라고 정의했다. 부처가 되는 일(成佛)은 견성이라는 '신성한 경험'을 통해 정신의 주체가 자아에서 무아로 변환된 의식 상태다. 말하자면 무아의식의 출현을 의미하는 견성이야말로 진정한 종교가 되는 것이다. 그렇다면 왜 우리는 견성이라고 말하는 변화된 의식 상태를 가져야만 하는 것일까? 융의 심리학적 이론으로 접근해보자.

융은 정신이 의식과 무의식이라는 구조로 이루어져 있다고 본다. 그것은 만물이 음陰과 양陽이라는 구조로 이루어지는 것과 같다. 의식이 정신의 양적인 측면이라면, 무의식은 음적인 측면이 된다. 그러므로 의식이 인식하지 못한다고 하여 그것이 없다고 할 수 없다. 왜냐하면 무의식은 끊임없이 의식의 정신에 영향을 미치고 있기 때문이다.

따라서 무의식을 인식하지 못한다고 해서 의식만을 정신이라고 주장하면 무의식은 방치하거나 억압되고 있는 것이다. 그러므로 전체 정신에서 본다면 무의식을 거부하는 의식 일변도의 상태는 결코 정상적이지 않다. 왜냐하면 정신의 병리현상은 어느 한쪽에만 치우쳐 있을 때 일어나기 때문이다. 전체적 기능이 원활하게 소통되지 않는 정신은 정도의 차이가 있을 뿐, 혼란 상태다.

정신의 온전성穩全性이란 의식과 무의식이 서로 반목하지 않고 조화를 이루는 것이다. 융의 분석심리학이 의식과 무의식의 통합을 의미하는 전일성(Wholeness)에 그 중요성을 두는 이유가 바로 여기

283 『융, 중년을 말하다』, p.268.

에 있다. 그렇기 때문에 융의 심리학은 전체적 사고를 통찰하려는 철저한 경험을 기반으로 한다. 이것은 불교와 전혀 다르지 않다.

붓다는 이 세상을 정신병동에 비유했다. 세상이 정신병동이라는 것은 세상을 구성하는 원자原子로서의 인간이 정신적으로 혼돈 상태로 있다는 것이다. 중생은 심리학의 자아에, 부처는 심리학의 자기(Self)에 유비된다. 중생은 인식의 중심에 '나'라는 자아의식이 있기 때문에 무의식과 분리되어 있다. 반면에 부처는 인식의 중심이 무아의식이기 때문에 무의식과 한마음(一心)이 된다.

한마음은 정신을 있는 그대로 경험할 수 있는 열린 시각이다. 열린 시각에서는 의식과 무의식이 서로 배타적이지 않고, 상호보완적이다. 이것이 바로 어디에도 걸림이 없는 붓다 선禪의 핵심이고, 조사들이 말하는 자유로운 정신이다. 자유로운 정신은 부처가 되기 위해 중생을 버리지 않는다.

부처는 중생이 자신의 뿌리라는 것을 알기 때문이다. 부처와 중생이 하나일 때 중생과 부처가 함께 공존하고, 의식과 무의식이 충돌하지 않는다. 융의 분석심리학이 정신치료의 목적을 전일성(wholeness)에 두고, 불교 깨달음의 궁극적 목적이 한마음(一心)인 이유가 바로 여기에 있다.

한마음은 모든 것들을 수용하는 포괄정신이다. 그렇기 때문에 '있는 그대로의 현실'을 직접적으로 체험하게 한다.[284] 깨달음이란 자기 자신이 누구인지를 아는 것이다. 자기 자신이 누구인지 알려

---

[284] 『융 심리학과 동양사상』, p.64.

면 있는 그대로의 자기 자신을 볼 수 있어야 한다. 무의식은 자아의식의 범주 안에 있지 않다. 즉 자아의식을 초월하여 있다. 그러므로 자아의식으로서는 무의식을 볼 수 없다. 이러한 정신의 구조 때문에 '나'에 의해서 전혀 방해받지 않는 의식이 필요로 하게 된다. 그것이 바로 무아의식이다. 무아의식은 '나'를 절대적 객관성으로 볼 수 있는 정신의 기능이다.

무아를 부처라고 말하는 이유는 '나'라는 중생을 초월하여 있기 때문이다. 무아의식은 자아라는 중생이 무엇인지를 분명하게 인식하고 철저하게 이해한다. 이러한 인식과 이해를 통하여 분리된 자아의식과 무의식은 온전한 정신인 한마음(一心)으로 돌아갈 수 있다. 그것이 바로 불교가 말하는 진정한 중생구제다.

자아와 자아의 근원인 집단무의식, 즉 불교의 아뢰야식은 억겁의 진화과정에서 필요했던 원시적 정신들이 의식화되지 못한 채 남아 있는 중생들이다. 이 중생들을 구제하는 일은 오직 부처인 무아의식에 의해서만 가능하다. 말하자면 무아의식은 분리된 정신을 통합하는 최상의 정신치료인 것이다.

참고문헌

〈원전, 주석〉

『경덕전등록』(대정장)

『대열반경』(대정장)

『돈오요문론』(대정장)

『마조록』(대정장)

『마조어록』(대정장)

『임제록』(대정장)

『조당집』(대정장)

『조주록』(대정장)

야나기다 세이잔 지음, 一指 옮김,『임제록』, 고려원, 1993.

정성본 역,『돈황본 육조단경』, 한국선문화연구원, 2003.

정유진,『돈황본 육조단경 연구』, 경서원, 2007.

정유진,『전심법요・완릉록 연구』, 경서원, 2009.

〈단행본〉

권석만 외,『나, 버릴 것인가 찾을 것인가』, 운주사, 2008.

윤희조,『불교의 언어관』, 도서출판 씨・아이・알, 2012.

이죽내,『융 심리학과 동양사상』, 하나의학사, 2005.

C. G. 융, 한국융연구원 C. G. 융 저작 번역위원회 옮김,『원형과 무의식』(융기본
　　저작집 2), 솔, 2006.

_____,『인격과 전이』(융기본저작집 3), 솔, 2006.

_____,『꿈에 나타난 개성화 과정의 상징』(융기본저작집 5),
　　솔, 2006.

_____,『상징과 리비도』(융기본저작집 7), 솔, 2006.

_____,『인간과 문화』(융기본저작집 9), 솔, 2006.

C. G. 융, 권오석 역,『무의식의 분석』, 홍신출판사, 1990.

C. G. 융, 이기춘 외 옮김, 『융의 생애와 사상』, 현대사상사, 1995.

우봉규, 『달마와 그 제자들』, 살림출판사, 2008.

대릴 샤프, 류가미 옮김, 『융, 중년을 말하다』, 북북서출판사, 2008.

〈논문〉

『범한철학』 제43집, 2006년 겨울, 김종욱, 「무아에서 진아까지 — 불교무아개념의 형성과 전개」

Majjhima Nikaya l. pp.136~7(김종욱 논문)

〈사전〉

위키백과사전

시공불교사전

두산백과사전

최명희

1955년에 태어난 저자는 대학에서 철학을, 대학원에서는 자아초월상
담심리학을 공부했다. 삼십대 초에 경험한 신비체험은 그 후 30여 년
간 무아의식의 절대적 객관성에 의해서 '자신'을 관조하게 만들었다.
그 경험의 결과로 '주인공 명상법'이 개발되었고, 노미(KnowMe)심리
연구소를 통해 '나'를 알고자 하는 사람들을 돕고 있다. 또한 불교를
심리학으로 풀어내는 작업에 매진하고 있으며, 저서로『상징의 심리
학』,『자아와 깨달음, 심리학으로 통하다』가 있다.

무아의 심리학

초판 1쇄 인쇄 2019년 1월 24일 | **초판 1쇄 발행** 2019년 1월 30일
지은이 최명희 | 펴낸이 김시열
펴낸곳 도서출판 자유문고

(02832) 서울시 성북구 동소문로 67-1 성심빌딩 3층

전화 (02) 2637-8988 | 팩스 (02) 2676-9759

ISBN 978-89-7030-137-2 03180 값 23,000원

http://cafe.daum.net/jayumungo (도서출판 자유문고)